コミュニケーション的存在論の人類学

杉島敬志 編

臨川書店

コミュニケーション的存在論の人類学

序論 ——参与観察を讃えて——

杉島敬志

はじめに

この論集は国立民族学博物館の共同研究「エージェンシーの定立と作用——コミュニケーションから構想する次世代人類学の展望」（二〇一三年一〇月〜二〇一七年三月）に由来する。筆者は、共同研究のメンバーが人類学の研究動向を意識しながら、自分の研究にもとづいて自由に議論しあうことを、共同研究の最重要の目的と考えていたので、成果報告書の出版にむけて議論を一定の方向に収束させようとはしなかった。その報いというべきか、多様な議論を内包する本書を編むことになったが、執筆者には次のような協力を求めた。論文の草稿が出来上がった段階で、それを執筆者の全員に公開し、それぞれの論文で他の論文四本以上を参照しながら（ただし批判なしに）論述を展開するよう書き直しをお願いしたのである。読んでいくと、執筆者相互の距離感や気づかいが垣間見えて興味深いが、挿入部が論述の流れを中断させている箇所も散見されるだろう。評価は読者におまかせするが、この相互参照が本書を少しでも特色あるものにしていることを願う。以上は本書成立の経緯である。

ところで…である。

この十数年の間に生じた人類学のトレンドの変化をとらえ、自分がおこなっている研究をより良く理解し、今後の展開を考えるうえで、「人類学における存在論的転回」（以下「存在論的転回」）に触れないわけにはいかない。しかし、これまでに発表された存在論的転回をめぐる文献の数は半端なく多い。これはその影響が受容と激しい反発、批判と反批判を繰り返しながら広く波及したことを示している。それらを手際よく整理し、現代人類学の見取り図を示すことは必要とは思うが、筆者の能力だけでなく、意欲もこえている。

『存在論的転回』〔Holbraad and Pedersen 2017〕は、何ほどかこの苦境を救ってくれる。存在論的転回を先導してきたホルブラードとピーダーセン（以下「H－P」）がこの十数年をふり返り、自己申告的に傾きがちではあるが、存在論的転回とは何であったか、何でありうるかについてのべているからである。そこに書かれている特徴的な主張や言葉を念頭におきながら、他の若干の文献と関連づけ、多分に不適切で不十分であろう感想をのべる程度のことならば、筆者にでもできるかもしれない。ただし、これを本稿の以下すべてでおこなうわけではない。なお、本書における〔 〕は原文にない場合などをふくめ、各論文著者による補足をあらわす。

一　それは革命だったか？

論集『モノをとおして考える』〔Henare et al. 2007〕は存在論的転回の明示的な出発点のひとつである。あらためて紹介するまでもないが〔春日 二〇一一〕、その序文でヘナレらは、存在論的転回の発端と主張について、次のようにのべている。一九八〇～一九九〇年代にリフレクティヴィティ（反省性・再帰性）の旗印のもとにおこなわれた人類学批判の華々しい動きに隠れていたが〔e.g. クリフォード／マーカス編 一九九六〕、さまざまな学問分野で同時並行的に進んだ「静かな革命」（quiet revolution）ともいえる変化があった。その具体例としてあげられているのはラトゥール（Bruno Latour）、ジェル（Alfred Gell）、ストラザーン（Marilyn Strathern）、ヴィヴェイロス・

デ・カストロ（Eduardo Viveiros de Castro）、ワグナー（Roy Wagner）の研究であり、彼らの研究には程度の違いはあれ、認識論から存在論へのシフトがあるという。それにつづく文章は次のように書かれている。

こうしたアプローチがエキサイティングなのは、インフォーマントによる現実の表象に適合させるべく…理論的パースペクティヴを改変あるいは精緻化するのではなく、民族誌的出会いから真に新しい概念を作りだす道を拓いていることである。したがって、問題は単に人間的現象がどのように解明できるかではなく…、当の現象それ自身がどのように解明を提供するかということになる。換言するなら、人々が普段に営む生活のありかたは、あたりまえに思っている前提（assumption）、とくに人類学者に特有の理論レパートリーの基礎にある前提を揺るがすだろう［Henare et al. 2007: 8］。

この文章の少し後には、ケンブリッジ大学におけるヴィヴェイロス・デ・カストロの講義録（一九九八年二〜三月）末尾からの引用がおかれている［Viveiros de Castro 2015: 293］。そこでのべられているのは、哲学が認識論と存在論からなるという二元論と、デカルト以降の近代哲学では認識論が偏重されるようになった、という広く流布している哲学史の通（俗）説である。前者については、次節で筆者のコメントをのべるが、後者については、前者のコロラリーであり、とくにのべておくべきことはない。

存在論的アプローチはしばしば「前提」（assumption）という言葉を使って説明される。新しい定義とともに使われているわけではないので、この場合も「前提」はものごとを認識する際の根拠となる考えのことを意味しているはずである。存在論的転回がもたらすブレークスルーは、フィールドワークにおいて出会う不可解で驚くような事象を「真剣（真摯）に受け止める（とりあげる）／真に受ける」（take seriously）ことで、その理解を阻んでいる前提を再考し、それを大胆に改訂することにあるとされる［Henare et al. 2007: 1, 6, 8, 13–15, 18］。このことが理解しやすい言葉で語られている『存在論的転回』の一節をつぎに引用する。

文化、社会、人間の本質に関する一般理論で〔不可解な事象との出会いにともなう〕「発見の瞬間」（al-ha moments）を包み込んでしまったり、そうした瞬間を常識によりかかって説明してしまうかわりに、人類学におけるこの思考法〔存在論的転回〕は細心の注意を払いながら、その瞬間をできるだけ遠くまで推し進め…われわれが知っていると思っていたことをぐらつかせ、それに代わってわれわれが想像さえできなかったことを選びとる。モースの『贈与論』を例にとると、マオリ人の贈与が人間とモノとの常識的な区別を取り払うという提案をさらに推し進めていくとどうなるだろうか。人間とモノとの区別がこの場合には相応しくないと指摘したり、人とモノが相互に連続している…というだけよりも、より正確であろうとするのではないだろうか。というより、必要とされるのは人、モノ、およびこの両者の関係という観念の大規模な再概念化なのではないだろうか。人類学が自らを何より人間（モノとの関係をふくむ）の研究と規定していることを考えるなら、こうした再概念化は、人類学の目的や射程、それに、その方法やインパクトの面から、われわれが学問として人類学について考える方法をどれほど変えていくだろうか。…本書はこのような問いが典型的に示す人類学的思考の転換にかかわっている［Holbraad and Pedersen 2017: 2–3］。

存在論的転回の提唱者たちは、それ以前の人類学を認識論的であるという理由から否定的に総括する。しかし、存在論的転回のもたらすブレークスルーが前提の改訂と密接に関係するなら、認識論と対比させることで自らを差異化することはできない。機能主義、文化相対主義、構造主義、象徴人類学、解釈人類学（以下前二者を「象徴

－解釈人類学」と総称）、生態人類学、マルクス主義人類学、歴史人類学、認知人類学、ポストコロニアル人類学、フェミニスト人類学――そして近いうちに存在論的人類学――を標榜して、その時々で議論をおこした人類学のトレンドは、それに先行する人類学が依拠する（とされる）何らかの前提を、ときに無理やりにでも抜き出し、正しい、あるいは、より適切なものに改訂しようとする試みだった。これは認識論的な活動である。くわえて、文化の概念は、世界の認識にかかわる「～についてのモデル」（model of）と世界の制作にかかわる「～のためのモデル」（model for）という二つの側面のあったことが示すように［ギアーツ 一九八七：一五四―一五五］、単なる認識論的な概念ではなかった。

存在論的転回は、一九七〇年代に興隆した象徴－解釈人類学、とくにシュナイダー（David M. Schneider）を中心とする象徴、意味、概念をキーワードとし、研究の対象をそれ自体――ただし実際には文化の体系――としてとらえようとする目標と似たものを感じる［e.g. Schneider 1984; Dolgin et al.（eds.）1977; Kuper 1999］。またワグナーはそのなかで頭角を現すようになった人類学者だった［Wagner 1967, 1986, ワグナー 二〇〇〇］。

しかし、次の点で存在論的転回は象徴－解釈人類学とは異なる主張をふくんでいる。それは、研究対象を意味ある象徴と見なし、それを概念体系としての文化のなかでの関係論的な位置あるいは位置価（positional value）として還元的に理解するのではなく、それ自体として「真剣に受け止め」なければならないという格率（マキシム）である［Henare et al. 2007: 1–3; Holbraad and Pedersen 2017: 2; Abramson and Holbraad 2014: 5–8］。したがって、存在論的転回は全体論（ホーリズム）的な文化の概念や、研究対象を体系としての文化内の位置価と見なす「体系内分析」［杉島 一九九六］に対する批判をふくんでいる。しかし、それを明確に代替する研究プログラムは示されていない。そのために、存在論的転回を推進してきた人類学者たちの研究は遠視的には文化の研究と見分けがつかない。後ほどヴィヴェイロス・デ・カストロを例にとりあげて、この問題についてのべる。

存在論的転回が革命的刷新だったのかどうかについて、『モノをとおして考える』の一〇年後、H－Pは次のようにのべている。

本書〔『存在論的転回』〕で最も伝えたいメッセージのひとつは、存在論的転回に本質的に新しいものはないということである［Holbraad and Pedersen 2017: 8］。

人類学における存在論的転回は…その名前にもかかわらず、「本当にリアル」な世界の本質とは何かという問いや、それと類似するいかなる形而上学的探求とも無縁である。むしろ存在論的転回は、認識論的問題を解消するために、存在論的問題を提起する方法論的プロジェクトなのである［Holbraad and Pedersen 2017: 4–5］。

そういうわけで、民族誌的なテクストの著者や読者たちにいつも明らかだったわけではないが、人類学はつねに存在論的問題に取り組んできたのである。それにまた、本書の中心となるもうひとつの主張は、過去の人類学との革命的な決別というよりはむしろ…存在論への転回が、モース、エヴァンズ＝プリチャード、レヴィ＝ストロース、シュナイダーなどのまさに人類学的といえる独自の思考様式の偉大な提唱者にみられ、いつもこの学問のプロジェクトの中心にあった分析的潜在力を全面的にひき出すことにかかわっているということである［Holbraad and Pedersen 2017: x］。

そうであるなら、革命的といえる刷新はなかったのである。H－Pは、「存在論的であること」は「時代精神」（zeitgeist）［Holbraad and Pedersen 2017: 30; cf. Henare et al. 2007: 8］、すなわち、ある時期に優勢する感覚や表現の様式だとのべている。その適否はともかく、存在論転回は、人類学のいくつかの古典的な問題設定とともに、人類学に内在する大きな問題を前世代から受け継いでいることは確かである。

二　やはり欠けている規則論

存在論的転回の提唱者たちは、哲学における認識論と存在論の二元論にしばしば言及する。このことは存在論的転回が前世代の人類学から大きな欠落を引き継いでいることの証である。つまり、規則に従う慣習的行為を視野の中心におく「規則論」が存在論的転回においても欠けているのである。ウィトゲンシュタイン〔一九七六〕やクワイン〔一九八四〕の哲学が示すように、規則論は認識論や存在論と少なくとも同程度の議論の広がりをもっている。(1) ただし、その領域踏査はここでの目的ではない。これからのべようとするのは、筆者がおこなってきた研究との関連で規則論的に把握すべき事象をいくつか指摘することである。

そのひとつは儀礼の効力である。わたしたちの生活にはいたるところに儀礼が組み込まれており、儀礼によってわたしたちは何かを達成する。たとえば、結婚は役所に婚姻届を提出することで成立するが、結婚をみなで祝福するには披露宴をおこなう。また、人は死亡届によって行政的には存在しなくなるが、死者をあの世に送りだすには葬儀をおこなう必要がある。祝儀がいかにして結婚を祝福できるのか、不祝儀が死者をいかにして他界させたりできるのか、その手段と目的の関係について考えこむ当事者はまずいない。祝儀・不祝儀に参加し、それをおこなうための方式（規則）あるいは方式を知る権威者の指示にしたがってふるまうことで、儀礼は遂行され、目的は達成される。これは、たとえ敵意や殺意があっても、定められたふるまいをすることで、握手などの友好の挨拶が成り立つのと同じである。

付言しておくと、儀礼と儀礼によって達成される事態は、定義項と被定義項の関係にあるとも表現できる。

「剣璽等承継の儀」は新たに天皇となる者を定義するが、本書所収の論文には次のような事例の記述がある。インドネシア・バリ島の中村の調査地では所有者に村落でおこなわれる儀礼への参加を義務づける土地が村落の成員権を定義する。また、タイ北部山地の片岡の調査地では、特定の儀礼を遂行したり、しなかったりすることがキリスト教徒や非キリスト教徒であることと表裏一体の関係にある〔cf. 杉島 二〇一四 a〕。

インドネシア・フローレス島中部のリセ首長国〔本書所収杉島論文参照〕では、人が死ぬと、川や山で区切られた一定の範囲が「朽ちた木が境界づける」(fata so) という状態になり、農作業が禁止される。違反すると凶作がおこる。この状態を終わらせるために「朽ちた木を追い払う」(joka fata) という儀礼がおこなわれる。

埋葬の翌日、死者が女性なら「女の木」(kaju fai, 学名：*Albizia chinensis*)、男なら「雄の木」(kaju lanu, 学名：*Albizia procera*) の枝（朽ちている必要はない）を森からとってくる。そして、この儀礼のやり方を知っている者が、この枝、炉の灰、鶏卵をビンロウジュの葉鞘でつつみ、喪家から村はずれまで引きずっていき、呪文を囁きかけたうえで、後ろ足でけり飛ばす。炉の灰は喪家のものだけでいいという者もいれば、村の家々をまわって集めるという者もいる。後ろ足でけり飛ばすことが重要であり、その方向はどうでもいいという者もいれば、死者の霊が集まって住むムトゥ山の方向でなければならないという者もいる。

筆者の知る「朽ちた木を追い払う」呪文のひとつは次のようである。

横たわる朽ちた木、その母は河口のワニ、立っている朽ちた木、その母は舟の帆柱、山の方に引きずり、海の方に引き向かう、朽ちた木、朽ちた木、その母は腐ったバナナ。(2)

儀礼の場に居合わせれば、人類学者はこれらのことを、秘匿される呪文以外は容易に知ることができる。また朽ちた木とは農作業を禁止している何かであることも理解できる。だが、それだけである。この儀礼によって放逐されるのが死者（ata mata）なのか、死者の魂（maé ata mata）なのか、あるいは、他の何なのか、また、なぜ特定の樹種の枝が使われるのか、くわえて、特定樹種の枝、炉の灰、鶏卵、それに腐ったバナナが、なぜ、どのように関係しているのか、さらには、これらを後ろ足でけり飛ばすこと（手段）で、どうして朽ちた木を追い払うこと（目的）ができるのかについて、人びとは語らないし、何も知らない。

筆者は一度だけ、この儀礼がおこなわれると、死者の魂は村近くに生育するバナナの根本にむかうことや、後日喪家でおこなわれるケレ（kélé）という儀礼で、死者の魂はバナナの根本を出て、いったん村に入り、子や孫と共食した後でムトゥ山に出発するという説明を聞いたことがある。だが、右の呪文を教えてくれた人はこれらのことを知らなかった。このことが示すように、規則にしたがっていれば、意味（釈義）を知らなくても、儀礼は問題なく遂行され、「朽ちた木」は放逐される。また、「朽ちた木」は本当に死者の魂なのかという疑いものこる。ケレの際に死者の魂が（腐っているわけではない）バナナの根本から喪家に呼び入れられるならば、ケレをおこなう前に、ましてやムトゥ山の方向に死者の魂を追い払う必要はない。唯一はっきりしているのは、「朽ちた木」が何であれ、それは農作業の障害になるものであり、「朽ちた木」は「朽ちた木を追い払う」儀礼によってしか追放できないことである。

F・スタールが「儀礼の無意味性」［Staal 1979］や、それをふくむ論集『意味のない規則』［Staal 1989］において、儀礼には意味があるという前提や儀礼の意味を理解しようとする象徴-解釈人類学的アプローチを批判したとき、それを真剣に受け止めた者は少なかった。それどころか嘲りの対象にさえなった。この逸話は人類学における規則論的な問題設定が脆弱であることを示している。機能主義が不可解な制度や行為の果たす、意外にも重要で合理的な機能（役割）を明らかにすることで、それを意味あるものにする研究方法であったことを考えると

［杉島二〇〇一a：一三―一九、二〇〇一b］、人類学はその発端から、意味の概念に決定的に依存するかたちで営まれてきたといえるし、大局的に見ると、この状態は改善されていない。ヴィヴェイロス・デ・カストロ、ホルブラード、ピーダーセンの研究には規則論的な問題設定が大きく欠けている［Viveiros de Castro 2015; Holbraad 2012; Pedersen 2011］。これは偶然ではなく、継承によるものである。くわえて、彼らの研究関心は「概念」に狭く限定されている。概念は、同類のものに対していだく意味内容と定義されるように、意味と不可分な関係にある。したがって、概念を主な研究対象とする前提を変えないかぎり、儀礼の説明を求められたインフォーマントがほとんど思いつきで語る言葉を、人類学者は「真剣に受け止める」どころか「真に受けてしまう」ことになるだろう。

後述するように、アマゾン先住民のコスモロジーは「パースペクティヴ主義／パースペクティヴィズム」（perspectivism）として成り立っており、シャーマンがジャガーのような動物として世界を眺めるため（目的）に身にまとうコスチューム（手段）は、カーニバルの仮面のようなファンタジーではなく、そうするための手段として潜水用具や宇宙服に近いとヴィヴェイロス・デ・カストロはのべている［Viveiros de Castro 2015: 278; Holbraad and Pedersen 2017: 164–165］。こうした儀礼の理解は規則論的な観点からの再検討を必要とする。

規則論的に把握すべき第二の事象は複ゲーム状況という錯綜である。複ゲーム状況とは両立しえない規則や信念が同時並行的に作用している状態である［杉島二〇〇八、二〇一四a、二〇一四b］。

規則‐信念はそれ自体では効力をもたない。「常識」の働きはこのことをよく示している。わたしたちの生活は、「常識」とよばれる規則‐信念によって規制された人びとのふるまいから成り立っている、と考えられがちである。しかし、日頃から常識にうるさい者であっても、非常識なふるまいを正すことのできる機会は案外少ない。見ず知らずの者が常識に反したふるまいをしていても、注意や叱責はためらわれるだろうし、たとえしても、無視されるだけならいいが、逆ギレされる恐れもある。他方、緊密な連携のもとに営まれている職場のような環境のなかで常識は非常に強い強制力をもつ。そこでのズレた行動は常識を知らない者のふるまいとして非難され、矯正がおこなわれるだろう。

　この違いの由来するところは明らかである。それは常識とはどういうものであるかを説く権威者やその追随者の発言が効力をもつようなコミュニケーションが成立しているかどうかによる。このことが示すように、規則－信念というものの存在と効力は、コミュニケーションと不可分であり、緊密なコミュニケーションがおこなわれるなかで仮構・仮設されるのである。このようにして成立した規則－信念という存在を前提とするふるまいが展開されるとき、そこにゲームが生じる、と表現することにしよう。

　常識のあり方は成文法とは大きく異なる。常識の中味や細目について問われると、わたしたちは漠然としたことしか語ることができなかったり、その場かぎりの創作に近いことを口にしてしまう。権威者もこれと無縁ではない。親や先生のいうことがよく変わり、つじつまが合わないといって反発した経験は誰にでもあるはずだ。

　常識はハートのいう「一次ルール」に似ているし、むしろその典型といえる。ハートは一次ルールについて次のようにのべている。

> 生活上、従っているルールは秩序を成しておらず…現に受容しているという以外は、同定のための共通の標識のない、雑多な規準の単なる寄せ集めである。この点で、こうしたルールは、現代社会のエチケットのルールと似ている。何がルールであるか、またはあるルールの厳密な射程について疑いが生じたとき、権威ある法文や有権的に争点を解決する公務員に頼ることで、疑問に決着をつける手続は存在しない。というのも、こうした手続や権威ある法文や人がいるとすれば、明らかに、責務や義務を定めるルールとは異なる類

型のルールが存在することになるが、この集団にあるのは、前提からして、責務や義務を定めるルールだけだからである［ハート 二〇一四：一五六―一五七］。

これにくわえ、ハートは一次ルールについて、変化する状況に適応するようにルールを改変する手段がないこと、ルール違反がおこっているかどうかを確定する公的権威がないことを指摘している［ハート 二〇一四：一三八―一六六］。

この三つを考えただけで、複ゲーム状況が遍在することや、その事象としての根源性が納得できるようになる。すなわち、ふるまいの指針が明確に定められていないために、相反する可能性のある規則‐信念が並存し、作用する状況が容易に生まれる。また、改変する手段がないために、出所由来が異なり、相反する可能性のある規則‐信念が累積しつづける。くわえて、ルール違反を判定する公的権威がないかわりに、たくみにコミュニケーションを展開した者が権威者として規則‐信念を語るようになり、そこにゲームが生まれる。

複ゲーム状況論は、フィールドワークで観察される地域差、意見の対立、異なる方式の並存などに配慮しながら詳細な民族誌を書くべきであるという事実の上塗り的な主張ではない。より重要なのは、複ゲーム状況がおよそあらゆる生活の局面にみられることを念頭に研究をおこない、「不定見者」、すなわち並存し、相反するゲームやコミュニケーションへの出入りを繰り返しながら生きる人びとの揺れ動く姿を描き出すことである。不定見者が多数者なら、概念や概念的思考に関する研究を特権視したり、人類学という学問の中心に位置づけることはできない。

人類学における研究活動は複ゲーム状況の典型といえる。人類学の対象と目的について人類学者の意見はまとまったことがない［e.g. スペルベル 二〇〇一：一二七―一二八］。文化の研究を標榜する人類学が大きな影響力をもっていたこともあるが、それは強い異論と並存していた［e.g. Kuper 1999］。くわえて人類学では研究モードの流行り廃りが頻繁におこる。存在論的転回はその近年における現れのひとつである。ただし、新しいモードを提唱したり、それを正面から否定する研究者は少数である。大多数の人類学者は不定見者であり、流行の一部を取り入れて、あるいは一定期間アクセサリー程度に身につけて研究をおこなうか、あるいは、まったく関心をむけない。

いうまでもなく、人類学には研究の前提となる規則‐信念を全体として改変する手段がない。また、違反を判定する公的権威もない。そのために出自や経緯が異なり、相反する可能性のある規則‐信念が堆積しつづける。先にのべた機能主義や文化相対主義等々の人類学の研究モードは効力を失ってしまった過去の遺物ではない。くわえて、人類学者は、フィールドワークをおこなう地域との関連で、同じ地域を研究する歴史学、言語学、政治学、経済学、地理学、生態学、農学等々の研究者と交流し、彼らの研究成果を参照しながら研究を展開する。そして、これらのそれぞれを交点としてコミュニケーションとゲームの錯綜が生じる。

ハートは、一次ルールについて語ったり、一次ルールの操作を可能にする「二次ルール」があるとのべている［ハート 二〇一四：一三八―一六六］。複ゲーム状況は、二次ルールと似た働きをする。複ゲーム状況では、相反する規則‐信念を抱懐する権威者が互いに他の規則‐信念とそれに対応するふるまいを批判し、無効化しようとする。権威者は追随者と連携して、さまざまな規則‐信念を検討し、組み合わせることで反論のための理論や論拠を構築する。その過程で相反する規則‐信念は、その「存在論的コミットメント」（後出）とともに、より差異化され、より対照的に語られるようになる。これを例証するように、人類学の研究モードは、それに先行する人類学が依拠する（とされる）何らかの前提を、ときに無理やりにでも抜き出し、正しい、あるいは、より適切なものに改訂しようとしてきた。その際、先行する研究のモードは、「存在論的な人類学」に対する「認識論的な人類学」のように一括される。そうであるなら、概念であれ、モノであれ、存在は単独で存在するのではなく、並存・対立するコミュニケーションやゲームとともに立ち現れているのである。このこともまた概念や概念的思考に焦点を合わせる人類学には大きな問題のあることを示している。

三　コミュニケーション的存在論

コミュニケーションと存在との関係についてもう少し考えてみよう。

筆者が指導教員だったことのある院生Mに登場していただこう(3)。Mは入学後まもなく筆者の研究室にやってきて、自分は「頭(4)」が悪いので研究をやっていけるかどうか不安だという胸のうちを伝えてきた。筆者は、自分もそうした不安と無縁ではないと思ったが、そのことには触れず、研究という活動には「頭」のようなものは存在しない、研究は他の仕事と同じように、毎日少しずつおこなう活動の積み重ねにすぎない、やってみればわかるといって、Mが関心をもっている事象と関連する文献を調べてくるようにいった。二週間後、Mが文献リストを作ってもってくると、そのなかから優先的に読むべき論文を選び、次週のゼミでその要約を発表してもらった。筆者はどうなるか、なりゆきを見守っていたが、Mはこの学習と発表のサイクルにうまく乗って急速に知識を広げはじめ(5)、「頭」の問題は話題にならなくなった。そして、翌年には修論のためのフィールドワークをおこない、悪くない出来の修論を仕上げて就職していった。

Mが「頭」の良し悪しに拘泥しなくなったという保証はない。しかし「本当はどう思っているんだ?」とは普通は問わない。最初期をのぞき、Mとのあいだでおこなったコミュニケーションに「頭」は存在しなかった。そのようなものがないことを前提に筆者はMに接していたが、そのなかでMは筆者と問題なくコミュニケーションをおこなっていた。この点でMは「頭」不在論者としてふるまっていた筆者と区別ができない。このように、存在は、ゲームの前提となる規則‐信念をふくめ、コミュニケーションと不可分であり、コミュニケーションとともに刹那的である。(6) このことを「存在のコミュニケーション依存性」とよぶことにしよう。

クワインのいう「存在論的コミットメント」(ontological commitment) は存在のコミュニケーション依存性と大きく重なる。ただし、それは方向としてはいわば逆むきであり、コミュニケーションにおいて主張されることがどのようなものの存在を前提としているかを表現している〔クワイン 一九九二、丹治 一九九七、本書所収の片岡論文参照〕。

筆者は、Mが考えていることやMの眺める世界の内実を知ることなく、Mと「頭」不在のコミュニケーションをつづけたが、そのことで不都合が生じることはなかった。またMとのコミュニケーションにおいて筆者は「頭」不在論者としてふるまっていたが、Mと「頭」について最初に話したときの筆者の胸の内のように、自分の主張にともなう存在論的コミットメントさえ明確には把握できていなかった。これらのことが示しているのは、存在にはコミュニケーションにおける行動主義的な反応として理解せざるをえない側面があるということである。このことを「存在の唯コミュニケーション性」と表現しよう。

先に「本当はどう思っているのか?」と普通は問わないとのべたが、それは筆者が権威者となっておこなっていた大学院教育というゲームにおいてのことである。「本当はどう思っているんだ？　本心をいえ！　それが本心だという証拠を示せ!」といって執拗に相手を問い詰めることは言語的には可能である。しかし、それは、通常のコミュニケーションとは異なる、帰依や忠誠を強いる暴力行為や真実が所在する場としての心を世界の最重要の構成要素と見なす信仰告白などになっている。

『モノをとおして考える』からの次の引用には、存在論的転回における概念への焦点合わせと、存在のコミュニケーション依存性への無関心が端的に現れている。

> もういちどキューバの占い師について考えてみよう。彼らの「粉は力である」〔この粉とはキューバのイファ（ifá）とよばれる祭祀で占い師が卜占のために使う粉〕という主張は…ある種の奇妙な経験的主張と理解すべきではない。…そもそもそれは、わたしたちが粉として知っているものをめぐる発言ではない。それはわれわれの知らない粉の概念についての言明である。より正確にいうと、それは未知の「粉－概念」の言明（*enunciation*）なのだ。
>
> …「存在論的ブレークスルー」への第一歩が「異なる世界」は「モノ」のなかに見いだせることに気づくことであるなら、第二のステップは、そうした世界を見るには概念創造の行為――心的操作にはもちろん還元できない行為（そうすることは単に心的表象と物質的実在の二元論に逆戻りすることになる）――が必要となるのを認めることである。こうした視点からすると、人類学的分析は他者が世界についてどのように考えているかを確認しようとすることとは縁遠い。それは、世界を彼らのやり方で思い描くために、わたしたちがどのように考えなければならないかという問いにかかわっている。この意味で、新しい分析概念の創造に向けた「モノをとおして考える」方法は再帰的（recursive）である。本書所収の論文の各々が示すように、わたしたちのインフォーマント（たとえば占い師、弁護士、囚人、シャーマン、遊牧民など）がモノ（たとえば粉、法的テクスト、タバコ、衣装、写真など）をとおして考えるがゆえに、わたしたちも同じことができると考えていいだろう［Henare et al. 2007: 14–15］。

ここにはインフォーマント（キューバの占い師）のもちいる概念ⓘがまずあり、ⓘと適合するように、研究の前提となる人類学者の概念ⓐを変更すべきであることがのべられている。これと類似する議論は『存在論的転回』にもある。

概念化は基本的に方法論的で、根本的に批判的な存在論的転回の趣旨と直結している。ここでいう「概念」は、重々しい表現をもちいると「存在論的前提」とほぼ同じ意味に解される。存在論的前提は、あるもの（「概念」をふくむ）が何であるかについての前提であるとすると、それは、あるものを表現する際そこにふくまれている諸概念（概念の概念をふくむ）がいかに定義されるかによる。…存在論的転回がおこなっているように、人類学者が民族誌研究に従事する際、存在論的前提の変更を要請することがありえるという主張は、ある民族誌的出会い（ethnographic encounter）においてモノ（things）（再び概念をふくむ）をどのように概念化するかがもっとも基本的な関心事のひとつだということである［Holbraad and Pedersen 2017: 14–15］。

ここでは(i)と(a)との区別が不明確になっている。これはたぶん偶然ではない。『モノをとおして考える』では潜在的であった「ポスト人文主義」（posthumanism）が『存在論的転回』では大きく前景化されているからである。近年活発化した人工物（artifact）の研究では「人文主義」（humanism）と「ポスト人文主義」という二つの立場が区別できる、とＨ－Ｐはのべる。[7]「人文主義」は人間とモノ（thing）の区別を保持する立場であり、Ｈ－Ｐはジェルの『アート（芸術）とエージェンシー』［Gell 1998］における議論を「人文主義」の例としてあげている。筆者は、Ｈ－Ｐによるこの自己都合的な区別に同意しないが、次のことはまぎれもない。ジェルのアート・ネクサス論は、人間とモノがいりまじり、関係しあう事態を研究の対象にするが、その基底には、アートはそれに内在するエージェンシー（行為主体として作用する力）についての仮説的推論（アブダクション）をアートの受け手（鑑賞者）に喚起するという考えがある。また、ジェルはこのエージェンシーを自然界から区別される人間の心に由来するものとして論じている［Gell 1998: 13–18; cf. 杉島 二〇一五］。なお、アート・ネクサス論については本書所収の里見論文を、エージェンシーの概念については本書所収の中村論文にまとまった論述があるので参照されたい。

Ｈ－Ｐによると、「人文主義」は人間とモノとの存在論的分類を温存しているために、モノを真剣に理解しようとすると、人間と関連づけられるエージェンシーや志向性をモノに付与して考察することになってしまうという。他方、「ポスト人文主義」は人間とモノを区別しない。それゆえ、人間とモノ（非－人間）の二元論のコロラリーである文化と自然、表象と世界、精神と物質、概念とモノといった一連の二元論を研究の前提から排除し［Holbraad and Pedersen 2017: 200, 205］、モノをそれ自体として研究することをめざそうとする。ここでは触れるにとどめるが、Ｈ－Ｐの概念とモノの同一説をめぐる議論をふくめ［Holbraad and Pedersen 2017: 214–220］、二元論を乗り越えようとする試みの多くは、二元論を構成する二つの項に言及しながら議論を展開するために、その過程で、はからずも、両項の実在感は強化され、議論は二元論の範囲内にとどまる。このことは、赤と白の絵具を混ぜると、濃淡さまざまなピンクができるが、緑、黄、青、紫などの色は決して生まれないことに似ている。ラトゥール［二〇〇八］の近代論はその典型といえるだろう。ラトゥールは、近代を文化と自然の分離と実際上の混交（ハイブリッド）として論じたが、そうなっていないことをふくめ、事象の錯綜である近代を、そのようにしか描き出せなかった［杉島 二〇一四ｂ：二六］。

モノに自らを語らせようとする研究プログラムについてＨ－Ｐは『存在論的転回』で次のようにのべている。

これまでの議論はいたって民族誌的だった。すなわちイファ（ifá）における力の観念、とくにそれと粉との関係についての理解は占い師が語ることを真剣に受け止めることにもとづいている〔先述のように、この粉はイファで占い師が卜占のために使うものであり、アチェ（aché）とよばれる〕。しかし、この民族誌的説明は、占い師たちによるアチェの理解が突きつける重要な分析的挑戦、すなわち一見ありふれた粉のようなものが神を現前させる力をもつことを提起しているだけであることに留意されたい。これは扱いにくいことで有名な神の超越性というキリスト教神学の問題をわれわれに思いおこさせるが、だとすれば、アチェの粉がこの問題を占い師のために解決している平凡で実用的な方法はいっそう不可解に思える。…

ホルブラードの分析が…占い師が語ることの民族誌に背をむけ（turn away from）、粉「それ自身」にズームするのはまさにここにおいてであり、それは粉の物質的属性に焦点を合わせるためである。しかし、ホルブラードの〔Holbraad〔2007〕における〕もともとの分析では、この方策は占い師たちのことを真剣に受け止めることの帰結とされていた。彼らにとって力が粉であるならば、この力とは何であり、それがどのように作用するかを理解するために、われわれは粉や粉がその物質的特徴によって何をするかに目をむけなければならない〔Holbraad 2007: 206〕。モノの概念的アフォーダンス（conceptual affordances of things）をめぐる、われわれの現在の議論から見ると、存在論的転回の主な教義である「人びとのことを真剣に受け止める」（taking people seriously）ことに対するホルブラードのもともとの主張によって曖昧にされていたのは、それがモノそのものを真剣にとらえることをも要請することである。…こうして占い師たちが語り、おこなうことに関する民族誌は、それをこえ…「モノ自身の方」を向くようになる〔Holbraad and Pedersen 2017: 223–224〕。

こうして、H－Pはモノの概念的アフォーダンス（人間の行動を方向づけるモノの物質的特徴）の研究に向かう。モノであれ、概念であれ、他の何であれ、存在はコミュニケーション依存的に成立している。しかし、このことはH－Pの視野の外にある。そのために、彼らの議論は人類学者による存在の恣意的な創造と区別がつかなくなる。また、そうならないようにするための反省的・内省的（リフレクティヴ）な装置、つまり認識論への配慮も

ない。(8)

四　参与観察を讃えて

Ｈ－Ｐは「ポスト人文主義」の広く知られている具体例として米国の銃問題をめぐるラトゥールの分析をあげている［Holbraad and Pedersen 2017: 205–206］。米国の銃規制運動は、銃には人を殺すエージェンシーがあると主張する。だが、全米ライフル協会（ＮＲＡ）は、こうしたエージェンシーの措定に異議をとなえ、人を殺すエージェンシーは人間にあるという主張を展開する。杉島［二〇一四ｂ］でものべたが、これは典型的な複ゲーム状況であり、そのように理解することで、米国の変化する深部の一端を民族誌的に描き出すことができる。しかし、ラトゥールは、人を殺すのは銃のエージェンシーでも人のエージェンシーでもなく、その責任は銃と銃携帯者の混合的アクターというハイブリッドな存在にこそ帰すべきであるとのべる［ラトゥール 二〇〇七：二二六―二三二、cf. 久保 二〇一八：一七―一八］。ラトゥールは、自身の観点から「真理」を指摘することで啓蒙をおこなっているのだろうが、それは複ゲーム状況的に対立する銃規制運動の活動家にとっても、全米ライフル協会の会員にとっても無縁のものだろう。

アクターネットワーク理論（actor-network-theory, 以下「ＡＮＴ」）の研究から類似の例をもうひとつあげよう。つぎに引用するのはカロンの論文の一節である。

すでにみたように、〔農民は鋤というアクターとともに働いているので〕畑を耕すことは孤独な行為ではない。車の運転も多数の人間や非－人間的存在が参加することで達成される行為である。わたしが東京から

> 京都までドライブしようとして、わたしのニッサンのイグニッション・キーを回すやいなや、わたしは次のようなものすべてを起動する。すなわち、この車を設計したエンジニア、材料の抵抗を調べた研究者、中東の砂漠を探索して石油を掘削した企業、ガソリンを生産する製油所、高速道路を建設し、補修する土木会社、わたしに運転を教えてくれた自動車教習所とその教員、交通法を起草し、発布した政府、交通法を執行する警察、自分の責任を取るときに助けてくれる保険会社。イグニッション・キーを回し、東京から京都に車を運転するという単純な行為は、東京から京都へわたしを運ぶという、いたって平凡な行為に、多数者として、だが、単一者として参与する人間および非‐人間の拡大されたネットワークを起動するのである。この行為は集合的である。アクターネットワーク論は、人間でも、非‐人間でも、基本的な行為に参与するこれらすべてのアクティヴな存在をアクタントという［Callon 2004: 6］[9]。

この一節は印象深い。それは、ドライブすることについて正確に何かを言い当てているからでも、ひどく間違っているからでもない。筆者が知る車の運転やそれにかかわる存在の立ち現れと大きく異なっているからである[10]。ＡＮＴは「近代人の通念をみごとにくつがえす」［春日 二〇一一：一二三］と評されるゆえんである。しかし、人類学が参与観察にもとづく学問なら、こうしたＡＮＴ的な、あるいは、ポスト人文主義的な存在の定立はおこなうべきではない［cf. Holbraad and Pedersen 2017: 268–270］。

存在はコミュニケーション依存的に定立される。人類学者は、コミュニケーションに参与しながら観察をおこない、コミュニケーションの当事者にとっての〔当事者自身をふくむ〕存在の立ち現れを理解しようとする。参与観察の特別に重要な独自性は理解を他の何よりも優先することにある。だから、参与観察者は、植民者、布教者、ＡＮＴ[11]のように非当事者の考える世界の本当の姿〔実在〕をふりかざして当事者を啓蒙することも、批判もしない。また、同じ理由から、参与観察は当事者にとっての存在の立ち現れと迂遠・無縁な、人類学とその周辺領域における理論的前提を切り捨てる。言葉をかえると、参与観察にもとづく人類学は、人類学とそれをとりまく学問領域において「オッカムの剃刀」[12]のように働くのである。

筆者は中部フローレスの民族誌研究を通して「表象」や「意味」の概念をもちいることに批判的になった。その主な理由は、表象や意味、および、これらが生じる場としての「心」を表現する言葉が中部フローレスで話されてきた在来語（リオ語）にはないことを知ったことにある［詳しくは本書所収の杉島論文、cf. ローティ 一九九三、コーン 二〇一六：一九、サール 二〇一八］。

ここでのべている当事者とはコミュニケーションとゲームにかかわる権威者、追随者、不定見者などのことであり、文化的に異なる「他者」という意味ではない。だが、当事者を他者と言いかえるなら、ここで筆者がのべていることは参与観察をとおして「住民の視点」［マリノフスキ 二〇一〇：六二―六三］と相関する存在の立ち現れを描き出そうとしてきた人類学の目的と異なるものではない。筆者は、参与観察が人類学において中心的重要性をもつという考えを前世代から継承したのである。この中心的重要性はときとして否定されるかもしれない。だが、参与観察のために必要とされる能力は人間に備わる基本的な理解力であり、これにもとづき文学が無数の悲喜劇を描き出し、これからもまちがいなく生み出しつづけるであろうことを考えるとき、参与観察は、それだけでは不十分だが、研究活動の重要な基盤でありつづけるだろう。

先に「存在の恣意的な創造」という言葉でのべたANTやポスト人文主義の問題点は次のことにある。①参与調査における当事者と非当事者（人類学者）との区別が不明確である（先述の『存在論的転回』における(i)と(a)の問題）。②そのために、当事者にとっての存在の立ち現れに研究の焦点が合わされない。③研究者が当事者とは無関係に、研究者にとっての正しさにもとづいて、無視点的に（神のような視点から）世界の成り立ちを実在論的に描き出すようになる（全米ライフル協会や銃規制運動の主張と無縁な混合アクターの定立）。

存在論的転回は「静かな革命」というよりは「実在論的転回」と呼ぶべきなのかもしれない。実在論と反実在論とのあいだで間歇する風土病のような批判と反批判の応酬は複ゲーム状況的に理解すべきである。思弁的実在論をはじめとする近年の実在論の活況は、この複ゲーム状況が今後も長つづきすることを予感させる［メイヤスー 二〇一六、ガブリエル 二〇一八、cf. e.g. 杉島 一九九五、二〇〇一 a］。

参与観察の目標となるのは参与観察における「円滑なコミュニケーション」である。この表現で意味しているのは、動植物や人工物などの非 - 人間的存在をまじえ、かつSNSや歴史文書をとおして、しばしば時空をこえておこなわれるコミュニケーションに人類学者が問題なく参与していることである。こうしたコミュニケーションをおこなうには、言語にかぎっても、会話能力だけでなく、意味論的知識と百科全書的知識を習得し、「どのような状況でどのような文を発話するか、あるいはどのような問いかけに対してどのように肯定や否定の反応をするか、どのような推論を認め、あるいは認めないか、等々のパターン」［丹治 一九九六：一六七］にいたるまでコミュニケーションの当事者と十分な調律をはかる必要がある［本書所収の片岡論文参照］。

だが、こうした調律の努力にもかかわらず、当事者の視点から世界を眺めるようにはならない。これは一九八三年からインドネシアで断続的におこなってきたフィールドワークとそれよりも長い日本での経験にもとづく実感だが、本稿の他の箇所との整合性からいうと、存在は唯コミュニケーション的にしか現れないということである。人類学は「住民（他者）の視点」から世界を眺めることや「他者理解」について語ってきたが、その中身は参与観察をとおして当事者たちの反応のパターンを数多く知ることで予測可能性が高まったということだろう。その実感的な正しさを支えているのは、自分とよく似た反応をする存在に対する自らにもとづく類推にちがいない［cf. e.g. ホロヴィッツ 二〇一二］。事情は当事者にとっても同じだろう。当事者も知らぬ間にコミュニケーションやゲームに巻き込まれ、当事者になってしまっている。そして、これと似たことは調査地や当事者と長くかかわりすぎた人類学者についてもいえるだろう。

　ここでいう当事者には人間だけでなく、動植物や人工物などの非‐人間的存在がふくまれる。ただし、すでにのべたように、参与観察にもとづく人類学は当事者について語るのではない。コミュニケーションに参与することで、当事者にとっての存在の立ち現れを理解しようとするのである。コーンの『森は考える』のつぎの一節にはこれと類似する論点がふくまれている。

> …本書は、ここで焦点を当てる問いが長期にわたってフィールドに没頭することで経験できる多種多様な出会いから生じているという意味において、厳密に経験的である。そうした問いをさらに深めていくにつれて私は、その問いを、アヴィラの人々が異なるたぐいの諸存在と関わりあう方法に民族誌的に注意を向けようと取り組むことで増幅され、そして目に見えるようになった、一般的な問題の表現だとみなすようになった。…それゆえ、人間的なるものを超えたこの人類学は、ひとつの場所とそこで暮らす人々と深く継続的に関わることから生じている［コーン 二〇一六：二四］。

　非‐人間的存在を当事者の一部と考えることから、つぎのような問いが生まれる。すなわち、彼ら／それらにとっての存在の立ち現れを知ることができるか、あるいは、どうすれば知ることができるだろうか。

　人間とモノを等しく扱うべきとするシンメトリーの原則や、非‐人間的存在に発言権を与える「モノの議会」をＡＮＴが提唱したことはよく知られている［ラトゥール 二〇〇八、Latour 2004］。存在論的転回がＡＮＴの影響下にあることはあらためて指摘するまでもないが、Ｈ‐Ｐは、ヴィヴェイロス・デ・カストロが人類学における諸民族の「解放」（emancipation）を彼らの「概念的自決」（conceptual self-determination）に求めたことに言及し［Viveiros de Castro 2015: 39–54］、「モノの解放」をめざす概念的アフォーダンスの研究は、ヴィヴェイロス・デ・カストロの研究をさらに推し進めるための最重要の場であるとのべている［Holbraad and Pedersen 2017: 210］。

こうした研究プログラムの延長上で、動植物や人工物を当事者とし、その視点と相関する存在の立ち現れを研究しようとする構想が生まれてくるだろう。この点で久保の研究は魅力的である。ヴィヴェイロス・デ・カストロの研究に言及しながら、「機械の視点」をとりあげているからである［久保二〇一八：五、三四、一八九、二〇三、二〇九］。だが、そこで実際に論じられているのは、当事者である機械の視点や機械の視点から眺めた世界というよりは、ＡＩと関係するなかで人間のあり方がその中心部において大きく変化しつつあることのように思える。

五　ヴィヴェイロス・デ・カストロの文化抑圧

「異文化」あるいは異文化的「他者」の理解は人類学の目的を方向づけるうえで根本的に重要な役割を果たしてきた。参与観察を中心とするフィールドワークについて関本は次のようにのべている。

［フィールドワークをおこなう調査地は］自分が内在化している秩序ある見方の適用が、極度にむずかしいところ、目の前に展開される人々の生活が不可解の混沌と映る程度ができるだけ大きい所なら、どこでも良いのであり、どこに実際に行くかは二義的な問題にすぎない。…文化の相違ということが抽象的な理念としてではなく、人の現実の日常生活をどう規定しているかを知るには、フィールドワークが必要である。つまり「自己」が理解しえぬ別の日常を経験すること、人と社会について自己が有する自明な前提に抵触する

別の自明性と常識の世界の中にほうり込まれることが必要である［関本 一九八八：二七七—二七八］。

これは参与観察の意義を異文化理解との関連で論じる数多くある解説のひとつだが［cf. e.g. Jorgensen 1989］、人類学理論の多くも異文化の存在を前提に構想されてきた。その代表は文化相対主義である。文化が概念の体系として成り立っているという解釈－象徴人類学の中心的教義は、文化相対主義の論拠としてよく使われており［ベネディクト 一九七三、Herskovits 1973; ハンソン 一九八〇］、文化相対主義と解釈－象徴人類学は切れ目なくつながっている。先述のように、存在論的転回では体系内分析が批判されるが、第一節で引用した存在論的転回の目的をのべた「文化、社会、人間の本質に関する…」ではじまる一節は明らかに遠く隔たる異文化のイメージを下敷きに書かれている。

H－Pがいうようにヴィヴェイロス・デ・カストロが存在論的転回の創始者であるなら［Holbraad and Pedersen 2017: 157］、存在論的転回はヴィヴェイロス・デ・カストロ経由で異文化の存在を前提にする人類学的な問題設定を継承している［e.g. Viveiros de Castro 2016］。

ヴィヴェイロス・デ・カストロの広く知られている研究に「パースペクティヴ主義」（perspectivism）をめぐる議論がある。パースペクティヴ主義とは、動物などの非－人間的存在が人間と同様の認識能力をもち、また人間と同じような生活を営んでおり、こうした非－人間的存在と人間が相互交渉をおこなう場として世界が成り立っているようなコスモロジーのことである［Viveiros de Castro 2015: 58］。西洋の存在論では自然は単一であり、それを認識する文化的な枠組みは多様である（multiculturalism）。他方、アマゾンひいてはアメリカ大陸先住民のパースペクティヴ主義は次のごとくである。ジャガーやバクなどの動物は基本的には人間であり、人間と同じように世界を認識している。しかし、ジャガーやバクにとっての世界は人間にとっての世界とは異なる。(13) そのために、ジャガーにとって（獲物の）血はマニオクのビールであり、バクにとって川岸の塩舐め場は儀礼の場なのである。このことをヴィヴェイロス・デ・カストロは「多自然主義」（multinaturalism）と名づけているが、パースペクティヴ主義と大きく重なりあうので、以下では両者をパースペクティヴ主義と総称する。

筆者はアマゾン先住民の民族誌に専門的な知識があるわけではないが、パースペクティヴ主義は典型的にはシャーマンの語り、あるいはイデオロギーであり、シャーマン以外には病気や幻覚の状態にある者がパースペクティヴ主義的に世界を見る場合がある［ヴィヴェイロス・デ・カストロ 二〇一五：四八、五二―五四、七一、七八、二〇六、二〇八、二一八、二〇一六：四二―四六、五四］ことのようである。そうであるなら、パースペクティヴ主義はシャーマンを権威者とするコミュニケーションやゲームにおける存在の立ち現れなのである。すでにのべたように、存在は概念であれ、モノであれ、他の何であれ、単独で成立しているわけではなく、ゲームやコミュニケーションが複ゲーム状況的に並存・対立するなかに立ち現れる。そうであるなら、ヴィヴェイロス・デ・カストロが語るパースペクティヴ主義は、他にも数多くあるはずの存在論的コミットメントのひとつにすぎない。それゆえ、それを特権的に重視して抜き出し、アマゾン先住民の文化のように語ってはならない［本書所収の片岡論文参照］(14)。複ゲーム状況論はこうした語りを強く抑制する。

ヴィヴェイロス・デ・カストロがパースペクティヴ主義を文化やコスモロジーと言い換えている箇所は少ない。筆者はこうした説明のための不本意な便法をあげつらうわけではない。しかし、パースペクティヴ主義をアマゾン先住民ひいてはアメリカ大陸先住民に特徴的なものとし、西洋の存在論と対比するとき、それは文化相対主義の事例のひとつになる［杉島 二〇一六］。また、文化の違いによって地表を色分けする植民地主義的な「地文化システム」（geo-cultural system）［Holbraad and Pedersen 2017: 176–177］と区別がつかなくなる。これがヴィヴェイロス・デ・カストロの提唱する人類学の政治的アジェンダ、「この惑星のマイノリティーたちの概念的自決」（conceptual self-determination of all the planet's minorities）［Viveiros de Castro 2015: 41］のめざすものなのだろうか。

パースペクティヴ主義をアマゾン先住民の文化的本質のようにのべてしまうことのネガティヴな帰結はまだある。それは並存・対立するゲームやコミュニケーションへの出入りをくり返している不定見者の姿を見えにくくし、パースペクティヴ主義から自由である可能性と権利を人びとから奪い、文化的に抑圧することにある。激動と苦難の時代や地域においては宗教や文化の放棄、否定、転向、創造（インヴェンション）が複ゲーム状況的に活発化する［e.g. Bessire 2014; ファウルズ 一九九七、マラブル 二〇一九、cf. 杉島 一九九九：三四―三七、二〇〇一a：一三―一九、二〇〇八］。

より大きな可能性にむけて、人類学は文化相対主義や文化抑圧を批判的に対象化する立場を確保すべきである。両者はともに文化の本質主義に由来するが［杉島 二〇〇一a：四―八、二〇一四b：三二―三五］、アブデル＝マレクはすでに六〇年代初期の論考で次のようにのべていた。

伝統的なオリエンタリストによれば、考察されるすべての存在には失われることのない、共通の基盤をなす一つの本質――それはしばしば形而上学的な用語で明確に表現されさえする――が存在するはずだとされる。この本質は…本源的に非歴史的である。なぜなら、それは研究の「対象」である存在を失われることも、進歩することもない特殊性のなかに釘付けにするからである。…こうして、最終的に――現実の特殊性にもとづいてはいるが、歴史から乖離しているために、感知できず、本質的なものとして認識される――タイポロジーにゆきつくことになる。このタイポロジーは研究の「対象」から研究をおこなう主体が超越的であるような別種の存在をつくりだす。つまり、ホモ・シニクス（中国的人間）、ホモ・アラビクス（アラブ的人間）…ホモ・アフリカヌス（アフリカ的人間）といった類型が得られるのである。他方、人間――「通常の人間」

と理解されるもの——とは歴史時代つまり古代ギリシャ以来のヨーロッパの人間なのである［Abdel-Malek 1963: 107–108; アブデル＝マレク 一九七七：三八—三九］。ヴィヴェイロス・デ・カストロの研究は、この一連の「ホモ〜」にアマゾン先住民やアメリカ大陸先住民を付け加えたのである。(15)

アマゾン先住民の概念的自決のためなのか、あるいは、ドゥルーズ（／ガタリ）哲学の実践のためなのかもしれないが(16)、ヴィヴェイロス・デ・カストロはパースペクティヴ主義をライプニッツの哲学と類比している［ドゥルーズ 一九九八］。これは当事者たちにとってどのような意義をもつのか。ライプニッツと当事者たちの多くを隔てる時空を思うと、ここでも当事者不在の議論がくり返されている気がする。(17)

六　存在の立ち現れ——本書所収の論文

本書には八本の論文が収められている。以下では各論文が当事者にとっての存在の立ち現れの理解にどのように取り組んでいるかを中心に、それぞれの内容を概観する。いうまでもないことだが、執筆者たちには、この序論でのべてきた議論とかかわりなく、自由に議論を展開している。

第一章の片岡論文は規則論的な問題設定を推し進めている点に特色がある。片岡は、人類学とそれをとりまく学問分野における議論の蓄積をふまえ、本稿とは別経路で、それらを総合する議論を展開している。

片岡論文が集中して考察するのは、神や精霊のような存在とその活動を理解するうえで、当事者の存在論にもとづくことが、よりよい理解につながるかという問いである。片岡の答えは否だが、この議論に説得力をもたせているのは長年の参与観察にもとづく次のような知見である。タイ北部山地のラフ人の村々で、キリスト教徒や非キリスト教徒であることは、特定の神や霊の実在を信じるというよりは、一群の規則にしたがっているかどうかによる。すなわち、非キリスト教徒であるには予言者が定めた儀礼を正しく実施し、キリスト教徒であるには日曜日に教会に集まり、神に直接祈祷をささげる以外の儀礼はおこなわないことで十分なのである[18]。宗教現象を理解するうえで大切なのは「特定の神や霊の実在に関する信念それ自体ではない」と片岡はのべているが、これらは存在の唯コミュニケーション性と同様のことを論じているように思える。

また、片岡は、「霊の実在に関する信念」という表現で、当事者に存在をめぐる「本心」（信念）があるようにも、ないようにもとれる文章を書いているが、存在の唯コミュニケーション性をつきつめると、それが現れる場はコミュニケーション以外にはないということになるのではないだろうか。他者の本心は知りえないが、研究室でMと「頭」について最初に話したときの筆者のように、自分の本心さえ知っているとはかぎらない。

第二章の津村論文は、東北タイのピットカブーンをめぐるコミュニケーションの錯綜に取り組んでいる。ピットカブーンは、出産後の女性に発症する頭痛、腹痛、脚の痛み、眩暈、咳、母乳不振、出産時に生じた傷の回復の遅れなどの症状の総称である。こうした症状をめぐって、村人、薬草師、呪医、産婆、医師、看護師は、それぞれの立場ごとに異なる病因を語る。そして、経産婦が訴える体調の不良は、これらの病因と関係づけられることで、種類の異なる事象として立ち現れ、異なる治療が施される。

ここにあるのは従来の複ゲーム状況論ではとらえにくい現象である。近代医療関係者のあいだで、ピットカブーンは迷信とされるが、彼らはピットカブーンを単なる迷信として否定するのではなく、対処療法によって治療されるべき、多様な症状の集合と見なす。また、異なる病因を定立するコミュニケーションの中心にいる薬草師、呪医、産婆といった権威者も、それぞれのコミュニケーションを閉ざすことなく、その外部との関係を開放状態に保っている。このことが村人たちのピットカブーンをめぐる異なるコミュニケーションへの出入りをいっそう容易にするとともに、多様なコミュニケーションが並存し、潜在的には増加する状況を生み出していると津村はのべる。

こうした「開放系」の複ゲーム状況を描き出したことは津村論文の大きな功積だが、開放系の複ゲーム状況と従来型の複ゲーム状況との違いがどこにあるのかを正確にのべるには、さらなる研究が必要である。筆者は、腰痛の異なる療法の権威者が互いに他に対して「冷淡であるか否定的」であり、そこには複ゲーム状況が成立しているとのべたことがある［杉島 二〇一四b：三〇—三一］。腰痛は多様な症状の総称である点でピットカブーンと似ているし、療法間の複ゲーム状況が実際には開放系になっていることも多いと思う。開放系になるかどうかについては、複ゲーム状況成立の歴史的経緯（ゲーム外状況）を知ることが、この場合も有効に思える。だが、本書所収の杉島論文の末尾で指摘しているが、歴史研究にかかわるアプローチをとらなければならないこともある。

第三章の杉島論文は、インドネシア・中部フローレスのリセ首長国における妖術をとりあげている。妖術は、妖術者を告発し、殺害する理由にもなれば、有力首長の言祝ぎにもなる。杉島論文はこうした妖術をめぐるコミュニケーションの的な様相の変化を詳細な民族誌的データにもとづいて明らかにしている。そのうえで、コミュニケーションの文脈に配慮することなく概念に焦点を合わせ、概念を相互に結びつけることによって体系としてのミュニケーション文化を描き出す、杉島が「概念記述」とよぶ研究方法を批判している。概念記述は先にのべた体系としての文化や体系内分析と不可分な関係にある。概念記述は象徴－解釈人類学とともに廃れた過去の研究法のように思われがちだが、ヴィヴェイロス・デ・カストロの研究が示すように、実際には今日の人類学者によってもよく使われている。

第四章の里見論文はソロモン諸島（国）マライタ島北東海岸のアシとよばれる人びとの「海の岩」をめぐって

展開される。アシは海上に人工島を造成して生活の場としてきた。その資材となるのは「海の岩」、すなわち造礁サンゴ等が形成する石灰質の岩である。アシの人びとはそれに関心をむけることも、話題にすることもない。

こうした「海の岩」を対象とする研究は、したがって多分に冒険的議論をふくむことになるが、里見論文は、そこからいくつかの重要な学術的貢献をおこなっている。そのひとつは参与観察というコミュニケーションに依存する調査によって、コミュニケーションの圏域とその外部との境界を探り、「海の岩」が地下や海の深みのなかで「育ちつつある」ことを語る、擦れたように不明瞭で不安定に揺れ動く言葉をとりだしていることである。これは存在のコミュニケーション依存性をそれが成り立たなくなる臨界点から明らかにした論述として画期的である。

第二点は、人間の「作為や関与を超えた領域」をコミュニケーションの圏域やその外部との境界との関係で論じていることである。さもなければ、こうした「領域」の研究は象徴－解釈人類学における「外部」や「周縁」の研究［e.g. 山口 一九七五、小田 一九九四］と容易に混同されてしまうだろう。

第三点はＨ－Ｐの「ポスト関係論」的立場から議論を展開していることにある。ポスト関係論とは人間関係や人間関係にかかわる諸概念を非－人間との関係にも拡張するＡＮＴやジェルのアート・ネクサス論に批判的な立場を指し、この立場からＨ－Ｐはラトゥール［二〇一七］がキリスト教徒にとっての神の超越性を真剣に受け止めていないことを批判している［Holbraad and Pedersen 2017: 264–271］。このことは、ポスト関係論が当事者にとっての存在の立ち現れとその理解を重視している点で、コミュニケーション的存在論と通底するものがあることを示している。ただし、ポスト関係論をめぐるＨ－Ｐの議論には、①ポスト関係論と前出のポスト人文主義との関係が不明確である、②ラトゥールを神の超越性をめぐる複ゲーム状況の当事者にふくめていない、③あいかわらず概念に焦点が合わされており、神にかかわるゲーム（儀礼）やコミュニケーションを視野に入れていないなどの問題がある。

付言しておくと、人間関係や人間関係にかかわる諸概念を非‐人間に拡張することの是非そのものは重要な問いではないと筆者は考えている。擬人化は人類学的には当事者にとっての存在の立ち現れとの関係で考えるべき問題である。また、擬人化には言語表現以外に何らかの内実があるのかどうかについても考えるべき微妙な問題があり［西村／野矢 二〇一三：九八―一四〇］、これは長期的なＡＮＴの評価とも関係する。

第五章の中村論文はインドネシア・バリ島のある知識人が語った「土地が人間をもつ」という言葉をめぐって展開する。

中村によると、バリでは土地の側から人間に作用するような呪術的・宗教的なエージェンシーの要素はきわめて希薄だった。つまり、インドネシアをふくむ東南アジア島嶼部ではよく聞かれる、土地にはその支配者である神がおり、この神と良好な関係をもつことによってはじめて、人間は一定範囲の土地に対する権利を主張し、そこでおこなう農耕から豊作を得ることができるといった類の語りが［細田 二〇一九：三三四―三三九、本書所収の杉島論文参照］、バリでは全くといっていいほど語られることはなかった。それどころか、村でおこなわれる儀礼への参加を所有者に義務づける土地（タナ・アヤハン・デサ）は、他のカテゴリーの土地よりもこの点で所有者に負担を強いるので、取引価格が安くなっていた。バリ島ではすでにオランダ植民地時代に私的所有が土地に深くしみ込んでいた。しかし、バリでの調査をつづけるうちに中村は、村を離れて都市で高等教育を受けた知識人から、土地が人間にエージェンシーとして作用するような表現に遭遇するようになったのだった。

中村論文の目的は、この現象が由来する大まかな方向を明らかにすることにある。中村は、オーストロネシア諸語のひとつであるバリ語のバヌア（土地領域）、カウィタン（起源、祖先）、クラマ（成員）などの語源や用法を、オーストロネシア諸語の比較研究の成果をふまえながら検討し、土地が人間にエージェント（行為主体）として働くような表現の痕跡を発見している。それとともに、交通通信インフラの整備により都市に住む知識人が出身地の村への関与を強め、地域文化復興の動きが活発化するなかで知識人が故郷の村の文化や歴史を再構成するようになった状況を描き出すとともに、人間に行為主体として作用する土地が、かすかにではあるが、立ち現れるようになったことを指摘している。

第六章の馬場論文は、パプアニューギニアのマヌス島を中心に扶養費請求やDV（ドメスティック・バイオレンス）の訴訟をめぐって馬場がおこなってきた研究の成果がいかんなく発揮された論文であり、これらの訴訟にかかわる書類がコミュニケーションの文脈ごとにどのように立ち現れるかを明らかにしている。

馬場が最初にとりあげるのは、扶養費請求訴訟とともに作成される「扶養ファイル」である。そこに収められている書類の大半は裁判にかかわる権威者を中心とするコミュニケーションとともに作成されるが、新しい書類が作成されるたびに、それがさらに多くの人びとを巻き込んでコミュニケーションを展開させていく過程を馬場は的確な筆致で描き出している。

つづいて馬場は、ガブマン（裁判をふくむ近代的な統治制度が大きな役割を果たす領域）やカストム（伝統的慣習が大きな役割を果たす領域）、ロト（キリスト教）といった、マヌス島ひいてはパプアニューギニア全体で成立しているコミュニケーションの文脈ごとに、扶養ファイルに収められている書類が抗えない力を発揮したり、そうした力を失ったりする、書類という存在の様相の変化を明らかにしている。

この他にも馬場論文は、書類が人間とのコミュニケーションにおいて発揮する効力を可視化する四象限からなる分類の枠組みを提示していること、事案と訴訟がたどる一連の過程を描くことで、コミュニケーションの文脈がどのように移行、連接していくのかを精彩に記述していることなど、さまざまな観点から多層的に読むことのできる論文に仕上がっている。

第七章の高田論文は、アフリカ南部・カラハリ砂漠の狩猟採集民グイ／ガナの養育者が乳児に対しておこなうジムナスティック（養育者が乳児をひざの上で抱えあげ、立位を保持あるいは上下運動させる行為）と乳児を前景化するツァンドという歌／ダンスをふくむ相互行為をとりあげている。

高田論文の中核をなすのは、調査地で撮影したジムナスティックやツァンドをふくむ相互行為のビデオ映像の分析である。いずれも短時間のものでありながら、そこには出所由来の異なる、驚くほど多様なコミュニケーションの文脈が並存していること、当事者たちは特定の文脈を前景化して相互行為をおこないながら文脈を更新しつづけ、つぎつぎと別様の相互行為を展開していくありさまを高田は鮮やかに描き出している。

この分析は、それ自体として成り立っているだけでなく、相互行為の進行、子どもの成長、社会・文化の変化という異なる時間軸の架橋に取り組んできた、「子どもの人類学研究」における言語的社会化アプローチと複ゲーム状況論を接合する試みでもある。そこから高田は、歌やダンスといった「共同的音楽性」が乳児をふくむ相互行為にかかわる複数の文脈を結びつけ、相互行為を推進していくことに大きくかかわっているという結論を導き出している。

また、高田論文は「子どもの人類学研究」の簡潔で広範なレビューをふくんでおり、この点でも重要である。最終章（第八章）の飯田論文はマダガスカルの南西部沿岸に居住する漁撈民ヴェズの村落地域における長年のフィールドワークにもとづく研究である。理論的な提言をはじめ多岐にわたる内容の論文だが、その要点のひとつは次のような論点群である。①コミュニケーションは情報（他に影響を及ぼす刺激）の流通である。②人間だけでなく、動植物や人工物も情報の発信源となる。③人間は身体を基盤にさまざまな情報を総合し、「身体知」を形成、更新しつづける。飯田は、これらを主にカヌー操縦の学習過程にもとづいてのべている。

飯田論文が提示するもうひとつの論点群は次のことにある。④ヴェズの人びとは、子ども時代から長い時間をかけて情報を累積的に摂取し、身体知を形成、更新しつづけている。⑤こうした身体知を発揮させてヴェズの人びとは生業を営んでいる。⑥外来の工業製品がもたらされると、人びとは身体知との関連で、そのなかから生業に流用可能な性質や要素をたちどころに見つけ出す。⑦こうした性質や要素を生業に流用し、生業に「技術革新」をもたらす、⑧特別なコミュニケーションなしに、同時多発的といえるほどの速さで「技術革新」が一気に広まる。これらの論点群を飯田は、古タイヤからゴムでくるまれた状態のスチールワイヤーをとりだして編み、耐久性のある地引網を作り出したことや、ＬＥＤライトを夜間の素潜り漁で使うためにコンドームをかぶせて防水化した事例にもとづいて論じている。

飯田論文は本稿とはかなり異なる枠組みにもとづいて書かれているように見える。だが、コミュニケーション的存在論と親和的なところはいくつもある。人間はコミュニケーションから情報を摂取し、身体知を更新しつづける。たとえば、カヌー操縦の学習において、少年は目まぐるしく変わる風、波、帆、ロープ、船体などからの情報を受け取りながら、カヌーを走らせるのに必要なこれらとの関係を身体知として蓄積する。しかし、それはつねに未完の状態にとどまる。カヌー操縦者に立ち現れる諸存在は、カヌーを操縦するその時々で部分的にしか姿を現さないからである。このことは存在の唯コミュニケーション性と大きく重なり合う。また、「技術革新」についていうと、ヴェズの人びとは長い時間をかけて、漁撈と関連する膨大な数量のコミュニケーションをとおして大きく類似する身体知を形成しており、このことが漁撈に流用可能な古タイヤやコンドームの同時多発的な立ち現れを可能にしている。これは存在のコミュニケーション依存性の明確な具体例のひとつである。くわえて、コミュニケーション的存在論は、コードを必須の前提とせず、くり返されることでコミュニケーションの可能性が高まるコミュニケーションを想定する点で、ベイトソン［二〇〇〇］や飯田の議論と大きな類似性がある。

本書所収のいくつかの論文には存在論的転回をめぐる考察やコメントがふくまれている［片岡、里見、中村、杉島論文参照〕。筆者の立場との違いをふくめ、それらを一望する見取り図を作成すべきだったかもしれないが、そうしなかった。筆者は存在論的転回をめぐる複ゲーム状況の当事者であり、展望のための視点を確保できていないと感じたからである。それと同じ原因によるものだろう、本稿を書き進めるうちに、廊下の曲がり角で向こうからやってきたH－Pの一団と混じり合ったように論点が重なって見え、笑ってしまうことが一再ならずあった。このことは存在論的転回をめぐる議論がもう少しつづき、その評価がなかなか定まらないことを予想させる。複ゲーム状況は単ゲーム状況に支えられている〔杉島 二〇〇八、二〇一四b〕。

謝辞
最終稿を仕上げるにあたり、筆者による英文和訳を中村潔氏に点検していただいた。記して謝意を表す。

註

（1）矛盾することをいうようだが、認識論と存在論に規則論を付け加えた三元体制が実現することで事物の把握が十全なものになるとは考えていない。

（2）「母」とは、呪文が対象とするもの、たとえば毒蛇の咬傷や捻挫、この場合には「朽ちた木」の存在論的根源のことであり、それに言及することで、痛みを消したり、「朽ちた木を追い払う」などのことが可能になる。

（3）Mは多くの院生の言動を合成した架空の存在である。Mとは名づけなかったが、杉島〔二〇一四b〕でも同様の事例をもちいた。

（4）「頭」ではなく、「心」を話題とすることも考えた。「心」は「頭」よりも多様な論じ方ができる。「心」は、頭にあるようにも、胸にあるようにもイメージされ〔橋爪 二〇〇三：二四〕、そのことだけをとっても興味深い。また非－人間的存在をふくめての考察も可能である〔森山 二〇一七〕。

（5）これがうまくいったのはMが経験やリソースを総動員して、筆者の言葉に呼応してくれたことによると思う。学生側にこのような意味での自助努力がないと、指導はうまくいかない。大村のいう「完全な呼応の不可能性が相互行為のエンジンとなる」

コミュニケーション［二〇一三：一七八］はMから見た場合のコミュニケーションの姿である。

(6) 天動説のように、現代においても宇宙（の姿）は権威者間のコミュニケーションにおいて成立している。宇宙物理学者は宇宙の五パーセント程度しか知らない［大栗 二〇一三：二七三―二九三］。過去をふりかえるとき、科学だけでなく、生活のさまざまな領域から、存在がコミュニケーション依存的に成立していることの具体例を数多くあげることができる。

(7) 「ヒューマニズム」と訳すことも考えたが、カタカナ書きを減らすべきとも考え、「ポスト人文主義」と「人文主義」で統一した［cf. ブライドッティ 二〇一九］。

(8) コミュニケーション的存在論と社会構成主義［e.g. ガーゲン 二〇〇四］との異同を論じるべきだったと思うが、機会をあらためてのべる。

(9) 青山［二〇〇八］から、ここに引用するカロンの論文の一節や、それに邦訳があることを知った。いくつかの理由から邦訳からは引用しない［カロン 二〇〇六］。

(10) これは、アッテンボロー［一九九八］やマンクーゾ／ヴィオラ［二〇一五］のように植物を人間同様の知的存在に喩える文章の修辞効果と似たところがある。

(11) ここでのべているANTとは異なり、『社会的なものを組み直す』［ラトゥール 二〇一九］には「アクター自身にしたがう」ことなど、筆者の立場と類似する論点があるので、ここでの筆者の議論は偏っているように見えるかもしれない。ラトゥールのANTをめぐる議論にはその都度の変化がある。

(12) 「オッカムの剃刀」がオッカムの鍛造によるものではないことはすでに定説になっているが［稲垣 一九九〇：七一―九五］、ここでは「いわゆる」の意味で使っている。

(13) 動物や昆虫の視点から見た世界を描く小説、そうした世界の眺望を挿話にふくむ小説は、思いつくだけで、フランツ・カフカ『変身』、リチャード・アダムズ『ウォーターシップ・ダウンのうさぎたち』、アンナ・シュウエル『黒馬物語』、宮沢賢治『よだかの星』、夏目漱石『吾輩は猫である』、三島由紀夫『金閣寺』、室生犀星『蜜のあわれ』（西島薫氏の指摘で読む）などのように数多く、宮部みゆき『長い長い殺人』やポール　ギャリコ『雪のひとひら』のように人工物や自然物の視点からのナラティヴを展開する小説もたくさんある。その数は増えている気がする。このように、非‐人間的存在の視点から展開される人間的ナラティヴは確立された文学技法のひとつであり、このこともパースペクティヴ主義がアマゾン先住民やアメリカ大陸先住民に固有のものであるという理解をためらわせる。ここで例にあげた文学作品はいずれも広く知られているので、参照文献にはあげない。

(14) 文学でも同様の現象はおこる。一例をあげると、トールキンの長編『指輪物語』は、「力の指輪」が鍛造からホビットの努力によって破壊されるまでの四九九八年のあいだ、冥王サウロンの邪悪な意図を集約したものであったことを描いている。だが、よく読むと『指輪物語』のナラティヴは反サウロン陣営の指導者たちの視点から展開されており、全篇を通じて、この視点からサウロンは一方的に悪と決めつけられているにすぎない［トールキン 二〇〇三、杉島 二〇一五］。文学なら単声的（mono-phonic）であるといった批評ですまされるのだろうが、当事者のいる民族誌の場合、問題は当事者をまきこんで政治的になる［クリフォード／マーカス編 一九九六、杉島 一九九五］。

（15）ストラザーンによる「メラネシア的」という現象のくくり方［Strathern 1988］はヴィヴェイロス・デ・カストロの「アマゾン先住民的」と同様の問題があるのではないか、メラネシア内で跳躍自在におこなっているように見える比較［ストラザーン 二〇一五］は膨大なメラネシア民族誌の詳細と向き合わずに流して書いた戯言ではないのかと問うてもいい気がする。ジェームズ・J・フォックスが主導した「オーストロネシア比較研究プロジェクト」（Comparative Austronesian Project）はいくつかの重要な成果をあげたが［e.g. Fox and Sather (eds.) 1996］、同時に人類学的な比較研究の蜃気楼的な困難さをあらためて示した。

（16）ドゥルーズのいう「概念の創造」が生じる「内在平面」はクワイン［一九八四、一九九二］のいう信念のネットワークと似たところがある［cf. 國分 二〇一三：三〇―三六］。ここから考えると、H－Pのいう（民族誌的出会いを契機とする）「概念の創造」［Henare et al. 2007; Holbraad and Pedersen 2017］はドゥルーズの「概念の創造」と関連づけて理解されがちだが、後者から前者への影響は言葉の借用レベルなのかもしれない。

（17）檜垣は、つぎに引用する文章で、ヴィヴェイロス・デ・カストロの研究を日本の人類学者が追いかけ、追いつくべきもののようにのべているが、筆者はそうは思わない。「…九〇年代からここ四半世紀、人類学からの声が現代思想に聞こえてくることは少なくなった。…人類学は本当に力を失ってしまったのだろうか。…実はそんなことはない。…ブラジルの人類学者であるヴィヴェイロス・デ・カストロは、英米系の人類学であるストラザーンやワグナーと、そしてフランス系のデスコラや、またラトゥールや中国思想学者フランソワ・ジュリアンと、ドゥルーズ－ガタリとを易々と連接してしまう。そのうえ彼の思考の中核にはもちろんレヴィ＝ストロースがおり、さらにはいうまでもなく背景にはアマゾンの原住民たちがいる。それらに即した展開が、しっかりとなされているのである。…ではわれわれ日本は、どうして人類学のこの状況においついていけなかったのだろうか。本来であれば日本は、英独仏のあいだを自由にいききできる第三者として、イタリアやブラジルと同等の立場にいたはずである。だがこの二〇年間、ほぼ誰もそれをおこなっていない（もちろん発信する言語の問題は措こう）。…日本の人文学者が一体何をしていたのかという、もちろん自分にも跳ね返ってくるこの問いは、これ以上は問うまい（やればよいのである）」［檜垣 二〇一七：三五七―三五九］。

（18）ラフにおけるキリスト教改宗をめぐる片岡の議論と、近年メラネシア研究者が内面的改宗をめぐっておこなってきた論争との遭遇は興味深いものになるだろう［Holbraad and Pedersen 2017: 264-271］。

参照文献

Abdel-Malek, A., 1963, "Orientalism in Crisis", trans. J. W. C., *Diogenes* 44: 103–140.
アブデル＝マレク、A　一九七七『民族と革命』熊田亨訳、岩波書店。
Abramson, Allen and Martin Holbraad, 2014, "Introduction: The Cosmological Frame in Anthropology", in A. Abramson and M. Holbraad (eds.), *Framing Cosmologies: The Anthropology of Worlds*, pp. 1–28, Manchester University Press.
青山征彦　二〇〇八「人間と物質のエージェンシーをどう理解するか――エージェンシーをめぐって（2）」『駿河台大学論叢』三七：一二五―一三七。
アッテンボロー、デービッド　一九九八『植物の私生活』門田裕一ほか訳、山と渓谷社。
ベイトソン、グレゴリー　二〇〇〇『精神の生態学』佐藤良明訳、新思索社。
ベネディクト、R　一九七三『文化の型』米山俊直訳、社会思想社。
Bessire, Lucas, 2014, *Behold the Black Caiman: A Chronicle of Ayoreo Life*, University of Chicago Press.
ブライドッティ、ロージ　二〇一九『ポストヒューマン――新しい人文学に向けて』門林岳史ほか訳、フィルムアート社。
Callon, M., 2004, "The Role of Hybrid Communities and Socio-technical Arrangements in the Participatory Design", *Journal of the Center for Information Studies* 5(3): 3–10.
カロン、ミシェル　二〇〇六「参加型デザインにおけるハイブリッドな共同体と社会・技術的アレンジメントの役割」（川床靖子訳）上野直樹／土橋臣吾編『科学技術実践のフィールドワーク』三八―五四頁、せりか書房。
クリフォード、ジェームズ／ジョージ・マーカス編　一九九六『文化を書く』春日直樹ほか訳、紀伊國屋書店。
ドゥルーズ、ジル　一九九八『襞――ライプニッツとバロック』宇野邦一訳、河出書房新社。
Dolgin, Janet L., David S. Kemnitzer and David M. Schneider (eds.), 1977, *Symbolic Anthropology: A Reader in the Study of Symbols and Meanings*, Columbia University Press.
ファウルズ、ジョン　一九九七『マゴット』植松みどり訳、国書刊行会。
Fox, James J. and Clifford Sather (eds.), 1996, *Origins, Ancestry and Alliance: Explorations in Austronesian Ethnography*, Department of Anthropology in association with the Comparative Austronesian Project, Research School of Pacific Studies, The Australian National University.
ガブリエル、マルクス　二〇一八『なぜ世界は存在しないのか』（講談社選書メチエ六六六）清水一浩訳、講談社。
ギアーツ、クリフォード　一九八七「文化体系としての宗教」『文化の解釈学』吉田禎吾ほか訳、一四五―二一五頁、岩波書店。

Gell, Alfred, 1998, *Art and Agency: An Anthropological Theory*, Oxford University Press.

ガーゲン、ケネス・J　二〇〇四『あなたへの社会構成主義』東村知子訳、ナカニシヤ出版。

ハンソン、F・アラン　一九八〇『文化の意味――異文化理解の問題』野村博ほか訳、法律文化社。

ハート、H・L・A　二〇一四『法の概念（第3版）』（ちくま学芸文庫）長谷部恭男訳、筑摩書房。

橋爪大三郎　二〇〇三『「心」はあるのか』（ちくま新書三九一）筑摩書房。

Henare, Amiria, Martin Holbraad and Sari Wastell, 2007, "Introduction: Thinking through Things", in A. Henare, M. Holbraad and S. Wastell (eds.), *Thinking Through Things*, pp. 1–31, Routledge.

Herskovits, Melville J., 1973, *Cultural Relativism: Perspectives in Cultural Pluralism*, Vintage Books.

檜垣立哉　二〇一七「『アンチ・オイディプス』から『アンチ・ナルシス』へ――『食人の形而上学』解説」E・ヴィヴェイロス・デ・カストロ『食人の形而上学』三五七―三六八頁、洛北出版。

Holbraad, Martin, 2007, "The Power of Powder: Multiplicity and Motion in the Divinatory Cosmology of Cuban Ifá (or *Mana*, Again)", in A. Henare, M. Holbraad and S. Wastell (eds.), *Thinking Through Things*, pp. 189–225, Routledge.

――― 2012, *Truth in Motion: The Recursive Anthropology of Cuban Divination*, University of Chicago Press.

Holbraad, Martin and Morten Axel Pedersen, 2017, *The Ontological Turn: An Anthropological Exposition*, Cambridge University Press.

ホロウィッツ、アレクサンドラ　二〇一二『犬から見た世界――その目で耳で鼻で感じていること』竹内和世訳、白揚社。

細田尚美　二〇一九『幸運を探すフィリピンの移民たち――冒険・犠牲・祝福の民族誌』明石書店。

稲垣良典　一九九〇『抽象と直観――中世後期認識理論の研究』創文社。

Jorgensen, Danny L., 1989, *Participant Observation: A Methodology for Human Studies*, Sage Publications.

春日直樹　二〇一一「人類学の静かな革命――いわゆる存在論的転回」春日直樹編『現実批判の人類学』九―三一頁、世界思想社。

コーン、エドゥアルド　二〇一六『森は考える――人間的なものを超えた人類学』奥野克巳ほか訳、亜紀書房。

國分功一郎　二〇一三『ドゥルーズの哲学原理』（岩波現代全書〇〇一）岩波書店。

久保明教　二〇一八『機械カニバリズム――人間なきあとの人類学へ』（講談社選書メチエ六八三）講談社。

Kuper, Adam, 1999, *Culture: The Anthropologists' Account*, Harvard University Press.

Latour, Bruno, 2004, *Politics of Nature: How to Bring the Sciences into Democracy*, trans. C. Porter, Harvard University Press.

ラトゥール、ブルーノ（ブリュノ）　二〇〇七『科学論の実在――パンドラの希望』川崎勝ほか訳、産業図書。

―――　二〇〇八『虚構の「近代」――科学人類学は警告する』川村久美子訳、新評論。

――――　二〇一七『近代の〈物神事実〉崇拝について――ならびに「聖像衝突」』荒金直人訳、以文社。

――――　二〇一九『社会的なものを組み直す――アクターネットワーク理論入門』伊藤嘉高訳、法政大学出版局。

マリノフスキ、ブロニスワフ　二〇一〇『西太平洋の遠洋航海者』（講談社学術文庫一九八五）増田義郎訳、講談社。

マンクーゾ、ステファノ／アレッサンドラ・ヴィオラ　二〇一五『植物は〈知性〉をもっている――20の感覚で思考する生命システム』久保耕司訳、NHK出版。

マラブル、マニング　二〇一九『マルコムX――伝説を超えた生涯（上・下）』秋元由紀訳、白水社。

メイヤスー、カンタン　二〇一六『有限性の後で――偶然性の必然性についての試論』千葉雅也ほか訳、人文書院。

森山　徹　二〇一七『モノに心はあるのか――動物行動学から考える「世界の仕組み」』新潮社。

西村義樹／野矢茂樹　二〇一三『言語学の教室――哲学者と学ぶ認知言語学』（中公新書二二二〇）中央公論新社。

小田　亮　一九九四『構造人類学のフィールド』世界思想社。

大栗博司　二〇一三『強い力と弱い力――ヒッグス粒子が宇宙にかけた魔法を解く』（幻冬舎新書二九二）幻冬舎。

大村敬一　二〇一三「交合する身体――心的表象なき記憶とことばのメカニズム」菅原和孝編『身体化の人類学』一五四―一八五頁、世界思想社。

Pedersen, Morten Axel, 2011, *Not Quite Shamans: Spirit Worlds and Political Lives in Northern Mongolia*, Cornell University Press.

クワイン、W・V・O　一九八四『ことばと対象』大出晃／宮館恵訳、勁草書房。

――――　一九九二『論理的観点から――論理と哲学をめぐる九章』飯田隆訳、勁草書房。

ローティ、リチャード　一九九三『哲学と自然の鏡』野家啓一ほか訳、産業図書。

Schneider, David M., 1984, *A Critique of the Study of Kinship*, University of Michigan Press.

サール、ジョン・R　二〇一八『社会的世界の制作――人間文明の構造』三谷武司訳、勁草書房。

関本照夫　一九八八「フィールドワークの認識論」伊藤幹治／米山俊直編『文化人類学へのアプローチ』二六三―二八九頁、ミネルヴァ書房。

スペルベル、ダニエル　二〇〇一『表象は感染する――文化への自然主義的アプローチ』菅野盾樹訳、新曜社。

Staal, Frits, 1979, "The Meaninglessness of Ritual", *Numen* 26(1): 2–22.

――――　1989, *Rules without Meaning: Ritual, Mantras and the Human Sciences*, P. Lang.

Strathern, Marilyn, 1988, *The Gender of the Gift: Problems with Women and Problems with Society in Melanesia*, University of California Press.

ストラザーン、マリリン　二〇一五『部分的つながり』大杉高司ほか訳、水声社。

杉島敬志　一九九五「人類学におけるリアリズムの終焉」合田濤／大塚和夫編『民族誌の現在』一九五―二一二頁、弘文堂。

――　一九九六「歴史研究にもとづく人類学批判」『民博通信』七一：七八―九八。

――　一九九九「序論――土地・身体・文化の所有」杉島敬志編『土地所有の政治史』一一―五二頁、風響社。

――　二〇〇一a「ポストコロニアル転回後の人類学的実践」杉島敬志編『人類学的実践の再構築』一―五〇頁、世界思想社。

――　二〇〇一b「人類学の設計主義」杉島敬志編『人類学的実践の再構築』二二六―二四五頁、世界思想社。

――　二〇〇八「複ゲーム状況について――人類学のひとつの可能な方途を考える」『社会人類学年報』三四：一―二三。

――　二〇一四a「次世代人類学を構想する」『民博通信』一四四：二四―二五。

――　二〇一四b「複ゲーム状況への着目――次世代人類学にむけて」杉島敬志編『複ゲーム状況の人類学』風響社、一―五四頁。

――　二〇一五「トールキンとジェルの指輪物語」『民博通信』一四八：一六―一七。

――　二〇一六「ビールを飲むジャガーの人類学的生息地」『民博通信』一五五：一八―一九。

丹治信春　一九九六『言語と認識のダイナミズム――ウィトゲンシュタインからクワインへ』勁草書房。

――　一九九七『クワイン――ホーリズムの哲学』講談社。

トールキン、J・R・R　二〇〇三『新編　指輪物語　一〇　追補編』瀬田貞二・田中明子訳、評論社。

Viveiros de Castro, Eduardo, 2015, *The Relative Native: Essays on Indigenous Conceptual Worlds*, Hau Books.

――　2016, "Metaphysics As Mythophysics: Or, Why I Have Always Been An Anthropologist," in P. Charbonnier, G. Salmon and P. Skafish (eds.), *Comparative Metaphysics*, pp. 247–272, Rowman & Littlefield International.

ヴィヴェイロス・デ・カストロ、エドゥアルド　二〇一五『食人の形而上学――ポスト構造主義的人類学への道』檜垣立哉／山崎吾郎訳、洛北出版。

――　二〇一六「アメリカ大陸先住民のパースペクティヴィズムと多自然主義」近藤宏訳『現代思想』四四（五）：四一―七九。

Wagner, Roy, 1967, *The Curse of Souw: Principles of Daribi Clan Definition and Alliance in New Guinea*, University of Chicago Press.

――　1986, *Asiwinarong: Ethos, Image, and Social Power among the Usen Barok of New Ireland*, Princeton University Press.

ワグナー、R　二〇〇〇『文化のインベンション』山崎美恵／谷口佳子訳、玉川大学出版部。

ウィトゲンシュタイン、ルートウィヒ　一九七六『ウィトゲンシュタイン全集　8　哲学探究』藤本隆志訳、大修館書店。

山口昌男　一九七五『文化と両義性』岩波書店。

第一章　何をしたら宗教を「真剣にとりあげた」ことになるのか?
――調律と複ゲームのフィールドワーク論――

片岡　樹

はじめに

フィールドワーク人類学の開祖マリノフスキーが、『西太平洋の遠洋航海者』において、民族誌が最終的にめざすべき地点を「彼らの世界についての彼らの見かた」の理解として提示したのはあまりに有名である［マリノフスキ 二〇一〇：六五］。この目標は、その後の人類学者によってもほぼ同工異曲の表現によって踏襲されてきた。たとえばベネディクトは文化を眼球のレンズにたとえ、人々が自分自身にとって当たり前に映る世界をどう見ているのかを明らかにすることが人類学者の役割だと主張しているほか［ベネディクト 二〇〇五：二六―二七］、ギアーツは異文化の理解とは当事者の肩越しに世界を眺めることだとしつつ［ギアーツ 一九八七：四四四］、「住民の視点から」という表現で、人々にとっての当たり前を内側から理解することの重要性を力説している［ギアーツ 一九九九］。

いま述べた大原則に基づく限り、宗教現象を「真剣にとりあげる」（take seriously）という近年の流行語はじゅうぶん理解しうるものである。その背景にあるのは、多くの人類学者が「住民の視点から」という看板を掲げつつも、実際にはフィールドで見聞する霊的存在についての語りを宗教以外の何かに還元して説明してきたことへの反省である。この種の言行不一致の実例をさがすことにさほどの苦労はない。神祭祀やトーテム崇拝が地縁・血縁集団の連帯を表現する[1]、通過儀礼が既存の権力の正統化をもたらす[2]、妖術告発が隣人間の不和を調停する機能をもつ[3]、ある特定の宗教の流行が国家権力や支配民族への抵抗の表現媒体となる[4]、人々のオカルト語りがグローバル資本主義へのメタ批評として機能する[5]、などといった説明がそれにあたる。これらのひとつひとつの事例において、調査地の人々がそうした言明を行っていたかどうかは疑わしい。いちばんありそうなのは、実際にフィールドノートに書かれているのはあくまで、「どこそこに邪悪な霊がいるからかくかくしかじかの方法で慰撫しないとあんな不幸とかこんな不幸がもたらされる」云々という言明で、それを研究者が分析の俎上に載せる段階で右のような説明が持ち込まれるという展開である。つまり右記の（多くは機能主義的な）説明を行っているのはフィールドの当事者ではなく人類学者なのである。

したがって、「真剣にとりあげる」というスローガンは、このような当事者不在の宗教論への反論という色彩を強く帯びている。「どこそこに邪悪な霊がいるから、かくかくしかじかの方法で慰撫しないと、あんな不幸とかこんな不幸がもたらされる」云々というのが当事者の言明であるならば、それを他の何かに還元することなく、それをいったんあるがままに真に受けてみた方が異文化理解のあり方として誠実ではないのか。たとえばこの石は神なのだ、と人々が主張するのであれば、その前提を共有することが議論の出発点でなければならない。我々が「××院○○信女」と書かれた板切れに対し「おばあちゃん」と呼びかけながらお線香をあげるのであれば、その板切れは単なる木片ではなく端的におばあちゃんそのものなのである。それでいいではないか。そうした問題提起が、特に二一世紀になってから人類学における宗教論の無視しえぬ部分を占めるに至っている。そうした文脈ではしばしば、宗教を「真剣にとりあげる」ことが、当事者の存在論を「真剣にとりあげる」ことと同義の課題として提示される[6]。

ではフィールドの人々の宗教観を「住民の視点から」すくいあげるうえで、研究の争点を存在論の問題へと転回させることは不可避なのか。筆者はそうは考えない。存在論的転回という「静かな革命」［春日 二〇一一］が、それ以前の人類学における認識論への過度の傾斜に対する反動という性格をもつとして［Henare et al. 2007: 7–8］、霊的存在の能動性への着目は存在論的前提の刷新によってのみ可能というわけではない。以下の本稿で筆者が示したいのは、霊的存在の能動性それ自体は、既存の（多くは認識論上の）諸前提の応用によってじゅうぶん記述可能だということである(7)。

一　神の実在を語る

口裂け女は実在した

社会科学者は一般に、神を人間社会の関数としてとらえる。それに対し、フィールドの人々はしばしば、神が人間のあり方を規定していると主張する。つまり研究者による語り口と当事者の語り口とのあいだには一定の落差が存在する。「宗教を真剣にとりあげる」という試みが近年のエージェンシー論と連動するのはまさにこの点においてである。なぜなら、フィールドの多くの事例において、神や霊が人間社会に随時介入する存在として語られているのであれば、それは人間以外の存在の能動性を民族誌に招き入れようというエージェンシー論の試み、およびそれを理論面で支える存在論的転回をめぐる問題提起が対象とする領域とそのまま重なるからである。

実をいうと、客観的に実在が確認されていない神や霊のエージェンシーを論ずるのはさほど難しくはない。そのことを理解するために、ここではまず昭和期の子供たちを全国的に震撼させた口裂け女について振り返ることから始めたい。これは整形手術に失敗した女性がマスクをかぶって出没し、常人にはなしえない身体能力（異常な足の速さなど）をもって人々（主に子供）を襲うという噂が全国の小学校に流布し、一部では口裂け女の襲来を不安視する児童への対策として集団下校までが実施されたというものである。

では口裂け女はいたのかいなかったのか。その実在を確認できなかったという意味では、いなかったというのが正しい。しかし客観的真偽とは別に、人々の伝言ゲームの中で、口裂け女の噂が増幅されることで、口裂け女の存在を前提にした社会的行動が生み出されてきた。その限りでは、人間に作用するエージェンシーとしての口裂け女はその瞬間にまぎれもなく存在していたのである。実在しないかもしれないエージェンシーが、社会の約束事のなかには存在する、ということになる。

野村は、この口裂け女の事例を手がかりに、ある些細な怪奇譚が人々の民俗的想像力のなかで肥大化し、最後は社会に危害を与えるまでに自己増殖するメカニズムについて比較考察を行っている。そこでとりあげられるのは、「くだん」（件と漢字表記される場合もある）と呼ばれる、突然現れては不吉な予言をなす人面牛をめぐる噂である。この噂が広まった結果、次のような事態がもたらされる［野村 一九八四：一一二―一一三］。

こちらでは、怪物「件」を原拠とするのは、すでに単なる話として享受されているのではなく、これによって人々は最早具体的な防備、防災体制に入っている。直接的な行為、行動に移り、正体の見えない相手に対して積極的な対応を示しているのであった。客観的にこれをいえば、ようするにここでの「件」は、そのまま土地の人々の日常生活に働き掛け、やがてはこれを規制、制禦したり、あるいはそれへの特別な心持ちを喚発、惹起しつつ、遂には彼らの生活を脅かすといった態の不気味な存在に増幅、拡大して成長しているのであった。思えば驚くべき事態である。

ここに描かれているのは、妖怪の存在を前提に人々が行動することで、結果的に妖怪の人間界への介入という社会的現実を人間自身が構成してしまうことの実例である。口裂け女の衝撃を経由した昭和期の日本民俗学は、客観的には実在しない存在者のエージェンシーをとうの昔に民族誌の中に取り入れていたことになる。

この点から言えば、たしかに神や霊や妖怪は存在するのである。しかし巷間いわれるように、この種の存在に接近するためになんらかの理論的前提の「転回」が必要なわけではない。霊的存在が実在するというのは、口裂け女やくだんが実在したというのと同じ意味においてである。だとするならば、そこで重要なのは、神の実在を存在論的に承認するかしないかという問題ではない。むしろ人々の伝言ゲームがどのような社会的行動を帰結するかという点こそが問われなければならない。

非実在者のエージェンシーを語る

そもそも人間が神を作ったのか、それとも神が人間を作ったのか。誤解をただすために確認しておくと、これまでの社会科学は、必ずしも前者の命題にのみ一方的に肩入れしてきたわけではない。たとえばバーガーとルックマンが行ったのが、まさにこの二つの命題を調停する試みであったことを想起されたい［バーガー／ルックマン二〇〇三］。そこで論じられていたのは、文化は人間の営みの所産であるが、しかし人間は文化の鋳型に流し込まれることで初めて人間たりうるという点である。ここでの文化には、当然ながら宗教も含まれている。くだんの例でみたように、神や霊がひとたび生み出されるや、それは伝言ゲームの過程を通じて人間の思惑から独立した能動性を発揮し、かえって人間の側が神罰や悪霊の報復や妖怪の襲撃に恐れおののくようになっていくのである。これは、バーガーとルックマンがいうところの疎外として理解することが可能である。人間は神を作り出し、その結果として人間が神に使われるようになるわけである。

この疎外の過程を規定するのが伝言ゲームすなわち社会的コミュニケーションであるとすると、そこで言及される神や霊の存在論的資格については棚上げして論ずることが可能になる。この点についてはアンダーソンのカリスマ論がわかりやすい。カリスマを指導者の個人的な属性とみなすウェーバーの説に対し、アンダーソンは、ジャワ王権の考察を通じ、ウェーバーの図式を反転させ、カリスマの根拠を指導者の属性ではなく追従者の合意に求める論を展開する。

ヴェーバーの「カリスマ」観の困難さと不正確さは、ヴェーバーがカリスマを、文化人類学的な視点で見るよりも、社会学的心理学的な視点で見る傾向にあったことに由来していると、まず私は信じている。それはすなわちカリスマ的リーダーが出現する社会的、経済的、政治的条件と、その性格に自分の関心をあて、カリスマに従う人々の文化には関心を持たなかったからである［アンダーソン　一九九五：一〇五］。

「文化人類学的な視点」という言葉が示唆的である。ここでアンダーソンが指摘しているのは、神の代理人と称する人々の超人的属性を正面から検討の俎上に載せるのは社会心理学者の仕事であって、人類学者がやるべきことは、特定のカリスマの受け入れを可能にする文化的合意の背景を明らかにすることだという点である。後述するように、宗教を「真剣にとりあげる」という近年の提言の中には、ややもすると不適切な心理用語を暗黙裡に分析に持ち込んでしまう傾きがあるので、このアンダーソンの指摘は重要である。

カリスマがまさにそうであるように、神やその代理人たちは、一定の文化的合意のもとで人間社会に随時介入する。前述のくだんや口裂け女がその典型であるが、そのほかに、たとえば余光弘がとりあげる台湾の神や鬼たちもまたそうした例にあてはまるといえる。台湾漢人の世界観において、祀り手を欠く死者霊としての鬼は神の対極に位置づけられる。しかし余によれば、人間と鬼と神との関係は決して固定的なものではなく、鬼の人間界への介入を契機に絶えず流動化している。たとえばある鬼が生者に祟るという行動を通し、何らかの慰撫を要求することがある。そこから祀る側と祀られる側との関係が確立されていくと、鬼はその資格を徐々に神に近づけていくことになる(8)［Yu 1990］。つまり、「死者はただじっと生者からの救済を待つのではなく、生者に対して何らかの働きかけをするのであり、祟ることもその一つだと考える」わけである［志賀 二〇一二：一〇〇］。

以上からは、霊的存在による人間界への能動的介入という現象は、これまでの「文化人類学的な視点」のなかにすでに織り込まれていたことが明らかになる。そこでの合意は、神や霊の実在が、存在論であるよりはむしろ社会的コミュニケーションの問題だという点にある。このことを最も端的かつ的確に指摘しているのが、石井による一連の論考である。石井はインドの祭祀における神々の役割を論ずるにあたり、次のように主張する。

> 至高の人格としての神の存在を、寺院における儀礼的交換関係の要件ないし前提とみなすのではなく、交換のプロセスを通して繰り返し立ち現れるものとして考えるとき、信者との贈与交換の連鎖の中で人々に対してエイジェンシーを発揮しうる、行為者としての神の可能性がみえてくる［石井 二〇一〇：五］。
>
> 人々は神霊を社会的交渉の場に導入し、神霊のエイジェンシーの受け手として振る舞うことを通して、それに対して自らが働きかけることのできる社会的行為者としての神霊の存在を成立させている。このように行為者としての神霊の存在を社会関係の中に導入することで、人々は物語によって部分的に予見された未来の鍵を握る神霊自身に対して、儀礼という形で具体的な働きかけを行うことができるのである［石井 二〇一三：二〇］。

ようするに、エージェンシーとしての神霊というのはそれ自体で存在するのではなく、あくまで人々の仮定的なコミュニケーションの過程を通じて現出するものだというわけである。実をいうと石井の論考では、存在論的転回に関連する最新の理論が多く引用されているのだが、神霊のエージェンシーそのものは、今見たように存在論的転回に関する知識なしに理解可能な説明となっている。

ところで、先の引用の後段で言及される物語云々というのは、いうまでもなく野家の物語論を念頭に置いた指摘である。野家［二〇〇五］によれば、物語というのは人間の経験を整序する働きのことであり、それを通じて初めて人間は世界を認識することができるとされる。したがって、いかなる存在者であれ、物語の外にアプリオリにそれ自体として存在しているわけではない。あらゆる事物は、物語の中に居場所を与えられて初めて有意味な存在者となるのである(9)。

そうであるならば、その存在者が実在するかどうかは必ずしも重要な問題でなくなる。人は自身の言及対象が実在者であろうがなかろうが、その存在について有意味に語ることができるのであり、それを可能にするのは対象の物理的客観的属性ではなく、又聞きによるコミュニケーションの堆積が作り出す物語の概念図式なのである。たとえば虚数というものは実在しないが、しかし数学の約束事という概念図式の中では、虚数の存在を語りうる。つまり人がある対象の存在について語りうるかどうかは、その人がどのような概念図式を採用しているかによるのである。この点について野家は次のようにのべている。

言い換えれば、ある理論的枠組みを受け容れることとは、一つの「存在論的コミットメント」を行うことにほかならないのである。あるいはそれを、「物語」と存在論とは不可分である、と言うこともできる［野家 二〇〇五：二二七］。

何を実在と認め、何を虚構と見なすかは、われわれがいかなる存在論を採用しているかにかかっている。そのことは、「神」の実在をめぐる有神論者と無神論者の対立を見るまでもなく明らかであろう。…それゆえ、実在と虚構との間の境界線は、いかなる概念図式を経験を解釈する枠組みとして採用するかに応じて流動的であり、アプリオリに固定したものではない、と言わねばならない［野家 二〇〇五：二三九］。

同一の現象（たとえば天変地異）は、同時に神罰であり、悪霊の介入であり、単なる自然現象でありうる。そのいずれを採用するかは、どの概念図式に訴えるかで変わってくる。しかも当事者にとって利用可能な概念図式は、右の引用にもあるように、しばしば複数の競合しあう選択肢を伴う。ならば、そこで特定の選択肢に肩入れして神の実在を「真剣にとりあげる」ことはあまり生産的ではないだろう。より重要なのは、当事者レベルのコミュニケーションのなかでどのような約束事（時に複数の）が稼働しているかである。

ここで注意を要するのは、野家は以上の議論を一貫して反実在論の立場から展開しているという点である。どういうことか。客観的に実在を確認できない存在について有意義に語りうる文脈があるとして、それは当事者の存在論を丸ごと承認することで得られるのではなく、むしろ逆に、当事者と観察者双方にとっての実在それ自体をすべて（物語という名の）括弧に入れてしまうという認識論的作業の先にあるのである。

非実在者のエージェンシーを語るうえで「まやかしの心理学」[10]は必要ない

神や霊など、客観的に実在を確認できない存在もまた、我々の生活に能動的に介入するエージェンシーとなりうる。では、そうした事態をいかに説明するか。たとえば我々がフィールドで、ある特定の不幸を妖術のせいだとする言明に出くわしたとする。隣人の誰かが（観察者から見て）奇妙な属性をもつ悪霊を操り、それが地域社会内の不幸を作り出している、という説明などがそれにあたる。それを我々はどう理解し、どう記述すべきか。我々とフィールドの人々のあいだに存在する落差は、両者が異なる存在論をもっていることに由来するのかもしれない。彼らの存在論に寄り添った分析を心がけるならば、この奇怪な悪霊の存在を受け入れることから議論を始め、それを奇怪に感じる我々の存在論を相対化していく必要があるのかもしれない。そもそも異文化理解というのが、我々にとっての当たり前を相対化することをめざすのであれば、この立場には同意すべき部分が多い。しかしそのために、奇怪な悪霊を存在論の次元で承認する必要はないように思われる。

そのことを示してくれるのが、浜本と中川の議論である。両者ともに、右に述べたような言明をどう理解するかという問題を、異文化理解の中心的な課題として集中的な考察を行っている。まず浜本は、フィールドの人々が悪霊の働きを信じている、という（観察者の）説明をとりあげ、それがしばしば過度に心理的な説明に傾斜する点を批判する。浜本［二〇〇六］によれば、フィールドででくわすこの種の信念を説明するうえで心理用語に訴える必要はない。そこでの「信じている」というのは、単にそのコミュニケーション空間内部での異論の有無に関する判断を示しているものにすぎないからである。

この問題に関し中川［二〇一五、二〇一七］は、存在論の代わりにアスペクトつまり見え方という視点を導入する。たとえばウサギにもアヒルにも見える絵があるとして、それが人物Aにとってはウサギに見え、人物Bにとってはアヒルに見えるという事態は、そこにウサギとアヒルという二つの自然が存在することを必ずしも意味しない。中川によれば、それは単にアスペクトの違いなのである。人物Aが自身のアスペクトに没入している状態（単相状態）においてはそれはウサギ以外ではありえない。それに対し、「これは私にはウサギに見えるが人物Bにはアヒルに見える」という理解は、他のアスペクトが視界に入っている複相状態を意味する。このアスペクトの複相状態の把握能力が最も典型的に問われるのは子供のごっこ遊びであると中川は指摘する。泥団子を持って、「おにぎりをどうぞ」と差し出すのは、特定の約束事を課された状態でのアスペクトの相違を楽しんでいるのである。

アスペクトの複相把握の最も原初的・基本的なかたちが泥団子のおにぎりであるのならば、異文化理解とはすなわち、文化をごっこ遊びとしてとらえる営為にほかならないということになるだろう。参与観察者としての我々に求められるのは、ごっこ遊びのルールと経験を共有することである。自身のフィールドで共有されている約束事をごっこ遊びのアスペクトとみなしてそこに参与するのであれば（「彼らにはウサギがアヒルに見えるらしい」）、自文化の約束事もまたごっこ遊びだということに気づかされるはずである（我々には彼らのアヒルがウサギに見える）[11]。そのうえで、フィールドで語られる命題を真に受けること、ある社会における神や霊の実在を「真剣にとりあげる」ことは必須ではない。

二　東南アジア山地の村落で

信者ごっことしてのフィールドワーク

人類学者は自身のフィールドで大なり小なり信者ごっこを行っている。フィールドで遭遇する約束事のセットは多くの場合、我々が慣れ親しんできたものとは異なる前提を含んでいる。フィールドワーカーは、そうした状況で大過なく生活し、人々の「世界の見かた」を内側から理解することが求められる。これを一言でいえば信者ごっこである。

ここで急いでつけ加えておく必要があるのは、ごっこ遊びに必要なのはアスペクトの複相把握であって、特定の神や霊の実在に関する信念それ自体ではないことである。信者ごっことしてのフィールドワークに求められるのは、観察者から見て荒唐無稽な前提を丸ごと受け入れるかどうかという信念の次元ではなく、あくまで当該社会のコードにいかに観察者の言動を調律していくかという社会的コミュニケーションの次元の問題となる。

以下では筆者のフィールド経験を述べることにするが、その舞台はタイ国北部山地における、ラフと呼ばれる山地少数民族の村落である。ラフというのはチベット・ビルマ語系の言語を話し、山地での焼畑耕作を主たる生業としてきた民族であり、中国雲南省を原郷としながら現在ではミャンマー、タイ、ラオス、ベトナム各国の山地に居住圏を広げている。そのうち筆者が調査地としてきたのは、ひとつはタイ国チェンライ県山地のキリスト教徒村落である（以下ではM村と称す）。ラフにおいては一八世紀に雲南側で大乗仏教の布教が行われ、宗教指導者が自ら「仏」（活仏）を称して複数村落を統括する半独立的な政体がその影響下に形成された。仏教教団が一九世紀末の清朝軍の討伐により解体されると、神の再臨を説く千年王国主義的な予言者カルトが各地で勃興し現在に至っている。二〇世紀初頭より主に隣国のビルマ・シャン州や中国雲南で行われたキリスト教の布教もまた、そうした千年王国主義の延長上に受け入れられ、現在のタイ国にもこれら改宗者たちの移住の結果としてキリスト教徒村落が形成されている。現在ではタイ国内のラフ総人口（約一二万人）のうち、三分の一から四分の一程度がキリスト教徒になっていると考えられる[12]。

もうひとつの調査村は、同じくチェンライ県内にある非キリスト教徒村落（C村）である。キリスト教に改宗していないグループにおいては、かつての活仏崇拝の伝統を反映し、特定の司祭に予言能力を認め、神の代理人あるいは神そのものとみなす傾向が見られる。C村もそうした予言者崇拝の伝統を引く村落であり、現在ではあるタイ系カリスマ僧をかつての活仏の生まれ変わりとして崇拝している（後述）。

M村のキリスト教徒たちのあいだで参与観察を行うことで理解したのは、人々の宗教的説明がすべて「神は唯一なり」という前提からの演繹として構成されているということである［片岡 二〇〇七］。キリスト教徒と非キリスト教徒を問わず、ラフ語では神をグシャ（G'ui sha）と呼ぶ。ただしキリスト教徒はこの語をキリスト教の神に対してのみ用い、他宗教の神に対してはネ（ne）と呼んで区別する。ネというのは精霊の意味であるが、ここでは悪魔のことである。後述する非キリスト教徒の生き神についても同様である。

ちなみに筆者自身はキリスト教徒ではないため、M村でのフィールドワーク当初は「まだキリスト教徒になっていない人」（bon ya ma hpeh she）、あるいは「まだグシャを知らない人」（G'ui sha hta ma shi she）として紹介された。この「まだ」という表現が、キリスト教徒が異教徒を分類するときのコードを端的に示している。つまり世界は、すでにキリスト教徒になっている人と、潜在的キリスト教徒にとどまっている人（まだなっていない人）の二種類によって構成されており、後者はいずれ前者に合流していく（べき）ものと想定されているのである。この、異教徒を自動的にキリスト教徒予備軍とみなす論理のゆえに、筆者はM村での教会を中心とする活動への参加を許されていた(13)。

複数の規約や信念のセットが競合する状況（複ゲーム状況、後述）下で、一方のセットが他方のセットをその下位に包摂する現象を「カプセル化」と呼ぶとすれば［杉島 二〇〇八］、ここで生じているのは、キリスト教徒が自分たちの論理をもって他宗教をカプセル化している状態だということになる。それに対し、非キリスト教徒もまた、自らの世界観のなかにキリスト教を位置づけるカプセル化の論理を有しているが、その方法は大きく異なっている。ラフの非キリスト教徒の予言者カルトにはいくつかの流派があるが、そのいずれもが、一九世紀末に活躍した三仏祖という予言者を開祖としている［Lewis 1970: 88］。それぞれの流派は、三仏祖の流れを汲むと称する予言者が一種の教祖となっており、その教祖の名をもって互いに区別する。予言者カルトの信者は一般にボヤ（bon ya, 直訳すると「祝福の子供」の意）と呼ばれ、××という予言者の流派であれば「××ボヤ」、○○の弟子であれば「○○ボヤ」あるいは「○○の子供」と称する。またそれぞれの予言者は至高神グシャの化身を名乗っているため、「××グシャ」「○○グシャ」とも呼ばれる。こうした分類のなかで、キリスト教徒とイエス・キリストにはそれぞれ、「イェス・ボヤ」「イェス・グシャ」という呼称が与えられる。ようするに非キリスト教徒から見た場合、キリスト教もまたラフの予言者カルトの一流派に組み込まれることになるわけである[14]。

実はキリスト教徒もまた、自らを三仏祖の運動の正統な後継者として位置づけている。これは、二〇世紀初頭のキリスト教の布教に際し、三仏祖の予言のなかに宣教師の到来を暗示しているくだりがあるとの解釈が集団改宗運動をもたらしたためであり、そのためキリスト教徒は、非キリスト教徒に対しては、「三仏祖の予言がキリスト教の到来によって成就したにもかかわらず、まだそれを知らない人」として言及を行うことになる。

このように、キリスト教徒と非キリスト教徒は、異教徒を自分たちの世界観のなかに収容するうえで、それぞれ独自の参入障壁を構築している。ただし両者の参入障壁は対照的な性格をもつ。非キリスト教徒村落で生活するうえでの参入障壁は、一種のポジティブ・リスト（やるべきことの一覧表）である。村全体で行う年中儀礼、村の神殿で満月新月ごとに行う礼拝、各世帯ごとに行う祖先祭祀、不定期に行われる積徳儀礼や治病儀礼などには、それぞれに必要な儀礼的所作、そこで求められる儀礼具や供物、従事すべき職能者などが定められている。そうした一連の規定はオリ（aw li）と呼ばれる。ラフの予言者カルトのなかでは、三仏祖が「オリの創造者」（aw li hpa sheh hpa）とみなされ、その後の予言者たちがそれぞれ部分的な改変を加えながらそのオリを継承している。そのため、「○○グシャの子供」であることとは、○○が定式化したオリをつつがなく行うことと同義となる。そしてこのオリに従ったふるまいができてさえいれば、その外でオリの規定が想定していない神や仏を拝むことは問題視されない。ポジティブ・リストのなかには、拝んではいけない神ではなく、拝むべき神だけが指定されるためである。

それに対し、キリスト教徒村落での社会生活に参加するうえでは、ネガティブ・リストが重要となる。キリスト教徒が自分たちを異教徒の隣人と区別する際には、自分たちが何をしないかを数え上げる。○○儀礼や××儀礼を行わない、人間（生き神であれ祖先であれ僧侶であれ）や人工物を拝まない、線香やろうそくその他の儀礼具を用いない、病人が出ても家畜を供犠しない、占いをしない、などである。簡単に言えば、日曜日に教会に集まり、口語で神に直接祈祷をささげる以外には何もしないことが奨励されるのである。

つまりこういうことになる。非キリスト教徒は儀礼面での負荷は大きいが宗教的な排他性は低い[15]。キリスト教徒は排他的だが、その排他性に異議を申し立てない限りでは参入障壁が非常に低い。ここで重要となるのはコードと調律である。キリスト教徒の村落生活に参加することとは、右に述べたような発話コードやネガティブ・リストに自分の発言を合わせていくこと、また非キリスト教徒の村落生活に参加することとは、ポジティブ・リストの従う儀礼暦に自分の生活のリズムを合わせていくことにほかならない。

ここで留意すべきは、コードと調律によって規定される社会生活において、信仰それ自体は争点として浮上しないという点である。いま述べたようなコードに従って生活を営むに際し、予言者カルトで説かれる神、あるいは聖書で説かれる神がどのような存在であるのかについて、全員の個人的な見解が一致する必要はない。予言者カルト（あるいはキリスト教）においては神はこういうものとして扱う、という前提が一定の発話や行動を要請し、その要請が満たされていれば社会生活は成り立つのである[16]。もちろんコードに従った言動にも実際には温度差が存在する。たとえばM村には、ボマロプ（bon ma law pui, 祈祷がうまくできない）と呼ばれる人々が一定数存在する。C村にも、必要な儀礼具とその用法を知悉していない人というのは当然存在する。ひょっとすると彼らは、それぞれの村で共有されているはずの神の存在論的属性について、何らかの異論をもっているのかもしれない。しかしそれらは、村落生活の次元ではあくまで習熟度の問題として扱われるのである。

同語反復が実在させる神と霊

神や霊を存在させるのは人々のコミュニケーションだという点については冒頭でみたとおりである。ここではその具体例を、いくつかのエピソードを通じて検討してみたい。

キリスト教徒の村では、神の摂理に関する語りを頻繁に耳にすることができる。神は全知全能の造物主で世界の全存在の上に君臨している以上、私が道で転ぶのも、隣の猫が子供を生むのも、すべて神の計画である。「神の恩寵ゆえに」(G'ui sha bon hta pa taw)、「神のみこころの通りに」(G'ui sha a lo caw ve hk'e) という定型句は、したがってあらゆる出来事の説明に使うことができる。あまりにありふれた用法なので、途中からいちいち野帳に書きとめるのをやめてしまったほどである。

この摂理の語りには、ひとつの明確な特徴がある。それは、これらの摂理譚が例外なく事件の事後的解釈つまり後知恵として語られるということである。この傾向はキリスト教徒のみに限られないが、しかしキリスト教徒において特に著しい。それは、キリスト教徒の祈りが、事前に何らかの効果を期待し、特定の効果を指定して神に訴える、という方法をとらないことが最大の理由である。なぜそうするのか。依頼内容を特定して神に祈るというのは人間による神への命令になってしまうからである。

病人の快癒祈願の祈祷会においてさえ、「病気を治してください」とあからさまに要求することはない。「神よ、今ここにあなたの子供が一人、病に苦しんでいます。神のみこころは我々人間の知るところではありません。どうかみこころのままに恵みを賜らんことを」というのが定型的な表現である。つまり神の人間界への介入は望むが、どう介入するかは神の勝手次第、というわけである。もし病人が快癒することなく命を落としたとしても、それは神の無能や神の不在を意味することにはならない。なぜなら、当該人物を一足先に神の国に連れて行きたいという神の意思のあらわれだ、という説明が容易に成立するからであり、実際に祈りむなしく誰かが夭逝する場合は例外なくそうした論法が動員される。また神がその人物に試練を与えて信心を試そうとしている場合、あえて快癒させずに病気を長引かせるということもありうる。これもまた神による介入の一形態とみなしうる。そもそも祈る側は、神に対して病の治癒を明示的に要求していないのであるから、病気が治らなくても神が責められる筋合いはないのである。

このように、介入手段を明示せずに漠然と神の愛に訴える、という祈祷方法によるかぎり、その後に何が起こってもそれが神の計画の表現ということになる。ある人物が病気になっても、快復しても、命を落としても、すべて神の摂理として事後的に解釈可能である。病気はその極端な例であるが、他の局面においても、たとえば日本の神社の絵馬のように、「京都大学に合格できますように」、「A子さんと結婚できますように」といった具体的な要求があからさまに述べられることはない。神への祈りは常に抽象的であるということは、次に何が起こるべきかについて常に神に下駄を預けているということを意味する。そうであるがゆえに、何が起こってもそれは神の介入の証拠となりうるのである。

ここで神のエージェンシーとしての活動を可能にする論理が、比喩形象つまり事後的に構成される擬似的な因果関係である(17)。これは何か事件が起こったのちに、その予兆が事後的に発見され、当該事件がその予兆の成就として再提示されるような論理構造を示している。浜本［一九八五］はこの論理構造を「物語生成装置」と呼ぶ。こうした疑似因果関係の設定が、予兆と成就による摂理の物語を起動するからである。浜本はその例として呪術をとりあげ、それを「物語の網をかける」、つまり「物語生成装置」を人為的に起動する試みととらえている。この点からいえば神への祈祷もまた、同種の試みということができるだろう。ここでキリスト教徒に特徴的なのは、全方位に向けて物語の網をかけることである。その結果として、世界のあらゆる出来事が唯一なる神の意志の所産であるという命題が同語反復的に導き出されるのである。

非キリスト教徒の予言者カルトにおいても、神に言及する際のコードそれ自体が生き神の存在を産出する仕掛けとなっている。ラフの予言者カルトは生き神崇拝を伴う。この生き神崇拝は「神の転生」（aw to keu ve）に関する考えを根拠にしている。たとえばC村の場合、ブンチュム師というタイ系のカリスマ僧を、一九九〇年代より至高神グシャの化身として崇拝している。それ以前はモナグシャという予言者を崇拝しており、現在のブンチュム師はモナグシャの生まれ変わりと考えられている。またブンチュム師やモナグシャは、一九世紀末に活躍した三仏祖（前述）の生まれ変わりとされている。ここにあるのは、至高神グシャがこれまで、地上で受肉を繰り返してきたという前提である。(18)

ラフの聖者伝説の特徴は、それがいずれも極めて似通った性格をもっていることである。異常に禁欲的な食習慣や並外れた言語能力、そのほか瞬間移動能力、分身能力ないし変身能力などがその典型である［片岡 二〇〇七：二七〇―二七八］。そのため、フィールドで聞き取りを行っていると、ブンチュム師の事績の説明にモナグシャや三仏祖の故事が引き合いに出されたり、三仏祖の属性の説明に現代のブンチュム師の事例が持ち出されたり、一八世紀にラフに仏教を伝えたのがブンチュム師だと説明されたり、天地創造を行ったのが三仏祖やブンチュム師だということになったり、ということがしばしば起こる。

そのひとつの理由は、ブンチュム師や三仏祖といった語が、固有名詞ではなく神の一般名詞としても用いられることである。もう一つの理由は、生き神は定義上、分身能力や変身能力を有することになっているという点である。ブンチュム師の同時代人にチャオ・ブンミーというカリスマ僧がいる。彼もまた神の化身という意味でブンチュム師と呼ばれることがある。もちろん別人ではあるが、そうした反論はあまり意味をもたない。ブンチュム師というのが神をさす一般名詞であるならば、ブンミー師がブンチュム師だという説明は文法として間違いではない。また両者が一見して明らかに別人だという事実は、ブンチュム師の変身能力と分身能力（ブンチュム師は自在に自分の姿を変えることができるのみならず、同時に一七人に分身することができると考えられている［片岡二〇〇七：二七三］によって説明されてしまうので、たとえ別人であっても、その人がブンチュム師と呼ばれることを否定しないのである。

　先にみたように、ラフの聖者伝には一定のテンプレートが共有されている。新たに出現したカリスマ予言者について語る際には、その卓越した（とされる）能力を誇張して説明するために、既存の聖者伝のテンプレートが適用される。そうして語られる聖者たちは、当然ながら過去の聖者と驚くほど似通ってくる。この事実が、神の転生という説明に説得力を与える。かくして個々の聖者たちは個別性を失い、ラフの聖者伝は同一パターンの受肉と奇跡の物語が際限なく反復されるものとなっていくのである［片岡二〇一五、二〇一九］[19]。ブンチュム師やモナグシャや三仏祖という固有名詞が、聖者伝のなかでは往々にして固有名詞として機能しないというのは、いま述べたパターンを直截に反映している。この閉じたコミュニケーションが次なるカリスマを呼び込んでいく。

　これらカリスマを形容する際に頻用されるのが、「移動する姿を見たことがない」（k'ai kui ma maw）、「ご飯を食べるところを見たことがない」（aw ca kui ma maw）、「あらゆる民族の言葉がわかる」（mi gui chaw ceu te ceu le le hkaw shi ve）という定型化された表現である。実際に、先に述べたブンチュム師の瞬間移動能力（分身もまた複数個所に同時に出現することをさすので、大きくいえばこの能力に含まれる）が「移動する姿を見たことがない」と説明される。ブンチュム師が「ご飯を食べるところを見たことがない」というのは、特に洞窟での修業に際して彼が絶食していたという真偽不明の噂が誇張されて流布しているものである。これはほかの予言者に対してもしばしば用いられるほか、一九世紀半ばに活躍した「仏」である王仏爺が石をゆでて食べていたと伝えられるなど［《民族問題五種叢書》雲南省編輯委員会編　一九八二：七八］、特異な食習慣はラフの奇跡譚における重要な構成要素のひとつとなっている。そのほか卓越した語学力もしばしばカリスマの徴候とされる。たとえば王仏爺はラフ語と漢語のほかにシャン語、ワ語を解していたと伝えられる［王 一九九九：一九六―一九七］。ブンチュム師の場合も、彼が世界の諸民族の上に立つ創造主（の化身）であることの証拠として、彼があらゆる言語を話せる点が頻繁に引き合いに出される。この言語能力のなかには、村の裏山の熊に命じて退去させたとか、人食い虎のいる洞窟で修業をしたとか、野鳥が手にとまったとか等の、野生動物との特異なコミュニケーション能力も含まれる［片岡 二〇一五：一〇七］。

カリスマに関する一連の先入観が一種のテンプレートとなり、そこに特定の情報をはめ込むかたちで次なるカリスマを呼び込んでいくことをよく示す例をもうひとつあげておこう。私のフィールド調査開始の直前、タイ国のラフの間で活躍している日本人開発ワーカーがいた。彼はラフの老人が驚嘆するほど流暢にラフ語を話し、タイ国内のラフ村落をほとんどすべて訪問し、最後にはキリスト教への改宗者の増加でラフの伝統文化が途絶えることを憂えて自ら予言者のもとに入門して司祭としての修行を行ってもいた。開発ワーカーとしてラフの貧困状況を知悉していた彼は、村を訪問しても出されたご飯には手をつけずに足早に立ち去り、当時はまだ交通条件が劣悪であった未舗装の山道をオフロードバイクで走り、精力的にラフの村をまわっていた（一九九九―二〇〇〇年当時は山地での主たる交通手段は徒歩であった）。ここから生まれたのが、「彼はご飯を食べるところを見たことがない」、「移動する姿を見たことがない」という噂である。移動する姿云々というのは、彼が遠く離れたA村とB村に同じ日に出没したという事実の表現である。オフロードバイクであれば移動可能な距離であるが、山間の小径を徒歩で移動していた人々にとっては驚異的な機動力であったため、あたかも瞬間移動したかのような尾ひれが付されていったのである。ちなみに彼は日本人で、タイ国に住み山地少数民族の言語を学びながら活動を行っているため、当然ながら複数の言語を操る。ラフ語能力で村の古老たちを驚嘆させた彼は、噂話のレベルではついに世界中の言語を話せることにされてしまった。彼はその後ほどなくして個人的な事情で帰国したが、予言者のもとで修行していたという状況証拠も手伝い、意図せずしてカリスマ出現のテンプレートを起動してしまっていたのである。

この日本人ワーカーの事例は、生き神の生成プロセスがその完成直前に中断してしまったケースである。しかしそれだけに、特定のテンプレートに任意の情報をインプットしていくことで、その人が生き神だとする断定に先だって、あたかも生き神が出現したかのようなほのめかしが堆積し既成事実化していく過程をはっきり示しており興味深い。

ここまで見てきたのは、神やその代理人を出現させてしまう伝言ゲームのルールであった。実はこれと同じことは、人々に害をなす悪霊についてもあてはまる。ラフの霊的存在のなかには、人間の保護者でありながら時に敬虔ならざる者に罰を与える神や、互酬的な供養の有無に応じて善にも悪にもなりうる精霊のほかに、供養の対象とはならずに隣人への加害行為のみを行う妖術霊がいるとされている。妖術霊は、人間や家畜を捕食するト（taw）と、相手の体内にとり憑いて死に至らしめるプ（hpeu）の二種に大別される[20]。いずれも特定の人間を宿主とし、親から子に（両親のいずれかからすべての息子と娘に）継承され、また婚姻により配偶者にも拡散するものと考えられている。

村では妖術霊を見た、妖術霊に接近遭遇した、といった話題には枚挙にいとまがない。また村人の不慮の死に際しては、ほとんどの場合、妖術霊の関与が取りざたされる。ではどのような経験が妖術霊を見たことの根拠として引き合いに出されるのか。それを説明する前に知っておく必要があるのが、ラフの妖術霊に関する一種の決まりごとである。

妖術霊（特にト）は、おおよそ次のような特徴をもつとされている。まずそれは、自在にその姿を変えることができる。特に猫や童子や小人に変身する場合が多い。それは姿を消して瞬間移動することもできるが、犬にはその姿が見える。捕食対象としては特に妊婦や幼児が好まれる。被害者を攻撃するにあたっては、首筋に青あざを残す。などなど。

以上は、妖術霊がどのようなものであるかについての定義だが、この定義は、それ自体が妖術事案を累積的に呼び込んでいく傾向をもつ。妖術霊は必ず特定の村人の分身としてとらえられる。つまり妖術事案の噂はほとんどの場合、特定の隣人への嫌疑を少なくとも潜在的には伴う。たとえばここに、Ａという村人がいて、その親がかつて妖術師として告発されていたとする。そしてこの村で幼児が急死したとする。この時点で人々は、妖術の関与を疑い始める。遺体を埋葬前に確認したら実は首筋に青あざが見つかったという噂が流れ始める（この種の噂は必ず埋葬後に流通するのでその真偽は検証不可能である）。そういえばその晩は村の犬がよく吠えていたということを誰かが思い出す（実は犬は毎晩吠えているのでどんな場合でも妖術の状況証拠として使うことができる）。ここからは、そういえば犬がやたらに吠えるので外に出てみたらＡを見かけたとか、そういえば家で子供が突然激しく泣き出したので外を見てみたらそこにＡが立っていたとか、そういえば最近見慣れない猫がＡの家の付近を徘徊していたのを見たとかの目撃情報が続々と語られることになる。村で不慮の死が発生した後は、たいていの場合、このような噂でもちきりになる。

これらのひとつひとつはいずれも相互に関係のない、しかもどうとでも解釈のできる経験の断片である。しかしそれがＡへの嫌疑という先入観に引き寄せられることで、妖術霊の出現の典型的場面として、一個のストーリーに集約されていく。もちろんその嫌疑はあくまで、状況証拠に基づくほのめかしにとどまる。しかしこのほのめかしが堆積するにつれ、村人の閉じた伝言ゲームのなかでは灰色が限りなく黒に近づき、あたかもＡが幼児を殺害したかのような噂が陰口のレベルで既成事実化していく。この既成事実化は、次に起こるべき同種事案に際し、Ａへの嫌疑をさらに強化するような状況証拠を呼び込むことになる。ようするにここにみられるのも、あらかじめ用意されたテンプレートに一定の情報をインプットすることで、妖術霊の活動を疑わせるようなほのめかしを累積的に呼び込んでいくというパターンである。そうしたほのめかしの堆積は、特定の人物を標的とする社会的行動に反映される。その結果として、妖術霊ないし妖術師の存在という社会的現実がつくりあげられていくのである(21)［片岡 二〇一一、二〇一九］。

以上からは、キリスト教の神であれ、予言者であれ、妖術師であれ、これらの存在を成り立たせているのは、閉じた論理のなかで神や霊の存在をあらかじめ証明してしまうようなゲームのルール、つまりトートロジーによる社会的コミュニケーションであることがわかる(22)。このトートロジーを成り立たせる根拠をゲームの外部に求める必要はない。伝言ゲームのルールを共有したうえでそこに参入するのでない限り、そもそもコミュニケーションが成り立たないしくみになっているからである。いいかえれば、伝言ゲームの約束事を共有し、特定のイディオムの用法に習熟すれば、信仰とは無関係にゲームに参加できる。

複ゲーム状況

フィールドで語られる神や霊を「真剣にとりあげる」上でもうひとつ問題なのは、ゲームのルールがしばしば複数併存することである(23)。その場合、どの説明のモードを採用するかは、往々にして話者の立場を反映する(24)。以下ではそうした例を見ていくことにしよう。

ラフの非キリスト教徒のパンテオンや職能者の体系は、「グシャの側」と「ネの側」に大別される［Walker 1983: 37–38］。前者は世界の出来事を至高神グシャの意思の反映として説明するもので、村の公共の神殿で主に村の司祭が祈祷を仲介する。後者は下級精霊の働きに説明を帰するもので、そこでは呪術師がその都度慰撫儀礼を執り行う。西本は前者を重視する人々を改革派、後者を重視する人々を伝統派と呼んでいる［Nishimoto 2003］。

改革派は問題の解決を至高神グシャへの帰依に求め、したがって崇拝対象をグシャに一元化していく傾向をもつ。右に述べてきた一連の予言者カルトがその典型例である。それに対し伝統派は、個別の精霊との取引によって問題を解決しようとするため、そこでは崇拝対象としてのグシャは後景に退く。ここで興味深いのは、同一村落の内部に、しばしば両派が併存していることである。つまり同一の現象を前に、まったく異なる説明や対応の選択肢が用意されていることになる。そのどちらを採用するかを決定するのは、その人がいずれの立場を重視するかという選択である。いいかえれば、ある現象の背後に神と精霊のいずれを認めるのかという判断は、常に一定の党派性を帯びることになる。

そうした党派的な見解の相違は、当然ながら非キリスト教徒とキリスト教徒とのあいだにも鮮鋭に見出すことができる。非キリスト教徒のカリスマ予言者たちは、周囲から神の代理人とみなされるが、キリスト教徒からは神を詐称する悪魔とみなされる。一九八〇年代にタイ国内で活躍した予言者のチャヌパヤは、一九九〇年に白昼夢で「イエス・キリストに会い」、そのまま信者をひきつれてキリスト教に改宗している。彼の説明によれば、洗礼を受けると体からネ（この場合は悪魔の意）が出ていくのが見えたそうである。これまで自分は神の容器だと思っていたが、実際に自分に憑いていたのは悪魔であったことを知ったと彼は後に述懐している。実はこれとよく似た物語は、初期のラフ布教にたずさわった宣教師ヤングの奇跡譚のなかでも語られている。そこでは、トの村に赴いたヤングが村人に川で洗礼を施すと、受洗者たちが激しく暴れ、体内から駆逐されたトで下流が赤く染まったとのことである［片岡 二〇〇七：二七五―二七六］。つまりここでのチャヌパヤの発言は、かつては自分は神の代理人だと思っていたが実は妖術師だったと告白しているに等しい。これは、立場が変われば同じ現象が「神に選ばれる」ことの証拠にも、妖術師の証拠にも見えるという例である。

この種の複ゲーム状況は、不幸の説明に際しても頻繁に見出される。グラックマンの「責任の配分」論によれば［Gluckman 1972］、ある不幸が神罰なのか妖術の攻撃に由来するのかは、不幸の当事者に非を認めるかどうかの判断に規定される。たとえばＭ村では筆者の調査中に一時的に精神疾患となっていた若者がいた。本人の説明によれば、村内で妖術師の噂のある人物から攻撃を受けたということであったが、無関係な第三者からは、この若者が面白半分に村内に設置されていた政府農業事務所の屋敷神（平地仏教徒タイ人が崇拝する）の祠を切り倒したので、その報復を受けたのだろうとも語られていた。後者の説明の場合、若者の不幸は単にバチが当たっただけにすぎないという判断になる(25)。

もうひとつＭ村の事例を挙げよう。Ｍ村には一時期、現職牧師を支持する派閥とそれに反対する派閥との村内対立がみられた。反牧師派はことあるごとに牧師家の妖術疑惑に言及していたが、その渦中で反牧師派の女性が若くして突然死するという事件が起こった。村で作業中に突然倒れ、病院に搬送されたが脳出血と診断されてそのまま命を失ったという事件である［片岡 二〇一九：二二六―二二八］。この事件の直後から、この女性が何者かにかみ殺されたという噂が、反牧師派を中心に急速に広まっていった。この何者かが誰を意味するかは文脈上明らかであり、そのためこの説明自体が牧師支持派の反発を招くことになった。牧師派の反論というのは次のようなものである。

あの人たちは牧師が憎いからって言うに事欠いてひどいことというね。人間が人間を食い殺すわけないじゃない。脳出血で突然死したってんなら病死に決まってるでしょ。何でもかんでも牧師のせいにすりゃいいってもんじゃないよ。

要するに牧師支持派が述べているのは、妖術などあるわけがない、人の死因は医学的に説明すべきだということである。ここで一言つけ加えておくと、牧師支持派の人たちは、普段から妖術師の存在そのものを否定しているわけではない。ほかの文脈では、妖術の噂に好んで参加する人たちである。ただしその噂が自分たちの利害に関わり、自分たちにとって受け入れがたい帰結をもたらす場合は、説明のモードが瞬時に近代医学の文法に切り替わるのである。[26] ある特定の事件が妖術事案なのか神罰なのか、あるいは神や霊の関与を欠く単なる疾病なのかという判断は、事件の当事者をめぐる人間関係を反映している。

神や霊をめぐる複数の解釈が競合している場合、人々の判断は、神や霊そのものの存在論的属性そのものではなく、周囲の人間のコミュニケーションによって規定されていく。そのことをはっきり示しているのが、橋本による南スーダン（ヌエル）の事例である。そこでは、ある予言者の言動がクウォス（神）かシェイタン（悪魔）いずれの働きによるものかについての論争が紹介されている［橋本 二〇一五：二一三―二一五］。

　ダック〔片岡注：予言者とされる人物〕が予言者とみなされるようになったのは、彼が積極的に何かに働きかけ、クウォスの力を発揮したわけではないということである。人々の判断基準となったのは、ダックの周辺で生じたクウォスの顕れであった。…つまり、自分自身の経験がクウォスであるかどうかは、当の本人にもわからないことであり、周囲の人間の判断が必要となる。…彼らは「シェイタン」とみなされていたダックの言動の中に、自分たちが認めることのできるようなクウォスの顕れを見出そうとしていた。そのクウォスの顕れの「正しさ」はあくまでも暫定的なものでしかない。しかし、ある人物が予言者かシェイタンであるかどうかは、人々が直面している状況の中で自分たちに影響を及ぼしている主体が探られ、隠された他の経験の様式が見出されるなかで定位されていたことが指摘できる。…クウォスや予言者は、複数の人間による自らの経験への気づきや眼差しの中ではじめて「正しさ」として浮上してくるものなのである。

予言者の行動は、周囲の人々の経験のなかでフィードバックを受ける。新たな出来事は、神や悪魔についての既知のステレオタイプに流し込まれ、それが神と悪魔いずれの仕業によるものかの判定を受け、その判定が社会的に共有されることで、ある人物が神の代理人か悪霊憑きなのかについての評価が確定していく。ようするにカリスマや彼が背負っているとされる神や霊の資格を決定するのは、カリスマ自身ではなく、あくまで周囲のコミュニケーションが作り出す社会的合意なのである。ここにおいて論点は、本論前半でみたアンダーソンのカリスマ論へと戻っていくことになる(27)。

おわりに

人々の多くは大なり小なり、神や霊の実在という現実を作り出しながら、それへの応答として日々の生活を組み立てている。では神や霊の実在という社会的現実が作り出されることは、我々の既存の存在論的前提に変更を迫るのか。おそらくそうではないだろう。ここで問題となるのは、神や霊が存在するとして、それはどのような種類の存在なのかという点である。神や霊は自然種なのか名目種なのか。自然種（たとえば水や虎）であれば、人間社会が与える定義とは無関係に存在しうる。それに対し名目種（たとえば独身男や弁護士）はあくまで社会的カテゴリーであり、社会が与える定義を離れて存在しえない［三浦 一九九五：一六─一八］。少なくともこれまで人類学者が積み重ねてきた人間社会の観察が示す限り、神や霊はほとんどすべての社会に行為者として存在しているが、それは名目種としての存在である。ある社会内に複数の解釈が競合する場合、ある事件の背後にいると目される存在は神にも悪魔にもなりうる、という意味で、その地位はあくまで社会の側が与える定義に依存しているからである。

我々がフィールドで行っている民族誌的な作業（特に宗教に関する調査）というのは、そうした定義の束が織りなすイディオムや、それを前提とするコミュニケーションに可能な限り習熟し、そこに自らの言動を調律していくなかで、神や霊が社会的アクターとして見出されていくパターンを発見することだということができる。神を存在させるのが、ステレオタイプの堆積によるコミュニケーションそれ自体なのであれば、そこでのイディオムやステレオタイプに調律していくことで、我々もまた、個々の神や霊の実在についての確信を保留したままで人々の神語りに参加することが可能になる。

ここで筆者が述べていることは、近年の「宗教を真剣にとりあげよう」ブームの正反対を指向しているように見えるかもしれない。しかし、この指摘は、我々をフィールドの神々からそれほどかけ離れた場所に連れて行くわけではない。

たとえばトゥッカーは、ラフに隣接して居住するチベット・ビルマ語系山地民のアカに関し、興味深い事例を紹介している。それは、あるアカの若夫婦が双子を産んだことにまつわるエピソードである。アカの伝統的慣習システム（ザンと呼ばれ、いわゆる宗教と呼ばれる領域もそこに含まれる）によれば、双子は凶兆とされるため、そうした逸脱から世界を回復させるための慰撫儀礼が求められる。この儀礼の費用を捻出できない若夫婦はキリスト教（これもザンの一種とされる）に改宗した。のちに資金の目途が立った時点でこの若夫婦はアカのザンに再改宗し、つつがなく儀礼を行ったというのである［Tooker 1992］。

これは典型的な複ゲーム状況であり、この夫婦は時に応じて複数のゲームのあいだを行きつ戻りつしている。それが容易になされる背景としてトゥッカーが指摘するのが、アカにとってザンというのは信じるものではなく背負うものとされているという点である。つまり個人の信仰ではなく社会的行為に焦点を当てる概念であるため、ザンの切り替えというのは、改宗という語から連想するような内面的心理状態の変化ではなく、あくまで特定の慣習的行為のセットへの調律を意味するのである。こうした「外面的イディオム」への注目は、宗教を「内面的イディオム」でとらえてきた従来の西欧人類学の前提に対する大きな挑戦となりうるとトゥッカーは主張している。

本稿での議論からは、これがアスペクトの複相把握の応用問題であることが容易に理解できよう。人々はこのように、複数の存在論的コミットメントの選択肢のなかで、状況に応じて自身のコミットメントを変更する。そうであるなら、特定のコミットメントのなかで語られる神々にのみ没入し、その実在を声高に主張することは、人々の神々との付き合いを「真剣にとりあげる」ことを意味しない。そればかりか、特定の神々の存在を研究者が真剣に信じ込もうとすることで、「外面的イディオム」で動いている社会に対し、特殊西洋近代的な「内面的イディオム」を不必要に持ちこんでしまうかもしれないのである。二〇年前のトゥッカーの問題提起は、近年の流行が一歩間違うと過度の心理主義をもたらしかねない危険性に対する警鐘ともなっている。

本稿の最後に、複ゲーム状況下で人々の宗教的な語りを「真剣にとりあげる」ことの得失を、もうひとつの事例を通して述べることにしたい。ラドウィッグは、ラオスの平地仏教徒が行う祖先供養に際し、祖先への供物が在家者によって寺の僧侶に届けられるという事例を紹介している。名目上は祖先のためであるが、実際にそれを受けとるのは僧侶である。贈り物が祖先のもとに届くというのは実際にはありえないのであり、祖先供養というのは祖先への供物という名目で僧侶に寄進を行い、それによって得た功徳を他界に転送することなのだと、僧侶たちは説明する。それに対しラドウィッグは、供物があの世の祖先に届くと人々が主張するのであれば、それを額面通り「真剣にとりあげる」べきだ、との論を展開する。つまり供物は僧侶によって功徳に変換される等の複雑な手続きを踏むことなく、端的に供物としてあの世に届くのである［Ladwig 2011］。

この主張は、近年の知的流行をかなりの程度直截に反映しているだけに、その功罪もまた見えやすくなっている。ここでの争点もまた複ゲームである。僧侶はウサギだと言っているものを、在家者はアヒルだと言っているのである。ここで研究者が「これはアヒルなのだ！」と宣言しても、それは単に党派的な論争の一方にのみ肩入れすることで、我々の視野を狭める効果しかもたらさない。我々にできるのは、宗教職能者の解釈と平信徒の解釈を対置し、両者の齟齬を含んだ相互のコミュニケーションがどのような社会的現実をつくりあげているかを精査するところまでである(28)。

民族誌的作業というのは、観察者の世界とフィールドとの複相状態（我々のアヒルは彼らのウサギだ）のなかでのみなされるわけではない。フィールドにもしばしば複相状態が存在し、あるものごとをアヒルと呼ぶ論理とウサギと呼ぶ論理がそれぞれ提供するゲームの中で、人々はその都度調律を行っている。ならばそれぞれのゲームがどのような規則のセットをもっており、参加者にどのような調律を要求し、そのなかで人々がどのような解釈を行いながらゲームを運用しているのか、というのが、我々の明らかにすべき課題になるだろう。これはようするに、人々の文化を内側から理解する、という民族誌の古典的な目標にほかならない(29)。フィールドで特定の党派的意見への没入を避け、過度な心理主義の罠を回避し、空疎な立場表明宣言を取り外した後に残るのは、この出発点なのである。

付記
本稿で用いた資料は、日本学術振興会科学研究費補助金（基盤A）「東南アジアにおける複ゲーム状況の人類学的研究」（代表：杉島敬志、二〇〇九―二〇一一年度、研究課題番号：21251012）を得ておこなった調査で収集されたものをふくむ。

（1）　これは機能主義的アプローチのほとんどすべてに共通する視点である。最も典型的な例としてラドクリフ＝ブラウン［一九七五］を参照。
（2）　たとえばブロック［一九九四］を参照。
（3）　ここでは最も典型的な例としてマーウィックをあげておくが［Marwick 1952a, 1952b］、この論点は、ある時期までの機能主義的な妖術研究のほとんどが共有している。
（4）　こうした研究も数多いのだが、東南アジアに関してはスコットの一連の議論［スコット 一九九九、二〇一三］がその標準を反映しているといえる。
（5）　その最も典型的な例としてComaroff and Comaroff［1999］を参照。
（6）　東南アジアにおけるそうした傾向のもっとも典型的な例として、ここではEndres and Lauser［2011］をあげておきたい。
（7）　本書所収の飯田論文では、フィールドでの存在論を真剣にとりあげようとする近年の試みにおいて、ある弊害がみられることが指摘されている。それは、当該社会における存在論への共感的理解の大前提として、当該社会の世界観が一枚岩的なシステムとして提示されてしまう傾向である。そしてその結果として、非西洋の「異文化」に対するかつての素朴な本質主義的ステレオタイプが復活することになってしまうのである。そのため飯田は、在来知や近代知を構成するエージェンシー（情報やその伝達媒体としてのモノ）の役割を考察するうえで、在来知のシステムをステレオタイプ的にとらえるきらいのある存在論よりも、個々人の身体知をベースに個々の情報やモノがいかに読み込まれていくかに着目する認識論の方が重要であるという点に注意を喚起している。
（8）　小松［二〇一五：二〇〇］の妖怪論もまた、これとほぼ同様の点を指摘している。日本における神と妖怪との関係というのは、主に祀り手の有無によって規定される。祀り手を欠く妖怪が、人間から祀られることで神となる。その一方、祀り手を失った神は、人間との互酬的関係の解消に伴い単なる妖怪となっていく。
（9）　この点に関しては、本書所収の里見論文が重要な指摘を行っている。彼によれば、非人間のエージェンシーを強調する近年の研究に共通するのは、それらの議論がいずれも、そうしたエージェンシーを関係論的に提示しているという点である。そうであるならば、石井の論に依拠しながらここで確認したように、その種のエージェンシー論の射程は野家の物語論と大きく重なることになるのである。
（10）　ラドクリフ＝ブラウン［一九七五：二一四］の用語法である。注（16）も参照。
（11）　実はこれこそが、ギアーツ［一九九六］の『菊と刀』評で述べられていた、理想的な民族誌のありかたにほかならない。
（12）　多少曖昧な表現になるのは、人口の計算と教会員数の計算が同じではないためである。特に幼児洗礼を行わないバプテストらプロテスタント諸派の場合、当然ながら未受洗の児童は教会員に含まれない。
(13) 異文化理解の素材としてキリスト教をとらえるフィールドワークの試みについては、すでに他の場所で論じたことがあるのでそちらも参照されたい［片岡 二〇一三］。
(14) キリスト教徒と非キリスト教徒が互いに相手に対して行うカプセル化についてはすでに別のところで論じたので［片岡 二〇一四］、詳細についてはそちらを参照されたい。
(15) ここでは非キリスト教徒の例として予言者カルトをとりあげているが、実はもうひとつの類型として、予言者運動に与しないグループも少なからず存在する。そうした人々の村落では、村の神殿で祀られるのはあくまで村の守護神であり、この守護神は万民の普遍的主人であることを期待されるグシャとは異なり、村民の安寧に対してのみ責任をもつ。
(16) ラドクリフ＝ブラウン［一九七五］は、世界の多くの宗教において重視されるのは儀礼が的確に遂行されるかであり、それに対する信念や解釈の食い違いは問題とされないことを指摘し、信念や解釈を過剰に前景化した宗教理解を「まやかしの心理学」と一蹴している。
(17) 比喩形象論についてはアウエルバッハ［二〇〇四］を、またそれを東南アジアの呪術論に応用する試みについては川田［二〇〇五］を参照されたい。
(18) ラフにおけるブンチュム崇拝については片岡［二〇一五］も参照されたい。
(19) 聖者伝説のパターン化は、平地タイ仏教徒とも共通する。タンバイアによれば、平地タイ仏教徒のカリスマ僧崇拝においては、聖者の描写に際し過去の祖型の反復に重点が置かれるため、結果的に新たに出現したカリスマ僧の伝説もまた既存の範型に吸収されていくことになる［Tambiah 1984: 124–125］。
(20) 文献によっては、この二種のうち前者の類型については僕死、ペス（pe su）という語が、また後者の類型については気迫、琵琶鬼、ヤカ（yaka）という語がそれぞれ互換的に用いられている。またラフのうち、本稿でとりあげるのは黒ラフ語方言集団であるが、赤ラフ語グループにおいては両者を区別せずツツ（tsuh tsuh）という単一のカテゴリーとしている例も報告されている。ラフの妖術霊の呼称に関する整理は拙稿［片岡 二〇一〇］も参照されたい。
(21) 類似の例として、顔［二〇一四：一九一］による中国トン族の妖術の研究も参考になる。そこでは、トン族社会における妖術譚は単なる伝説というよりは、社会全体が伝言ゲームへの参加を通じて妖術伝説の共同制作者となり、一定の集団行動が求められるようになるという意味で、ひとつの社会的現実となっていることが指摘されている。
(22) 呪術のイディオムが閉じたコミュニケーション内のトートロジーによって補強されていく点は、エヴァンズ＝プリチャード［二〇〇一］が詳しいが、それに先んじてマリノフスキーもまた同様の言及を行っている。そこでは、呪術が効果を示さないことは、対抗呪術の存在やタブーの侵犯あるいは呪文の瑕疵などによって説明されてしまうため、呪術の失敗という経験的事実はむしろ結果的に呪術のイディオムの信憑性を強化する方向に作用すると述べられている［マリノフスキ　二〇一〇：一一二］。

(23)　複ゲーム状況については杉島［二〇〇八］を参照されたい。

(24)　本書所収の杉島論文と飯田論文が示すように、異文化における世界観を「真剣にとりあげる」ためには、一定のステレオタイプ化を施したうえでそれを首尾一貫したものとして提示する必要がある（杉島はそれを「概念記述」と呼ぶ）。ここで厄介なのは、ステレオタイプ化に基づく「概念記述」がしばしば複ゲーム状況の捨象によってなされることである。本書所収の杉島論文の例でいえば、ある事実を「因果秩序」と「肝起点主義」のいずれのイディオムによって説明するかは、先住者や特定の首長の地位に対する判断を自動的に伴うという意味で、すぐれて政治的な営為となるのである。この点が見落とされてはならない。

(25)　ウォーカーによれば、ラフの人々は疾病（精神疾患を含む）を次の三つの原因に帰するという。それは神罰、精霊による攻撃、および単なる自然現象である［Walker 1977: 134］。

(26)　中川［一九九九］によれば、東インドネシア（フローレス島）においては、伝統的世界観は学校の知識を括弧に入れ、学校の知識は伝統的世界観を括弧に入れて世界を説明していることが示されている。ここにみられるのは、複ゲーム状況が、図と地が相互に入れ替わるごっこ遊びとして展開されうる可能性である。

(27)　岩田によれば、カミは人間の文化の発達につれて生命力を失い、社会制度に囲い込まれた神となっていく。したがって、そこで見いだされる神というのはもはやカミの影にすぎないのであり、我々がカミを再び感得するには、「文化という厚く重い虚構の衣裳を脱ぎすてて、草木虫魚の世界に立ちまじ」る必要がある［岩田　一九九一：三〇七］。ならば、文化人類学の立場から宗教に接近する場合、我々がすべきことはあくまで、「カミの影」の発生条件を人間社会の側から明らかにする作業だということになるだろう。

(28)　ここで念頭に置いているのは、東北タイのピットカブーン（出産後の女性が特定の食物の摂取によって引き起こす体調不良）に関する本書所収の津村論文である。そこでは、ピットカブーンを真剣にとりあげる村人たちと、それを真剣にとりあげない医師たちとのかみ合わないコミュニケーションが、その信憑性の構築に大きく寄与していることが示されている。したがってそこでは、研究者がピットカブーンを真剣にとりあげるかどうかというのはまったく的外れな設問となる。

(29)　「宗教を真剣にとりあげよう」ブームの浅薄さについては、プリチャードが辛辣な批評を行っている。そこでは、複数の共約不可能な真理主張を対等にとりあげるには、それらを世俗的リベラリズムの傘の下に置かざるを得ず、したがってそれは既存の世俗的リベラリズムへの対抗軸たりえないこと、そのため「真剣にとりあげよう」という身振りは、論者自身の寛容さを見せびらかすための小道具にしかなっていないことが指摘されている［Pritchard 2010］。

参照文献

アンダーソン、ベネディクト　一九九五「ジャワ文化における権力観」中島成久訳『言葉と権力』三一―一〇八頁、日本エディタースクール出版部。

アウエルバッハ、エーリヒ　二〇〇四『ミメーシス――ヨーロッパ文学における現実描写（上）』（ちくま学芸文庫）篠田一士／川村二郎訳、筑摩書房。

ベネディクト、ルース　二〇〇五『菊と刀――日本文化の型』（講談社学術文庫一七〇八）長谷川松治訳、講談社。

バーガー、ピーター／トマス・ルックマン　二〇〇三『現実の社会的構成――知識社会学論考』山口節郎訳、新曜社。

ブロック、モーリス　一九九四『祝福から暴力へ――儀礼における歴史とイデオロギー』田邊繁治／秋津元輝訳、法政大学出版局。

Comaroff, Jean and John Comaroff, 1999, "Occult Economies and the Violence of Abstraction", *American Ethnologist* 26(2): 279–303.

Endres, Kirsten W. and Andrea Lauser, 2011, "Introduction: Multivocal Arenas of Modern Enchantment in Southeast Asia", in K. W. Endres and A. Lauser (eds.), *Engaging the Spirit World*, pp. 1–18, Berghahn Books.

エヴァンズ＝プリチャード、E・E　二〇〇一『アザンデ人の世界――妖術・託宣・呪術』向井元子訳、みすず書房。

ギアーツ、クリフォード　一九八七「ディープ・プレイ」吉田禎吾ほか訳『文化の解釈学Ⅱ』三八九―四六一頁、岩波書店。

――　一九九六「われわれ対われわれでない人々」森泉弘次訳『文化の読み方／書き方』一四五―一八四頁、岩波書店。

――　一九九九『ローカル・ノレッジ――解釈人類学論集』梶原景昭ほか訳、岩波書店。

Gluckman, Max, 1972, "Moral Crisis: Magical and Secular Solutions", in M. Gluckman (ed.), *The Allocation of Responsibility*, pp. 1–50, Manchester University Press.

浜本　満　一九八五「呪術――ある『非―科学』の素描」『理想』六二八：一〇八―一二四。

――　二〇〇六「他者の信念を記述すること――人類学における一つの疑似問題とその解消試案」『九州大学大学院教育学研究紀要』九：五三―七〇。

橋本栄莉　二〇一五「現代ヌエル社会における予言と経験に関する一考察」『文化人類学』八〇（二）：二〇〇―二二〇。

Henare, Amiria, Martin Holbraad and Sari Wastell, 2007, "Introduction: Thinking through Things", in Amiria Henare, Martin Holbraad and Sari Wastell (eds.), *Thinking Through Things*, pp. 1–31, Routledge.

石井美保　二〇一〇「神霊との交換――南インドのブータ祭祀における慣習的制度、近代法、社会的エイジェンシー」『文化人類学』七五（一）：一―二六。

――　二〇一三「神霊が媒介する未来へ――南インドにおける開発、リスク、ブータ祭祀」『社会人類学年報』三九：一―二七。

岩田慶治　一九九一『草木虫魚の人類学――アニミズムの世界』（講談社学術文庫一〇〇四）講談社。
春日直樹　二〇一一「人類学の静かな革命――いわゆる存在論的転換」春日直樹編『現実批判の人類学』九―三一頁、世界思想社。
片岡　樹　二〇〇七『タイ山地一神教徒の民族誌――キリスト教徒ラフの国家・民族・文化』風響社。
――――　二〇一〇「妖術からみたタイ山地民の世界観――ラフの例から」鈴木正崇編『東アジアにおける宗教文化の再構築』二四三―二七二頁、風響社。
――――　二〇一一「食人鬼のいる生活――タイ山地民ラフの妖術譚とその周辺」『社会人類学年報』三七：一―二五。
――――　二〇一三「フィールドワークと民族誌」片岡樹ほか編『アジアの人類学』四三―六九頁、春風社。
――――　二〇一四「複ゲームとシンクレティズム――東南アジア山地民ラフの宗教史から」杉島敬志編『複ゲーム状況の人類学』二三九―二六六頁、風響社。
――――　二〇一五「山地からみたブンチュム崇拝現象――ラフの事例」『東南アジア研究』五三（一）：一〇〇―一三六。
――――　二〇一九「妖術師の肖像――タイ山地民ラフにおける呪術観念の離床をめぐって」川田牧人ほか編『呪者の肖像』二一四―二三六頁、臨川書店。
川田牧人　二〇〇五「呪術の『欠落』を埋める――東南アジア・オセアニア地域における呪術研究展望」『日本オセアニア学会Newsletter』八二：七―一六。
小松和彦　二〇一五『妖怪学新考――妖怪からみる日本人の心』（講談社学術文庫二三〇七）講談社。
Ladwig, Patrice, 2011, "Can Things Reach the Dead?: The Ontological Status of Objects and the Study of Lao Buddhist Rituals for the Spirits of the Deceased", in K. W. Endres and A. Lauser (eds.), *Engaging the Spirit World*, pp. 19–41, Berghahn Books.
Lewis, Paul, 1970, *Introducing the Hill Tribes of Thailand*, Faculty of Social Sciences, Chiang Mai University.
マリノフスキ、ブロニスワフ　二〇一〇『西太平洋の遠洋航海者』（講談社学術文庫一九八五）増田義郎訳、講談社。
Marwick, M. G., 1952a, "The Social Context of Cewa Witch Beliefs", *Africa* 22(2): 120–135.
――――　1952b, "The Social Context of Cewa Witch Beliefs", *Africa* 22(3): 215–233.
民族問題五種叢書　雲南省編輯委員会編　一九八二『拉祜族社会歴史調査（一）』雲南人民出版社。
三浦俊彦　一九九五『虚構世界の存在論』勁草書房。
中川　敏　一九九九「学校者と出稼ぎ者――エンデの遠近両用眼鏡」『国立民族学博物館研究報告』二三（三）：六二五―六五八。
――――　二〇一五「異文化の見つけ方」『大阪大学大学院人間科学研究科紀要』四一：七九―九七。
――――　二〇一七「嘘の美学――異文化を理解するとはどういうことか」『社会人類学年報』四三：一―二一。

Nishimoto, Yoichi, 2003, "The Religion of the Lahu Nyi（Red Lahu）in Northern Thailand: General Description with Preliminary Remarks", *Studies and Essays, Behavioral Sciences and Philosophy* 23: 115–138.

野家啓一　二〇〇五『物語の哲学』（岩波現代文庫一三九）岩波書店。

野村純一　一九八四「話の行方——日本」川田順造／徳丸吉彦編『口頭伝承の比較研究　一』二一—二九頁、弘文堂。

Pritchard, Elizabeth A., 2010, "Seriously, What Does 'Taking Religion Seriously' Mean?", *Journal of the American Academy of Religion* 78(4): 1087–1111.

ラドクリフ＝ブラウン、A・R　一九七五『未開社会における構造と機能』青柳まちこ訳、新泉社。

スコット、ジェームス　一九九九『モーラル・エコノミー——東南アジアの農民叛乱と生存維持』高橋彰訳、勁草書房。

——　二〇一三『ゾミア——脱国家の世界史』佐藤仁ほか訳、みすず書房。

志賀市子　二〇一二『〈神〉と〈鬼〉の間——中国東南部における無縁死者の埋葬と祭祀』風響社。

杉島敬志　二〇〇八「複ゲーム状況について」『社会人類学年報』三四：一—二三。

Tambiah, Stanley Jeyaraja, 1984, *The Buddhist Saints of the Forest and the Cult of Amulets: A Study in Charisma, Hagiography, Sectarianism, and Millennial Buddhism*, Cambridge University Press.

Tooker, Deborah E., 1992, "Identity Systems of Highland Burma: 'Belief', Akha *Zán*, and a Critique of Interiorized Notion of Ethno-religious Identity", *Man*（N.S.）27: 799–819.

Walker, Anthony R., 1977, "*Chaw G'u K'ai Leh Hk'aw Ne Cai Ve*: A Lahu Nyi（Red Lahu）Rite of Spirit Propitiation", *Journal of Asian and African Studies* 14: 133–143.

——　1983, "Traditional Lahu Nyi（Red Lahu）Rites of Sorcery and Counter-Sorcery", *Journal of Asian and African Studies* 26: 33–68.

王　正華　一九九九『拉祜族文化史』雲南民族出版社。

顔　芳姿　二〇一四「變婆的巫術指控——抹黑隣居的社會展演」『民俗曲藝』一八五：一六七—二二七。

Yu Kuang-hong, 1990, "Making a Malefactor a Benefactor: Ghost Worship in Taiwan", *Bulletin of the Institute of Ethnology Academia Sinica* 70: 39–66.

第二章　開放系コミュニケーション
——東北タイにおける経産婦の病ピットカブーンの事例研究——

津村文彦

はじめに

「ほら、またムシが出てるよ!」

子どものころ、よく母に言われた。機嫌が悪く駄々をこねて泣いている私の手を取り、人差し指の親指側の脇に浮かぶ青紫色の静脈を指して、ムシが出ていると言うのである。指の付け根に潜む「ムシ」を見せつけられて、自分の不機嫌さは、手のなかにある制御不能な何かが引き起こしたものと感じ、急に不安になって泣き止んだ。あのムシはなんだったのか。

日本では「ムシ」に民俗的な含意が多い〔長谷川ほか 二〇一二〕。「虫の居所が悪い」、「虫がいい」、「虫がおさまる」など、ムシを人のふるまいや感情と関連させた表現も豊富である。「疳の虫」が子どもの癇癪を引き起こすという「虫因観」と、それを背景にした「虫切り」や「虫封じ」をめぐる信仰実践は今も寺院や神社で広く見られる。また五行思想に基づき五臓の乱れたバランスを整えることで、疳の虫の活動を抑える「五疳薬」は現在も市販されている。さらにインターネット上では、虫封じの儀礼で、子どもの指の先から白い煙のようなものが立ち上がる動画まで公開されていたりもする。しかし、多くの人は、ムシなんて単なる迷信のたぐいで、むずかる子どもの気を逸らして泣き止ませるための方便に過ぎないと考えるだろう。五行思想や虫因観よりも、生物医学にリアリティを見出す現代の日本では、ムシは単なる言語表現とみなされ、母親とぐずる子どもの間のような狭く限定された場面でしか効力をもたない存在となった。

本稿では、東北タイのピットカブーン（phit krabun）という病を取り上げる。この病は出産後の女性が特定のものを食べると発症する。目眩や吐き気、腹痛など人によって異なったかたちで症状が発現する。ピットカブーンに相当する語彙はタイの近代医療には存在しない。

私たちは、近代医療の説明と人々の日常的な病の理解のずれを目の前にしたとき、日常的な病気観はエミックなもの、つまり過分に文化的な装飾が施されたものであり、最終的には近代医療の説明に還元、回収されると考えることが多い。たとえば日本の「ムシ」がそうである。現代日本に生きる人々の眼差しは「疳の虫」を容易に消失させてしまう。

ところが、ピットカブーンは「ムシ」とは異なった様相を呈する。多様な原因が多様な症状を引き起こし、それへの対処法も人によって大きく異なる。また現在においてもピットカブーンは頻繁に発症し続けている。こうした状況について医療人類学が従来参照してきた枠組、つまり病をめぐる伝統医療と近代医療の二項対立、もしくは多元主義的医療という眼差しでは、ピットカブーンを取り巻く状況が適切に理解されるとは思えない。そこで、本論では、ピットカブーンという病のどこが奇妙で、何が困惑を招くのかに眼を向けながら、病をめぐる人々の多様な理解のあり方、病をめぐるコミュニケーションの複雑さを切り口として読み解いてみたい。

一　曖昧な概念と複ゲーム状況

病の意味づけの明瞭さと曖昧さ

東北タイのピットカブーンという病の特徴は、明確な定義が困難なところにある。病の原因について人々が異なった理解をしながらも、確固たる実体があるかのようで、対処法も原因に対応して複数実践されている。一般に、近代医療では、病気を個体内部のメカニズム、因果関係として捉え、外に現れる症状と体内的な病気を区別し、病気をもたらした原因を措定し対処する［児玉　一九九八：七七―七八］。たとえば、「頭が痛い」というと、検査や診察で原因を探る。原因が「風邪」だと分かると、「ウィルスに感染」して「風邪」の状態になって、「頭痛」という症状が発現したと考える。病因（ウィルス）と病気（風邪）と症状（頭痛）を区別しながら、病因を排除するように治療を施す。

東北タイの病ではどうだろうか。一九八〇年代以降のタイ東北地方では、経済開発にともなって農村部の地域医療も整備された。現在では多くの村落に保健センターが設置され、日常的に保健医療を支えている。幹線道路の整備や交通手段の普及もあって、村落住民にとっても保健センターやクリニック、さらに近隣の病院へのアクセスは非常に容易になっている。

それに合わせて、近代医療による病気の理解も広く受容されている。たとえば、糖尿病（rok baowan）や痛風（rok kao）といった病名は日常的に用いられている。病気になると村近くのクリニックや病院に通院し、注射や薬剤を使った治療を受ける。近代医療への人々の信頼は非常に厚い［津村　二〇一五b：一七七―一七八］。一方、慢性的な疾患では、薬草治療など伝統医療も並行して利用することが多い。東北タイの伝統的な病因論では「毒や精霊など体外からの異物の侵入」が身体の不調を引き起こすと考える。しかし近代医療による病の理解が、伝統医療の説明より優先されることが多く［津村 二〇一五a：二四八―二五四］、病は「病因―病気―症状」のセットとして理解される。しかし、ことはそれほど簡単ではない。

ある病気が複数の症状を引き起こす場合、近代医療では「症候群」と呼ぶ。一群の身体症状について同一の病因を措定し、そこに因果関係を見出す。たとえば「風邪」という病について、鼻腔から喉頭までの上気道と、気管から肺までの下気道を含めた部位の炎症と捉え、鼻水や鼻づまり、発熱、頭痛、倦怠感、咳や痰など複数の症状の発現を「かぜ症候群」と呼ぶ。この場合、「病因―病気―症状」が必ずしも一対一で対応するわけではないが、異なった別々の症状をひとまとめに捉えることで、ある病気が実体化される。

また、ある個人の症状について、複数の病因の並存を認めることもある。たとえばアトピー性皮膚炎について単一の原因を指摘することは難しい。医学的には「タンパク質の抗原に対する過剰な反応がもたらす皮膚の炎症」と説明されるが、いったい何によって過剰な抗原抗体反応が引き起こされるのかは確定的ではない。食事、化学薬品、ハウスダスト、環境、ストレスなど、様々な原因が想定されるものの、一つに特定することはできない。様々な病の原因として挙げられるストレスも、「ストレッサーと呼ばれるなんらかの刺激が原因で引き起こされる生体機能の変化」という共通理解はありながら、ストレッサーには、物理的、化学的、生物的、心理的、環境的などの多様な刺激が含まれる。ストレスという病因の本質は不明瞭である。症状であれ、病因であれ、近代医療のカテゴリーですら、病気をめぐる概念と理解にはつねに曖昧さが内包されている。

さて、本稿の焦点であるピットカブーンという病は、その曖昧さが大きな特徴である。「出産を経験した女性が、特定の食物を食べたときに発現する身体不調」という共通点はあるものの、村人の説明と病院の説明は大きく食い違うし、村人のなかでの説明の変異も大きい。人々の説明が錯綜し、近代医療では存在すら認められないにもかかわらず、ピットカブーンは決して珍しい病ではない。現在も幅広い年齢層に発症が見られ、その症状は多様かつ平凡で、かつ治療も単純である。近代医療の枠組にはおさまりが悪いが、現実には日常生活のなかで当たり前の確信をもって継承されている。普通の病でありながらも、極めて曖昧かつ複雑である病、ピットカブーンを考えるにあたって、ここではその曖昧さを生み出すコミュニケーションを手がかりにしながら、その錯綜に向きあってみたい。

複ゲーム状況からみた病と医療

杉島は「整合せず、両立し得ない『規則－信念』が並存しながら、同時並行的に作用する状態」を「複ゲーム状況」と呼び、多様なコミュニケーションが交錯する現代世界で複ゲーム状況を記述の対象にすることを提案した［杉島 二〇一四：一〇、三五］。ある領域において複数の異なる要素が同時並行的に存在するという状況は、タイの宗教複合に限ってみると、古典的なシンクレティズム論［Kirsch 1977］を嚆矢として、近年ではハイブリッド論［Kitiarsa 2012］、レパートリー論［McDaniel 2011］など現代の複雑な混淆状況を論じる視角がそれに近い。しかし複ゲーム状況論では、複数の規則－信念が、ときに競合的に、また協調的に、不安定な布置を継続させる様子をそのまま記述・分析の対象にしようとする。そうすることで、還元主義的でもなく、また本質主義的にでもなく、動態的な現実をそこで繰り広げられる複雑に錯綜したコミュニケーションに注目して描き出そうと試みる。東北タイのピットカブーンをめぐっては、村人、医療専門家、薬草師など立場の異なった個人がそれぞれ異なった説明を行いながら、病への理解を深めている。異なった人々が関わり合うこの複ゲーム状況を記述することで、ピットカブーンを対象化することは十分に可能であろう。

医療領域での複ゲーム状況といえば、近代医療と（いくつかの）伝統医療という二つ以上の枠組が対立もしくは並存する様子が真っ先に想起される。ある症例をめぐって、異なる複数の論理が存在しながらも、村人がそれらを臨機応変に選択しながら、自身の病と癒しの経験を再構築して捉え直す局面は、これまでも医療人類学の民族誌で論じられてきた。二元論的また医療多元主義的な枠組は、身体と病をめぐる知識と実践がそれぞれ異なった背景をもって構築され、現代においても、あらゆる伝統医療がすべて近代医療に置換されるわけではない様子を生々しく描き出してきた。しかし、近代医療に対する伝統医療という枠組を参照するかぎり、異種の論理とその対照性を過度に実体化して捉え、人々の日常世界から乖離したかたちで図式化する恐れがあるだろう。また伝統医療と一括されるもののなかに、さらに異種の複数の知識と実践が内包されている場合、それらを伝統医療としてラベリングすることで、社会的現実を構成する多くの要素が失われてしまうことになりかねない。調査地の人々の現実をありのままに捉えることを目指すならば、従来とは少し異なったアプローチが必要になるだろう。その可能性の一つが複ゲーム状況論である。

飯田淳子［二〇一四］は、北タイの近代医療、呪術、在来のマッサージ、国家公認の伝統医療が互いに並存する状況を複ゲーム状況として捉え、患者も医療関係者も特定のゲームに深く取り込まれることなく個々の実践を繰り広げている様子を明らかにした。また東賢太朗［二〇一四］は、フィリピン・ビサヤ地方での近代医療、キリスト教、呪術の三者の間の複ゲーム状況に焦点を合わせ、呪医が自らの実践を、キリスト教や近代医療の論理によって補強することで実践を維持している様子を描き出した。いずれの場合も、規則‐信念に基づいてなんらかの実践や語りを行う「権威者」と、特定の規則‐信念に必ずしも与しない「不定見者」の間で、アドホックなコミュニケーションが行われる。そこで繰り広げられる無数のコミュニケーションは、権威者の奉じる規則‐信念に沿うかたちで、ある種の傾向性をもったゲームを生みだす。北タイの事例もフィリピン・ビサヤ地方の事例も、そうしたゲーム状況を描き出すことで、過度に還元主義的にもならず、また本質主義的に固定化するのでもない人類学的分析の可能性を示したと言える。

ピットカブーンをめぐる議論

さて、東北タイのピットカブーンに話を進める前に、北タイの同種の病の事例に話を移そう。一九七〇年代にチェンマイの「風の病」（rok lom）[1]について、アメリカの医療人類学者メッキーが報告を行っている［Muecke 1979］。目眩、筋肉痛などの軽い不調から、嘔吐、動悸、失神、感覚異常などの発作的症状まで症状は多岐に渡り、こうした状態になることを「風にかかる」（pen lom）という。成人男性や成人女性のほか、子どもにも発症するが、特に出産後の女性に多くみられ、それを「月に反する風」（lom phit duan）と呼ぶ。出産後に、強い匂いを嗅いだり、相応しくない食べ物を摂ったりすると発症し、身体を構成する「風」元素の過剰が要因と考えられる。

「風」元素が過剰になる原因、あるいはそれと並存する病の原因として、産後儀礼ユーファイ（yu fai）の不履行、カルマ（過去の行為の報い）、遺伝、精霊憑依、毒との接触、毒を含む食事など多種多様なものが語られる。メッキーはこの病をめぐる語りを分析して、近代教育を受けた人ほど、「風の病」をマラリアやてんかんなどの他の病気と関連づけて生物医学的に理解する傾向にあるが、そうでない人は「風」元素の過剰や精霊憑依を原因として語ることが多い、とのべている［Muecke 1979: 287］。近代医学の導入以前は、身体の不調を広く「風の病」と呼んでいたが、近代医学が病の説明体系を独占するようになると、「風の病」は近代医療で対処できない症状の寄せ集めになったとメッキーは説明する。

伝統医療と近代医療の並行状況が歴史的に形成されてきたことは間違いない。しかし、現実の人々のコミュニケーションを単に二種の医療システムの対立だけに回収できるだろうか。日常生活のなかで行われる人々の曖昧で錯綜した語りの群れを、そうした単純な図式へと容易に還元せずに捉えることはできるだろうか。

東北タイのピットカブーンについては、タイの医療人類学者シーンガンユアンがその博士論文のなかで論じている［Sringernyuang 2000］。彼によると、ピットカブーンは食物が身体に合わないときに生じる。東北タイの保健センターでは、発熱と下痢を発症するものと、そうした症状がないものに分けて対処することが多く、前者は食中毒として、後者は心身症として処置するのが一般的である。後者では、動悸、呼吸困難、手足のしびれなども見られ、農事や家庭に問題を抱えていることがその原因だという。灌漑に利用できる河川が少なく天水稲作を中心に農業を行う東北タイでは、降雨が不足すると田植えができない。そうした田植えに不安を抱える時期に病が多く発症する［Sringernyuang 2000: 105］。つまり、ピットカブーンには、毒性をもつ食物の摂取による中毒あるいは感染症と、生業である天水稲作が立ち行かないストレスや苦悩を反映した文化的な病の二種類があることになる［Sringernyuang 2000: 112］。ピットカブーンは、産婦を介して生活の困難を表現することで、その苦悩を理解しやすくし、農事の相互扶助を実現させるための機能をもつとシーンガンユアンは説明する。しかし、ここでも、生物医学的な理解と文化的理解の二つが、相互補完的に推定されている。こうした二元論への還元主義的理解は、果たしてピットカブーンを適切に把握しているのだろうか。

杉島は、人類学的営みにおける「概念記述」について痛烈に批判する。ギアツの解釈人類学であれ、ヴィヴェイロス・デ・カストロのパースペクティヴ主義であれ、「概念記述」の試みは、概念体系の存在を前提として調査地の文化を描出する点で共通しており、それらはともに「概念が使われるコミュニケーションの文脈を考慮」していないと断ずる［本書所収の杉島論文］。先に見たようなピットカブーンをめぐる還元主義的な理解は、それが語られるコミュニケーションの文脈を捨象し、概念を抽象化することによって初めて得られるものである。ピットカブーンを取り巻く現実をありのままに捉えるためには、それを含むコミュニケーションの文脈を真摯に記述することが不可欠となる。

二　ピットカブーンの定義と現実

ピットカブーンの定義

ピットカブーンとはどのような病のことか、改めて考えてみよう。ピット（phit）は「違反する、適合しない」、カブーン（krabun）は「子宮」を指し、「子宮にうまく適合しない」を意味する。また別名ではピットサムデーン（phit samdaeng）とも呼ばれる。サムデーンは後述のサレーンと同義で、「身体に合わない食べ物」を指す。ほかにもピットサレーン（phit salaeng）、ピットカム（phit kam）、東北タイのクメール系住民はトゥア（toea）とも称しており、ラオ系住民だけでなく、東北タイの広い地域に見られる病である。

『タイ文化事典・東北タイ編』のなかで、「トゥアおよびピットサムデーン」について、モンクットは五種類に分けて紹介している［Monkut 1999: 1461–1462］。

（1）トゥアチャムヌイ（toea cammoei）：誤ったものを食べると発症する。（a）症状は顎の痛み、発話困難、呼吸困難など。ベニノキの根を煮出すか粉末にして飲むと効く。（b）症状は、寒気、嘔吐、下痢、頭痛、目眩、胸や背中の張りなど。家鴨や鼠、野菜の漬け物を食べると発症しやすい。タガヤサンの樹皮を煮出して飲むと効く。

（2）トゥアターサイ（toea tasai）：重い物を持ち上げた時、疲労時に発症する。症状は背中の張り、胸のつかえ、食欲不振、喉の渇き、意欲低下、不眠など。

（3）トゥアカルーン（toea kaloen）：家鴨、鼠、鶏などの糞の匂いをかぐと発症する。症状は生あくび、吐き気、目眩、頭痛、咳、食欲不振、不眠など。

（4）トゥアアンセム（toea ansoem）：露に触れると発症する。症状は脚の張り、体の冷え、目眩、咳、鼻づまり、食欲不振、不眠など。

（5）トゥアタムネーク（toea tamnek）：出産後に母体が元の状態に戻っていない時、産後のユーファイ儀礼の初期に発症する。症状は、頭痛、目眩、発熱、意欲低下、精神不安定、視界異常など。野生バナナの根、サラシアの根、鉄、サトウキビ、ニンニク、トウガラシを一緒に煮出して飲むと効く。時に症状が長引くことがある。

この定義はクメール系言語を扱った分析ではあるが、本稿が対象とするラオ系住民のピットカブーンと共通する部分が多い。種類ごとに症状や治療方法は異なるものの、出産後の女性が何かの刺激を受けることで発症するという点は共通する。何かを食べる、臭いを嗅ぐ、触れる、疲れるなどの身体的な刺激をきっかけとして、出産後の早い時期に発症すると考えられている。また多くの場合は、伝統的な薬草を使った治療で快方に向かうが、慢性的な症状になることもあるという。

調査村におけるピットカブーンの現実

では、筆者が調査を行う東北タイのラオ系住民の村落では、この病はいかに理解されているのだろうか。本稿で取り扱うのはコーンケーン県ムアン郡にある複数村落で、集中的に調査を行ったのがＮＫ村である。この地域は、幹線道路でコーンケーン市とつながっており、乗り合いトラック（ソンテウ）で市内中心部まで三〇分ほどで行くことができる。東隣のＮＬ村には地区の保健センターが設置されていて、地域住民は、平日の日中は保健センターを利用する。また南隣のＤＹ村にはクリニックがあって、夕方以降は通いの医師が診察を行っている。

クリニックの方が治療費は高いが、夜など保健センターが閉まっている時間帯に利用できる。筆者は一九九九年より現在まで断続的にこの地域で調査を行っており、ピットカブーンについて集中的に調査を開始したのは二〇一五年以降のことであった。

初めてこの病を身近に感じたのは二〇一四年一二月のことである。ある日、調査村の友人を訪ねたときに、お土産として街で買った家鴨のラープ(2)を置いていった。翌日に再び訪ねると、その家の五〇代の女性が咳をして苦しそうにしていた。

昨日ツムラがもってきたのは、家鴨のラープだったの？　知らずに食べたら、目眩がして、咳が止まらなくなった。昨晩はクリニックに行って見てもらった。昨晩は大変だった。

彼女は、家鴨を食べてはいけないらしい。食べるといつも同じ症状が出るという。話を聞いて、私は最初アレルギー（kanphae）かと思ったが、彼女は「ピットカブーン」だという。

彼女によると、ピットカブーンは出産を経験した女性が何かを食べると発症する。特に授乳期の数年は起こりやすいが、それを過ぎても治らない人もいる。子宮に由来する病なので、男性が同じものを食べてもまったく発症しない。また出産経験のない女性にも見られないという。彼女が出産の後に経験した症状は、腹痛、脚の痛み、頭痛、目眩、母乳不振、出産の傷の治りが遅れるなどであった。

最初の子供を出産した二〇歳の時に、初めてピットカブーンになったそうである。それ以来、家鴨、蛙、チャオム(3)の葉が食べられなくなってしまった。

出産後、チャオムの葉を食べたら母乳が出なくなった。膿が出てきて授乳できなくなった。母が摘んできた薬草を飲んでも治らないので、呪医に治療してもらった。毛髪を二本束ねて、乳首の詰まったところに穴を開けるように指示された。すると三日ほどで母乳が出るようになった。いまでも家鴨や蛙を食べると咳が出る。あまりの咳で喉が傷ついて血が滲むこともあるが、クリニックで注射をしたらすぐに治る。

ピットカブーンは出産後の女性の病として認識されている。本人にとって何か不適合なものを食べることで発症し、その症状は人によって異なるという。かつては薬草で治療されたが、現在ではクリニックや病院で普通に治療されている。前節で見た『タイ文化事典・東北タイ編』では、クメール系言語をもとに五種のカテゴリーに分けて、症状の違いや薬草の処方が示されていたが、ラオ系村落のピットカブーンではそうした分類は聞かれない。薬草でも治療されるが、今では主に近代医療で対処されていて、この病を一方的に薬草や伝統医療の側に配置することはできない。人々のやり取りに目をやると、この病をめぐって複雑なコミュニケーションが生産され続けていることがわかる。次節以降では、ピットカブーンをめぐる人々の語りに焦点を当てて記述を進めよう。

三　病の原因をめぐるコミュニケーション

東北タイのピットカブーンや北タイの「風の病」については、先述のように近代医療と伝統医療の対立・並存から読み解いたり、前節でみたように東北タイ各地の知識を整理してカテゴリー化したりするアプローチがある。しかしインフォーマントの語りに注目すると、ピットカブーンの複雑で曖昧な布置が浮かび上がる。以下では、村落社会における人々の相互行為と、そこに立ち現れるピットカブーン、またそれに関連する概念について検討する。

適合しない食べ物コーンサレーン

最初に注目するのはコーンサレーン（khong salaeng）である。調査村の人々は、ピットカブーンを語る時にしばしばこの言葉に言及する。サレーンは「病を引き起こす」の意味で、コーンサレーンは「病を引き起こす食べ物」を指す。コーンサレーンは個人ごとに異なり、何がそれに当たるかは本人と家族のみが知る。しばしば挙げられるのは、水牛、鼠、家鴨、鶏、野鳥、田んぼの魚、亀、ツムギアリの卵、バナナ、イモ、タケノコ、漬け物などであり、いずれも東北タイでは古くから食べられてきた。

女性は自分にとって何がコーンサレーンか最初は知らない。かつては自分の母や祖母または産婆（mo tamyae）が危険性のある食物についての知識を産婦に伝えたという。母や祖母から伝承されるとはいえ、コーンサレーンは親から子に継承されるとは考えられておらず、母と娘のコーンサレーンが異なることも多い。

ある食べ物がコーンサレーンである可能性を知りながら、気付かずに食べてしまうことがある。食べたあとで具合が悪くなって初めて、それがコーンサレーンだと事後的に確認する。またコーンサレーンとは「無性に食べたくなるもの」とも語られる。出産後、しきりに何かが食べたくなって、それを食べてしまうと身体の調子がおかしくなるという。具合が悪くなると、その前に何を食べたかを思い出し、それがピットカブーンに当たるかどうか、過去の経験から判断する。

食物を摂取することで身体の不具合が生じることから、「食物アレルギーのようなもの」（kan phae ahan）と筆者に説明してくれた七〇代の男性がいた。しかしその場にいた六〇代の女性が即座に否定して言った。

ピットカブーンとアレルギーはまったく違うもの。男は子どもを産まないからわからないのよ。

村人のなかには、ピットカブーンは「アレルギーのようなもの」で、昔は様々な森の食べ物を食べていたので、いまよりアレルギーも多かったと説明する者もいる。食物アレルギーとピットカブーンとの関係についてはこのように意見が分かれる。

とはいえ、コーンサレーンを食べることが産後の女性にとってのピットカブーンの契機となるという理解は一般的なもので、多くの人はこれに同意するだろう（図1参照）。

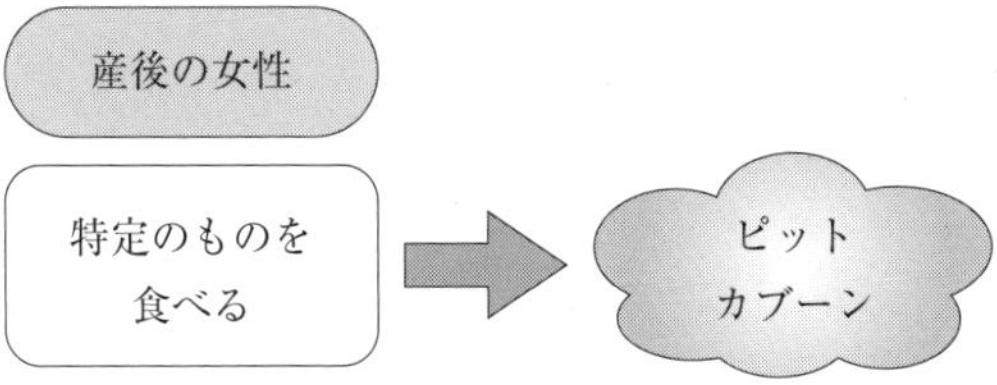

図1　コーンサレーンとピットカブーン

産後儀礼ユーファイの不履行

ピットカブーンについて語るとき、同じく頻繁に言及されるのが産後儀礼ユーファイである。ユーファイは「火のそばにいる」ことを意味し、産後の癒しのため高床の家の床下などで、産後五日から二週間程度[4]にわたって火のそばで過ごす。

ユーファイの期間は産婦に食物規制が課せられる。モチ米と塩、ニンニク、タマリンドの煮汁が身体に良く[5]、それ以外のものを食べると産後の傷の治りが遅れるとされた。タマリンドの煮汁は水浴びにも使用されるし、ユーファイの火もタマリンドの木を薪に使うのが理想とされる[6]。かつて後産は家の床下の地面に埋めて、その真上で火を焚いた。そうすることで、新生児の臍も母親の傷も早く「乾く」（haeng）、つまり癒えると考えられた。また子宮を「乾かす」ことで、次の妊娠がすぐに起こらないとも信じられた。温かいタマリンドの煮汁を飲んで火に当たると身体が温まり、分娩後の悪露や悪い血の排出が促されるという。また合わせてマッサージを行うことで、母乳の出を良くしたり、産後の体型を戻したり、肌の調子を整えたりした［Whittaker 1999: 230］。調査村近くの保健センターに勤務する看護師は次のように語る。

子宮は女性の身体のなかでもっとも重要な部位なので、ユーファイをして子宮の状態を元に戻すことが産婦の健康には重要と考えられてきました。ピットカブーンは子宮に関わる病なので、おそらくユーファイと関係があるのでしょう（ＮＬ村・四〇代看護師）。

産後儀礼ユーファイを実践しないと、出産後の母体の調整がうまくできず、それをきっかけにピットカブーンが発症しやすくなる。ユーファイの別名はユーカム（yu kam, カルマを過ごす）(7) であり、不履行であればピットカム（phit kam, カルマに反する）状態になると語られる。ピットカムはピットカブーンの別名でもある。

四〇年ほど前までは自宅で産婆（mo tamyae）の助力を得て出産することもあったが(8)、現在は病院出産がほとんどである。出産後は三日から五日ほど入院する。なかには退院後に自宅で三日ほどユーファイをする者もいるが、ユーファイをまったくしない人も増えている。理由はいくつかある。村の伝統医療より病院の西洋医療の方が優れていると無条件にみなす者もいれば、出産時の外科的な傷が火に当たることで炎症（aksep）を引き起こすのを避けるためという者もいる。タイの伝統医学では、身体を構成する四元素のうち火元素（that fai）が過剰なときに炎症が生じると考えられ、ユーファイは炎症との連想のもとに捉えられる。また病院で帝王切開手術をすると、同時に卵管結紮を行うことも多い。そうすると次の妊娠を心配する必要がなくなって、子宮を「乾かすため」のユーファイが不要になった［Whittaker 1999: 233–234］。帝王切開では傷口を乾かさないと治りが遅くなるので、汗をたくさんかいて傷口が湿ってしまうユーファイは好ましくないとも語られる。

図2　産後儀礼ユーファイとピットカブーン

まとめてみると、右にのべたような変化はあるが、ユーファイの不履行が出産後の虚弱した女性の回復を遅らせてしまい、その状態でコーンサレーンを食することでピットカブーンが発症するという考えは現在でもしばしば聞かれる（図2参照）。

サムデーンの毒

東北タイの伝統医療でよく語られる病因は二つに大別できる。一つは、身体を構成する四つの元素（火・水・土・風）の平衡が崩れることで病が発生するというもので、もう一つは、体外から異物が侵入することで病が発症するというものである。体内に侵入する異物としては、毒（phit）、物体（khong）、呪術（saiyasat）、悪霊（phi）などが考えられる。こういった伝統的な病因論がピットカブーンと結びついて語られることもある。たとえばサムデーン毒（phit samdaeng）[9]に原因を帰する語りである。

調査村には月に一度、隣郡から薬草売りがやって来る（写真1参照）。一村一品運動（OTOP）で薬草を錠剤やカプセル剤にして瓶に詰めて周辺の村々で売り歩いている。プラスチックの小瓶に入った薬は一種類あたり一二〇バーツから一五〇バーツ[10]ほどである。瓶に書かれた効能書きを何気なく見ていると「サムデーン毒を解毒する」（thong phit samdaeng）と書かれたものがあった。薬草売りに尋ねてみると、ピットカブーンは「サムデーン毒」が原因という。薬草はツンベルギアという蔓性植物の仲間（rang choet）で、他の効能として「アルコール、野菜、肉に含まれる毒、残留する化学物質を体外に排出する」と書かれている。「サムデーン毒」も、飲み過ぎた酒や野菜に付着した農薬

写真1　調査村を訪れる薬草売り

と同様にイメージされ、体外に流し出すことで治療ができると考えられている。

モーパオ（mo pao）という呪医は毒を体外に排出する伝統的な医療専門家である［津村 二〇一五a、二〇一五b］。蛇やサソリの咬傷、目の充血と腫れ、口の周りの腫れ、火傷、骨折、捻挫などのほか、とりわけ帯状疱疹（ngu sawat）に効果があると考えられている。治療では、患部に向かって呪文を唱えたのち息を吹きかける。患部から身体の末端部・周辺部に向けて息を吹きかけることで、毒を体外に排出することができると説明される。調査村の七〇代のモーパオによると、かつてはピットカブーンをよく治療した。出産後に身体の各部が痛くなることがあるが、その場合はユーファイを勧めたうえで痛む部位に呪文を吹きかけたという。そうすることで血液の循環を促進させ、毒を患部から追い出して体外に排出する。

これらは、伝統的な病因論と深く関わって、体外からの異物の侵入が引き起こす病としてピットカブーンを位置づける。侵入したとされる異物は「サムデーン毒」であり、その毒を薬草の働きや呪文の吹きかけで排出するという処置をとる（図3参照）。

元素のうち水元素の不足

身体の四元素のバランスの崩れがピットカブーンをもたらすという説明も聞かれる。コーンケーン県ナムポー

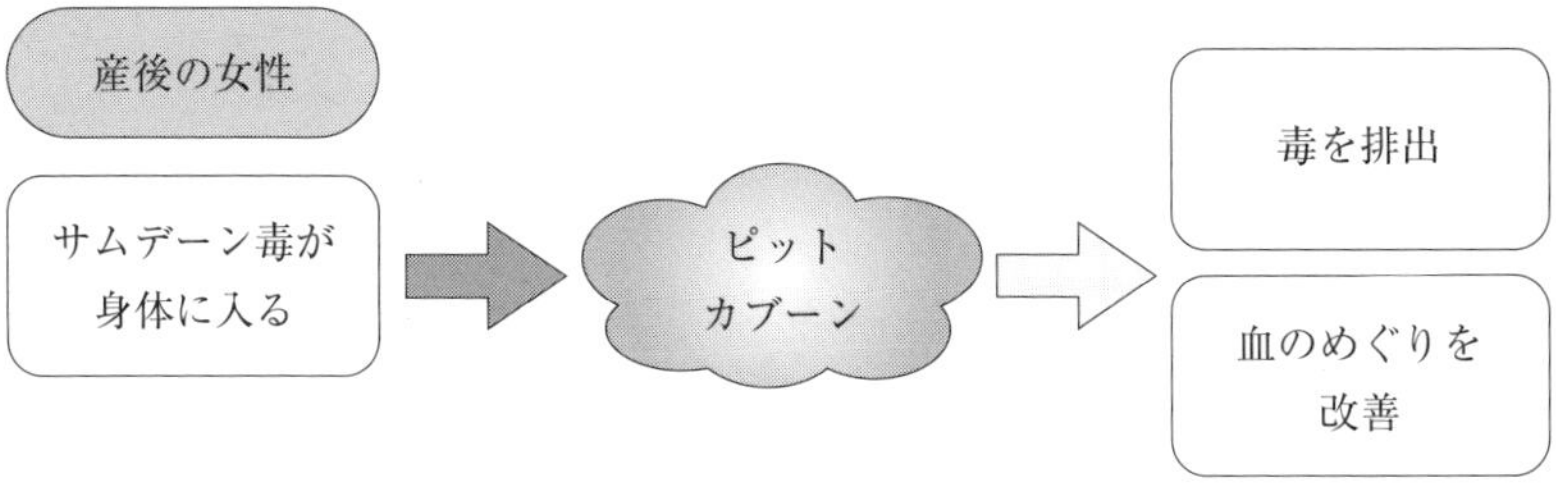

図3　サムデーン毒とピットカブーン

ン郡に住む薬草師は、ピットカブーンを次のように説明する。

出産を経験すると多くの血液が失われて、体内の水元素が少なくなってしまう。水元素の不足が原因で発症するのがピットカブーンである。だから治療には水元素を増進させる薬草を用いる。

ユーファイ儀礼に否定的な人の見解のなかに、この儀礼で火に当たることが、火の元素と関連して産後の傷の「炎症」を悪化させるという説があるが、ここでは火の元素ではなく、水の元素を使ってピットカブーンの原因を説明する。産婦は出産で水元素の多くを失ってしまうが、その薬草師によると、秘伝のレシピで作られた「三種の根の薬草」(ya sam rak)を、粉末状にして水に混ぜて飲むと、体内の水元素を回復させる。薬草を飲んで嘔吐することもあるが[11]、すぐにピットカブーンの症状が抑えられるという。また桑の木の根(tommon)やテリハボク(ton krathing)の木の枝を小さく切って黒い糸で三回縛ったものを煮出して飲むのもよいと伝えられている。

このように、ピットカブーンは薬草によって「体内の水元素の不足」を改善することで治療されることもある。使用する薬草は地域や薬草師ごとに異なるが、いずれも血液に働きかけて水元素を増進させるのが目的である(図4参照)。

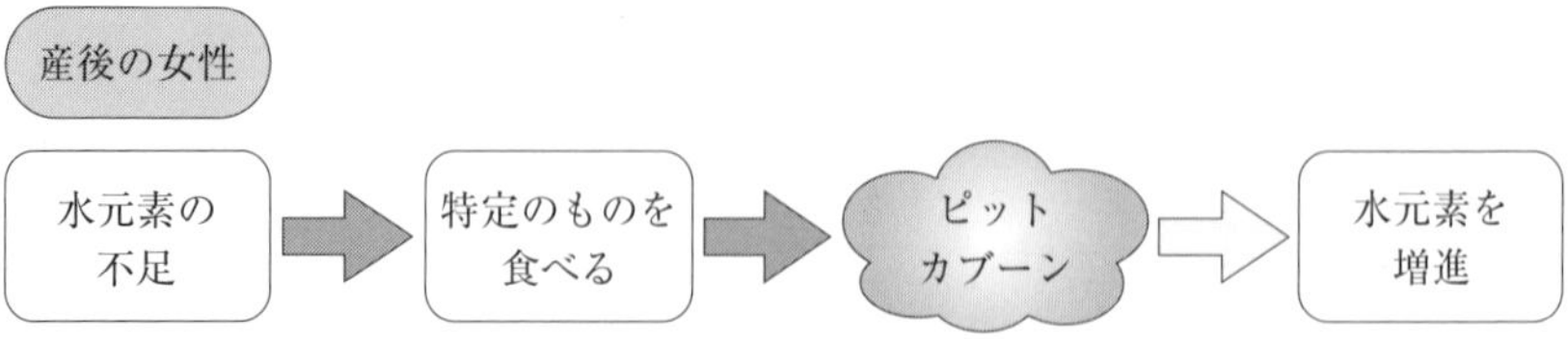

図4　水元素の不足とピットカブーン

精霊の仕業

さほど頻繁に耳にするわけではないが、ピットカブーンの原因がピー（phi）と呼ばれる精霊だという説も聞かれる。モーパオやモータム（mo tham）などの村落の宗教職能者は、精霊に起因する病を治療することが多いが、ピットカブーンも対処することがあるという。調査村の七〇代の女性は、次のように語っていた。

> ピットカブーンを呪医モータムやモーパオが治療することもある。呪文や聖水、モチ米を使って治療するのを見たことがある。原因がサムデーンの精霊（phi samdaeng）またはサレーンの精霊（phi salaeng）だからだと思う。コーンサレーンに当たるものを産婦がときどき無性に食べたくなるのは、きっとピーがそうさせるのだろう。だからピーを追い払うことで治るのだと思う。

ピットカブーンになると、病者の家族や親族が、蒸したモチ米を丸めて持ち、それで病者の身体をやさしく擦って、病者の身体の外に出て行ってもらうよう精霊を慰撫する。丸めたモチ米で身体を擦るという手法は、憑依した先祖霊（phi yat）との交渉でよく用いられることから、サムデーンの精霊は先祖霊に近い存在なのだろうとその女性は推測する。

サムデーンの精霊がなんらかの不満を抱いて、産後の女性に取り憑き、その女性が特定のものを食べたときに、ピットカブーンという症状が発症する。そのためにサムデーンの精霊を女性の身体から追い出すことで治癒できると考えるのがこの立場である（図5参照）。

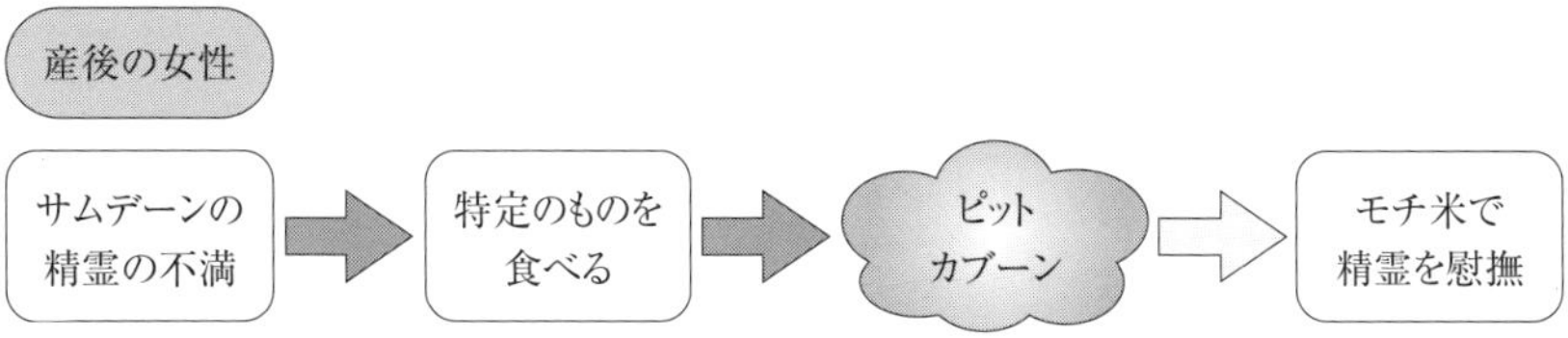

図5　サムデーンの精霊とピットカブーン

食べなくても発症する事例

ここまで挙げてきたピットカブーンをめぐる語りでは、ピットカブーンになるための条件としていくつかの類型が見られた。それらに共通しているのは、なんらかの不適合なものを食べることで病が発症するという考え方である。しかし村落でのこの病をめぐるコミュニケーションを見ると、何も食べなくても発症する事例も見られる。

五年ほど前に、二〇代の女性が具合が悪くなって訪ねてきた。ピットカブーンだという。家族が別の料理を作ったのと同じ鍋でタマリンドの煮汁を作って飲んだら発症したらしい（NL村・四〇代看護師）。

先述のとおり、出産して退院後、短期間だけユーファイを実践する人も少ないながら存在する。ユーファイの期間は摂取できる食べ物が制限され、主にタマリンドの煮汁とともにモチ米を食べるのだが、上の事例では別の料理を作った鍋を、産婦用の煮出し汁作りに使用したことで発症したものである。またコーンサレーンの食物の匂いを嗅いだだけでも発症するとも言われている。あるものを食べたかどうかは絶対的な決定要因とはいえず、直接食べる、間接的に食べる、匂いを嗅ぐなど、何らかの形でそのものと接触することが問題となる。

また男性に同様の症状が現れることもある。一般にピットカブーンは出産を経験した女性に限定される病である。しかし妻が出産して間もないころ、夫の具合が悪くなると、妻の食べ物に原因が求められることがある。妻がコーンサレーンを食べたときに、その妻の体調にはなんの異常も出ないのに、夫にだけ症状が出る場合もあり、それもピットカブーンと呼ばれる（図6参照）。

さらに妻の妊娠にまだ気付いていないとき、夫の具合が悪くなって、ピットカブーンと同じ症状を示すこともある。これは調査村では「妻アレルギー」（phae mia）と呼ばれ、いわゆる「擬娩」（couvade）といえるものであり、こちらはピットカブーンとは異なるものとされている。

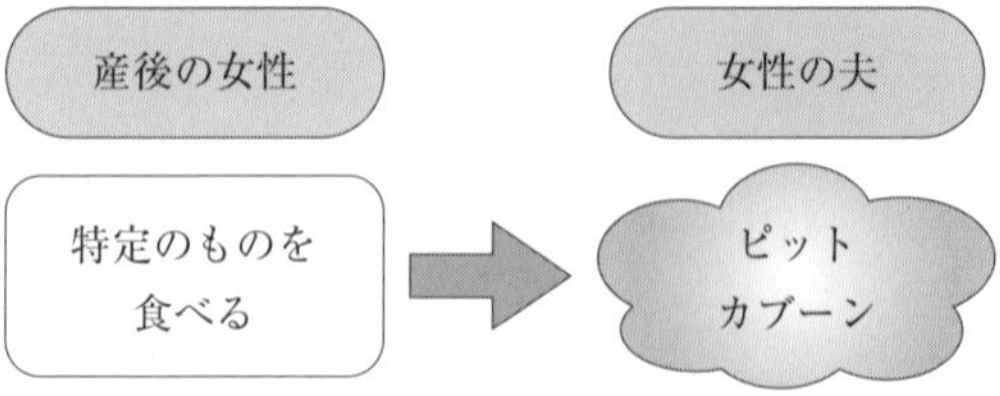

図6　夫に発現するピットカブーン

ピットパニャートとピットカラム

さらにピットカブーンに似たものに、ピットパニャート（phit panyat）がある。パニャートは、同音で「寄生虫」を意味する語もあるが、それとは異なる語で「個人がもっている病」（rok pracamtua）を指す。何かを食べたときに症状が引き起こされるのはピットカブーンと共通するものの、両者との違いはピットパニャートが男性に限定されることである。

ピットパニャートを引き起こす食べ物は、亀や鼠、家鴨、田鰻など東北タイの森や池、田んぼで採れる食べ物ばかりで、この点はピットカブーンと共通する。一方、「深夜に何かを食べると発症する」という少し異なった語りも聞かれる。症状は、目眩、咳、喉のかゆみ、発疹、寒気、吐き気、頭痛、腹痛などで、こちらもピットカブーンと酷似する。病院やクリニックでの対処法もピットカブーンとまったく変わらず、対症療法がとられる。しかし、ピットパニャートとピットカブーンは、別の病として調査村の住民に認識されており、同じ症状を性別ごとに呼び分けているわけではない、と彼らは言う（図7参照）。

ピットカラム（phit khalam）も男性のみに見られるものである。カラムとは宗教専門家や薬草師などが遵守するタブーのことで、海産物、パイナップル、猿、犬、蛇、生肉のラープ（*lap dip*）など、流派ごとに特定の食べ物が禁じられている。タブーを破ることをピットカラムと呼び、ピットパニャートに近いと語る者もいる。しかしカラムには「洗濯の物干し紐の下をくぐってはならない」、「階段の下を通ってはならない」、「ヘビの通った跡を跨いではならない」などの行動規制もあり、これを守らないことも「ピットカラム」と呼ばれる。食規制に限定されずに、広い意味での行動規制についての侵犯がピットカラムであって、それによってもたらされる結果も、ピットカブーンのような身体不調ばかりではなく、呪力の喪失などもピットカラムの一つの現れと考えられる。タブーの侵犯がもたらす結果に重点を置くピットカラムと、身体的な不調に焦点があるピットパニャートとは少し質の異なるものといえる。

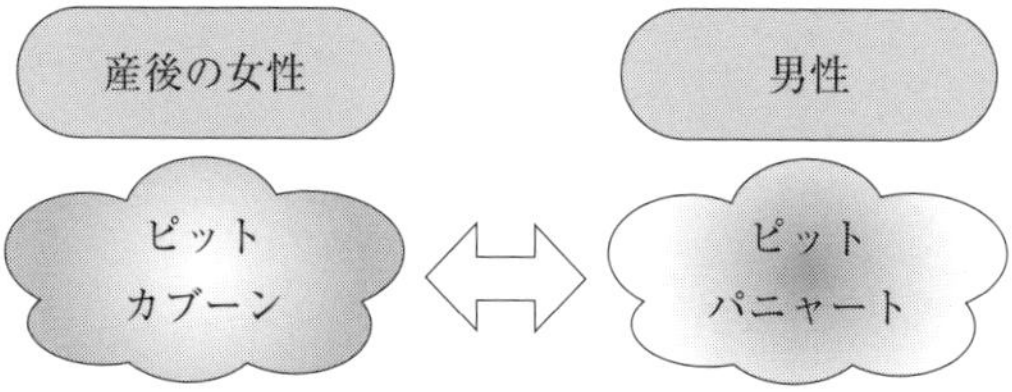

図７　ピットパニャートとピットカブーン

四　近代医療とのコミュニケーション

これまでのべてきたように、ピットカブーンをめぐる語りは、出産後の女性が特定の食べ物を摂取することを軸にしながらも、極めて多様に展開されている。村人がこの病を発症すると、古くは薬草師や呪医のもとで伝統的な治療を受けてきた。しかし現在では、村落からのアクセスも容易で、費用もさほど高くないため、保健センターやクリニックなど近代医療の施設で受診することが圧倒的に多い。では、ピットカブーンをめぐって、病者は近代医療との間でいかなるコミュニケーションを行うのだろうか。次に医療関係者の語りを検討する。

迷信にすぎない

コーンケーン市の病院に勤務する三〇代の医療技術士はピットカブーンについて次のように語る。

子どもを産んだばかりの人は特定の食べ物を禁止される。それを食べると健康を害すると信じられていて、ピットカブーンと呼ばれる。昔は出産後にユーファイをしたので、モチ米と塩とタマリンドの煮汁しか食べられなかった。それ以外のもの、たとえばアヒルとか水牛とか鶏卵を食べると、身体が痛んだり、傷が治りにくくなったりすると信じられていた。

村落の場での語りについても医療関係者はもちろん知っており、彼らの語りには「村人はそのように信じている」という他者表象が含まれている。一九七〇年代に北タイで見られる同様の病ロムピットを検討したメッキーによると、「ロムピットの患者について、栄養状態、貧血、ヘモグロビン値、呼吸器系疾患などの医学的変数との相関や、年齢、出身地、居住地、婚姻状況などの社会的変数との間に相関は見られなかった」［Muecke 1979: 280-284］とされ、こうした医療人類学者の議論もピットカブーンが病理学的実体というよりは信念の問題だとする見方を強化するものといえる。

ピットカブーンに相当する西洋医学の病名は存在しない。あえて訳すならば「不適合な食物の影響」（effect of contraindicated food）とされるが、タイでも多くの医師や看護師はピットカブーンを「迷信」（khwamchuea）とみなしている。実際に病院では、患者の症状を調べて、咳や目眩など症状ごとに異なる対症療法を施している。

ＮＬ村の保健センターの看護師は、患者が「ピットカブーンだ」と申告するなら、否定せずにひとまず受け入れるという。「医学的にそんな病は存在しない」と否定してしまうと、投薬しても効かなくなってしまう、しかし、正直なことを言えば、医学的な実体がない以上、効果のある薬などありえないし、伝統医療の薬草でも効果はないはずだと彼女は語る。

医療関係者もすべてを否定しているわけではない。コーンケーンの医療技術士は、通常の食中毒（ahan pen phit）とピットカブーンの違いについて次のように説明する。食中毒は排便に問題が出ることが多いが、ピットカブーンでは頭痛、目眩、視野狭窄、発話困難など幅広い身体異常が生じる点が異なるという。つまりピットカブーンという病について完全に否定しないのは、東北タイ生まれの多くの医療関係者に広く見られる態度でもある。多様で曖昧な病をめぐる観念が飛び交うような、農村部で生まれ育った医療従事者は、医学的には懐疑的な姿勢を崩さないものの、その病の観念を全否定することもできない複雑な状況に置かれている（図8参照）。

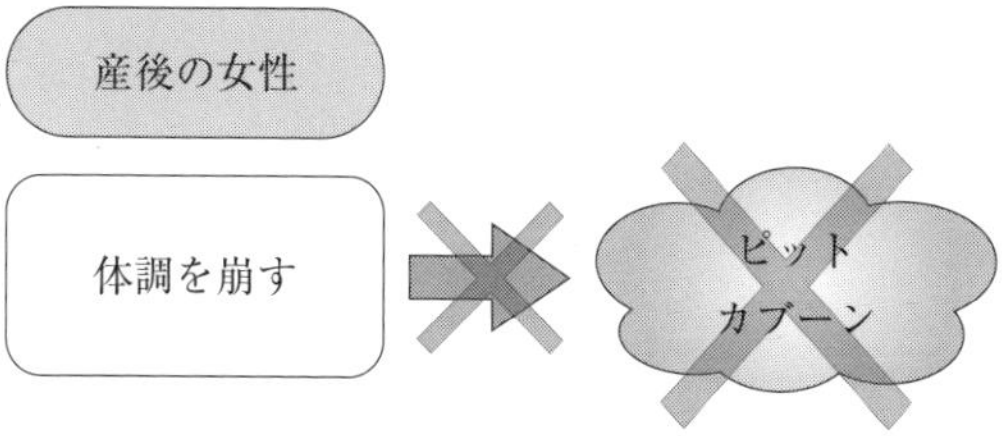

図8　迷信としてのピットカブーン

不明な原因物質がコーンサレーンを生む

NL村に住む薬草師は二〇代のころ看護師として病院に勤務していたという特異な経歴をもつ。現在は西洋医療の病因論や薬の知識を駆使しながら、伝統医療の薬草治療を村の自宅で行っている［津村 二〇一五a：二三九―二五二］。彼によると、ピットカブーンは食物に含まれる何らかの成分が原因だという。出産したばかりの女性は子宮の位置が安定しておらず、体調が大きく変化する。不安定なときに、特定のものを食べると身体が過剰に反応することがあり、それがピットカブーンと呼ばれるものの本当の姿だという[12]。そのうえで、科学の論理と村人の思考の違いについて、次のように説明する。

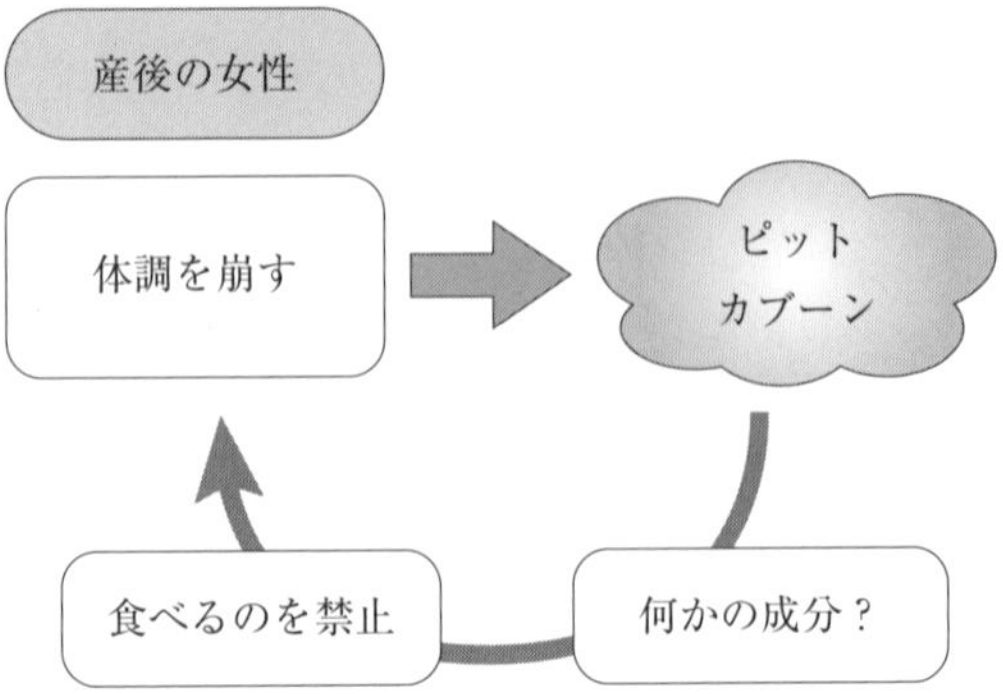

図９　原因物質の不明なピットカブーン

科学であれば何が原因かを探ろうとする。たとえば家鴨がコーンサレーンであれば、家鴨の肉のどの成分が人体にとって有害なのかを突き止めようとするのが科学である。だが普通の村人にとっては何が原因物質なのかはどうでもよい。ただ治ればよい。だから「家鴨を食べるな」、「亀を食べるな」というようにコーンサレーンを伝えるのだ。何が有害で、そのメカニズムもわからないが、とにかく禁止するというのがタブー（カラム）であり、コーンサレーンなのだ。

この薬草師の説明は、ピットカブーンを単なる迷信とみなすのではない。産後の女性が特定の食物を取ることで体調が崩れることを認めながらも、現状では医学的な理解が不十分と考えている。もっといえば、やがて、ピットカブーンの本当の原因物質は科学によって突き止められるだろうとすら考えている。しかし村人にとっては、まずは体調を元に戻すことが最大の関心である。そのため有害な疑いのある食物を、とにかくタブーとして設定することで、まずは健康維持を優先させているのだろうと、「コーンサレーン」なるものの起源と社会的機能について推測している（図９参照）。

病院ですぐに治る

かつてはピットカブーンが起こると、村の薬草師や呪医のもとで治療をしていたが、現在では近隣のクリニックや保健センターが第一の選択肢となる。第二節で言及した、家鴨のラープで発症した友人は、具合が悪くなってすぐに隣村のクリニックで注射を打った。治療費は二〇〇バーツと高かったものの、家で一晩寝たら良くなったと語っていた。保健センターでは症状に応じて薬を与えることが多いが、クリニックでは注射で処置をするのが一般的である。(13) ある村人はピットカブーンの病院での診療経験を次のように語る。

病院ではピットカブーンではなく、ピットサムデーンと私は説明した。村の言葉だと医者がわからないかもしれないので、中部標準語のピットサムデーンを使った。すると医者は「食中毒」と診断した。医者はピットカブーンなんて信じていないのだ。でも注射をしたら、すぐに良くなった。だからみんな医者に行くのだろう。

タイの病院における医師と患者とのコミュニケーションの非対称性はこれまでにも指摘されてきた［Boesch 1972；Smith 1982］。医師は必ずしも患者の説明に耳を傾けようとしないし、患者もそれ以上に自らのエミックな理解を説明して医師と共有しようとはしない［津村 二〇一五b：一八六―一八七］。右の事例では、患者は医師に伝えようと方言（ピットカブーン）ではなく、タイ標準語（ピットサムデーン）を選択したのだが、医師にとってはそもそも両者の違いは問題ではなかった。医師にとっては両方とも村人の迷信にすぎなかった。それでも医師の処置によって症状がおさまるので、村の人々は近代医療によってピットカブーンに対処する。パプアニューギニアの法的書類を論じた馬場は、裁判書類などの法的書類のもつエージェンシーは、カストム（伝統）の領域に移行すると無力化され、コミュニケーションのなかで、終わりなき議論と更新へと返還されるという［本書所収の馬場論文参照］。このことは、医師にとってのピットカブーンと患者にとってのピットカブーンが、コミュニケーションの継続をめぐって対照的なふるまいをしていることと類似している。

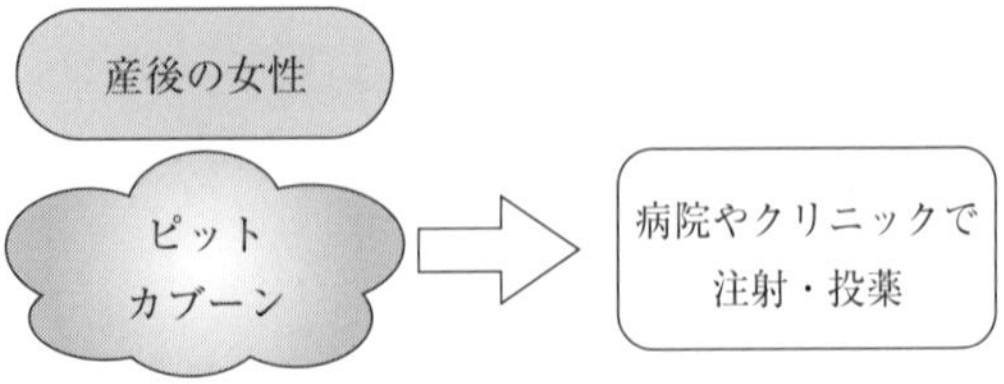

図10　病院で治療されるピットカブーン

産後儀礼ユーファイをしていた昔の方がピットカブーンが多かったという語りも聞かれる。そこでは、病院という近代的な環境がピットカブーンを抑えていると考えられている［Sringernyuang 2000: 101–102］。ユーファイが一般的だったころ、出産後の産婦に食物規制が課せられた。しかし、病院出産では、産後の入院時にまったく食事規制を経験しない。それにもかかわらず産婦の多くは病院出産のあと健康でいられる。この理由について、村人は「医者がすぐ近くにいてピットカブーンが怖がって出てこないから」、「具合が悪くなってもすぐに医者が診てくれるから」と説明したり、「入院中は食事のあとに薬を飲まされるが、その薬のおかげでピットカブーンにならなかった」などと納得したりする。さらにバンコクに出稼ぎに行き、バンコクで出産した女性は出産後もピットカブーンという病の存在について知らなかった。医師や病院、薬剤という近代医療の社会環境はピットカブーンにはもはやミスマッチとすら考えられる。

近代医療の側はピットカブーンを迷信と考え、村落の患者との間に円滑で対等なコミュニケーションは成立しないが、それでも現実の医師の対応は村人の症状を軽減させる。そのため村人にとっては、「クリニックで注射を打ったらすぐに治る病」として認識されている。ピットカブーンとは何かをめぐっては単純な見解がないにもかかわらず、対処法についてはほとんどの人に共通して近代医療が強く受け入れられている（図10参照）。

近代と伝統と単純に対置させることには注意が必要だが[14]、医療をめぐるコミュニケーションにおいては、医師と患者が、近代と伝統の対比をそれぞれ異なったかたちで捉えている。バリにおける「呪術的」土地権を論じるなかで、中村は、土地自身が行為主体性を持つようなコミュニケーションは、伝統的なものではなく、都市の知識人のなかに見られることを指摘した［本書所収の中村論文参照］。両者の事例は、単純に伝統と近代が大きな枠組のもとで対置しているのではなく、日常的なコミュニケーションのなかで両者の関係が絶えず再編されていることを示している。

ユーファイ・スパの誕生

医師の多くはピットカブーンを迷信とみなすが、ピットカブーンが都市的空間を浸蝕する様子も見られる。たとえば、病院出産で退院後に、村落の実家でユーファイをする者もいるし、なかには病院の病室でユーファイを行う人もいる。大部屋でなく個室を借り上げて、電気温熱機を使って部屋を暖めることで、入院中にも擬似的にユーファイと同様の環境を作るという[15]。

またコーンケーン市内に「ユーファイ」を標榜するスパが二〇一〇年に開業した。オーナーの女性は十年ほど前の出産時に、母に勧められてユーファイを実践したところ、その後も体調を崩すことなく健康を維持できた。しかし、現在はアパート住まいのために家で焚き火ができない人も多いし、そもそもユーファイのことを知らない人も増えてきた。そこで多くの人々にユーファイを広めるためスパを開店することにしたという。

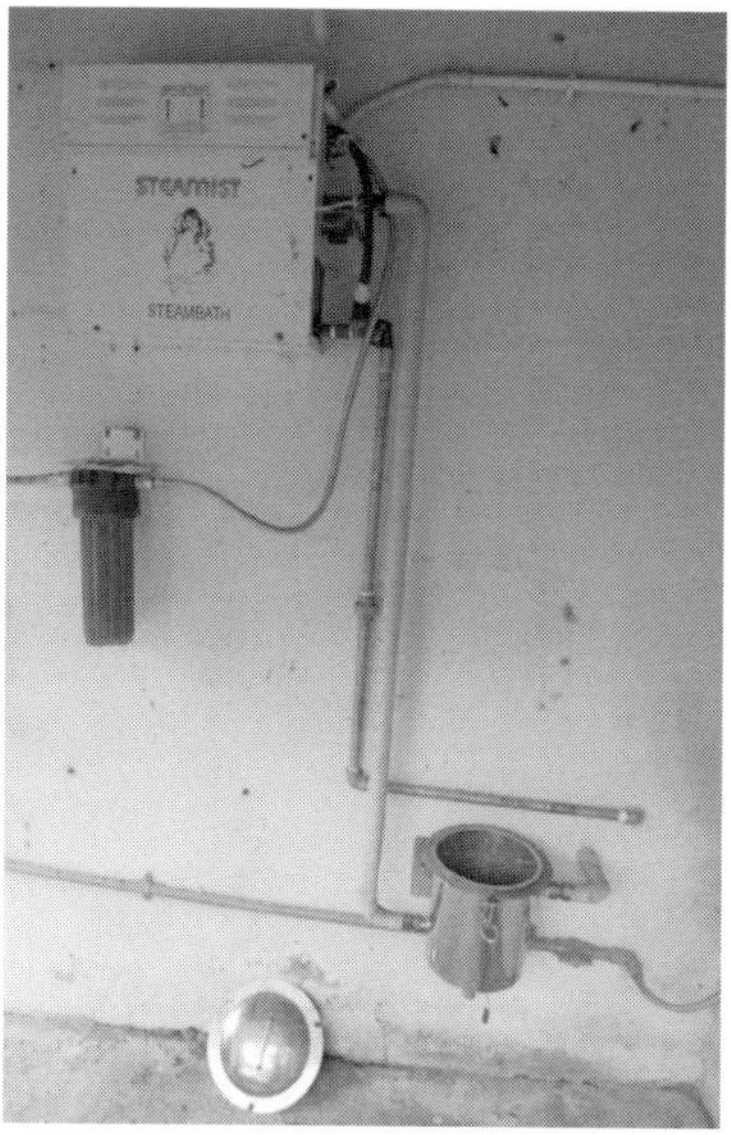

写真２　スパの蒸気発生装置

自宅の敷地に作った建物には二部屋のサウナ室があり、独自に設計した専用の機械を使って、薬草を通したスチームで部屋を暖める（写真２参照）。一回あたり

図11　ユーファイ・スパとピットカブーン

の費用は一〇〇バーツである。巻きスカートを着たままサウナ室のベンチに座って一時間ほど過ごす。通常は出産後退院してから一週間ほど続ける。特に食べ物の規制はないが、その間は海産物や初めての食べ物は口にしないように勧めているそうである。

毎月二〇人ほどが訪れるクライアントは、自宅でユーファイできない都市住民がほとんどである。ユーファイ・スパは出産直後の女性向けであるが、普通の薬草サウナとして、それ以外の女性や男性も利用できる。使っている薬草はオーナーの女性が母親から教わったものである。しかし、薬草をくぐらせた蒸気を浴びるだけで、なぜ身体に良い影響が出るのか詳しいところはわからないという。「蒸気で毛穴が開くのだろうが、そこから薬効成分が浸透するかどうかは、自分にはわからない」と語る[16]。

オーナーの女性によると、近年ピットカブーンは増えている。その理由として食物の変化を挙げる。野菜には農薬や化学薬品が使われ、食品には化学調味料が含まれる。自然のものを食べることが減少し、身体も変化したのだと彼女は語る。ユーファイ・スパを利用した人で、これまでピットカブーンを発症した話は聞いたことがないそうだ。

あるクライアントは、出産後六ヶ月ほど経ったときに初めて訪ねてきた。何かを食べて発疹が出て、母乳の出が悪くなったという。知人の紹介でユーファイ・スパを試みたところ、たった一日で発疹が消えて母乳が出るようになったという（図11参照）。

ピットカブーンという病は村落だけでなく、都市的空間にも変化を及ぼしている。居住環境が変化することで、薪を燃やして温まるユーファイが困難になった人々が、病院で暖房器具を用いたり、薬草サウナを浴びたりするという新たなやり方で、病の予防と対処を行っている様子がうかがえる。

五　増殖する語り、強化される病

ピットカブーンをめぐる複ゲーム状況

ピットカブーンをめぐるコミュニケーションのうち、調査村の周辺で頻繁に語られるものを列挙してきた。この病をめぐるコミュニケーションの多様さを考えると、伝統医療と近代医療の二項対立の枠組みで読み解くことは難しく、また一九九九年刊行の文化事典の定義はすでに現実を十分に反映していないことがわかるだろう。ピットカブーンについては、何らかの整合性をもつように、一つの像にまとめ上げることは難しく、医師、看護師、薬草師、呪医、村人といった、それぞれの立場ごと、性別ごと、さらには個人ごとに、必ずしも相対立するばかりではなく、時に地平のずれたような異種の説明がなされる。経産婦の食物タブーの違反、産後儀礼ユーファイの不実践、サムデーン毒の侵入、四元素の不均衡、サムデーンの精霊の侵入など、多数の病因をめぐる語りに加えて、近代医学による無関心と医療関係者からの懐疑、村人の側からの近代医療の効果への強い信頼、さらに現代的にアレンジされたユーファイの実践など、同次元のものの異種混淆というよりは、異次元の知識と実践が多種多様に入り混じっている。そして、まさにこうした入り混じりの場にピットカブーンが立ち現れている。

ソロモン諸島・マライタ島のラウにおいて、「生きた岩」をめぐる人々の語りが一致せず、共通の認識を見出せないことを里見は指摘する［本書所収の里見論文］。里見は認識の不一致について、「岩」が日常的なコミュニケーションの主題ではなく、そもそも「語るに値すること」の圏域の限界に位置することと関連するという。このことはピットカブーンをめぐるコミュニケーションの状況と類似している。「ピットカブーンとは何か」についての語りは無数に存在しながらも、それらをまとめ上げて概念として練り上げるような語りは見られない。しかしながら、無数の語りをピットカブーンに向かわせるのは個々の身体経験である。

様々な説明が並存し、迷信とすら思われながら、同時にピットカブーンは多くの人々にとって明白な現実でもある。近代医療がいかに普及し、病院出産がどれほど一般化しようとも、産後の身体の不調（症状）は変わることなくあり続ける。身体の不調は個人ごとに異なったかたちで発現し、発現する症状は多様で不確定なものである。しかしながら、その多様で曖昧な語りはピットカブーンに言及することで一つの病として像を結ぶ。さらに近代医療の普及にともなって、病院出産やクリニックでの治療が広がるが、この不可解な症状は、対症療法で治療可能なものとみなされる。その結果、患者と医療専門家の眼差しは微妙にずれながらも、ピットカブーンという病は維持される。それゆえにピットカブーンは、近代医療の深い浸透にもかかわらず、現代にいたるまで一つの枠に収まりきらない多様なコミュニケーションを産出し続けるのである。南部アフリカのグイ・ガナにおける養育者と子どもの間の相互行為について、授乳やジムナスティックを例に分析した高田は、文化的実践を行う状況としての身体フィールドが間主観性を生み出す基盤であると論じるが［本書所収の高田論文］、多様な無数の語りの焦点となっているピットカブーンでは、個々の人々の身体の不調こそが間主観性を生みだしていると言えるだろう。

身体の不調は多様に経験され語られるが、それをめぐるコミュニケーションは「不調からの回復」を一義的に目指す。ここに挙げたピットカブーンをめぐるコミュニケーションの集積は、本来は「病の原因は何か」を問う病因論とは異なった関心をもつものである。「何が病をもたらしたのか」には関心が薄く、それよりも「どうすれば治るか」という不調の緩和、病からの回復を指向するコミュニケーションの無数の蓄積を本稿は描出してきたのである（図12参照）。身体の不調とコミュニケーションの関係については、飯田［本書所収の論文］の議論が参

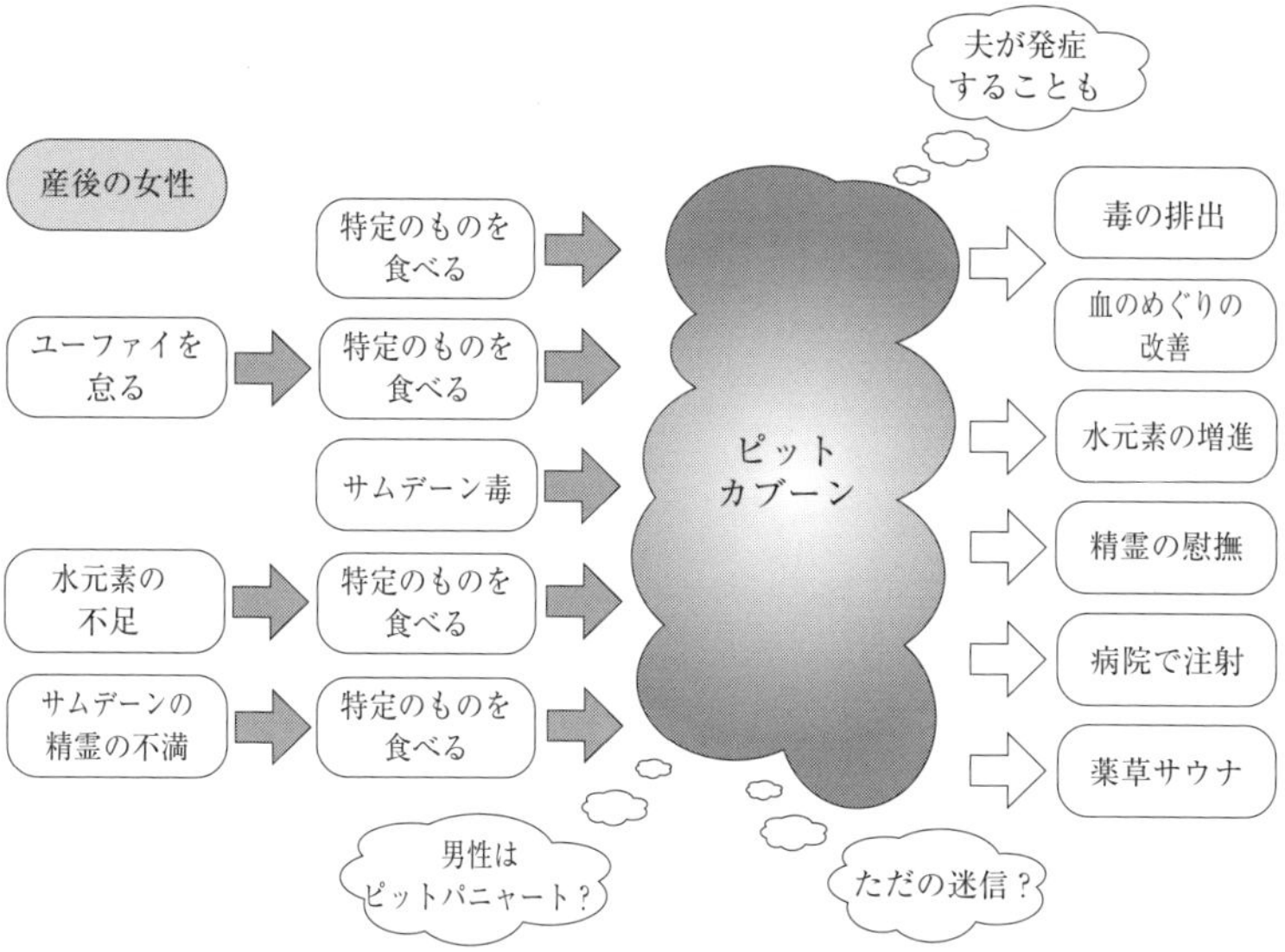

図12　ピットカブーンを取り巻くコミュニケーション

考になる。飯田は、コミュニケーションで流通するものを情報と呼び、身体知と対照させる。情報は身体から独立し、より断片的であるが、それゆえに、伝達可能で他の身体知と容易に結びつき、結果として知識の総体を豊かにさせる。個別に経験される身体の不調は、個々の身体経験に基づいた、多数の情報の非体系的流通を引き起こし、それがピットカブーンをめぐる社会的布置を作りだしている。

複ゲーム状況論に引き付けてのべるなら、ピットカブーンをめぐるコミュニケーションが個々人の身体の不調を契機に繰り返され、ピットカブーンの原因と治療法をめぐるゲームが様々な権威者を中心に展開される。こうしたゲームは互いに一部が重なりながら、別の部分はまったく違った地平に根差している。想定される原因も治療法も異なるため、個々のゲーム内に出現するピットカブーンは共通の実体をもつとは言いがたい。この複ゲーム状況を鳥瞰しても、全体を統括するようなルールをそこに見出すことはできない。

だが、この錯綜の大半は全体として病からの回復を指向しており、ピットカブーンを治療の対象とみなす点で共通しており、この点で単ゲーム状況的である［杉島二〇一四：一二三］。そのため、それに内側から参与的に関わるかぎり、ピットカブーンは自明の存在であり、経産婦を身体の不調で苦しめるエージェンシーとして立ち現れる。その点において、家鴨のラープを食べたことでピットカブーンが発症したと自覚する村人と、その訴えを聞き流しながらも、患者を苦しめる咳への処置を行う医師は、ピットカブーンをめぐるコミュニケーションに同様に関与している。そもそもピットカブーンという治療の対象が存在しないと、治療という行為は成り立ちようがないのである。

東北タイの精霊ピーについても、同様のことを指摘できる［津村二〇一五a：一七二―一七四］。人々の日常生活で語られるピーの語りは極めて多様で、ある場合には国家宗教たる仏教に対する周縁的信仰として、別の場合には村落の伝統的秩序を侵犯する異質な他者として語られる。また別の局面では、子孫を守る祖先霊や村落の守護霊として描かれるが、そうした大きな機能主義的なストーリーに回収されない個別のピーのエピソードは無数に存在する。互いに関連付けることすら難しい個別の怪談の、不揃いで、無秩序な蓄積こそが人々のピーの語りによって生み出され、そうしたピーをめぐる無数のコミュニケーションが存在の不確かな精霊ピーというエージェンシーを強く支持している。同様の議論は、片岡が北タイ・ラフにおける妖術霊について展開している［本書所収の片岡論文］。個別の些末な経験の断片が、特定の人物への嫌疑をめぐる伝言ゲームの展開とともに堆積し、やがては妖術霊の存在を既成事実化するというメカニズムは、東北タイのピーをめぐるコミュニケーション、またピットカブーンをめぐるコミュニケーションときわめて類似している。タイのピー信仰を、国家宗教と地方の民間信仰の二項対立のなかだけで論じることが現実を反映していないのと同様に、ピットカブーンをめぐる無数のコミュニケーションの蓄積を、伝統医療と近代医療の枠組のみに閉じ込めてしまうのは大きな見当違いであることが明らかであろう。

ゲーム外状況としての病院出産と経済変化

現在にいたるまでピットカプーンをめぐるコミュニケーションが繰り返され、錯綜とした複ゲーム状況が生成されてきた。その背景にある歴史的過程としての「ゲーム外状況」を考えるにあたって、出産をめぐる生活の変化がその「ゲーム外状況」の重要な部分を構成していると推測される。

タイでは一八八二年に最初の病院出産が行われ、一九五四年に全県で妊娠や出産に関わる周産期医療が整備された［Sringernyuang 2000: 93］。また調査村周辺では一九七〇年代後半に病院出産が普及していった。この頃から産婆の介助による自宅出産ではなく病院出産を選ぶ者が増え始め、それまで慣習として実践されていたユーファイを短縮したり、実施しない人々が現れ始めた。このころからユーファイの不履行がもたらす弊害が語られ、それがもたらす身体不調をめぐるコミュニケーションも活発化するようになったと推測できる。

しかし同時に別の「ゲーム外状況」も指摘できる。一九七〇年代から一九八〇年代にかけて東北タイでは経済開発が進み、農村の生活環境が急激に改善された。調査村に電気が通ったのは一九八二年、隣村に保健センターが設置されたのは一九八一年のことである。中東を中心とした外国への出稼ぎが増加したことにともなって貨幣経済化が急速に進展し、自給自足的な農村経済は、市場に依存する商品経済へと置き換わっていった。森や田んぼなどから調達していた食料は、市場で購入する食料へと変化していった。「近代的なものへの憧憬」［Mills 1999: 12］が日常生活の幅広い領域に浸透して、近代医療の象徴たる病院出産は肯定的な意味をもつものとして捉えられた。そうした時代背景のもとで、ユーファイの不履行がもたらすデメリットは、病院医療のもたらす恩恵によって覆い隠されて余りあるものであった。東北タイの人々はこうした「ゲーム外状況」を経験しながら、「ユーファイをしていた昔の方がピットカプーンが多かった」という語りを生成することになる。

このことは、近代医療には該当する概念が存在しないにもかかわらず、医療関係者との間で多数のコミュニケーションが存在する［杉島 二〇一六：一九］ことと無縁ではない。多くの村人は近代医療にあつい信頼をよせており、「病院やクリニックで治療すればすぐに良くなる」という。そして注射や薬だけでなく、病院食に対してまで強力かつ即時性のある効果を見出すことになる。一方、医師や看護師もピットカブーンを迷信として懐疑しながら、目の前の患者の症状を対症療法で治療する。結果として、村人も、医療関係者も、複数の異なるゲームを同時に進行させながら、結果としてピットカブーンという病の存在はかえって強化され、ピットカブーンはエージェンシーとしての作用を増大、活発化させていくことになる。

おわりに――開放系コミュニケーションと病の無限の可能態

複ゲーム状況論においては、あるゲームを成立させるコミュニケーションの中心にいて、そのゲームを一定の形に方向付ける権威者の存在が不可欠である。複数の権威者がそれぞれのゲームを稼働させ、それらが対立・並存しながら複ゲーム状況が存続する。権威者でない大多数の不定見者は、複ゲーム状況に身を投じながらも、特定のゲームにのみ参与するのではなく、利害や好悪などに応じて、複数のゲームの間を往来する［杉島 二〇一四］。やがて権威者同士のコンフリクトが極大化すると、複数のゲームが単数化したり、あるいは配置の異なる複ゲーム状況が生み出されたりする。

本稿で論じてきたピットカブーンをめぐる複ゲーム状況では、個々のゲームを成立させるコミュニケーションの中心にいて、それを主導する権威者までもが、積極的に、ときに消極的に、異なるコミュニケーションを許容する［cf. 杉島 二〇一六：一九］。医師、看護師、薬草師、呪医、さらに体験者としての経産婦とその家族も含めて、村落社会でのコミュニケーションに参加しながら、互いにずれあった説明を並存させることで、特定のゲーム内でのコミュニケーションに自らを限定しない。「ユーファイをしなかったらピットカブーンになりやすい」、「ピットカブーンは食べ物の毒に由来する」、「ピットカブーンはサムデーンの精霊が引き起こす」、「病院食はコーンサレーンも含むが、薬と注射がピットカブーンを防いでいる」といった互いに相容れない語りが同時に成立している。

この錯綜したコミュニケーションをさらに活発化させているのは、近代医療の関わりである。一九七〇年代に病院出産や薬剤を用いた治療が浸透すると、人々は近代医療への信頼をあつくした。注射や投薬によってピットカブーンと総称されてきた様々な身体の不調は即座に緩和される。村人はピットカブーンに対する近代医療の効力に感激し、医師や看護師は村人の語る病名をあえて否定することなく治療を施した。ピットカブーンという病は近代医療の浸透によって消失することはなかった。むしろその逆で、近代医療によって対症可能な症状群であったため、ピットカブーンという病は村人にとっては積極的に、医療関係者にとっては消極的に維持され、多様な語りに新たなバリエーションが加わることになった。いわば、ピットカブーンをめぐるコミュニケーションは他のゲームに開かれており、つねに開放状態にある。

個々の説明を総合させたところで、東北タイに見られるなんらかの病因論に一元的に辿り着くことはないし、またピットカブーンの事典的定義を完成させることもできない。そうではなくて、ピットカブーンという病における複ゲーム状況の特徴は、個々のコミュニケーションが場当たり的に無数に生み出されながらも、それがピットカブーンの概念を逆に強化するところにある。特定のゲームに限定されることなく、外部のゲームにつねに接続する可能性をもつような、いわば開放系のコミュニケーションに対して、権威者も不定見者も自在に参加と不参加を繰り返すことによって、ピットカブーンをめぐる無限の語りが生み出される。身体的な不調という厳然たる実在を基盤にしながら、個人の身体に基づいて多様なコミュニケーションが展開し、それらは決して一点に交差することなく、ピットカブーンという不可解な病の存在が逆説的に強化されていくのである。

謝辞
本稿で用いた資料は、日本学術振興会科学研究費補助金（番号 JP25300054, JP17K03300）を得て行った調査で収集されたものを含む。

（1）ロムは身体を構成する四元素（火・水・風・土）のうちの「風」を意味する。「ローク rok」は「病」を指し、ここでは「風の病」とする。
（2）生もしくは熱を通した牛、豚、鶏、家鴨などのミンチ肉を玉ネギやトウガラシ、ミントなどと和えた料理で、東北タイ料理としてポピュラーなメニューである。
（3）マメ科ネムノキ亜科（*Acacia pennata*）の常緑低木。羽状複葉の葉を食用にする。
（4）ユーファイを行う期間は奇数日が良いとされ、一三日間もしくは一五日間が理想的と考えられている。
（5）タマリンドは枝や樹皮のほか、ときに果肉も湯で煮出して飲んだり、浴びたりして用いられる。またガランガルやゴレンシの樹皮も煮出して飲用に供される。地域によっては、ショウガ、粥、焼き魚、鶏も食されることがある［Whittaker 2000: 141–143］。
（6）ユーファイで使われるタマリンドの薪は産婦の夫が自分で取ってくることが好ましいとされる。
（7）北タイでは、出家したばかりの僧侶の最初の三日間もユーカムと呼ばれる。ユーカムとは、男女を問わずカルマや運命に働きかける境界域にいることを意味する。出産によって女性は母親になり、出家によって男性は結婚ができる「熟した人」（khon suk）となる［Whittaker 1999: 235］。
（8）調査村での聞き取りによると、一九七五年に自宅で産婆の介助によって出産した者もいれば、一九七九年に病院で双子を帝王切開で出産した者もいる。いまから四〇年ほど前から病院出産が増えていったようである。
（9）サムデーン毒（phit samdaeng）とピットカブーンの別名であるピットサムデーン（phit samdaeng）のピット（phit）は、タイ語のアルファベット翻字では同じになるが、前者（毒）は声調が高声であるのに対し、後者（反する）は低声である。

（10） 一バーツは三・四六円ほど（二〇一八年一月三一日現在）。
（11） この「三種の根の薬草」は副作用が強いため、妊娠中の女性は飲んではいけないとされる。
（12） 医学的にみると、出産後は女性ホルモンのエストロゲンの分泌が減少するため、ホルモンバランスが崩れて、アレルギーが発症しやすいと説明される。ほかにも抜け毛が増える、虫歯が増える、太りやすくなるなどの体調の変化もホルモンバランスの変化と関係するとされる。
（13） 調査村では、病院や保健センターで処方された薬を飲むよりも、注射で何らかの薬剤を投与される方がよく効くと考えられている。体内に薬剤が侵入することで強力な効果が得られるという考えは、体内に異物が侵入することで病が引き起こされるとする東北タイの病因論の裏返しである［津村 二〇一五b：一七八］。
（14） 飯田によると、情報の交換や流通を通して形成され、体系として常に未完の状態であるという意味で、在来知と科学知、また伝統的知識との間に根本的な違いはない［本書所収の飯田論文参照］。
（15） 一九八〇年代の北タイの事例では、産後の入院中の産婦が、お湯を入れた瓶や湯たんぽなどを腹部に載せて、ユーファイの代わりに用いていることが報告されている［Manderson 1981: 517］。
（16） 「日本の温泉も健康に効くと聞いたことがあるが、これと同じ原理かも知れない」とユーファイ・スパのオーナーの女性は語っていた。

参照文献

東　賢太朗　二〇一四「ゲーム間を開拓する――フィリピン地方都市、呪術・宗教・医療の複ゲーム状況から」杉島敬志編『複ゲーム状況の人類学』一五五―一七八頁、風響社。

Boesch, Ernst E., 1972, *Communication between Doctors and Patients in Thailand*, University of the Saar.

長谷川雅夫／辻本裕成／ペトロ・クネヒト／美濃部重克　二〇一二『「腹の虫」の研究――日本の心身観をさぐる』名古屋大学出版会。

飯田淳子　二〇一四「北部タイ農村地域における医療をめぐる複ゲーム状況」杉島敬志編『複ゲーム状況の人類学』九一―一一六頁、風響社。

Kirsch, Anthony Thomas, 1977, "Complexity in the Thai Religious System: An Interpretation", *The Journal of Asian Studies* 36(2): 241-266.

Kitiarsa, Pattana, 2012, *Mediums, Monks, and Amulets: Thai Popular Buddhism Today*, Silkworm Books.

児玉善仁　一九九八『〈病気〉の誕生——近代医療の起源』平凡社。

Manderson, Lenore, 1981, "Roasting, Smoking and Dieting in Response to Birth: Malay Confinement in Cross-Cultural Perspective", *Social Science and Medicine, Part B: Medical Anthropology* 15(4): 509–520.

McDaniel, Justin Thomas, 2011, *The Lovelorn Ghost and the Magical Monk: Practicing Buddhism in Modern Thailand*, Columbia University Press.

Mills, Mary Beth, 1999, *Thai Women in the Global Labor Force: Consuming Desires, Contested Selves*, Rutgers University Press.

Monkut Kaendiao, 1999, "Toea (Phit samdaeng)", in Munniti saranukrom watthanatham thai (ed.), *Saranukrom watthanatham thai phak isan*, pp. 1461–1462, Siam Press Management.

Muecke, Marjorie A., 1979, "An Explication of "Wind Illness' in Northern Thailand", *Culture, Medicine and Psychiatry* 3: 267–300.

Smith, Harold E., 1982, "Doctors and Society: A Northern Thailand Study", *Social Science and Medicine* 16(5): 515–526.

Sringernyuang, Luechai, 2000, *Availability and Use of Medicines in Rural Thailand*, Ph. D. thesis, University of Amsterdam.

杉島敬志　二〇一四「複ゲーム状況への着目——次世代人類学にむけて」杉島敬志編『複ゲーム状況の人類学』九—五四頁、風響社。

———　二〇一六「ビールを飲むジャガーの人類学的生息地」『民博通信』一五五：一八—一九。

津村文彦　二〇一五a『東北タイにおける精霊と呪術師の人類学』めこん。

———　二〇一五b「注射と吹きかけ——東北タイにおける注射医と呪医の治療効果をめぐって」『コンタクト・ゾーン』七：一六七—一九一。

Whittaker, Andrea, 1999, "Birth and the Postpartum in Northeast Thailand: Contesting Modernity and Tradition", *Medical Anthropology* 18(3): 215–242.

——— 2000, *Intimate Knowledge: Woman and their Health in North-east Thailand*, Allen and Unwin.

第三章　コミュニケーションにおける様相変化
――インドネシア・中部フローレスにおける妖術の記述的考察――

杉島敬志

はじめに

調査地の人びとが語る談話にふくまれる概念を整合するように結び合わせ、それらがひとつの体系をなしているように描き出すことが人類学では広くおこなわれてきた。これを「概念記述」とよぶことにしよう。この記述から生み出される概念の体系は調査地の文化と見なされてきた。

このようにのべながら、その典型として筆者が思い浮かべているのは、デイヴィッド・M・シュナイダーが推し進めた文化の研究である。クリフォード・ギアツの解釈人類学は、それと同時代のものだが、具体的な行為に焦点をあわせようとする点で、シュナイダーの研究とは大きく異なる印象を与える。しかし、行為を解釈されるべき記号と見なし、それを意味あるものにしている概念の体系について論じ始めると、両者の違いは、ぼやけ、ほとんど見えなくなる［e.g. Schneider 1984; Feinberg and Ottenheimer (eds.) 2001; ギアーツ 一九八七：一二二、一二八、三〇、四七］。

概念記述は現代の人類学においても盛んにおこなわれている。一例をあげよう。ヴィヴェイロス・デ・カストロの著述には概念という言葉がよく使われる。これはドゥルーズ／ガタリの哲学に頻繁に言及するためでもあるが、無論それだけではない。

もう少し説明しよう。私は、アメリカ先住民の精神は、（必然的に）他のいかなる人間たちの精神とも異なった「認知プロセス」の舞台であると考えてはいない。…私は、かれらが正確に「われわれのように」思考していると考えている。しかし私はまた、かれらが思考していること、つまり、かれらに与えられている概念は、われわれのそれとは非常に異なっていると考えている。それゆえ、そうした概念によってえがかれる世界は、われわれの世界とは非常に異なっているのであると考えている［ヴィヴェイロス・デ・カストロ 二〇一五：二六六、cf. Viveiros de Castro 2009: 160］。

ここでのべられている「概念」（複数形）はパースペクティヴ主義の言い換えである。パースペクティヴ主義（perspectivism）とは、動物その他の非－人間的存在が基本的に人間と同じタイプの認識能力と意志作用をもち、人間と相互交渉をおこなう場として世界が成り立っているとするコスモロジーのことである［Viveiros de Castro 2015: 58; cf. ドゥルーズ 一九九八］。

先の引用箇所の数ページ後で、ヴィヴェイロス・デ・カストロは、整合する概念体系の精髄のひとつであるライプニッツのモナドロジーにパースペクティヴ主義を比定する。

そこでわれわれは…「分割」としての人格というメラネシア的概念…は、ロックの所有的個人主義と同様に想像的であるとのべたいのである。…マオリの宇宙進化論を、エレア派のパラドックスやカント的なアンチノミーと比較可能にしたいのである…。アマゾン的なパースペクティヴ主義を、ライプニッツのシステムと同様に、興味深い哲学的対象として理解したいのである［ヴィヴェイロス・デ・カストロ 二〇一五：二七二］。このように、存在論的転回を先導してきた人類学者の文体や論述は、概念体系の存在を前提にしている点で、前々世代あるいはそれ以前の人類学研究と変わるところがない［杉島 二〇一六］。

概念記述は便利で使いやすい。概念が使われるコミュニケーションの文脈を考慮することなく、概念を整合するように結びつけることで、強い論拠を示さずに概念同士を関係づけることができるからである。だが、概念の用法的意味はコミュニケーションの文脈ごとに大きく変化する［杉島 二〇一五］。このことが無視されてはならない。また、概念記述にはつぎのようなより大きな問題もある。それは概念を論じることで調査地住民の思考に分け入っているような錯覚を生み出すことである。人類学には概念、文化、思考を同列に論じる悪癖がある。そのため、人類学者が結びつけた一群の概念は文化と同一視されるだけでなく、現地住民の思考と関係づけられる。本書所収の論文で片岡が批判しているのはこのリンクの一部であり、妖術霊あるいは妖術霊のような概念がコミュニケーション的に立ち現れていても、それが思考とは無関係であることを参与観察にもとづいてのべている。

この片岡の議論に筆者は基本的に同意する。その理由のひとつとしてここでのべておきたいのはつぎのことである。筆者は、一九八三年以来、後でのべる調査地で妖術をめぐるコミュニケーションをくり返してきたが、その間、妖術を本当に信じているかどうか、筆者の思うところは一度として問われたことがない。もうひとつの理由は、後ほど登場するインフォーマントSの言葉である。Sは一九八〇年代にはすでに妖術について非常に多くのことを知っており、現在でも妖術をめぐるコミュニケーションを周囲の人びとと円滑におこなっているが、筆者には何度か「自分は妖術を信じていない」と語っている。心境の変化があるのか、他の何なのか（じっくり掘り返す機会をうかがっているので）まだ問うたことはないが、妖術をめぐるSのふるまいから妖術を信じていないというSの心的状態を知ることはできない。また、Sが育った環境に充満し、Sに身体化されている妖術の最強バージョンである後述の「肝起点主義」からSが自由になれるとは思えない。

前おきが長くなったが、本稿の目的は、インドネシア・フローレス島の中部（以下「中部フローレス」）のリセ首長国におけるフィールド調査にもとづき、妖術者を殺す理由にもなれば、有力首長の言祝ぎにもなる妖術のコミュニケーション的な様相の変化を民族誌的に明らかにすることにある。

中部フローレスは、行政単位である県－郡－村に区分されているが、それとは別相で数十の在来政体に区分されている。この政体の内実はオランダ植民地政府とインドネシア共和国の統治機構や行政単位との関係で大きく変化してきたが、現在にいたるまで地域住民の生活に大きな影響力を保ちつづけている。こうした在来政体を以下では「首長国」とよぶ。

リセ首長国は、中部フローレスのリオ語が話される地域で、最も大きな首長国である（人口約一万七〇〇〇人）。また、先住者がいない点でも特異である。ここでいう先住者とは、無主地だった首長国の領地に最初に住みついた者の子孫を自認する人びとのことであり、かれらを首長国の領地から追放すると、凶作がつづき、首長国は飢饉にみまわれるようになるとされる。

リセ首長国の内部は各種の領地に区分されている。それぞれの領地には男性の首長がおり、その総数は一〇〇名を超える。首長の住む村には首長の住居である祭祀家屋が建てられており、これが地縁的な父系リネージの本拠地になっている。

リセ首長国の成立史は、土地なしで無一物のウォダとワンゲという兄弟（とその子孫たち）が二〇あまりの首長国を知恵（狡知）と勇気（暴力）によって併合していく過程であり、併合された首長国の先住者は、先住者としての地位を抹消されるか、他地域に逃走していった。これが口承史のなかでリセに先住者がいない理由として語

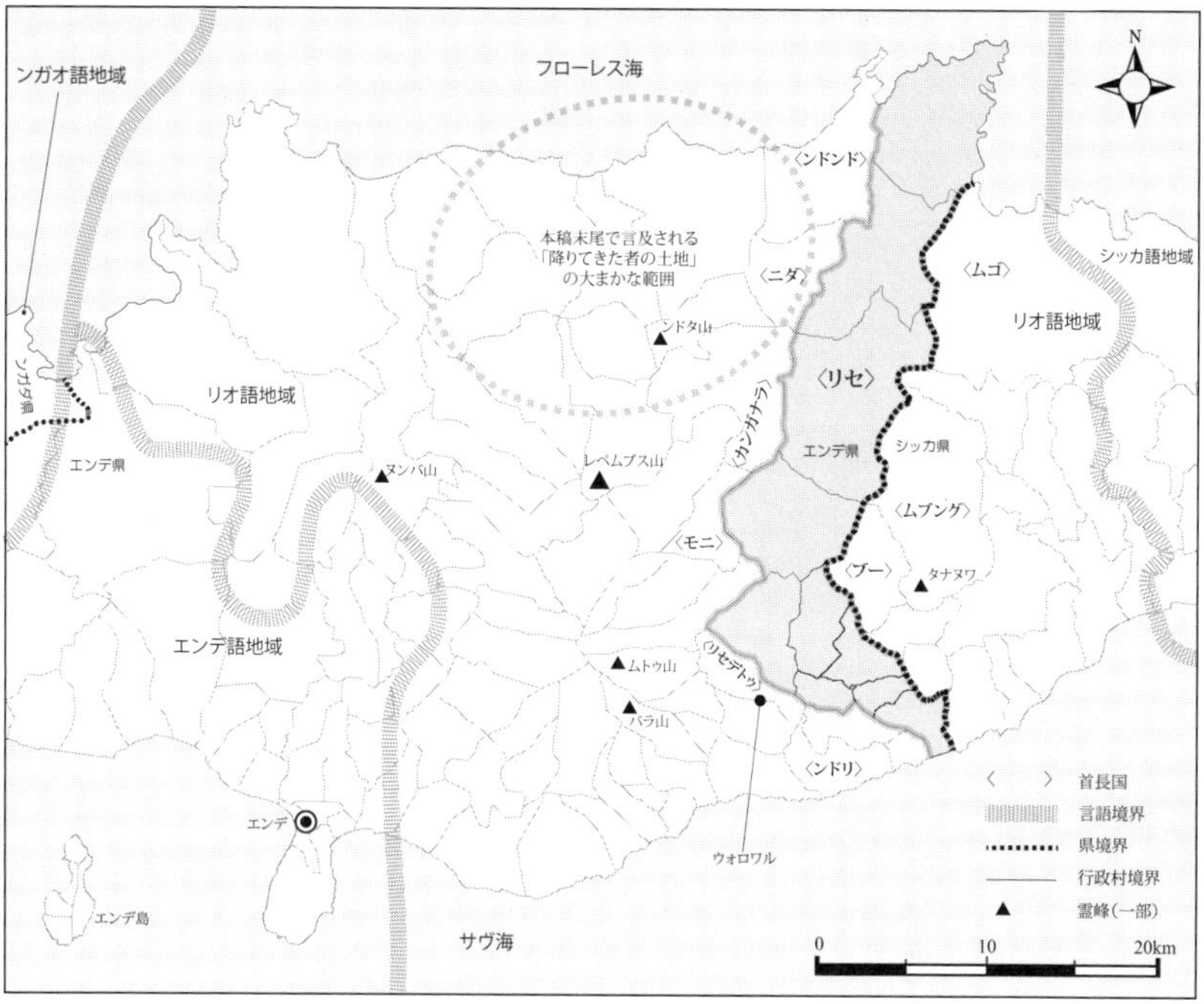

図1　中部フローレスにおけるリセ首長国とその周辺地域

られる説明である。リセでは領地の拡大に成功した者やその子孫が「功績ある者」（ata godo）として高く称揚される。またリセの領地は「功績ある者の土地」（tana godo）とよばれ、「降りてきた者の土地」（tana nggoro）、すなわち先住者のいる首長国とは異なっている、とリセ首長国の人びと、特にウォダとワンゲの子孫たちは語る。

功績者の典型は、二人の「長大首長」（ria béwa）と、一人の「根幹首長」（mosa laki pu'u）であり、かれらはウォダとワンゲの父系子孫である。長大首長と根幹首長をふくめ大首長は八人おり、他の首長は大首長のいずれかに服属している。

中部フローレスのエンデ県における宗教別人口（一九八三年）はカトリック一四万九六八七人（七一％）、イスラーム五万七八一六人（二七％）、プロテスタント四一三一人（二％）、その他一一二六人であり［Kantor Statistik Kabupaten Ende 1984: 44］、カトリックの宣教は一九一〇年代に本格化した。他方、エンデ県の東側に隣接するシッカ県（一九八三年）ではカトリック二一万六二〇〇人（九一・六％）、イスラーム一万六一六六人（六・八％）、プロテスタント一五九一人（〇・七％）、その他二〇四一人（〇・九％）であり［Kantor Statistik Kabupaten Sikka 1985: 100］、この地域におけるカトリックの歴史は一六世紀半ばにまでさかのぼる可能性がある［Lewis 2010: 117］。

図1に示したように、リセ首長国はエンデ県側にあるが、その領地の東側の境界はエンデ県とシッカ県の県境と重なり合う。またリオ語が話される地域は、エンデ県とシッカ県の双方にまたがる東西六〇キロ、南北四〇キロの範囲に広がっている。

本稿にはリオ語だけでなく、インドネシア語表現も引用するが、記号を付記する等の方法で両者を区別しない。煩雑になるだけなく、語彙レベルで両者が混在するために、区別することに意味のなくなる場合があるからである。

一　肝臓表現

リオ語で肝臓はアテ（até）、インドネシア共和国の国語であるインドネシア語ではハティ（hati）といわれる。ブラストとトラッセルの『オーストロネシア諸語比較辞典』［Blust and Trussel 2010–］には台湾、東南アジア島嶼部、オセアニアの一五九の言語におけるアテの血縁語（再建形＝再構築形*qaCay）が記載されている。

リオ語の「肝臓」は、感情、性格、対人関係、願望、思考等に関わる表現に不可欠の言葉である。同じことは、インドネシア語をはじめとする他のオーストロネシア諸語の多くについてもいえる［e.g. Blust and Tussel 2010–; Stevens and Schmidgall-Tellings 2010］。こうした「肝臓」をふくむイディオムを「肝臓表現」とよぶことにしよう。

これまでにフローレスでおこなった調査では、機会あるごとにリオ語の肝臓表現を収集してきた。論文末尾の表1はこれらをまとめたものである。そこから明らかなように、リオ語における肝臓表現の多くは「肝臓」という言葉に修飾語を後置することで作られている。

この一〇〇年、肝臓表現の創造の中心はカトリック教会による福音の伝道だったと思われる。表1を眺めると、マタイ、マルコ、ルカ、ヨハネによる福音書［*Injil dalam Bahasa Lio* 1984; *Injil Sara Lio* 2002］やアルント神父の『リオ語－ドイツ語辞典』［Arndt 1933b］だけに現れる肝臓表現は、村で一般に聞かれる肝臓表現よりもはるかに多い。

同様のことはつぎのデータからもいえる。日本語の口語訳福音書には「心」をふくむ表現が九八回ほど使われている。(1) こうした福音書の文章をリオ語に翻訳するには「心」と対応するリオ語の語彙が不可欠である。しかしリオ語には「心」に相当する言葉がない。そのために、福音を伝道する過程で、多くの肝臓表現を作り出す必要があったのだろう。

中部フローレスの住民の大多数がカトリック教徒となった現在、リオ語の「肝臓」は、現代インドネシア語の「ハティ」のように、「心」とほとんど同じ意味をもつようになり、それが暗紅色の臓器でもあることは同音異義語のようになったのだろうか。筆者は、半ばそうかもしれないと考える一方、それは早計だろうとも考えている。リオ語には、鏡としての心に映る実在の像としての「表象」（representation）［ローティ 一九九三］や、心にだけ生じる、心に固有の現象としての「意味」に類する言葉がない。それゆえ、リオ語で話すと、人は素朴実在論者のように言語的にふるまうことになるし［cf. Viveiros de Castro 2004: 11］、人類学者は謎めいた儀礼的所作の「意味」を質問できなくなる。また、「身体を取り替える」（soré tebo）や「身体を直す」（wénggo tebo）とよばれる病気の回復を願う供犠では、供犠動物の肝臓を取り出し、呪医が後述する「因果秩序」のなかで病者が抱える諸問題をそこに読み取る（ngilo até wawi）ことがおこなわれる。

福音の伝道とともに作り出された肝臓表現を特定することは難しい。リオ語にはいくつかの方言があるだけでなく［杉島 二〇一七参照］、首長国ごとに語彙とその用法には微妙な違いがある。そのため、福音書の翻訳に従事した者の言語的背景が翻訳に大きな影響を及ぼしたはずだが、まさにそのために、リオ語話者は、自分の慣れ親しんでいるリオ語では理解できない肝臓表現があっても、それが自分の知らないリオ語に由来するのか、それとも教会の創造によるのかを判断できない。にもかかわらず、宣教の過程で多くの肝臓表現が教会を中心とするコミュニケーションに導入されたことはまぎれもないだろう。

表1で「×」をつけた肝臓表現は、筆者が一九八三年以来調査をおこなってきたリセ首長国では、ほとんど使われない、それゆえに意味のよくわからない表現だが、その数はきわめて多い。そのため、そうした肝臓表現を多くふくむリオ語訳の福音書の文章は、その点からして晦渋であり、インドネシア語の言語能力が向上する一方で、リオ語の言語能力が大きく低下した現在、インドネシア語訳聖書の簡明な文章のかわりに、あえてリオ語訳福音書を好んで読もうとする者はまずいない。またアルント神父の『リオ語‐ドイツ語辞典』はその存在さえ、ほとんど知られていない。

二　欲する肝臓

以下ではつぎの四種類の資料を用いながら、ナラ（nara）という言葉の用法についてのべる。そのひとつは筆者のフィールドノートである。第二は一九三三年に出版されたアルント神父編纂の『リオ語‐ドイツ語辞典』である［Arndt 1933b］。これは見出し語六一六三、総頁数五五五ページの現在にいたるまで唯一のリオ語（sara Lio）

の辞書である。第三は福音書のリオ語訳であり、[2]第四は、オランダ植民地時代にリオ自治領のラジャ（長）だったピウス・ラシ・ワンゲ（以下「ラシ・ワンゲ」）が彼の母語であるリオ語のリセ方言で書き残した約一万四〇〇〇語からなる自叙伝である［Rasi Wangge 1946］。

ナラについてまず指摘できるのは、それが肝臓で生じる私秘的な願望だということである。[3]このことを『リオ語‐ドイツ語辞典』に記載されている例文から見ていくことにしよう［Arndt 1933b: 273–275］。この辞書では、各見出し語のもとに、リオ語の例文と、その独語訳が書かれている。以下では、配列を変え、アルントによる独語訳の筆者による和訳、（　）内にアルントの独語訳、リオ語例文の逐語的になることを心がけた筆者による和訳、そして（　）内にリオ語例文の順で引用する。なお本稿における丸つき数字はすべて筆者によるものである。また、〔　〕は原文にはない、筆者による補足を示す。

①心ひそかに熟考する（bei sich überlegen）。肝臓の中で／内側で（〜を）欲している（nara leka（ghalé）oné até）。〔このリオ語文には欲する対象が書かれていない。〕

②自分で考えている妖術者（der polo, der mit sich selbst überlegt）。欲する肝臓になっている妖術者（ata polo éo até nara）。〔このリオ語文にも欲する肝臓の対象が書かれていない。〕

①はナラが肝臓の「内部」で生じる状態であることを示している。また、②にある「欲する肝臓」（até nara）という表現が私秘的であることは、中部フローレス南岸のエンデ市に住む五〇代後半の高学歴の男性Kが語ったつぎのような説明と一致する（二〇一五年七月一五日）。Kによると、「欲する肝臓」をふくむ文章の主語が一人称や二人称であることはまれであり、普通は「あいつは（〜に）欲する肝臓になっている」（kai até nara）のように、

他者の態度等の観察にもとづき、推測をまじえながら語る場合が多いという。

ナラについてつぎに指摘できるのは、肝臓に生じる願望が危険で犯罪的になる可能性が意識されていることである。リオ語話者は「欲する肝臓」という言葉を耳にすると、敏感に反応し、身構える。なお以下では、本稿の末尾近くまでの多くの箇所で、リセ首長国で話されるリオ語を「リオ語」と略称する。

アルントの辞書のつぎの文章は、村々に住む（いわばローカルな）妖術者（ata polo）と、フローレス島の東端からカラスの姿で飛んでくる「悪い鳥」（ulé ré’é）ともよばれる外来の妖術者、イネレケ（iné léké）が協力しあう（gata）ことで、人間や家畜の大量死が引き起こされようとしている危急の事態を告げている。

③妖術者、悪い鳥、それに別の悪霊がやつを／それをつけ狙っている（der polo, die ulé ré’é und andere böse Geister stellen ihm nach）。妖術者、悪い鳥、トゥカ・ルブ（tuka lubu）〔という悪霊？[4]〕が彼に欲する肝臓になっている（ata polo, ule ré’é, tuka lubu ngata até nara no’o kai）。

つぎもアルントの辞書からの引用だが、そこに危険はなさそうに思える。

④女に惚れる（in ein Mädchen verliebt sein）。女に対して欲する肝臓になっている（até nara no’o（leka）ata fai）。〔自然な文章にするには、「その女」（ata fai ghéa）のように、特定の女性が対象であることを明示した方がいい。〕

だがそうではない。④は単なる恋愛感情の告白ではなく、好きになった女を自分のものにするためなら、手段を選ばないことの表明だからである〔cf. Arndt 1956: 440〕。同様のことは筆者のフィールドノートにあるつぎの文章についてもいえる。

⑤あいつに対して欲する肝臓になっている（aku até nara no'o kai）。

これは、結果として殺してしまうことになっても、「あいつ」を何としてもひどい目にあわせてやろうと考えてばかりいることの表現であり、強い脅迫の言葉にもなる。

『リオ語‐ドイツ語辞典』に記載されている「欲する肝臓」をふくむリオ語文のドイツ語訳を検討してわかることだが、アルントは、リセ首長国で話されるリオ語では「欲する肝臓」が危険で犯罪的になる傾向や含意のあることをおそらく理解していなかった。

しかし、欲する肝臓は危険性や犯罪性を概念的に内包しているわけではない。このことを端的に示しているのは、リオ語話者に「欲する肝臓」を使った文例を求めると、つぎの⑥のように、妊娠中の女性がつわり好み（uré）のために酸っぱいマンゴーを食べたがる状態がしばしば取り上げられることである。

⑥そのマンゴーを何としても食べたい＝そのマンゴーを食べることに欲する肝臓だ（aku até nara ka pau ghéa）。

つわりに由来するものとはいえ、⑥の「欲する肝臓」は身体的要求を表現しているわけではない。「欲する肝臓」は、たとえばマンゴーが食べたい、眠たい、トイレにいきたい、吐き気がする（吐きたい）などの身体的欲求を表現するために使われることはない。こうした欲求を表現するには、動詞の前に「感じる」（ララ lara）を置き、つぎのような文章を作る。

⑦マンゴーが食べたい（lara ka pau）、眠たい（lara roké）、小便がしたい（lara hoga）、吐き気がする（lara muta）、トイレにいきたい（lara singi）。

また、あることをしたいか、したくないかを問うために、フォンガ（fonga, ～したい）と、その反意語のンガゲ（ngagné, ～したくない）を動詞に前置する表現も頻繁に使われる。その典型的な用法をつぎにあげる。

⑧どの服が買いたい？（Kau fonga geti lambu apa?）〔市場や衣料品店に子どもを連れていって、好きな服を選ばせるときなどに発せられる質問。geti: 買う〕

⑨熟したパパイヤあるけど、食べる？（Uta ba'i te'a, fonga ka di iwa?）〔食べ物をすすめる表現。ka: 食べる〕

⑩どれが食べたい？（Kau fonga ka apa?）〔目の前に置かれている様々な果物のうち、どれを食べたいかをたずねる場面などで発せられる表現〕

⑪〔右の疑問文への返答として〕私はマンゴーにする（Aku fonga ka pau.）。

だが、ナラ＋動詞を使えば、ララやフォンガよりも「～したい」ことを明確に表現できるのではないだろうか。そのような表現は文法的には可能だし、明確な使用例がある。ラシ・ワンゲの自叙伝〔Rasi Wangge 1946〕には、この表現が少なくとも四例ふくまれている。強調のために、その部分に「　」と〝　〟を挿入する。

⑫母方オジたちは、その土地をすべて「開墾したいという私の願い」を認めた。権利はおまえにあるとかれらはいった（Eda aku, ebé poa aku “nara gaga” ngebo léi sawé, wiwi leka kau.）。〔ナラ＋gaga（開墾する）〕

⑬（政敵の）X（仮名）はリオ自治領の「ラジになりたがっていた」（Ebé X “nara tau” Raja leka Lio.）。〔ナラ＋tau（成る）〕

⑭夜九時ごろ、私たちは密かに「上陸しようとした」。だが、陸に近づいていくと、舟から降りて、こっちへこい、と叫ぶ声が聞こえたので、われわれは引き返した（Jam 9 kami “nara wa'u neké”, ta wé'é maja ata pai, wa'u sai miu, kami bhalé walo.）。〔ナラ＋wa'u neké（密かに上陸する）〕

⑮「射殺しよう」とすれば、殺すことができただろう（Mesi aku “nara pana”, ebé ngala mata.）。〔ナラ＋射る（pana）〕

⑫は、ラジャとしての財政基盤の強化はかるために、自由に耕作できる土地の獲得に努めていた時代の回想であり、開墾は将来の計画だった。⑬は、政敵Xが内に秘めている（とラシ・ワンゲが推測する）願望の表現である。⑭は、オランダ植民地政府に追われる身となったラシ・ワンゲが密かにフローレス島への上陸を企てるが、警戒が厳しく失敗する場面である。⑮は、オランダ植民地政府の追手を逃れて逃走をつづけるなか、身をひそめている草むらのすぐ脇を通った追手のひとりと思われた人間を、殺そうと思えば、殺すことができただろう、と回想する仮定法的な表現である。

これらの文例が一致して示しているのは、ナラ＋動詞が、まだ実現していない願望や実現しなかった意図を表現していることである。この理解を強く支持するのは、つぎの使用例である。

二〇一六年七月八日の夜、フローレス北岸の都市マウメレの知人の家で美容院を経営する旧友のPと久しぶりに会い、気のおけない雑談をはじめた。話題は自然と仕事のことに向かい、店舗を広げるための土地の購入から、結婚式におけるメイクアップのクオリティーへと話が進んでいった。結婚式のメイクアップは、特別の技術を必要とし、その習得にはジャカルタで三〇日間のコースを受ける必要があり、費用は二〇〇〇万ルピアかかる。そのためには貯金もしなければならないし、子どもは一歳半になったばかりだ。そのときPはつぎのようにいった。

⑯しかし、私はコースを受講したい（Ta aku nara tau kursus.）。〔ナラ＋コースを受講する（tau kursus）〕

翌朝、まわりに人のいる台所わきの空間で⑯についてあらためて質問すると、Pはそんなことはいってない、自分が口にしたのはフォンガ＋動詞を使った「私はまた学校にいきたい」（Aku fonga tau sekola walo.）だという。しかし、しばらく話すうちに、「私はまた学校にいきたい」（Aku nara tau sekola walo.）となら言ったかもしれないということになった。つづけてPは、「学校にいくことは考えはじめたばかりであり」（baru di dalam rencana）、「まだ誰にも話したことがなかった」と、昨夜の自分の言葉について語った。

ナラ＋動詞の日常会話における使用頻度は非常に低い。ナラ＋動詞の用例を書き留めようと、リオ語の会話に耳をすませることは徒労である。このことを別の角度からよく示しているのはつぎの調査資料である。二〇一一年八月一五日に福音書のリオ語訳中のナラや肝臓をふくむ文章について神学校出身のA氏（六〇代）に多くの質問をしたことがある。

つぎに引用するのはリオ語訳のマタイ福音書第一章一九であり［*Injil Sara Lio* 2002: 10］、婚約者のヨセフと性交渉をもつ前にマリアが聖霊により身ごもったことに対する、ヨセフの反応をマタイが描写するつぎの文章である。和文は、筆者によるリオ語からの和訳であり、日本語版の聖書の文章とは異なっている。

⑰心の良い、優しい夫だったヨセフはマリアを辱めたくなかった。そこで、多くの人びとの前にこの問題をさらすことなく、密かにマリアを捨てようとした（Yosef-ina, kaki-kai, éo bheri dapi até-keku, ngangé tau méa-léwa Maria, soli iwa suka-sia aé naru ina leka nia ata-riwu, ta kai menga nara tau welu-léwa Maria so'o sono-wé'é.）

「捨てようとした」は、リオ語の文章ではナラ＋「〜する」（tau）＋捨てる（welu léwa）のように構成されている。⑰を読んだA氏は、この場合のナラは不要であり、「〜する」＋「捨てる」だけで十分だといっていた。同様の例としてリオ語訳のマタイ福音書第一四章五をつぎに引用する［*Injil dalam Bahasa Lio* 1984: 52］。

⑱ヘロデスはヨハネを殺そうとした。しかし、ヨハネを預言者のように信じる多くの者たちに恐れをなした（Herodes nara tau mata léwa Yohanes, ta kai até ngga walo no'o ana riwu ngasu, éo tonda Yohanes ngéré ata nabi.）

「殺そうとした」の箇所は、⑰同様、ナラ＋「〜する」の後に本動詞（殺す）を置く構成になっている。A氏は、この場合もナラは不要であるといっていた。

ナラ＋動詞の使用頻度がきわめて低いのは、そうなっているとしかいいようがない。これまでに出会ったリオ語話者の誰もがその原因や理由を説明できなかった。しかし、つぎのことは明らかである。リオ語によるコミュニケーションでは、人びとの生活におけるおこない・ふるまいの大半が肝臓に現れる願望と関係づけて語られることがきわめてまれなのである。この点で「欲する肝臓」は肝臓表現のなかで特異な位置をしめている。「欲する肝臓」以外の肝臓表現は、おこない・ふるまいの原因や理由としてよく使われる。一例をあげると、普段とは異なる、よそよそしい態度の者に対して、「私に対して悪い肝臓になっているのか？（俺のこと怒っているのか？）」

(Miu até ré'é sa mbé'o?）と問いかける表現は自然である。あるいは、ＳＮＳにアップした文章に綴りの間違いが多いことを指摘され、「急ぐ肝臓だったから（あわてていたから）」(ngai até lama）と言い訳することも普通の表現である。こうした例は他にも数多くあげることができる。

以上でのべたことは、意思作用ぬきに生活が営まれていることを示すものではない。フォンガとンガンゲの用法から明らかなように、人びとは明確に意思を表明できる。しかし、この意思が肝臓に現れる願望と関連づけて表現されることがまれなのである。その背景にはどのような事情があるのだろうか。

三　妖術者の肝臓

妖術者はポロ（polo）あるいはアタポロ（ata polo）とよばれる。アタは「人」の意であり、ポロはマレー語・インドネシア語のポロン（polong）と同じ語源の言葉だろう。ポロンは、悪霊（妖術霊）や妖術を意味し、辞書に書かれている用例や語義をみると、ポロと多くの点でよく似ている［Arndt 1932: 294, 1956: 438; Wilkinson 1932: 277］(5)。

中部フローレスとその周辺で話されるインドネシア語では、妖術者はポロンではなく、スアンギ（suangi/su-anggi）とよばれる(6)。スアンギも悪霊や妖術を意味する［Wilkinson 1932: 490; Tim Penyusun Kamus 1988: 694, 861］。スワンギは中部フィリピン諸語（Great Central Philippines）――たとえばタガログ語ではアスワン（aswang）――からの借用語である可能性が指摘されている［Blust and Trussel 2010–; cf. Arndt 1932: 294; Ramos 1990; Nadeau 2011; 東 二〇一二(7)］。

一九八〇年代前半、妖術者として後ろ指をさされる者の家が、一〇〜三〇数戸からなる村ごとに一〜二戸ほどあり(8)、かれらを主語とする死や病の原因をめぐる語りが活発におこなわれ、妖術告発（pé polo）の大半はかれらに向けておこなわれていた。しかし、この一〇年ほどの間に、子が親に妖術告発をおこなうなど、告発の対象がぼやけ、告発の件数が増加した。この変化を論じられるほど資料がないので、ここでは指摘するだけにとどめる。

妖術者には二つの種類がある。そのひとつは「継承による妖術者」(polo éo no'o ola welu) である。妖術霊 (ana wera) は母系的に継承される。[9] これは首長の地位や土地が父系的に継承・相続されるのとは対照的である。また、犬をトーテムとする母系氏族 (tebu lako) の成員は妖術者であるという者もいる [cf. Arndt 1933b: 77]。この説は妖術霊の母系的継承と整合する。同様のことはつぎの説についてもいえる。

妖術者がむやみに人殺しを重ねる。そのため、「妖術者の首領」(polo pu'u) である地の神から、自分の息子を殺して、その最上の肉の部位を地の神に差し出すことを妖術者は求められる。[10] そのため、妖術者には息子がいなくなり、妖術霊は末娘に継承される。

妖術者が人を殺めるにいたる過程についてはつぎのような定型化された語りがある。何らかの理由で、妖術者が村内や近隣村の誰かに「小さな肝臓」(até lo'o) の状態、すなわち妬みをもつようになる。この妬ましさから、妖術者は「欲する肝臓」になり、妬みの対象になっている人やその近親者を「攻撃」(レロ lélo) し、病や死をもたらす。[11] レロをおこなうのは睡眠中の妖術者の身体から、股間に開く穴 (pewo logé) を通り、赤い火の玉 (méra) 等になって現れる妖術霊であると語る者が多い。レロという動詞は妖術者がおこなう攻撃の意味でのみ用いられ、戦争等による攻撃 (wika) と混同されることはない。[12]

「欲する肝臓」や「小さな肝臓」は誰にでも生じる肝状態であり、この点で妖術者を普通の人間と区別することはできない。また、妖術霊がこうした肝状態の原因になっているという説明も聞かれない。それどころか、妖術霊は妖術者であるための不可欠な要件でさえない。妖術者には二種類あり、「継承による妖術者」の他に「習練による妖術者」（polo óo basa doa）がいる。習練による妖術者となる発端は、ある人間に殺意をいだく（欲する肝臓の状態になる）ことである。殺意をいだいた者は、殺傷力のある強力な呪術（teké ruku 等）[13]をあれこれ試しながら、思いを遂げようとする。そうこうするうちに、相手が死ぬ。こうしたことがくり返され、人を殺す呪術に習熟すると、人は妖術者になってしまうのである［cf. Forth 1993: 110–111］。

そうであるなら、継承による場合でも、習練による場合でも、妖術者とは、肝臓に現れる願望にしたがって生きる者なのである。これは前節でのべたことと対照的である。通常の人間の場合、おこないやふるまいの大半が肝臓に現れる願望とは無関係に営まれているからである。

すでに何度か書いたことがあるので［杉島 二〇一四］、ここでは概略をのべるにとどめるが、リセ首長国にかぎらず、中部フローレスにおいて人は生命を誰かから受け取り、それを誰かに伝える中継点として存在している。ここでいう生命とは、豊穣、健康、子宝など、人の生活の営みにとって不可欠なあらゆるものを指す。自分に生命をもたらしてくれるのは父系祖先や母方オジであり、かれらとは良好な関係を保っておかなければならない。さもないと、自分の側に凶作、病気、不妊などが生じる。こうした生命の流れは、中継点である自分から父系子孫や姉妹の子へと連続していく。オーストロネシア諸族に広くみられることだが、生命の流れの中で自分より上流にいる者は「根本」（リオ語：pu'u, 再建形：*puqun）とよばれる［Blust and Trussel 2010–］。「根本」は、日本語の「本（もと）」のように、植物の根本だけでなく、原因を意味する。それゆえ、根本と自分は原因と結果として関係しており、結果である自分の生活は原因たる根本に決定的に依存している。こうした因果の連鎖からなる関係の総体を「因果網」とよぶことにしよう。「根本」の血縁語ではないが、インドネシアのバリ島ではカウィタン（起源、祖先）が人間にとって「根本」と同様の重要性をもっている。カウィタンについては本書所収の中村論文にまとまった記述があるので参照されたい。

先にのべた先住者は特定の首長国のなかで因果網の発端に近い位置をしめている。すでにのべたように、先住者を首長国の領地から追放すると、凶作がつづき、首長国は飢饉にみまわれるようになる。また、かれらは首長国に豊穣をもたらす地の神に関わる儀礼を実施するポジションにあることが多い。

因果網を背景においてみると、生命をもらすことなく、奪うだけの妖術者は、因果網を破壊する、その否定者であることがわかる［杉島 二〇一四：三五二］。そうであればこそ、たとえ親族や隣人であっても、妖術者は、蛇蝎のように忌み嫌われ、妖術告発の果てに殺されていたのだろう。妖術を告発された妖術者の殺害は一九八〇年代半ばまでは実際におこなわれていたし(14)、現在においても妖術告発にともなう殺害の予告や脅迫が警察沙汰になることはよくある。

生命の流れにそって、女性や大量の財が一定の方向にフローする現象が生じる。これは複雑で込み入った儀礼とともにおこなわれ、それに参与する者は因果網を前提とする親族分類における自己の位置にしたがって行動し、財を提供しなければならない。こうした親族儀礼は、焼畑の収穫が終わった乾季の中部フローレスにおける生活の主要部分をなす。

親族儀礼が人びとの総収入にしめる割合を具体的な数字をもって示すことはできないが、二〇〇三年一一月一九日に亡くなった長大首長Ｊの葬儀では、香典帳に名前の記載されている者だけで一八八名の関係者が家畜（水牛、牛、豚、馬、山羊、犬）五六頭、現金九八三万ルピア、米二九〇〇キロ、地産の染織布五九枚等のやりとりをおこなった。これらを現金に換算して合計すると、六千二〇〇万ルピア（二〇〇三年の為替レートで八三万七〇〇〇円）になる。当時の平均的な小学校教員の年収は一五〇万ルピアほどであり、それと同等の年収をえる農民はほとんどいなかった。こうした親族儀礼は、葬儀の他に、主要なものだけで、結納、結婚式、カトリックの堅信式、病気治癒のための供犠、首長の就任式、家屋の建築などがある。

以上でのべたことが示すように、親族分類と親族儀礼は因果網と密接に関連しあっており、複合的全体をなしている。この全体を「因果秩序」とよぶことにしよう。

社会的上昇を遂げようとする者は因果秩序のなかで生きることの危険性を強く意識している。因果秩序を生きることで、頻繁に財の供出を求められ、子の教育費を貯えることさえできなくなる、とかれらはいう。院生時代におこなった調査の開始時（一九八三年）に親しくしていたが、その後、二つ隣りむこうの県に移り住み、退職後ももどってこなかった学校教員Bと二〇一七年七月に再会し、この移動が将来を危ぶんだ末の決断だったことや、そのことで三人の子どもたち全員に高等教育を受けさせることができたことなど、移転後の仕事と生活の一部始終を聞くことができた。その間、Bは所属する地縁的父系リネージの長との関係がひどく悪化し、その理由がリネージ長の求めに応じて財を提供しなかったことにあったと、筆者は記憶している。Bが語っていたことだが、携帯電話が普及する二〇〇〇年代前半までのフローレスでは、遠方に移動することで親族との音信を絶つことができた。

社会的上昇を遂げようとする者が村に住みつづけた場合、因果秩序との摩擦は当然より大きくなる。このことをよく示しているのはＳである。Ｓは独身時代からの計画――Ｓの言葉でいえば「計算／計画」（perhitungan）――どおり、女性の小学校教員と結婚し、二人の子をえた。そして、子どもたちにジャワ島東部・スラバヤでの高等教育を受けさせた。この間、子どもたちの学費や生活費を捻出するためか、親族儀礼には参加せず、近所づきあいもおこなわなかった。筆者は、かれらを一九八五年の結婚前から知っているが、Ｓは所属する地縁的父系リネージの長のおぼえが良く、Ｓの妻についても悪い噂はなかった。だが、二〇一五年に調査地にもどると、Ｓの妻は継承による妖術者であり、Ｓは妻からの感染により妖術者になってしまったという話を聞いた。

これは一回限りの偶発的な出来事ではなく、因果秩序に抗して生きる者の境遇を、ある一般性において示しているといえるだろう。先述のように、人間は因果秩序に内属して生きる。これと対照的なのは、因果秩序を否定する妖術者であり、妖術者は、通常の人間とは対照的な属性[15]や生活様式をもっているとされる。そのひとつは妖術者が生命の流れにそって流通させるべき財を他人に分け与えることなく、もっぱら自家消費をおこなうことであり、これは「一人で食べるは妖術者」（ka ola polo pesa ola wera）と表現される。SやBのように生きることはそのように解釈される危険性をもっている。また、妖術者は近親相姦をおこなうとされる地域もあるが［青木二〇〇五：一一八］[16]、これについても右にのべたのと同様の理解が可能だろう。

おこない・ふるまいの大半が肝臓に現れる願望と関係づけて語られることがないという前節でのべた現象は、因果秩序に内属して生きるという人間の基本条件と密接に関係していると思われる。因果秩序は豊穣（仕事の成功）、健康、子宝など、人の生活の営みにとって不可欠なあらゆるものが根本からもたらされることを前提とする。また、根本からこのような意味での生命を得るには、因果秩序を生きること、とりわけ、いつも根本のことを大切に思い、根本の求めに応じて財（金・現金、家畜）を提供しつづけなければならない。このことは「（枝葉である自分が茂るように）本に水を撒き、根に油を塗る」（rèki pu'u waé hamu）と表現される。

そうであるなら、肝臓に現れる願望を起点とするおこない・ふるまいから生活や暮らしが成り立つような——以下で「肝起点主義」とよぶ——世界観は因果秩序に内属する生活と齟齬するだけでなく、その否定につながる。肝起点主義を標榜する言葉づかいを憚る言語習慣はこのあたりから生まれてくるのかもしれない。また、因果秩序に内属する通常の人間とは対照的な属性や生活様式をもち、眠っているときにさえ肝臓に現れる願望にしたがって行動し、因果秩序を破壊する妖術者は、肝起点主義者の最強バージョンといえるだろう。

前節でのべた「欲する肝臓」という言葉に感知される危険や犯罪の可能性は、肝起点主義を人前で表明した場合、それがどのように受け取られるかをよく示している。また、美容院経営者のPが自分の発言したナラ＋動詞表現をいったんは口にしたことがないといって否認したことや、「学校にいくことは考えはじめたばかりであり、まだ誰にもいってない」というコメントも同様の観点から理解できるだろう。

二〇一八年九月初旬、リセ首長国出身で筆者と同じ歳のジャーナリストMとナラ＋動詞表現が使われない理由について、数年来くり返してきた議論を蒸し返した際、Mは、筆者に伝えるべくあらかじめ言葉を用意していたのかもしれないが、つぎのように語った。

強い願望があっても、それを直截に表現すると、人の信頼や人間関係を損ない（mencederai）かねない。政治家ならばなおのこと、自分の願望の実現を、そうするのが社会的義務であるかのように、高度な文彩を用いて巧みに表現できなければならない。

Mは、その典型として、二〇一八年七月におこなわれたエンデ県知事選に立候補する際のマルセル・プトゥ（Marsel Petu）のスピーチをあげ、それが収録されているビデオをエンデ市のK（前出）の家で観るようにアドバイスしてくれた。

だが、ラジャだったラシ・ワンゲはナラ＋動詞の表現をためらいなく使用しているように思える。今となっては確かめようもないが、ラシ・ワンゲは普段から肝起点主義的な言葉遣いをしていたのかもしれないと筆者は考えている。

ラシ・ワンゲは、リオ自治領のラジャであると同時にリセ首長国の長大首長でもあった。後者の地位は、ラシ・ワンゲの死後、弟のW、その息子のJ、そのまた息子のM（前出）に継承されて現在にいたっている。Mは二〇歳すぎから遠く離れた大都市に住み着いたために、大首長の普段の職責は村に住むMの実弟Sが担っている。SはJによる子ども時代の躾を思い出し、つぎのように語ったことがある。

子どものころ、朝の四時すぎまで寝ていると、Jが「寝坊するのは願望（意欲）がないからだ」(17)（To'o hibu ola nara iwa.）といって揺り動かし、無理やり起床させた。願望があれば「将来、暮らしぶりが良くなる」（Muri ji'é wi'isia wéngi rua.）、おまえは将来何になりたいのか＝何がしたいのか（Ola nara niu ngéré emba?）とJからよく問われた。

欲する肝臓は良くない計画（Perencanaan tidak baik, selalu tidak baik.）のことをいうが、願望はつねに良いことを指す（Ola nara selalu baik.）。人を妬んでいる（até lo'o）うちはいい。そこから競争がおこり、良い方向に向かっていく。願望があるから妬みも生じる。それと欲する肝臓は別のものである。ただし、欲する肝臓（até nara）、願望（ola nara）、妬み（até lo'o）はすべて肝臓で起こっているために区別するのが難しい。

この談話は、長大首長の家庭内教育では肝起点主義の育成が積極的におこなわれていたことを示している。Jは若いころラシ・ワンゲとともに暮らし、その強い意志と行動力の心酔者となった。またSは晩年のJと不仲だったが、右の言葉から明らかなように、肝起点主義についてはJから大きな影響を受けている。

だが、ここでのべたことはラシ・ワンゲの信奉者たちが語る特異な世界観ではない。そういえる理由を以下にのべることにしよう。

四　妖術者としての首長

地の神は「妖術者の到底及ばない」（élé polo di kura）「妖術者の首領」（polo pu'u, 根本の妖術者）あるいは本稿末尾でも言及するポロリア（polo ria, 大妖術者）とされる。これは、単にそのように語られることがあるというだけでなく、様々な機会に多くの人びとが話してくれた、つぎのような談話と整合する。

⑲通常の人間の霊魂（maé）は頭頂から体外に抜け出るが、妖術霊は眠っている妖術者の股間に開く穴から、赤い火の玉、ヘビ、サソリなどになって現れ、犠牲者を求めて辺りを徘徊する。同様に地の神は夜間、赤い火の玉になって地下から現れ、有力首長の住む首長国内の祭祀家屋の間を飛び回る。祭祀家屋には、代々の首長が蓄積し、父系的に相続されてきた金が保管されており、この金は「地の神の金」（ngawu tana watu）とよばれ、地の神が地上に現れた際の依り代となる。

⑳妖術霊は夜間、あたりを飛び回るとき、ガカ（gaka）とよばれる特有の鳴き声をあげる。地の神もあたりを飛び回るとき、同様の鳴き声をあげる。両者を聞き分けることは困難である。(18)

㉑人を殺めたとき、妖術者たちは祭宴を開き、遺体の肉を分配する。その際、地の神は肉の最上の部位（pusu lema, 心臓と舌＋顎から胸にかけての肉）を受け取る。(19) これは、各種の祭宴でもっとも敬意の払われる者が屠られた動物の同じ部位を受け取るのと同様である。

㉒祭祀家屋の建築・大改修や首長の就任儀礼に際しては、豚や水牛が数多く供犠される。それでも足りないと、地の神は自分で人間を供犠する。そのため、祭祀家屋の建築・大改修や首長の就任儀礼の際には領民のあいだに死者が出る。

㉓地の神に供犠をおこない、供物をそなえるときには、供犠動物の肝臓をそなえてはならない。地の神が「欲する肝臓」（até nara）になり、供犠に関わった人間の命が危うくなる。

また地の神は生命の流れの最上流に位置し、「人間を養い育てる」（tana paga saga watu mo tondo）存在とされる。つぎのような表現や談話は、地の神のこうした側面が大地の母のようなイメージをもつことを示唆している。

㉔主に葬儀の文脈で、人が死ぬことは「母の腹にもどる」（walo leka tuka iné kai）、埋葬される地下は「地の神の腹」（tuka tana）と表現される。

㉕多くの人が死んだ年は豊作になる。

㉖播種において、作物の種が埋められる（まかれる）地下は「地の神の腹」とよばれる。

地の神は人間を養い育てる一方で、命を奪う存在でもある。首長は、この双面的な神と一心同体的に関わり合う。

㉗首長が領地を巡幸するときには、地の神が同行するので、いく先々では地の神の来臨を示すガカが聞こえ、首長の巡幸先には豊作がもたらされる。

㉘前出の「地の神の金」、とりわけ固有名をもつ有名な金は、それ自体が地の神であるように語られる。たとえば、地の神がガカを発しながら、あたりを飛び回ることを、「ボボ・アボ・ニピ・ランゴ〔という名の地の神の金[20]〕が祭祀家屋から出てきた」（Bobo Abo Nipi Ranggo wa'u.）のように表現することがある。

㉙就任儀礼の際、首長は、ボボ・アボ・ニピ・ランゴのような固有名をもつ地の神の金を身に着けて、地の神と一体化した存在として領民の前に姿を現す。

㉚首長が地の神と一体化することは、首長の身体に「地の神が入る」（tana watu meli）と表現される。前出のSは、この言葉を説明する際、拳を下から突き上げ、地の神が妖術霊のように股間から首長の身体に入るようなジェスチャーをしていた。

㉛地の神が入ることで、首長の発言は「地の神の〔発する〕言葉」（wiwi tana watu）となる。

㉜一九三〇年代、病気が流行っていると、夜、ラシ・ワンゲの父である長大首長のワンゲ・ムベテは村の円形広場に立ち、そこから、ひとりひとり妖術者の名前を呼んで、今夜は外に出るなと命じていた。

これらの談話等は、妖術者でもある地の神と一体化しても、首長は因果秩序の破壊者にはならないことを示唆している。この点について、筆者はつぎのような説明を異なる話者から何度も聞いたことがある。

㉝妖術者には悪いのだけでなく、良いのもいる。

㉞妖術者には二つの種類がある。そのひとつはトカゲが舐めた皿を食事で使ったために妖術者になってしまった者（polo hémbé kesu）である。これがむやみに人を殺める。他方、地の神と「協業する」（kema sama）妖術者（polo no'o ténga leka ola sé'a wera no'o leké leka ola pepé）はそのようなことはしない。

㉟首長はいい妖術者である。妖術者として領民を殺すこともあるが、それは首長を代表者とする地縁的父系リネージの土地を売却するなど、重大な慣習法違反を犯した者に限られる。

二〇一七年八～九月にリセ首長国のW村では祭祀家屋の大改修がおこなわれた。その最中に亡くなったW村に住む女性は自身も、兄弟も、その娘も父系リネージの外婚規定に違反していた。二〇一八年九月にW村を訪問すると、この女性の死は地の神が自分でおこなった供犠によるものだという話が聞かれた。

㉝～㉟で表明されているような妖術者二種類説に劣らず、それを否定する、つぎのような談話もよく聞かれる。

㊱ラシ・ワンゲの祖父のムベテ・ワンゲには七人の妻がいたが、その他にムベテ・ワンゲは〔前出の〕イネレケ（外来の妖術者）を妻にしていた。ムベテ・ワンゲが敵と戦うときには、イネレケが加勢したために(21)、負け戦になることはなかった。

㊲ラシ・ワンゲの父のワンゲ・ムベテには九人の妻がいた。カトリックに改宗する以前の有力首長には多くの妻がおり、そのなかには必ず妖術者がふくまれていたので、領民はそれが誰なのか臆測をめぐらせていた、とラシ・ワンゲの孫のひとりが語っていた。

㊳「地の神がガカした」（tana watu gaka）というべきところを「妖術者がガカした」（ata polo gaka）のように表現するなど、言語表現上、首長に同行する地の神はよく妖術者と混同される。

首長と同居する近親者が意図的と思えるほど頻繁に㊳のような混同を口にすることは院生時代の筆者を困惑させていたようであり、当時のフィールドノートを繰ると、その具体例が詳しく記されており、自分で書いたものでありながら興味深い。

首長と妖術者は空間的にも近接した関係にある。妖術者は殺めた人間の肉の最上の部位を祭祀家屋にもってきて、地の神の依り代である金の入った箱のあたりで、地の神にわたす。その場所は首長が寝ている場所と数メートルしか離れていない。これらのことを考えるなら、妖術者二種類説はそれを中心に事象を記述すべき標準理論のようなものではないことがわかる。そうであるなら、首長と妖術者の区別はどうなっているのだろうか。

五　首長への言祝ぎ

この疑問は概念記述に由来する。首長やその祖先を妖術者として語る㊱～㊳のような談話や表現を、それらが語られるコミュニケーションの文脈と関連づけることで、右の疑問は消失する。

㊱～㊳のような談話が口にされる機会は様々であり、それらをリスト化することはほとんど意味がない。その典型をひとつだけあげると、それは気の置けない友人の来訪とともに、村の住人たちがどこかの家に集まっておこなう小規模でインフォーマルな共食が終わった後の団欒である。会食者たちは誰からともなく、㊱～㊳のような談話をはじめ、それをめぐって同席者たちは大いに盛り上がる。

こうした団欒の機会は頻繁にある。そのため、それに加わる者たちは同じ話者から同じ話を一再ならず聞くことになる。しかし、すでに聞いたことがあるからといって、談話を止めるようにいったり、もう聞きたくないといって、その場を後にすることはない。首長やその祖先を妖術者とする談話は情報共有を目的とするものではないからである。人びとは同じ話を繰り返し聞くだけでなく、聞くたびごとに、その内容を肯定し、新しいコメントや情報でそれを補いあい、談話の内容を豊かにする。そうすることで、かれらは、祖先たちの偉大さや異能を言祝ぐとともに、その一環として現在の後継者である首長を讃えるのである。

首長が歴史伝承の達人である場合、首長が話しはじめると、食後の団欒はどうしても首長の独演会になってしまう。その場合も、言祝ぎの対象になるのは自分の祖先であり、自分を直接の対象にすることはない。

つぎにのべる㊴はロゴという祖先の墓の改修にともなう共食の後、ロゴを始祖とする父系リネージの長が語った歴史伝承である。㊵はリセ首長国の領地の一部をなす「ロガの土地」(Tana Roga) の獲得をめぐる伝承であり、ワンゲの子孫である長大首長のJが筆者ひとりに語ってくれたものだが、息子のSは、㊵に自分なりの脚色をくわえ、ウォダとワンゲを言祝ぐ得意の歴史伝承レパートリーに組み込んだ。㊶はラシ・ワンゲが書き残した「私の出自」と題する文書の一節であり、その全体がウォダとワンゲをはじめとする祖先たちの偉勲を讃える言祝ぎになっている。

㊴P村に住んでいたタニという男が、隣接する首長国の者が仕掛けてあった罠からジャコウネコを盗んで捕まり、〔供犠動物として屠られる最下等の〕奴隷として、エンデ市近くのロジャまで売られていった。翌朝にはタニが供犠されるという日の夜、タニの妻がこのことをタニの長兄のロゴに知らせた。ロゴは、心配するな、取り戻しにいってくるというやいなや、妖術霊のようにガカを発しながらロジャに飛んでいった。そして、落下しないように目を瞑らせたタニを背中に乗せ、夜が明ける前にP村に飛んでもどってきた。

㊵ラトゥレゴは現在のリセ首長国のM村から、下流のW村あたりまで広がる土地に住んでいた。ウォダとワンゲに反抗した結果、ラトゥレゴは追い払われて、現在のK村近くの丘の上に住むようになった。それでもなお、夜ごとウォダの妖術霊がガカを発しながら飛び回るので、ラトゥレゴは恐れをなしてパルエ(Palu'e)島(フローレス島北岸の沖合に浮かぶ小島)まで逃げていった。そこに住むラトゥレゴの子孫は、ウォダとワンゲの子孫が来たら、殺して血と肉の和え物(ngeta ra)を作って食べるための塩を現在にいたるまで保管している。

㊶〔ウォダは妖術者としての異能を発揮し、領地を拡大しつづけた。〕夜、ウォダが眠ると、尻から赤く光るもの〔妖術霊〕が出てきて、〔高床式家屋の〕床下に滑り降りていった。ウォダが怒ると、子どもたちは病気になって死んだ。病人はウォダの顔を見ただけで気分が悪くなり、ウォダを恐れた。しかし、強い発言力をもち、裕福だった弟のワンゲは兄を怖がらなかった。多くの者がウォダを殺そうとしたが、ワンゲは兄を殺すなら俺を殺してからにしろ、といって許さなかった。

こうした言祝ぎの談話の事例をここで追加する必要はないだろう。⑲～㊳は、㉓～㉖及び㉝～㉟をのぞき、言祝ぎを書き留めたものであるか、そのいくつかを編集によって合成したものだからである。

言祝ぎは、競合する首長や敵対する首長を説得したり、翻意させるためにおこなわれることはない。そもそも、ライバルや敵対者が言祝ぎに参加することはない。また、オランダ植民地時代においても、インドネシア独立後も、地方エリートの間でカトリックは自らを正当化する正義の論理として使われてきたので、支持者の範囲を超えた人びとをむやみに言祝ぎに巻き込もうとする者は、カトリックの敬虔な信者であることを標榜するライバルや敵対者に自分を未開の邪教徒（ata kafir）として指弾する強い理由を与えてしまうことになる。

言祝ぎがおこなわれる機会の典型として村内でおこなわれるインフォーマルで小規模な共食後の団欒に言及したが、そのことで言祝ぎをおこなう者が地縁的父系リネージのメンバーに限られることを示唆しているわけではない。⑬に登場するラシ・ワンゲの政敵Xがごく近しい父系関係者だったことが示すように、どこの父系リネージにも必ずといっていいほど内紛と分裂（の芽）がある。その一方で、縁組を適切におこない、首長国内外に友人を作る努力をすることで、首長は父系リネージの外に支持者を増やすことができる。言祝ぎには、こうした支持者たちも参加するのであり、むしろそれが普通である。したがって、言祝ぎに参加する者のそのときどきの構成は、村や地縁的父系リネージをはみ出しており、部分的には首長国の境界も超えている。

言祝ぎは、首長とその祖先なら、誰に対してもおこなわれるわけではない。有力な首長は、より鮮明な言葉で、より頻繁に言祝がれる強い傾向がある。ここでいう有力首長とは発言力、領地の広さ、動員できる支持者の数、調達できる財の規模などにおいて他に優位する首長であり、具体的にはウォダとワンゲ及びかれらの父系子孫である長大首長や根幹首長のことをいっているのだが、これはランクによるものではない。二〇世紀初頭、オランダ植民地政府が中部フローレスを軍事的に平定し、首長の権勢を固定するまでは、戦争や政略によって権勢を拡大したり、逆に縮小させてしまったりすることが頻繁に起こっていたからである。

権勢をふるうことと妖術者であることはどのように関係しているのであろうか。そのひとつは表敬行動である。強い緊張をともなう最大級の表敬行動はリオ語でも、インドネシア語でも、「恐れる」(ta'u, takut)[22]と表現される。権勢の拡大とともに、表敬行動の度合いが強まり、妖術者のように恐れられるようになる事態は容易に想像できる。だが、それだけではない。

いうまでもなく、言祝ぎは首長を妖術者として告発するためにおこなわれるわけではない。だが、妖術者として語られることで、有力首長とその祖先は肝起点主義者の最強バージョンとして定立される。すなわち、有力首長とその祖先は、たとえ因果秩序を否定、破壊することになっても、肝臓に現れる願望にしたがっておこない・ふるまう者として、支持者たちから言祝がれるのである。

すでにのべたように、リセ首長国は土地なしで無一物のウォダとワンゲという兄弟(とその子孫たち)が二〇あまりの首長国を知恵(狡知)と勇気(暴力)によって併合することで成立したとされる。先住者は首長国に豊穣をもたらす因果秩序の最上流部に位置する存在だが、ウォダとワンゲとかれらの子孫たちは、併合に際して先住者たちの地位を抹消したり、先住者を首長国外に追放した。また、紙幅の関係でここでは詳述できないが、こうした先住者のなかにはウォダとワンゲと因果秩序のなかで近しい関係にある者もいたことが口承史ではのべられる。こうした因果秩序の否定や破壊にもかかわらず、ウォダとワンゲは、リセ首長国の広い範囲で頻繁に言祝ぎの対象にされる。

だが、言祝がれることは大きな危険性をはらんでもいる。支持者たちが造反すると、言祝ぎはそのまま妖術告発の言葉になるからである。すでに何度かのべたことがあるので［杉島 二〇〇二、二〇一四］、ここではふれるにとどめるが、ラシ・ワンゲをはじめ有力首長が妖術告発によって失脚した事例や歴史伝承はいくつもある。妖術告発と言祝ぎの境界は薄いというよりはむしろ無く、両者はコミュニケーションの文脈によってのみ区別されるといった方がいいかもしれない。また、ここでいう支持者たちの造反は、本論集所収の高田論文でのべられている「いずれの『規則－信念』体系にも還元されない参与者たちのプラグマティックかつ創造的な営み」の一例といえるだろう。

おわりに

筆者は、本稿で用いたのと部分的に重複する資料を用いて因果秩序と実力主義が同時並行して作用する中部フローレスにおける複ゲーム状況について論じたことがある。実力主義とは、肝起点主義を基盤とし、肝起点主義的なおこない・ふるまい――知恵（狡知）と勇気（暴力）――によって領地や財物を獲得した者が同朋／同胞のなかでの首位に立つべきとする規則－信念のことをいう。本書所収の論文で津村は、開放系の複ゲーム状況を詳細に描き出している。それと比較すると筆者の中部フローレスにおける複ゲーム状況の研究は閉鎖系の印象を与える。どうしてそうなっているのかをきちんとのべるには、抵抗・反乱・革命勢力が自己正当化のためにおそらくは遠い過去から使ってきた一群の文学表現やイディオムを東南アジア大陸部をふくめて広範に比較する必要がある。これは未踏の研究テーマであり、今後の課題としたい。

中部フローレスにおける複ゲーム状況について筆者がこれまでに書いた論文を読み返してみると、それがリセ首長国の構成に関わる、重要でセンシティヴな事象であることは論じられているが、因果秩序と実力主義が並存、対立する具体的なありさまについての記述は不十分だった。本稿では、肝臓表現と妖術者を論述の軸にすえることで、因果秩序が横溢する日々の暮らしでは、肝起点主義の表明が稀であり、肝起点主義者の最強バージョンである妖術者が因果秩序の否定者として排除されることや、それとは反対に言祝ぎの文脈では首長やその祖先が妖術者として讃えられること等について、多くの調査資料を盛り込むことができた。そこから明らかにできたと考えるのは妖術者のコミュニケーション的な様相の変化である。

哲学にはこれと類似する問題設定がいくつもあるだろう。それと関連づけることで、本稿における議論の展開をもっと豊かにできたかもしれない。しかし、本稿を準備する過程で、野家［一九九六、二〇〇七］の物語論に類似する問題設定があり、それが新たな問題設定として論じられているのを確認したところで、文献の探索を止めてしまった(23)。本書所収の片岡論文は、この野家の物語論を援用しながら、存在論を心的状態から切り離し、コミュニケーションの位相で理解する方途を探っている。そこには本稿と共通する議論もあるが、本稿の主要な目的は手もちの調査資料をできるだけ網羅的に使って民族誌的記述をおこなうことにあった。

冒頭における問題設定にもどると、コミュニケーション的様相変化への着目は概念記述に対してつぎのような批判的意義をもつ。すなわち、それは、安定した意味を内包しているように概念を扱い、この意味にもとづいて概念を結び合わせることができるという想定に大きな問題のあることを露わにするからである。また、同じ理由から、概念記述への依存度が大きい民族誌ほど、調査者が見聞きできたはずの事象が除外されているか、等閑視されているという推測も成り立つ[24]。概念記述をおこなうことに問題がないように見える事象もあるが、それは因果秩序のように、規則－信念間の相互関係が高い密度のコミュニケーションを通して固定化されていることによる。だが、そうした結合関係においてさえ、因果秩序から「非対称的で規定的」（prescriptive asymmetric）なリオ語の親族分類[25]が抜け落ち、それとは全く性格の異なるインドネシア語のそれに置き換わりつつあることをはじめ、様々な変化が進行している。

ヴィヴェイロス・デ・カストロはパースペクティヴ主義がシャーマンの語りであることや、シャーマニズムと一体のものであることに何度かふれている［ヴィヴェイロス・デ・カストロ 二〇一五：四六―五二、二〇一六］。しかし、全般的にはパースペクティヴ主義を調査地の文化のように語り、それが現在どのようなコミュニケーション的文脈のなかに置かれている事象なのかについては全くといえるほど何ものべていない［Viveiros de Castro 2015］。ここから推測をめぐらすと、ヴィヴェイロス・デ・カストロの率いる研究プロジェクトが南アメリカ先住民のパースペクティヴ主義に関する民族誌を金太郎飴的に大量生産しているというラモスの批判は納得できる［Ramos 2012］。だが、筆者は、ラモスとは異なり、南アメリカ先住民の経験してきた政治経済状況を扱っていない点でパースペクティヴ主義の研究を問題視しているのではない。概念記述は研究対象のいかんに関わりなく存続する。問題なのは、コミュニケーション的文脈に配慮することなく、パースペクティヴ主義やその他の事象を概念記述によってそれ自体として研究できるという前提である。概念記述は、簡便だが粗雑な短縮記述の技法として、その危険性を承知で使うことは許されても、人類学の主要な研究方法ではありえない。同様の批判は、ライプニッツ等の哲学思想のとらえかたについてもいえる［cf. 酒井 二〇一三：六、ライプニッツ 二〇〇五］。コミュニケーション的文脈と無関係な、それ自体として存在する哲学思想は概念記述の産物にすぎない。

本稿では、リセ首長国を「功績ある者の土地」として特徴づけておきながら、それと対比される「降りてきた者の土地」、すなわち先住者のいる首長国との比較をおこなう前に紙幅が尽きてしまった。中部フローレスの最高峰、レペムブス山の北側には、先住者、すなわち天地が分離する以前の世界を、その山頂で生きていた兄弟姉妹の子孫が、天地の分離後に山から「降りて」住み着き、現在でも人口の大半をしめる多くの首長国がある（図1参照）。これらの首長国における有力首長も妖術者――正確にはポロリア（polo ria, 前出）――と関連づけて言祝がれる点で、リセ首長国の有力首長と似ている。しかし、この妖術者は肝起点主義的ではない。そこには肝起点主義的な妖術者もいるが、両者は名称的にもはっきりと区別されており、肝起点主義的な妖術者の九割以上は土地をもたない無一物の貧者であるという。また「欲する肝臓」は犯罪的な含意のない願望を伝える、ごく穏当な表現として生活の端々でよく使われている。これらの調査資料を用いたリセ首長国との比較研究については機会をあらためてのべる。

付記

本稿で用いた資料は、日本学術振興会科学研究費補助金（18K01190, 21251012, 16252004, 13371009）と日本学術振興会課題設定による先導的人文学・社会科学研究推進事業領域開拓プログラム「地域社会の災害レジリエンス強化に向けて――ＳＮＳとクラウドＧＩＳを用いた共時空間型地域研究」（研究代表者：古澤拓郎）を得ておこなった調査で収集されたものをふくむ。

本稿でエンデ県知事選候補者として言及したマルセル・プトゥ（Petu の字義は「熱い、暑い、激しく、異常に」）は、その後選挙に勝って、二〇一九年四月にエンデ県知事に就任したが、六月に心臓発作で急死した。フェイスブック上で弔慰が飛び交うなか、その死についてインドネシア語で「神の美しい計画」（“Perencanaan Tuhan yang indah”）と書いている記事が投稿され、思わず笑ってしまった。スクリーンショットを撮ろうとしているうちに消えてしまった。

本稿を書きあげてまもなく、リセ首長国のＭ村出身で、リオ語方言のネイティブスピーカーを自称する者がフェイスブックに肝臓表現を列挙した記事を投稿した。そこには表1にない肝臓表現がいくつかふくまれていた。

（1）『J－バイブル２００８』（日本コンピュータ聖書研究会製作、ライフ・クリエイション／いのちのことば社発売）所収の『口語訳聖書』を用いた。

（2）一九八四年版は筆者が親しんでいるリセ方言に近いリオ語で書かれている［*Injil dalam Bahasa Lio* 1984］。他方、二〇〇二版には多くの知らない語彙がふくまれている［*Injil Sara Lio* 2002］。それらは明らかにリセ地域外の方言域に由来する。

（3）ナラは、姉妹（ウェタ weta）と対比される兄弟の意味でも使われる。これは同音異義語と思われる。このようにのべる理由のひとつは、ナラ（兄弟）の血縁語が広く東南アジア島嶼部のオーストロネシア諸語から記録されていることにある。ナラとウェタの再建形はそれぞれ*ñaRa と*betaw である［Blust and Trussel 2010–］。もうひとつの理由は、リオ語と隣接し、多くの語彙を共有するエンデ語をのぞき、フローレス島の他の言語（マンガライ、ンガダ、シッカ、ラマホロット）では「兄弟」と「願望」がひとつの単語で表現されないことにある［Aoki and Nakagawa 1993: 16, 22, 57, 82; Verheijen 1967: 371; Arndt 1961: 347; Pareira and Lewis 1998: 145; Pampus 1999: 260–261］。

（4）これまでの調査でトゥカ・ルブという名の悪霊について聞いたことはない。

（5）フローレスで話されるエンデ語、ナゲ語、ンガダ語では妖術や妖術者を意味する単語がリオ語の場合と同じ語源である。しかしシッカ語やラマホロット語では大きく異なる［Arndt 1961: 428; Bader 1968: 9; Forth 1993: 100; Nakagawa 1986: 480; Pampus 1999: 244; Pareira and Lewis 1998: 202］。他方、フローレス最西部のマンガライ語が話される地域では妖術という現象も、それを表現する言葉もないという［Verheijen 1951: 16; Verheijen 1967］。

既存の民族誌を使って、フローレス内の妖術を比較し、一定の成果をえることは、たぶん不可能である。妖術に関するまとまった記述をふくむアルント神父の古典的民族誌はシッカ語やンガダ語を話す人々（民族言語集団）の妖術を一般化してのべているが、実際には内部的相違が大きく、民族言語集団の妖術について一般的に語ることはできないからである。ただし、ナゲ語が話される地域では首長層より、奴隷層に妖術者が多い［Forth 1993: 111–112］、シッカ語が話される地域では高齢者が家族に病気をもたらす妖術者といわれる［Arndt 1932: 296］等々の記述は、リオ語が話される地域における妖術を理解するためのデータとして役立つ。

（6）シッカ語のウエン（uéng/u'eng, 妖術者）はスアンギの血縁語だとアルント神父はのべている［Arndt 1932: 294］。

（7）スワンギの語源をジャワ語の「夜」（wengi）に求める者もいるが［Bader 1968: 9］、信頼できない［cf. Horne 1974: 705, 715］。

（8）リオ自治領の首府はリセ首長国外のウォロワル（Wolowaru）にあった（図1参照）。バーデル神父（一九七〇年没）は、ラシ・ワンゲがウォロワルには四〇人の妖術者がいると語っていたと報告している［Bader 1968: 11］。残念ながら、ラシ・ワンゲから情報をえた年代は書かれていない。一九一七年のウォロワルには七一戸の家があり、一九四人が住んでいた［van Suchtelen

1921: 490–491]。これだと人口の五分の一が妖術者だということになり、その数が多すぎる。バーデルがラシ・ワンゲから情報をえたのは、ウォロワルの人口が大きく増加した一九三〇年代に入ってからのことだったと思われる。

（9）妖術が父系的に継承されるらしいことが報告される一方で［Bader 1968: 10］、母系的継承も古くから報告されてきたが［Pénard 1929: 467］、多くの先行研究は調査地域が不明確である。

（10）フローレス島の妖術をめぐる民族誌的記述では、妖術者が他の神霊とどのような関係にあるかについての記述がとぼしい［cf. Arndt 1933a; Bader 1968: 20–23; Vatter 1932: 89–90］。

（11）日常的な会話表現では、レロよりもタウ（tau, おこなう）という動詞がよく使われる。

（12）妖術者は病気や死をもたらすだけでなく、作物や家畜にも損害を与える［Bader 1968; Nakagawa 1986; Forth 1993］。

（13）サトウヤシの葉脈で小さな弓と矢を作り、異性の陰毛（ura bua）を綯って作った弦を弓にはったもので人を射る呪術。これを使う者の一〇人中九人は男性であるため、異性の陰毛は女性のものである場合が多いことになる。そのなかで入手困難な未婚女性（ho'o fai）の陰毛を綯った弦が最高とされる。

（14）Bader［1968: 21–24］には一九五〇年代に起こった妖術者の殺害に関する具体的な記述がふくまれている。しかし、その後におこなわれた調査にもとづく論文では妖術者殺害の記述に具体性がなくなる［Forth 1993; Nakagawa 1986; 杉島 一九八六］。

（15）白目の部分が赤い、通常の人間は昼間働くのに対し、妖術者は夜活動する、水浴せず不潔である、通常の人間の霊魂（maé）は頭頂のひよめきから出入りするのに対し、妖術者の霊魂は股間から出入りする［cf. Bader 1968: 11; Nakagawa 1986: 482–485］。リセ首長国とその周辺地域では動物に用事をいいつけたり、衣類を与えることはタブーだが、ナゲ語が話される地域ではヘビに話しかけた者が妖術者になったという起源神話がある［Forth 1993: 101］。

（16）リセ首長国では、妖術者が近親相姦を犯すという話はほとんど全く聞かれない。

（17）「願望」（ola nara）は後続する単語とともに抽象名詞を作る言葉（ola）＋ナラからなる熟語。

（18）これまでに数回ガカを聞いたことがあるが、それは夜行性の鳥の鳴き声のようである。

（19）シッカ語地域で調査したアルントは、人肉の分配儀礼ではなく、人体の様々な部位を販売するために妖術者が集まる市場があるとされることを報告している［Arndt 1932: 60; cf. Nakagawa 1986］。

（20）この名前を構成するニピ（夢）以外の三つの単語、ボボ、アボ、ランゴの意味は知られていない。使われなくなった古い言葉ではないかとのことだった。

（21）イネレケを妻にしていたという伝承は、リセ首長国のもうひとりの有力首長についても聞いたことがある。

（22）この血縁語であるタガログ語の「恐れる」（takot）も表敬行動と密接な関係にあることを細田尚美氏から知った。これも広範な比較研究の入り口のひとつといえる。

（23）分析哲学だけでなく［本書の序論参照］、ハイデガーの『存在と時間』［二〇一三］やそこから派生した研究を視野にいれて、参照すべき問題設定があるかどうかをもう少し探ってみたいと考えている。

（24）このこととの関連で思い出すのは、シュナイダーやシュナイダーの影響下のもとに書かれた民族誌がコンパクトであり、内容がきわめて明快だということである［e.g. Clay 1977; Hecht 1977; Labby 1976; Schneider 1968; Wagner 1967］。

（25）この親族分類は、理想的な結婚相手である母方交叉イトコとの結婚があたかも恒常的におこなわれているように親族関係者を分類する［杉島 一九九三］。

参照文献

青木恵理子　二〇〇五『生を織りなすポエティクス――インドネシア・フローレス島における詩的語りの人類学』世界思想社。

Aoki, Eriko and Satoshi Nakagawa, 1993, *Endenese-English Dictionary*, Privately printed.

Arndt, Paul, 1932, *Mythologie, Religion und Magie im Sikagebiet* (*östl. Mittelflores*), Arnoldus-Druckerei.

———— 1933a, *Gesellschaftliche Verhältnisse im Sikagebiet* (*östl. Mittelflores*), Arnoldus-Druckerei.

———— 1933b, *Li'onesisch-deutsches Wörterbuch*, Arnoldus-Druckerei.

———— 1956, "Krankheit und Krankheitsursachen bei den Ngadha (Mittel-Flores)", *Anthropos* 51(3/4): 417–446.

———— 1961, *Wörterbuch der Ngadhasprache*, Anthropos-Institut.

東　賢太朗　二〇一一『リアリティと他者性の人類学――現代フィリピン地方都市における呪術のフィールドから』三元社。

Bader, Hermann, 1968, "Hexenglaube auf Flores (Indonesien)", in *Anthropica: Gedenkschrift zum 100. Geburtstag von P. Wilhelm Schmidt*, Studia Instituti Anthropos 21, pp. 9–24, Anthropos-Institut.

Blust, Robert and Stephen Trussel, 2010–, *The Austronesian Comparative Dictionary*, web edition, http://www.trussel2.com/acd/ (accesed on 2018/08/04).

Clay, Brenda Johnson, 1977, *Pinikindu: Maternal Nurture, Paternal Substance*, University of Chicago Press.

ドゥルーズ、ジル　一九九八『襞――ライプニッツとバロック』宇野邦一訳、河出書房新社。

Feinberg, Richard and Martin Ottenheimer (eds.), 2001, *The Cultural Analysis of Kinship: The Legacy of David M. Schneider*, University of Illinoi Press.

Forth, Gregory, 1993, "Social and Symbolic Aspects of the Witch among the Nage of Eastern Indonesia", in C. W. Watson and Roy Ellen (eds.), *Understanding Witchcraft and Sorcery in Southeast Asia*, pp. 99–122 , University of Hawaii Press.

ギアーツ、C　一九八七『文化の解釈学(I)』吉田禎吾ほか訳、岩波書店。

ハイデガー、マルティン　二〇一三『存在と時間』高田珠樹訳、作品社。

Hecht Julia, 1977, “The Culture of Gender in Pukapuka: Male, Female and the *Mayakitanga* ‘Sacred Maid’”, *Journal of the Polynesian Society* 86(2): 183–206.

Horne, Clark, 1974, *Javanese-English Dictionary*, Yale University Press.

Injil dalam Bahasa Lio, 1984, Percetakan Offset Arnoldus.

Injil Sara Lio, 2002, Percetakan Offset Arnoldus.

Kantor Statistik Kabupaten Ende, 1984, *Ende dalam Angka 1983*, Kantor Statistik Kabupaten Edne.

Kantor Statistik Kabupaten Sikka, 1985, *Sikka dalamn Angka 1983*, Kantor Statistik Kabupaten Sikka.

Labby, David, 1976, *The Demystification of Yap: Dialectics of Culture on a Micronesian Island*, University of Chicago Press.

ライプニッツ、G・W　二〇〇五『モナドロジー・形而上学叙説』(中公クラシックスW四一)清水富雄ほか訳、中央公論新社。

Lewis, E. Douglas, 2010, *The Stranger-kings of Sikka*, Verhandelingen van het Koninklijk Instituut voor Taal-, Land- en Volkenkunde 257, KITLV Press.

Nadeau, Kathleen, 2011, “Aswang and Other Kinds of Witches: A Comparative Analysis”, *Philippine Quarterly of Culture & Society* 39 (3/4): 250–266.

Nakagawa, Satoshi, 1986, “Mother’s Brother Upside Down: An Analysis of Idioms of Witchcraft among the Endenese (Flores)”, *Southeast Asian Studies* 23(4): 479–489.

野家啓一　一九九六『物語の哲学——柳田國男と歴史の発見』岩波書店。

————　二〇〇七『歴史を哲学する』岩波書店。

Pampus, Karl-Heinz, 1999, *Koda Kiwã: Dreisprachiges Wörterbuch des Lamaholot (Dialekt von Lewolema)*, Aufgezeichnet 1994–98 im Dorf Belogili-Balukhering, Ostflores, Provinz Nusa Tenggara Timur, *Indonesien: Lamaholot-Indonesisch-Deutsch, mit Beispieltexten und deutscher Wörterliste*, Deutsche Morgenländische Gesellschaft, Franz Steiner Verlag.

Pareira, M. Mandalangi and E. Douglas Lewis, 1998, *Kamus Sara Sikka-Bahasa Indonesia*, Nusa Indah.

Pénard, W. A., 1929, “Seelenfangende Hexen auf Flores”, *Der Erdball* 3: 466–469.

Ramos, Alcida Rita, 2012 , “The Politics of Perspectivism”, *Annual Review of Anthropology* 41: 481–94.

Ramos, Maximo, D., 1990, *The Aswang Complex in Philippine Folklore*, Phoenix Publishing House.

Rasi Wangge, Pius, 1946, Ola Muri Aku（Pius Rasi Wange）Ex-Raja Lio, sai Lo'o du Deki 1 Januari 1946 leka Bui Kupang Baku Nase, Unpublished manuscript.

ローティ、リチャード　一九九三『哲学と自然の鏡』野家啓一ほか訳、産業図書。

酒井　潔　二〇一三『ライプニッツのモナド論とその射程』知泉書館。

Schneider, David M., 1968, *American Kinship: A Cultural Account*, Prentice-Hall.

——— 1984, *A Critique of the Study of Kinship*, University of Michigan Press.

Stevens, Alan M. and A. Ed. Schmidgall-Tellings, 2010, *A Comprehensive Indonesian-English Dictionary*, second edition, Ohio University Press.

Suchtelen, B. C. C. M, M. van, 1921, *Endeh*（*Flores*）, Mededeelingen van het Bureau voor de Bestuurszaken der Buitengewesten, bewerkt door het Encyclopaedisch Bureau Afl. 26, Papyrus.

杉島敬志　一九八六「土地神の儘ならぬ配下――フローレス島・リオ族・リセ地域における妖術者をめぐる民俗的知識」『社会人類学年報』一二：一五五―一六八。

———　一九九三「二種類の植物隠喩――リオ族における二重出自と非対称縁組」『国立民族学博物館研究報告』一八（二）：一八三―二一九。

———　二〇〇二「リオ語の『ドゥア』は『所有者』か？――『因果的支配』の概念について」『アジア・アフリカ地域研究』二：二五一―二八〇。

———　二〇一四「東インドネシアにおける狡知と暴力を理解するための複ゲーム状況論」杉島敬志編『複ゲーム状況の人類学』三三一―三六四頁、風響社。

———　二〇一五「トールキンとジェルの指輪物語」『民博通信』一四八：一六―一七。

———　二〇一六「ビールを飲むジャガーの人類学的生息地」『民博通信』一五五：一八―一九。

———　二〇一七「インドネシア・中部フローレスにおける未婚の女性首長をめぐる比較研究――オーストロネシア研究の視点から」『アジア・アフリカ地域研究』一六（二）：一二七―一六一。

Tim Penyusun Kamus, Pusat Pembinaan dan Pengembangan Bahasa, 1988, *Kamus Besar Bahasa Indonesia*, Balai Pustaka.

Vatter, Ernst, 1932, *Ata Kiwan: Unbekannte Bergvölker im tropischem Holland*, Bibliographisches Institut.

Verheijen, J. A. J., 1951, *Het Hoogste Wezen bij de Manggaraiers*, Studia Instituti Anthropos 4, Drukkerij van het Missiehuis St. Gabriël.

――― 1967, *Kamus Manggarai I: Manggarai-Indonesia*, Martinus Nijhoff.

Viveiros de Castro, Eduardo, 2004, "Perspectival Anthropology and the Method of Controlled Equivocation", *Tipití: Journal of the Society for the Anthropology of Lowland South America* 2(1): 3–22.

――― 2009, *Métaphysiques cannibales: Lignes d'anthropologie post-structurale*, PUF.

――― 2015, *The Relative Native: Essays on Indigenous Conceptual Worlds*, Hau Books.

ヴィヴェイロス・デ・カストロ、エドゥアルド　二〇一五『食人の形而上学――ポスト構造主義的人類学への道』檜垣立哉／山崎吾郎訳、洛北出版。

――― 二〇一六「アメリカ大陸先住民のパースペクティヴィズムと多自然主義」近藤宏訳『現代思想』四四（五）：四一―七九。

Wagner, Roy, 1967, *The Curse of Souw: Principles of Daribi Clan Definition and Alliance in New Guinea*, University of Chicago Press.

Wilkinson, R. J., 1932, *A Malay-English Dictionary* (*Romanized*), Part II (L-Z), Daitōa Syuppan.

表1　肝臓表現

肝臓に後置される修飾語	修飾語の意味	使用頻度	肝臓表現の意味	*Injil dalam Bahasa Lio*	*Injil Sara Lio*	『リオ語–独語辞典』
bani	勇敢な、怒った	×	【聖】勇敢な	0	2	0
béa	もう〜しない	△	【調】悔い改める（bertobat）。【聖】悔い改める。【辞】後悔する。	28	9	1
bela	一緒の、ともに	×	【調】同じ気持ち？　※「一つの肝臓」（se até）という表現の方がよく使われる。【聖】同じ思いである。【辞】おなじ考えである。同意する	0	0	2
bedé	嘆く、悲しむ	×	【聖】（悩み事で）悶々とする。	0	1	0
benu	いっぱいになった、充満している	○	【調】好まない仕事をやらせると、早く終わらせようとして、仕事で使う道具を壊してしまうなどする。そのような時、おまえは até benu になっているという。【辞】急ぐ。	0	0	1
béu	遠い	×	【聖】心が遠く離れている。	0	1	0
béwa	高い、長い	×	【調】高慢な（sombong）。【聖】高慢な。	0	2	2
bheri	良い	△	【調】心の良い（hati baik）。【聖】哀れむ。	0	2	0
bidi	振動する	○	【調】パニック状態になる（bimbang）、怖れる（takut）。【聖】思い煩う。【辞】恐ろしくて心臓がドキドキする、恐れる	0	13	2
boko	短い	×	【辞】気の短い、すぐに怒る。	0	0	3
bua	毛、毛の生えた	○	【調】腹が立つと、物を投げつけたり、服を破いたりするような人間に使う。サディスト。【辞】勇気ある、大胆な。	0	0	1
daki	近い	×	【聖】惹かれる（terpikat）。	0	2	0
déi	うれしい	○	【調】嬉しい、喜ぶ（senang, gembira）。【聖】喜ぶ、喜んで〜する。	66	41	7
deso	動かす、押してずらす	×	【聖】心を動かされる。	4	0	0
dhoa	あわれむ、同情する	○	【調】あわれむ（kasihan）。【聖】あわれむ。【辞】悲しい。嘆き悲しむ。	19	30	2
dubé	塞ぐ	×	【聖】驚く。	0	2	0
fené	憤慨する	△	【調】憤慨する（jengkel）。【聖】憤慨する、憎む。【辞】怒る、憎む。	4	11	1
fonga	好む、喜んで〜する	△	【聖】快く〜する。【辞】好く。	1	0	1
gémi（gemi？）go	親切な	×	【辞】親切な。	0	0	1
gemi	親切な	×	【調】親切な。【聖】友好的な？	1	0	0
gera	勇敢な、大胆な	×	【辞】勇敢な、大胆な。	0	0	1
geri	塩辛い	×	【辞】すぐ怒る、冗談のわからない。	0	0	1
guta	敵対的な	×	【辞】敵対的な	0	0	1
haro/hiro haro	※単独の意味はない？	○	【調】子どもが遠方に行く、男女関係を断とうとするときなど、眠れなくなるような状態（hati tidak tenang）。【聖】困る、悩む。【辞】混乱した。	1	15	9
heku/keku	軟らかい	△	【調】心の良い（hati baik）？【聖】やさしい、満ち足りた。【辞】友好的な、親切な。	9	5	1
jédho	？	×	【聖】心を打たれる。	2	1	0
jewa-joi	？	×	【聖】邪悪な。	0	1	0
kapa	草木が生い茂っている	△	【調】勇気がある（berani）　※nia kapa の方がよくつかわれる。【辞】物怖じしない、すれっからしの。	0	0	0
kédho	動かす？	×	【聖】動揺する。	2	0	0
la'é molo	まだ適切でない	△	【調】気持ちがスッキリしない。【聖】苦しい思い。	1	1	0
lama	速い	○	【調】あわてる（buru-buru）。	0	0	0
léra	あてどない？	×	【調】恐れる、心配する（takut, kuatir）。【聖】思い悩む。	0	7	1
lo'o	小さい	○	【調】妬む（iri hati）。【聖】妬む。【辞】妬み深い。	3	2	3
maku	硬い	×	【聖】頑固な。【辞】非情な、頑固な。	0	1	2

mapa	寛大な？	×	【調】誠実な（ikhlas）？ 【聖】寛大な。【辞】気持ち和やか。寛容な。	3	6	1
masa	清浄な	○	【調】心に穢れのない（bersih）。【聖】正直な、心の純粋な。	9	4	0
mata	死んでいる	○	【調】どんな状況にも動じない人間。家族を顧みず、海外出稼ぎをおこない、自分の命運を試す（orang tenang, hati tenang cari nasib）	0	0	0
mawé	？	×	【聖】寛容な。【辞】寛容な。	2	0	1
mbebha	心臓がドキドキする	△	【調】恐怖などで心臓がドキドキする（berdebar）。【聖】信仰がゆらぐ。【辞】不安で胸が高鳴る、混乱する。	1	0	1
mbegha	心臓がドキドキする	×	【聖】がっかりする。【辞】不安や恐怖で胸が高鳴る。	1	0	1
meno	確信する	×	【聖】安心する（kuatkan hati）。【辞】確信する。	2	4	2
meré	詰まる	△	【調】悲しい（sedih）。【聖】悲しい、怒る。【辞】ストレスを感じている状態。	4	5	1
mesu	落ちる	△	【調】気に入る、惚れる（jatuh hati）。おなじインフォーマントは別の機会に次のようにも説明。AがBに対して怒っている。だがBがやって来ると、怒りがおさまり、タバコを吸い、コーヒーを飲んでいると、怒りが消えてしまう。	0	0	0
mi	甘い	△	【調】善良な（orang baik）。※教会関係の書物や賛美歌を除き、善良な人間はいないので、ほとんど使われない。	0	0	0
mila	暗い	×	【聖】愚かな bodoh	0	1	
mo	疲れる	○	【調】空腹時に大量の唐辛子とともに飯を食べたら胃が痛くなった（waktu lapar, makan lombok terlalu banyak）。【辞】胸痛、腹痛	0	0	1
molo	適切な	△	【辞】好感をもつ。	0	1	1
mo'o	～したい	×	【調】～したがる。【辞】～したがる。	0	2	1
nai	上がる	○	【調】（言い争いをしているときなど）興奮してくる（timbul emosi）。吐き気をもよおす（muntah）。	0	0	0
nara	～したいと思う	○	【調】（たとえ犯罪になっても）～したい（berniat tidak baik）。【聖】欲する、～するつもりである。【辞】願望する。	33	35	6
ndéna	平らな、平定する	×	【聖】無事に（dengan selamat）。【辞】正直な、誠実な。	0	1	2
negi	強い	△	【聖】勇気をもて（kuatkanlah hati）※命令文で使われている。	2	1	0
neka	傷	△	【調】疑う（merasa curiga）、同じインフォーマントは別の機会に次のように説明。近しい親族関係にある男女が親密にしているのを見て、インセストなどおこらなければいいがという漠然とした疑念、不安が生じる状態。	0	0	0
nggedhu	心臓の鼓動が早まる	×	【聖】信仰が揺らぐ、怖がる、心配する（tergoncang imannya, takut、kuatir）。	6	5	0
ngga	涼しい	○	【調】惑乱する（bimbang）。【聖】恐れる、心配。【辞】恐れる。	28	20	2
nggewu	細かく砕く？	×	【聖】憤る（masygul）。【辞】恐れる、苦悩する。	1	1	1
nilu	酸っぱい	△	【調】何かを得ようとしたが、得られなかった（mau dapat barang, tetapi tidak dapat）。悔しい？	0	0	0
pawé	良い	△	【調】善良な（hati baik）。【聖】寛大な、尊敬されている、誠実な。【辞】善良な、優しい。	8	3	2
po'i	折れる	○	【調】失意から暴れまわるなどして、手のつけられない状態になる（cepat emosi）。	0	0	0
ré'é	悪い	○	【調】怒っている（marah）。【聖】怒っている、憎む。【辞】怒っている。	27	14	4
ria	大きい	○	【調】自分のことだけを考え、家族のことを気にかけない（tidak memikirkan keluarga, hanya memikirkan dirinya sendir）。【聖】傲慢な。【辞】横柄な、偉そうな。	1	0	1
ro	痛い	△	【調】傷ついた（sakit hati）。【聖】怒っている。【辞】怒っている。	2	5	2
sala	誤った	×	【聖】誤解？。【辞】不満な状態。	2	1	2
sama	同じ	△	【調】同じ考えである。【辞】同じ考えである。	0	0	2
setu	同じ場所にずっと住む	×	【調】安定した（stabil）、忠実な（setia）。【聖】耐え忍ぶ。【辞】心が落ち着かない。	0	1	1
sunu	憎む、恨む	×	【調】憎む（benci）。【聖】憎む、恨む（benci, dengki）	12	6	0
susa	つらい、困難な	○	【調】つらい、苦しい（hati susah）※思い煩う（piki susa）の方がよく使われる。【聖】喪に服する（berkabung）。【辞】嘆き悲しむ。	23	17	1

記号の説明：【調】筆者の調査資料、【聖】福音書、【辞】リオ語 - ドイツ語辞典（Arndt［1933b］）、（　）内はインドネシア語、数字は当該文献への出現回数。

第四章　「育つ岩」
――コミュニケーション／エージェンシーの限界をめぐる試論――

里見龍樹

はじめに――「人工島」と「育つ岩」

日本から五〇〇〇キロあまり離れた南西太平洋の海上に、マライタ島という島がある。ソロモン諸島を構成する島々の一つであるこの島の北東岸には、今日ラウ・ラグーンと呼ばれるサンゴ礁が、南北約三〇キロ、東西約一～四キロに渡って広がっている。この地域を訪れる人は誰しも、眼前に広がる広大なサンゴ礁にもまして、その中に点在する独特の島々に目を奪われるだろう。これらの島々は、サンゴ礁の浅い海の中に、この地域に住むアシ（海の民）またはラウと呼ばれる人々が[1]、岩石状のサンゴの砕片――主として化石化したもの――を無数に積み上げて築いたものである。二〇〇九年の時点で、ラウ・ラグーンの内部には、これまでの文献で「人工島」(artificial islands)として紹介されてきたそうした島が約九四個点在していた。そのうち約七九個には人々が居住しており、残りの島々は無人となっていた。島々の規模はさまざまであり、大きな島には数百人、小さな島には一家族数人のみが居住している。

これらの島々に住む人々は、わずか数百メートル離れたマライタ島本島の海岸部に自給用の耕地をもち、島と本島との間をカヌーで日常的に往復して生活している。また今日、一定数のアシの人々は人工島から本島海岸部に移住し、新たな集落を築いてそこに居住している（一部の島が無人になっているのは、こうした移住のためである）。それでも、これら元人工島居住者たちが総体として「アシ」と呼ばれ続けていることや、漁撈活動に大きく依存したこの人々の生活様式が、人工島居住者のそれと同様、「海での暮らし」（toolaa 'i asi）と呼ばれていることに変わりはない。筆者のこれまでの調査・研究は、人工島居住を中心とするアシの人々の「海での暮らし」が、これまでどのような変化を経てきて、現在どのような状態にあるのかを、民族誌的なフィールドワークを通じて明らかにしようとするものであった［里見 二〇一七］。

二〇一四年三月、すでに五度目となったマライタ島での調査の中で、筆者は、調査拠点である同島海岸部のT村に住む六〇代の男性（元人工島居住者）に話を聞いていた。この時筆者が尋ねていたのは、現在見られるような島々が具体的にどのように建設されてきたのか、たとえばどのようなサンゴを資材として用いるのか、ということについてだった。以下でも見るように、アシの人々は、サンゴおよびサンゴ化石を単純に「岩」（fou）あるいは「海の岩」（fou ni asi）と呼ぶ。この男性の説明によれば、たいていの場合人工島は、海底から掘り起こされ、打ち割られた「死んだ岩」（fou mae）を積み上げることで築かれる。しかし中には例外もあるという。T村の沖合に位置する一六の島々の一つであるe島を例に、男性は次のように語った。

e島は深み（matakwa）に面しているだろう。この部分では、深い水路（fakali）の中にある岩を打ち割ったり掘り起こしたりすることなく、生きた（mouri）ままにして、その上に島が築かれている。だから、この岩は今でも島の下で育ち（tae）続けているんだ。

人々が住まう人工島の下で、深い海の中、今もなお「育ち」、せり上がり続けている「岩」――本稿は、今日まで筆者の心をとらえてきたこの独特なイメージを一つの手がかりとしつつ、アシの人々における「岩」をめぐる思考と実践について考察し、さらには、それを通して見えてくる人類学理論の一つの現代的な方向性について探究するものである。

一 思弁的実在論と「原化石」

哲学者メイヤスーは、二〇〇〇年代後半以降、哲学・思想の分野で関心を集めてきた、思弁的実在論(speculative realism)と呼ばれる流れの主導者として知られる。彼は、主著『有限性の後で——偶然性の必然性についての試論』[メイヤスー 二〇一六]の中で、彼の言う「相関主義」(correlationisme)を乗り越えるための道具立てとして、「祖先以前性」(ancestralité)および「原化石」(acrhe-fossile)という概念を導入している。

相関主義とは、カントに代表される近代的な哲学の大前提をなす認識論的な立場を指しており、具体的には、「思考者から独立した事物へ直接に『アクセス』することは不可能であり……、哲学は、思考の何らかの条件と相関する限りでの世界のみを扱う、という考え」[千葉 二〇一三:一〇四、強調原文、省略は引用者による]を指している。これに対し、メイヤスーの目論見は、思考と認識の主体としての「われわれ」とはまったく無関係な世界、言い換えれば人間不在の「物自体」について哲学的に考える可能性を取り戻し、哲学を相関主義の閉域から解放することにある。そして、そのために導入されるのが、「祖先以前性」や「原化石」という概念なのである。

メイヤスーによれば、近代哲学を規定してきた相関主義は、今日、自然科学によって当然のように生み出され、通用している言明を字義通りに理解することができない。具体的には、思考・認識の主体がまったく存在していない世界、すなわち人間やその他の生命の発生以前の「祖先以前的」な世界についての言明がそれであり、そこにはたとえば「地球は四五億六千万年前に形成された」といった言明が含まれる［メイヤスー 二〇一六：二二―二四］。彼によれば、今日の自然科学が「祖先以前的言明」を当然のように生み出しているという事実は、相関主義の限界を、そして人間不在の「物自体」について思考する可能性を示すものに他ならない。また彼は、通常の意味での「化石」、すなわち過去の生命の痕跡を示す物証と区別して、「地球上の生命に先立つ、祖先以前の出来事ないし現実を示す物証」を「原化石」という造語によって言い表す［メイヤスー 二〇一六：二四―二五］。「原化石」の具体例としては、生命の発生以前の物質の存在を証拠立てる放射性同位体や、星の形成時期についての情報を与えてくれる光線などが挙げられる。

すでにたびたび指摘されているように、メイヤスーのこのような試みは、現代の人類学理論と一定の共鳴を示すものとなっている。たとえばコーンは、デュルケムやボアズに始まる二〇世紀の人類学が、われわれの認識する現実はあくまで社会的あるいは文化的に規定されており、人類学が対象とするのはそのように社会的・文化的に構成された現実のみであるという、すぐれて相関主義的な認識論に依拠していたことを指摘する［Kohn 2015: 314］。そしてその上で、二〇〇〇年代後半以降のいわゆる存在論的転回［里見二〇一九］を、メイヤスーの哲学とも並行的な、相関主義の乗り越えの試み、すなわち、社会的・文化的枠組みとの相関を超えた実在の探究として位置付けるのである。同じように、存在論的転回について総括的に論じた最近の著書において、ホルブラードとピーダーセンは、自分たちの民族誌的・方法論的関心とメイヤスーの形而上学的な関心の間に距離があることを認めつつ、両者に、存在論的な問いを排除することへの共通の懐疑を見出している［Holbraad and Pedersen 2017: 33］。これらの論者は、そのような問題意識に基づき、世界を構成する諸差異を、認識論的な相対性の領域に囲い込むことなく、より実在論的な仕方で考えることを目指してきた。

たしかに、メイヤスーの哲学が現代の人類学に対してもつ意義については議論の余地がある［e.g. Jensen 2013:

326–328; Povinelli 2016: 69–76]。まず、人間不在の、言い換えればあらゆるコミュニケーションの彼方にある「物自体」についての彼の議論が、本書所収の多くの論文が示すように、調査地における人と人とのコミュニケーションと不可分な民族誌という営みに、そのまま適用可能であるとは思われない。またそもそも、メイヤスーの議論はカント以降の認識論を転倒しようとする点で主客二元論の枠内にあり、そうした二元論自体を乗り越えようとする本書の関心からは距離がある。

それでもなお筆者には、彼の相関主義批判、すなわち思考・認識主体としての人間が不在の現実について思考しようとする姿勢は、先述のマライタ島での筆者自身の民族誌的体験と一面で——具体的には、後述する「概念的美学」の水準で——たしかに響き合うものと感じられる。とくに、上述のようにメイヤスーは、相関主義を批判する準拠点として「原化石」という独特の概念を提示していた。この概念を、マライタ島でアシの人々が人工島を建設するのに用いてきたサンゴの化石と、字義通りに比較してみると何が見えてくるだろうか? たしかに、メイヤスーは「化石」と「原化石」を峻別しているが、地質学的には数千年前に形成されたと推定されるこれらの化石は[cf. Dickinson 2009]、ある意味でアシの人々にとって、現在の自分たちの営みとはあくまで無関係な、自分たちの存在に決定的に先立つ「祖先以前的」なものとしてある。このことからしても、サンゴやその化石という人間を超えた他者とアシの人々との関わりには、メイヤスーが言うような「人間不在の現実」という契機がたしかにともなっているように思われるのである(3)。

事実、後述のように、アシの人々は「海の岩」を、自分たちの作為とは無関係に、深い海の中で、あるいは海底の地中で「育ち」続けるものとして認識している。そのような「岩」について民族誌的に考えることによって、われわれは、コーンが指摘するように二〇世紀の人類学を規定してきた相関主義的な認識論を脱却することができるのではないか。本稿の目論見は、一つにはそのような点にある(4)。

二　民族誌的問題設定

本稿の問題設定を明確にしておこう。最初のエピソードで見たように、アシにとって「海の岩」は、人工島の資材として用いられることで、この人々における独特の海上居住を可能にする重要な存在としてある。それでは、この「岩」を、アシにとっての「エージェント」とみなすことは妥当だろうか？　また、この事例を記述する上で、「コミュニケーション」の概念はどこまで有効だろうか？　とくに、先に引いた男性の語りにあったように、アシの認識においては、「岩」が「育つ」(tae) ということが重要な意義を帯びている――「岩」は、「育つ」ことによって、自らを人々に利用可能なものとするのだ。だとすれば、「岩」が「育ち」、それによって人々の海上居住を可能にすることを、「岩のエージェンシー」として記述することは可能だろうか？　あるいはむしろ、アシにとっての「岩」の存在は、一面でメイヤスーの相関主義批判や「原化石」概念とも共鳴しつつ、エージェンシーとコミュニケーションに関する人類学理論の限界を示し、そのような理論をわれわれが批判的にとらえ返すことを可能にする事例なのではないか？　本稿で考えてみたいのはこれらの問いであるが、これには民族誌的および理論的な背景がある。

まず民族誌的な背景について述べるならば、本稿における課題の一つは、筆者がマライタ島での調査の中で見出した、現在のアシにおける「海での暮らし」、すなわち人工島やマライタ島海岸部での居住・生活に対する両義的な意識について考察するということにある。

別のところ［里見 二〇一七：第一章］で詳述しているように、筆者は調査の初期以来、アシの人々において、人工島や海岸部での現在の居住・生活がもはや継続困難であるという不安の意識が顕著であることに気付いていた。そのような意識の背景には、二〇世紀の後半以来、マライタ島海岸部で人口が著しく増加し、近い将来における自給用の耕地の不足が懸念されていること、[5] また二〇〇〇年前後のソロモン諸島で起こった国内紛争を受け、土地権をめぐる争いへの不安が高まっていることなどの事情がある。実際、筆者の調査地――先述のT村とその沖合の人工島群――の人々は、マライタ島の内陸部から海上に至る祖先の移住についての伝承を手がかりに、近い将来、内陸部にあるという祖先たちのかつての居住地に「帰る」('oli) 構想を口々に語る。そのような構想においては、海岸部や人工島における「海での暮らし」の継続可能性が疑問視されるとともに、それと密接に結び付いた「海の民」としての集団的アイデンティティさえもが相対化されているように見える。このような認識に基づき、筆者は、今日のアシが「海での暮らし」を疑問視せざるをえなくなっている状況を、この人々の歴史や生業活動など多様な側面から考察してきた［里見 二〇一七］。

ところが、調査を進める過程で、筆者はまた別の奇妙な事実に気が付いた。すなわちアシの人々は他面において、人工島居住の継続可能性について、しばしばごく楽観的な認識を語るのであり、そうした語りは具体的には、人工島の建設資材に他ならない「岩」の継続的な成長と利用可能性についての語りというかたちをとる。すなわち、海岸部における土地不足などのために「われわれはもう海に住み続けることはできない」という意識の反面で、アシの人々の多くは、「海の岩は今でも育ちつつあり、将来、島の建設資材として使うことができる」という端的に肯定的な、信頼に満ちた意識をもっているのである。

一例として、二〇一四年三月の筆者との会話の中で、本島海岸部のT村に住む六〇代の女性(元人工島居住者)は、「昔は［人工］島の周りの浅瀬 (mai) に岩がたくさんあったが、島を造るためにそれを皆採ってしまった。今あるのは小さな岩だけだ」と語った。これだけ聞くと、この女性は今後の人工島の新設や増築の可能性を否定しているかのようである。また、現在の人工島周辺の浅瀬に「岩」、すなわちサンゴやサンゴ化石が少なくなっているというのは、筆者自身の観察にも合致する。ところが、「そのように岩が少なくなってしまった浅瀬はどうなるのか?」という筆者の問いかけに対し、この女性は、「今ある小さな岩がまた大きくなるのだ。それを使って島を造れるようになる」と答えたのである。「岩」の成長性とその建設資材としての利用可能性に対するこのような信頼あるいは楽観は、同じ人々が「われわれはもう海に住み続けることができない」と語っていることを考えると驚くべきものと――あるいは、端的な矛盾を含むものと――思われた。

同じように筆者は、二〇一一年八月、島造りにとくに秀でた人物として知られる人工島現住者の男性（四〇代）に、「島〔T村沖のs島〕に近いあたりでは、今は岩がほとんどなくなっているが、将来岩が足りなくなることはないのか?」と尋ねてみた。それに対する彼の返答は次のようなものであった。

岩が足りなくなることはない。岩は育ってくるものだから。今は地中（haegano）に埋まっている岩が、少しずつ育ってきて（tae mai）、浅瀬に出てくるのだ。このあたりにはじめにあった岩は、父がこの島を造る時に使った。その次に育ってきた岩は、自分たちが島を拡げるのに使った。そしてこれから育ってくる岩は、息子たちがまた島を拡げる時に使うのだ。

これらの語りは、本稿の冒頭で紹介した、e島の下部にある「岩」が今も海中で「育ち続けている」という男性の語りとも明らかに通じ合っている。それでは、「岩」が「育つ」ことに対するこのような信頼は、アシにおいていったい何に由来しているのか? そしてそのような信頼の意識と、人工島居住の継続可能性に対する不安との間の表面上の矛盾は、どのように説明されるのか? これが本稿で取り組むべき民族誌的な問いである。

三 理論的問題設定

次に、本稿がその中に位置付けられる理論的な文脈について説明しよう。筆者の見るところ、二〇〇〇年代以降の人類学における一つの主要な理論的傾向は、存在するもの同士の関係性や相互作用に関わる概念を、人間の領域を超えて拡張することにあったと思われる。拡張的な関係性についてのそうした議論は、ヴィヴェイロス・デ・カストロの言葉を借りるならば、近年の人類学において一つの「概念的美学」(conceptual aesthetics)〔ヴィヴェイロス・デ・カストロ二〇一一:一七二〕であり続けてきた(6)。これに対し本稿では、それとは異なる議論のモードを提示することを試みたい。具体的には、上述のアシと「岩」の事例に即して、「エージェンシー」その他の関係論的な概念を、単に拡張するのではなく、むしろ批判的に、すなわちそれらがもはや成り立たなくなる(かもしれない)境界あるいは限界において考察し直すこと、それが本稿の課題である。

二〇〇〇年代以降の人類学理論において、「ネットワーク」や「エージェンシー」といった関係論的な概念を、いわゆる「非-人間」(non-human)、具体的には動植物やモノにまで拡張しようとする議論が一つの流れをなしてきたことに、異論の余地はないだろう。ここではそうした傾向の代表的な例として、ラトゥールらに主導されるアクター・ネットワーク理論とジェルのアート・ネクサス論を取り上げたい(7)。

まずアクター・ネットワーク理論に関しては、人間以外の諸存在をも「アクター」あるいは「エージェント」とみなし、人間と非-人間を「対称的」に取り扱う点にその革新性があるとされてきた。一例として、わが国における同理論の初期の紹介者である足立の言葉を借りるならば次の通りである。

もう一つ重要な点は、アクター・ネットワークが異種混交のアクターから構成されるという点である。……

一般に社会に属するとされる人や組織、自然に属するとされる生物や自然物、それに概念、知識といったどのようなものでもアクターになる可能性をもつのである。……例えば、科学的な論文を例にとってみよう。科学論文は、それが雑誌の中にあるとき単なる紙の上の文字である。しかし、それが研究者の目に触れたとき、その内容を動員し、他の研究と結びつけ変えていく能力をもった読者を「作りだす」のである。つまり論文は行為するのであり、アクターなのである［足立二〇〇一：九］。

アクター・ネットワーク理論はこのように、論文や機械、微生物といった多様な非‐人間をも、人間を含むその他の存在者との間に相互行為を行うエージェントとしてとらえるものと言える。そしてこの理論の影響力は、従来人間の領域に閉ざされていた相互行為とエージェンシーの概念を、多様な非‐人間をも含む領域へと開放し拡張してみせたことに由来していたと考えられる。

二つ目の例として、しばしばアクター・ネットワーク理論と比較されるジェルのアート・ネクサス論も、同様に社会的な関係性あるいは相互行為の概念を非‐人間――多くの場合、いわゆるモノ――へと拡張するものであった。ジェルの遺作にして理論的主著とされる『アートとエージェンシー』［Gell 1998］の冒頭では、そうした意図が明確に示されている。

私が関心をもっている問題は、人類学理論は、他の何よりもまずは社会的関係性（social relationships）についての理論として「認められる」という前提の下で、人類学の文脈にすんなりと収まる「芸術の理論」を定式化することが可能であるかどうか、ということである［Gell 1998: 5］。

芸術の人類学理論の……傾向とは……人々と事物の間や、事物を介した人々の間に社会的諸関係が存在することによって、「モノ」が「人々」と混じり合っていくような領域を探究することにある［Gell 1998: 12］。

このように、従来人間どうしの間にのみ想定されていた「社会的関係性」を、モノや霊的存在など多様な非－人間へと拡張してみせるジェルの議論は、二〇〇〇年代以降、多くの人類学者に受容され活用されてきた。そこでは、人間と非－人間の間の多様な相互作用が民族誌的に描き出され、その中でモノや霊的存在などがエージェンシーを獲得していく過程が明らかにされてきた。

「ネットワーク」や「エージェンシー」などの用語で表現される、関係性の概念のこのような拡張が、二〇〇〇年代以降の人類学理論において一定の革新性をもってきたことは疑いない。そのことはたとえば、本書所収の馬場論文や中村論文からも読み取られる通りである。また、そのような理論的方向性は、今後も少なからぬ民族誌的成果を生み出し続けるだろう。しかし、本稿で探究してみたいのは、それとは異なる議論のモードの可能性である。

というのも、より最近の――具体的には、主に二〇一〇年代以降の――人類学理論の展開を見るならば、一部の論者たちの間で、関係性の概念を上述のように拡張しようとする方向性に対し、一定の不満や留保が表明されていることに気が付く。たとえばホルブラードとピーダーセンは、先述の著書の最終章で、彼らが「『ポスト関係論的』な移行」（a 'post-relational' move）［Holbraad and Pedersen 2017: 242］と呼ぶ理論的方向性について論じている。(8)「関係の後で（After the Relation）」と題されたこの章では、通常は関係論的に理解されない「個人」や「神の超越性」といった主題を取り上げることで、二〇〇〇年代以降の人類学における理論的展開の中心にあった「関係」の概念それ自体を再帰的に問題化している。そうすることでホルブラードらは、さまざまな存在者の間の関係性を拡張的に記述していくという上述の方向性とは異なる議論のあり方を模索しているのである[9]。

同じようにカンデアらは、二〇一五年、端的に「関係論的思考の限界についての試論」を副題とする論集『分離＝乖離（デタッチメント）』[Candea et al. 2015] を出版している。この論集の序論では、二〇世紀末以降の学問的および社会的想像力において、「関係性」あるいは「関わり合い」(engagement) の肯定的なイメージが圧倒的な優位を占めていることへの違和感が表明され、ストラザーンの理論における「切断・断絶」の契機などを手がかりとすることで、関係性の一元論を超え出る新たな人類学の方向性が模索されている。

ホルブラードやカンデアらによる「ポスト関係論的」人類学の提示がどこまで成功しているかについては、議論の余地があるだろう。それでもなお、これら近年の議論がたしかに示しているのは、今日の人類学理論がもはや、「ネットワーク」や「エージェンシー」といった関係論的な概念の単なる拡張に満足してはいられないということ、さらに言えば、現在、二〇〇〇年代以降に影響力をもったそうした「概念的美学」とは異なる議論のモードが求められているという事情である[10]。ホルブラードとピーダーセンの言葉を借りるならば、「ポスト関係論的な『移行』は、実際に可能である――それどころか、求められている」[Holbraad and Pedersen 2017: 271]。これらの論者に共通するのはおそらく、経験世界の総体を拡張的な関係性として一元的に記述してしまえるとする理論への警戒であり、本稿はそのような問題意識を共有するものである。また、近年の一部の人類学者におけるそのような志向は、先に紹介した、同時代の思想・哲学における思弁的実在論の関心、すなわち、思考・認識主体としての人間との関係性から切り離された「事物それ自体」を思考しようとする方向性ともたしかに通じ合う[11]。

「ネットワーク」や「コミュニケーション」とそれらには回収されえないものの境界線に（先に述べた意味で）批判的に着目する視点は、本書所収の多くの論文に見出される。たとえば馬場論文は、本稿と同じくアクター・ネットワーク理論とアート・ネクサス論に言及し、それらが依拠する関係論的なモデルではメラネシアにおける書類のエージェンシーをうまくとらえきれないことを指摘している。代わって同論文が描き出すのは、「カストム／スクール／ビジニス」など、相互に非連続的に並存する異なるコミュニケーションの圏域が、書類の遍歴によってその都度結び合わされているような状況である。

また、グイ／ガナにおける乳児の養育活動を分析する高田論文は、間身体的なそれを含むコミュニケーションの細部に一貫して着目しつつ、他方で同時に、言語的なコミュニケーションの外部にいる乳児との間のすぐれて境界的なコミュニケーションを考察するものとなっている。同じように津村論文も、東北タイにおける病をめぐるコミュニケーションを詳細に記述しながら、それと同時に、同一の病について相互にほとんど関わりのない語りが離散的に並立する様を描き出すことで、ある意味では先述の「ポスト関係論的」な民族誌を例示しているようにも見える。最後に、杉島論文で論じられる「因果秩序」とそれを切断する妖術者の関係は、あたかも本稿で言う「ネットワーク」とその「外部」の関係を民族誌的に具現するかのようである［cf. Strathern 1996］。ただし、以下で見るように、アシにおいてコミュニケーションが断絶・停止する局面に注目する本稿と、一貫して「コミュニケーションの文脈」を記述・分析しようとする杉島論文の間の緊張関係は否定しがたい（同じことはおそらく、本稿と片岡論文の関係についても指摘できる）。

以上の概観を踏まえ、本稿が探究するのは、先にも述べたように、「関係性」や「エージェンシー」の概念の単純な拡張とは異なる「概念的美学」の可能性である。具体的には、本稿では以下、「岩」をめぐるアシの語りとその経験的基盤について考察することを通じて、この人々の生活世界におけるエージェンシーとコミュニケーションの境界・限界とでも言うべきものについて考えることを試みる。とくに、人々と非－人間との間のコミュニケーションや相互作用の存在が自明視しえないような境界的事例を記述する民族誌とは、どのようなものになりうるか？ 本稿ではそのような問いに取り組んでみたい。

四　サメと魚――アシにおける非‐人間のエージェンシー

本稿における筆者の主張は、ある意味ではごく単純なものである。すなわち、人々の間で、あるいは人々と非‐人間の間で相互作用あるいは「コミュニケーション」が行われ、それによって非‐人間の「エージェンシー」が定立されるという事例は、アシにおいても他地域においても広く見出されるだろう[12]。それはたとえば、本書所収の片岡論文や杉島論文で説得的に示されている通りである。しかしだからと言って、非‐人間とのコミュニケーションやそのエージェンシーの理論を、あらゆる対象に当てはまるかのように一般化することはできない。人々の間での、あるいは人々と非‐人間との間のコミュニケーションは、しばしば特定の局面において断絶・停止するのであり、コミュニケーションとエージェンシーの一元論は決して成り立たない。このような筆者の主張は、関係性の一元論を批判するホルブラードやカンデアらの議論と並行的であり、また、書類のエージェンシーが停止する局面に注目する本書所収の馬場論文とも通じ合う。本稿は、コミュニケーションとエージェンシーを、むしろそのような断絶が生じる境界・限界の局面において考察しようとするものである。

以下では、本稿のこのような意図を、アシにおける非‐人間をめぐるコミュニケーションのいくつかの事例に即して明らかにしたい。はじめに、アシにおいても、人々の間で、また人間と非‐人間との間で相互行為やコミュニケーションが行われ、それを通じて非‐人間のエージェンシーが定立される事例は珍しくないことを指摘しておこう。そのような事例は、「海の民」としてのアシにふさわしく、とくに海生生物との関係に見出される。一例として、今日に至るまでアシの間でアニミズム的と言うべき存在感を保っているサメ（baekwa）を取り上げよう。

アシにおいて、（すべての個体ではないが）一部のサメは祖先の化身であるとされ、キリスト教受容により祖先祭祀が放棄された今日でも、サメは一般に食物禁忌の対象とされている。キリスト教の一般的受容以前——おおよそ一九七〇年代頃まで——において、サメは祖先祭祀儀礼の対象であり、サメに対してブタを供犠する際には、サメを人工島の近くまで「呼び出す」(soea) ことが行われていたという(かつてのアシにおいて、「呼ぶ」ことは祖先霊との関わりあるいはコミュニケーションの基本的な形態であった)。また、サメに対する崇拝は人工島の建設やそこへの居住とも不可分であり、ある五〇代男性(人工島現住者)の言葉によれば、「昔の人たちはサメを崇拝していて、サメによって島をしっかりしたものにしていた」——すなわち、人工島に対する霊的な守護をサメから得ていた——という(二〇一一年九月)。また、別の六〇代の男性(元人工島居住者)は次のように語っている。

昔の人たちは、サメを使って漁場を禁漁にしていた。禁漁を破って漁をしている者がいると、サメが近寄ってきて、噛みつくわけではないが、漁をしている者に〔去るように〕サインを与えたのだ。(二〇〇九年九月)

これらの語りに見られるように、少なくともキリスト教受容以前のアシにおいて、サメは人々にとって密接な相互行為あるいはコミュニケーションの相手であり、したがってまた、人々にとっての社会的なエージェントであったと言うことができる。

海の非-人間とのこれと類似の関係は、宗教的色合いを失ったかたちにおいてではあれ、今日のアシにおける海の魚(iiʼa)一般との関わりにも認められる。本稿では詳述することができないが、今日のアシの漁撈においては、かつての集団的網漁に代わり、漁師が個人単位で行う潜水漁が支配的になっている〔里見 二〇一七：第五章〕。興味深いのは、かつての網漁や釣漁などと比べ、銛をもった漁師が海に潜って魚を探す現在の漁法が、漁師と個別の魚の間に密接な身体的相互行為を成り立たせている点である。アシの漁師は、潮汐の変化に従って移動する魚を追うようにして自ら潜水・移動し、魚を探し当てて突き捕る。その過程は、陸上の狩猟民について指摘されてきた猟師と獲物の関係――しばしばアニミズムと密接不可分とされる関係［Descola 2005; ウィラースレフ 二〇一八］――にもごく近い。

このことを示す一例として、ある漁師の男性（三〇代、T村在住）は、「引き潮（mai）の時が潜水漁に適しているのはなぜか?」という筆者の質問に次のように答えた。

昼間に干潮で、まだ夜にならないうちに潮が満ちてくるような時には、この潮が満ちている時に魚が浅瀬（fafomai）[13]に上ってきてエサを食べるんだ。エサを食べ終わって、夜の引き潮になった時、中にはそのまま浅瀬で眠る魚もいるが、その他の魚は深みの縁（kamena lobo）に下りて行って眠る。だから、魚が下りて行ったこの時に深みの縁に行くと、魚がいるのが見つかる。われわれはそれを突き捕ってくるんだ。（二〇一一年八月）

この語りでは、潮汐の変化とそれに従う魚の移動、そしてさらにそれに従う漁師の身体的移動が密接に結び合わされている。このような語りはまさしく、同じ漁撈民であるヴェズの事例に即して本書所収の飯田論文が指摘するような身体知を具現するものである。ここにおいて、魚は漁師たちにとって明確な相互行為の相手となっており、したがって非－人間のエージェントであると言うことができるだろう。

魚のエージェンシーに対する同様な認識・感覚は、別の漁師（三〇代、T村在住）の次のような語りにも明示されている。なお、ここで彼は、当時新たに普及しつつあった安価な漁網についての不満を語っている。

浅瀬（mai）で網を使って漁をする人が増えてきたせいで、最近、魚は〔人間を避けて〕深み（matakwa）にいるようになっている。魚もものを考えるのだ。（二〇一一年七月、強調は引用者による）

さて、筆者が以下で指摘したいのは、このような非-人間との相互行為やそれを通じたエージェンシーの定立を、先に述べた「岩」にそのまま延長することはできないという点である。このことは一つには、かつてのサメや現在の魚とは異なり（さらに言えば、たとえば中部フローレスにおける首長や妖術者〔本書所収の杉島論文〕とは異なり）、「岩」がアシにおいて日常的な相互行為やコミュニケーションの対象ではない、あるいは「岩」が、アシにおけるコミュニケーションの圏域からある仕方で脱落しているから、という理由によるものである。このことを示すための手順として、次節では、以上のサメや魚との差異を示す境界的な事例として、マングローヴ（koa）という空間について紹介したい。

五　コミュニケーションの境界としてのマングローヴ

筆者の調査地であるT村周辺も含め、アシが居住するマライタ島北東部では、場所によって面積の差はあるものの、海岸線に沿ってマングローヴが発達している。アシの人々、とくに女性たちは、食材として利用する種子や薪を集めるために、一～二週に一度の頻度でマングローヴを訪れる。しかし、そのように利用対象となっているからと言って、マングローヴを、上で見たサメや魚と同じように、アシにとっての相互行為の対象でありしたがってエージェントである、と言うことはできない。言うなれば、エージェンシーとコミュニケーションについての記述は、マングローヴという対象に至ったところで停止し断絶してしまうのであり、ここに至ってわれわれは、エージェンシーとコミュニケーションについての理論を批判的に捉え直すことを余儀なくされる。

このことを筆者に知らしめたのは、調査中の二〇一一年七月に起こったあるエピソードであった。この月、筆者が滞在していたT村とその沖合の人工島群を、アシ地域出身の元公務員の男性（四〇代）が訪ねてきた。役所での書類仕事に通じていた彼は、これに先立ち、アシ地域における「マングローヴ再生プロジェクト」を自ら企画し、UNDP（国連開発計画）のソロモン諸島事務所から多額の資金援助を得ていた。彼の訪問は、T村およびその周辺でこのプロジェクトを実施するための準備段階として意図されたものだった。またこの男性には、ソロモン諸島における自然資源の利用・保全について研究しようとしているオーストラリアの女性研究者（三〇代）も同行していた。筆者以外の外国人がほとんど訪問してくることのないこの地域において、この二人組の来訪は人々の注目の的となった。

さてこの二人は、アシ地域におけるマングローヴその他の自然資源の利用や保有状況について調べるべく、村や人工島の人々に対し、数日かけて英語の質問票を用いた調査を試みた。そこには、「あなた方のところのマングローヴは誰が所有しているのですか?」、「マングローヴが以前と比べて少なくなった場所はありますか?」といった質問が含まれていた。筆者も質問調査の場面に何度か立ち会ったのだが、そこで印象的であったのは、とくにマングローヴをめぐって、二人の質問とアシの人々の返答がまったくかみ合っておらず、それどころか、二人の質問が人々によってほとんど相手にされていないという事実であった。「この土地は誰が所有していますか?」、「あなたはどこに畑を持っていますか?」といったその他の質問が、おおよそまともに答えられていたにもかかわらず、である。

たとえばある五〇代女性（元人工島居住者）は、二人の質問に対し次のように答えた。

マングローヴが昔と比べて少なくなった場所なんかないよ！　マングローヴを伐ってもまた伸びてくるし、実が落ちればまた生えてくる。おじいさんおばあさんの頃と比べても、マングローヴは変わってなんかいないよ。

彼女の口調は明らかに、「マングローヴとはそのように勝手に育つものなのだ。何を見当違いなことを尋ねているんだ」といったものであった。同じように、村の最高齢者の一人である男性（七〇代、元人工島居住者）は、「マングローヴは誰のものでもないよ！　ただ放っておかれ、忘れられているものだ」と答えて質問を一蹴した（それ以上質問に答えようともしなかった）。彼の口調は、右の女性の例にもまして、「何をバカなことを訊いているんだ」というものであった。

あらためて指摘するまでもなく、以上のエピソードは、マングローヴを「保全すべき自然資源」と考える元公務員や海外の研究者と、「マングローヴなど語ったり意識したりするに値しない」と考える――あるいは、そもそもマングローヴについて何も考えない――現地の人々の認識の乖離を端的に示している。そのような乖離から読み取れるのは、アシの人々においてマングローヴが、一方で日常的に利用されつつ、他方で日常的なコミュニケーション、すなわち「語られること」や「語るに値すること」の圏域の限界に位置しているという事実である。事実、アシの人々は、マングローヴについては「忘れて」（manata buro）おけばよく、それでもマングローヴは勝手に育ってきて利用可能になる、と断言していたのであった（この「育つ」という性質において、マングローヴと「岩」は本質的に類似している）。

ここにおいて、エージェンシーやコミュニケーションの概念を非-人間に単純に拡張しようとする議論は壁に突き当たるであろう。人々の生活世界の中には、たしかにコミュニケーションの圏域の境界あるいは外部というべきものが存在しているのであり、われわれは時に、このような境界や外部について民族誌的に記述しなければならないのである。筆者の見るところ、アシにとっての「(海の)岩」も、以下で示すように、一面で右のマングローヴと同様、コミュニケーションの境界あるいは外部という位置を占めている。そして「岩」はアシにとって、コミュニケーションの対象やエージェントとしてではなく、むしろそれとは異なるものとして意義をもっているのだ。このような認識を通じて、われわれは、二〇〇〇年代以降に影響力のあった関係性の「美学」を離れ、先に紹介したような新たな議論のモード――ホルブラードらの言う「『ポスト関係論的』な移行」――へと導かれることになる。

六 「生きている岩」と「焼けた岩」

それでは、アシの人々にとって「(海の)岩」とはいかなる存在であるのか。このことを考えるための最初の手がかりとして、まず「岩」についてのアシの語りを検討しよう。ただし注意すべきことに、筆者の知る限り、以下で見るような「岩」の生態がアシの間で日常的なコミュニケーションの主題となることはほとんどなく(この点は先のマングローヴと同様である)、以下の語りはもっぱら筆者の質問によって導き出されたものである。その意味で、以下で見るような語りは、アシにおける日常的なコミュニケーションの圏域とその外部の間の境界線をなぞるような語りとなっている(この点は、すでに指摘したように、本書所収の高田論文が、言語的なコミュニケーションとその外部の境界線をなぞるものとなっていることと、一面で類比的である)。調査の現場における相互行為にあくまで立脚しつつ、他方で思弁的実在論などから示唆を受けてコミュニケーションの外部を探究しようとする本稿の考察は、まさしくそのような境界線を問題にするものでしかありえない。

まず、アシの人々は「岩」の生死を、多くの場合、「生きている」（mouri）と「死んだ」（mae）との通常の対比によってではなく、「生きている」（mouri）と「焼けた」（'ago, dele）との対比によって表現する。基本的な事実として、アシの人々は、「岩」は「生きている」からこそ「育つ」のだという認識を共有している。たとえばある六〇代男性（元人工島居住者）の言葉によれば、「岩は生きている。そうでなければ、育ったり広がったりするわけがない」（二〇一四年三月）。これに対し、「焼けた」は、「（火や日光などの）熱によって状態が変化した」という意味であり（食物が「調理された」という意味でも用いられる）、アシにおいて「焼けた」岩は「死んでいる」（mae）とされる。「岩」はどのように「死ぬ」のか、という質問に対する典型的な答えは以下のようなものである。

生きている岩が、育ってきて、〔海中の〕上の方に出てくると、日にさらされて焼けて、白くなってしまう。そうして岩は死ぬのだ。決して生き返ることはない。（二〇一四年二月、三〇代男性）

引き潮の時に日にさらされることで、岩は焼けてしまう。〔これに対して、〕引き潮の時でも干上がることがないような深み（matakwa）にある岩は、全体が生きたままだ。（二〇一四年三月、六〇代男性）

これに加え、一部の個人は、「地中（haegano）から育ってきて、浅瀬（mai）に出てきた岩は、表面にあるもの〔粘液など〕を魚に食べられてしまう。それで死ぬのだ」（二〇一四年二月、六〇代男性）という説明を提示する（「岩」が地中から「育ってくる」という認識については後述する）。これは例外的な説明といえるが、いずれの場合でも、低潮時に干上がるような「浅瀬」では「岩」は死んでしまうという認識は、大半のアシに共通している。

次に、人工島の建設資材となる「岩」は「生きている岩」なのか「焼けた岩」なのか。この点については、人によって説明がまったく異なり、これは筆者を大いに混乱させてきた点である。一部の人々は、人工島を建設する際には「焼けた岩」を浅瀬で掘り起こして用いると明言する。筆者自身の観察でも、人工島の建設に用いられるのは主としてサンゴ化石であった。だが、アシの間では以下のような説明も聞かれる。(14)

島は、死んだ岩ではなく生きた岩で造るものだ。人々が岩を掘り起こす時には、岩はまだ生きている。〔筆者：なぜ死んだ岩では島が造れないのか？〕死んだ岩は、斧でたたいたらすぐ割れてしまうからだ。（二〇一四年二月、三〇代男性）

またある女性（五〇代、元人工島居住者）は、筆者が見せた、浅瀬で海水に浸かっている「岩」の写真——筆者から見れば、明らかにサンゴ化石の——について、次のように説明した。

〔筆者：このような岩は死んだ岩か？〕いや、生きている岩だ。海面の上にあるような岩が死んだ岩だ。海水の中にある時は生きているが、人々が打ち割って掘り起こすと、日にさらされて死んでしまう。打ち割られても、海水の中にある岩は生きているままだ。掘り起こされて海面の上に出てきた岩だけが死んでしまうのだ。（二〇一四年三月）

このように、一部のアシの人々は、筆者にとって明確にサンゴ化石であるものをも、「生きている」とみなす。また、同じ「岩」の写真を見せて、「これは生きている岩か死んだ岩か？」と尋ねても、人々の答えは決して一致しない。また、人工島の建設資材が「生きた岩」なのか「焼けた岩」なのかという点についても、これまでのところアシの人々に共通の認識は見出されない。

このような不一致は、おそらく一面で、「岩」がアシにとって日常的なコミュニケーションの主題ではなく、以上のような問いや答えが、あくまで先に述べたような境界的なコミュニケーションであるという事情と関連している。「忘れてしまえばいい」と言われていた先のマングローヴと同様、人々にとって、海中の「岩」は日常的な関心や働きかけの対象ではほとんどなく、人々は、ある岩が「生きている」か「焼けて死んだ」ものなのかについてやり取りすることなどないのだ。そして、その表れとしての人々の認識の不一致は、現在に至るまで筆者を混乱させてきたし、そもそも「岩」に関するアシの認識を一枚岩のものとして説明することは不可能とさえ感じられる。

しかし注意深く見るならば、そのような不一致の中にも、「岩」とその成長をめぐるアシに共通の認識と言うべきものを見出すことができる。しかも興味深いことに、そうした共通認識は、通常目に見えない場所、すなわち、自分たちの関わり合いの外部での「岩」の成長に関わっている。次節ではこの点について述べよう。

七　「深み」と「地中」

先に述べたように、筆者は調査の過程で、「岩」の成長性に対するアシの人々の信頼に強い印象を受けていた。すなわち、現在の人工島周辺の浅瀬では「岩」はごく少なくなっているが、「岩」はやがてまた「育って」きて、人工島の建設資材として利用可能になるという、楽観的と言うべき認識がそれである。さて、人々の語りを注意深く分析すると、そのように新たな「岩」の成長が生じている場所として、主に二種類の空間が想定されていることがわかる。すなわち、サンゴ礁内に見られる水路（fakali）などの「深み」（matakwa）――低潮時でも底が見えないような海域――と、その表面には「岩」が見られない浅瀬の「地中」（haegano）がそれである。そして重要なのは、これらの「深み」と「地中」が、いずれもアシにとって日常的に見ることのできない、そして直接に関与することのない空間であるという点である。

T村に住む三〇代男性は次のように語っている。

島の周りの浅瀬には、今は生きた岩はほとんどない。島を造るために掘り尽くしてしまったからだ。〔これに対して〕深みの縁、水路の縁（kamena matakwa, kamena fakali）に行けば、生きた岩を見ることができる。それから、浅瀬には岩がなくなってしまっているが、地中（haegano）には生きた岩がある。地中にある岩まで掘り尽くしてしまうことなどとうていできない。岩を掘り尽くしてしまったとしても、一〇年か二〇年くらいたてば、また岩が育っているのを見ることができる。（二〇一四年三月）

また別の男性（六〇代、元人工島居住者）は、同じように次のように語っている。

〔人工島を造る時〕人々は浅瀬で死んだ岩を掘り起こしているだけだ。だが、その下にある生きた岩の層（tale fou mouri）が、やがて育ってくる。浅瀬にある岩も、地中にあった頃は生きていたのだ。（二〇一四年二月）

これらの語りが示すように、アシの人々は、直接には見ることができない空間であるサンゴ礁の「地中」や、底が見えないような「深み」において、「岩」が「育ち」続けているという信念あるいは信頼を保持している。なおアシにおいて、右の三〇代男性の語りで言及されている「深み」（matakwa）は、「浅瀬」（mai）と対をなし、この人々の海洋空間認識の基本をなす範疇である。「浅瀬」と「深み」というこの対比は、それがあくまで相対的な範疇であるという点に特徴がある。アシの人々は、今日ラウ・ラグーンと呼ばれるサンゴ礁の全体を、「外洋」（matakwa）と区別して「サンゴ礁」（mai）と呼ぶ。しかしこの「サンゴ礁」の内部にも、離水礁原のような浅い海域と水路のような深い海域があり、それらはそれぞれ「浅瀬」と「深み」と呼ばれる。すなわち、「外洋」（matakwa）と対比される「サンゴ礁」（mai）の内部で「浅瀬」（mai）と「深み」（matakwa）の区分が反復されているのであり、さらに、具体的にどの海域が「浅瀬」あるいは「深み」と呼ばれるかは、漁撈活動などその都度の実践的文脈によって変化する。

「深みの縁、水路の縁に行けば生きた岩を見られる」という右の言葉にも見られるように、このサンゴ礁内での「浅瀬」と「深み」の区分は、「岩」に関するアシの認識や経験と密接に関連している。すなわち、アシにおいて「浅瀬」が今日「生きている岩」がほとんどなくなった空間と認識されているのに対し、「深み」は「生きている岩」が豊富に「育っている」海域として認識され経験されているのである。一例として、すぐ右でも登場した六〇代男性の語りを引用しよう。

生きた岩は、水路（fakali）の中に多く見られるものだ。カヌーで水路を通るとたくさんの生きている岩が見える。水路の中は〔多様な岩が育っていて〕まるで森のようだ。そうしたところには魚のエサも多く、魚は生きた岩の周りでエサを見つけて食べているのだ。（二〇一四年二月）

このような語りは、「深み」で「生きた岩」が豊富に「育っている」というアシの認識が、単なる観念ではなく、カヌーでの移動や漁撈活動といった、この人々における日常的・実践的な海洋空間の経験に根差していることを示している。たとえばT村のすぐ沖合には、北西から南東に向かって深い水路が走っており、T村や沖合の人工島に住む人々は、カヌーでの日常的な移動の際にこの水路を横切る。その際人々は、「生きた岩」がほとんど見られない浅瀬から、色とりどりの大きな「岩」が「森のよう」に「育って」いる「深みの縁」へ、そしてさらには、あまりに深いために「岩」さえ見ることができない「深み」へと、段階的な移動を経験することになる。注目すべきことに、このような移動の経験において、「深み」の「生きた岩」は、可視性と不可視性の境界線を行き来している。アシの人々は、そのような海洋空間の日常的な体験を通じて、「深み」で「育つ」「岩」の姿を、言うなれば垣間見ているのである。

さらに、そのように「生きた岩」が豊富に「育っている」とされる「深み」は、先に言及したマングローヴと同様、アシにおいて、日常的な生活空間の外部あるいは境界と言うべき独特の位置を占めている。今日のアシにおいて、先に述べた「浅瀬」と「深み」の区分は、自分たちが漁撈活動などを通じて日常的に「関わる空間」と「関わらない空間」という実践的な区分と重なりあっている。そもそも、アシの人工島はサンゴ礁内の「浅瀬」に位置しており、その限りで「浅瀬」はアシにとって日常的な生活空間としてある。また、別のところで詳しく述べたように［里見 二〇一七：第五章］、現在のアシにおいて主流となっている潜水漁は、「浅瀬」に見られる藻場や、「深みの縁」（kamena matakwa）と呼ばれる浅瀬と深みの境界域で行われ、「深み」で二〜三メートル以上潜水して魚を捕るような漁は行われていない。そして、この「深みの縁」で漁をする時には、カヌーでの移動の場合と同様、人々は「深み」の中で豊富に「育って」いる「岩」を垣間見ることになる。このように、アシが海洋空間を認識し経験する仕方には、自分たちが日常的に関与する領域としての「浅瀬」と、その外部としての「深み」という区別が明確に見出される（正確には、この人々の海との関わりが、そのような区別を不断に創出している）。そしてまさしくこのような日常的経験に基づき、アシの人々は、先に挙げた語りに見られる通り、「生きた岩」の成長を、そのように自分たちが直接関与することのない「深み」の中で起こり続けているものとして認識しているのである。以上で見たような語りにおいて、人々は、半ば不可視の、したがって相互行為やコミュニケーションの圏域を超えた「岩」の成長性について語っているのだ。

もはや明らかなように、アシの人々が「生きた岩」が現在も「育っている」と語る二つの空間、すなわちサンゴ礁内の「地中」(haegano) と「深み」(matakwa) は、いずれも直接の観察が困難あるいは不可能であり、また人々の日常的な関与あるいはコミュニケーションの圏外であるという点において共通している。以下の点についてはさらなる検討が必要だが、おそらくアシの認識においては、これら二つの空間の間で一種の類推が働いている。すなわちアシの人々は、漁撈やカヌーでの移動などの際に垣間見ることのできる「深み」における「岩」の成長に基づき、目に見えない「地中」における「岩」の成長を類推しているのである。そのように、アシにとって「岩」は、「地中」や「深み」において、自分たちの関与・相互行為を本質的に超えた仕方で「育ち」続けるものなのである。

おわりに

「海の岩」をめぐる以上のような考察から、アシにおけるコミュニケーションとエージェンシーの定立について、どのような知見を導き出すことができるだろうか。まず何より、「岩」をめぐるアシの実践と認識が、非-人間との相互行為やそこで定立されるエージェンシーについての拡張的・一元論的な議論に不適合であることは明らかだろう（その点で、アシにおいて「岩」は、先に見たマングローヴと類比的な位置にある）。二〇〇〇年代以降のそのような議論は、先にアクター・ネットワーク理論やジェルのアート・ネクサス論について見たように、多くの場合、人々の経験世界を、相互の関係性によって結び合わされた諸エージェントからなる拡張的な関係性として想定するものとなっていた。

これに対し、アシの語りには、自分たちの人工島居住を可能にしている「岩」の成長が、自分たちの日常的な活動領域の外部としての「深み」や「地中」で生じているという共通認識を読み取ることができた。先に見たメイヤスーらの思弁的実在論者が、人間の思考との相関を超えた事物について思考しようとしていたとすれば、ここではアシの人々が、自分たちの日常的実践やエージェンシーとの相関を超えた「育つ岩」について思考し、語っているのである。このようなアシの認識とその経験的基盤について書こうとする民族誌は、もはや、先に述べたような拡張する関係性の「概念的美学」にとどまるものではありえない。

ここにはまた、自分たちの居住・生活が、自分たちの作為や関与を超えたもの、具体的には「岩」の成長によって支えられているという、根本的に他律的な認識を読み取ることができる［cf. ヴィヴェイロス・デ・カストロ 二〇一五］。感覚的に言うならば、自分たちの居住・生活をめぐるそのようなアシの意識には、自分たちの作為や関与を超えた領域という穴が空いており［cf. ピーダーセン 二〇一七：八三］、そうした閉じていない経験世界を記述する上では、既存の関係論的な人類学理論はおそらく十分な有効性をもたない。今日の人類学は、本稿で試みたように、コミュニケーションの圏域とその外部との境界線をなぞることで、そのような他律性や外部性を描き出しうるものでなければならない。このような認識において、本稿は、先に紹介したホルブラード、カンデアらと問題意識を共有しつつ、人類学理論の新たなモードを素描しようとするものである。またすでに述べたように、これと類似の関心は、本書所収の他のいくつもの論文にも、おそらく潜在的なかたちで読み取ることができる。

最後に、本稿で先に指摘した一つの疑問あるいは矛盾について、暫定的な答えを与えておきたい。すなわち、今日のアシにおける、人工島や海岸部への継続的な居住可能性に対する不安の意識と、「岩」が「育つ」ことに対する信頼の意識はどのように両立しているのか、という疑問がそれである。本稿の議論を踏まえるとき、われわれは、一見矛盾するこのような意識がいずれも、日常的な生活空間の外部、具体的には、現状とは異なる居住・生活が可能になるとされる「山」（tolo）、すなわち人々が移住先として想定するマライタ島内陸部や、「岩」がひそかに育ち続けているとされる「深み」や「地中」という空間と密接に関わっていることに気が付く。すなわちアシの人々は、海に「深み」や「地中」がある限り「岩」は「育ち」続けると楽観視すると同時に、現在自分たちが暮らしている海上あるいは海岸部とは異なる「山」という生活空間がある限り、自分たちには現状とは異なる生活が可能である、と予期している［cf. 里見二〇一七：第五～六章］。このように、一見矛盾する二つの意識は、実はいずれも、日常的な生活空間の外部に関する意識、あるいは、現在の自分たちの居住・生活が、それを超えたものによって支えられているという他律的な意識であるという点で共通しているのである。

このようにわれわれは、一貫して、アシの経験世界の根本的に閉じていない性格を指摘することができる。海には、つねに自分たちの関与を超えた「深み」や「地中」があり、陸には同様に、自分たちが現に住んでいない――したがって、自分たちにまったく異なる生活を可能にしてくれる――「山」が存在するのだ。このような認識とそれを支える実践について記述することを通じて、われわれは、先に挙げた論者らと問題意識を共有しつつ、人類学の新たな「概念的美学」に向かうことができるのではないか――それが本稿から得られる見通しである。

謝辞
本稿は、科学研究費補助金（研究活動スタート支援、課題番号：17H07176、若手研究、課題番号：19K13468）による研究成果の一部である。

（1）従来の民族誌的文献では「ラウ」という民族名が一般的であったが、本稿では、現地でより日常的な用法に従い、「アシ」という呼称を用いることとする。

（2）現地語において、「人工島」やそこでの居住に対しては、「海の村」（fera 'i asi）をはじめとする多様な表現が使われる。本稿では、簡潔さと一貫性のために「人工島」を用いる。

（3）「生物」と「無生物」あるいは「過去」と「現在」の境界線を横断する化石という存在は、近代の西洋世界においても、長期に渡り独特な問題性を帯びてきた。これについてはラドウィック［二〇一三］に詳しい。同様に、「海」と「陸」、「動物」と「植物」と「鉱物」との区別を横断するサンゴの文化史的・思想史的意義については、ブレーデカンプ［二〇一〇］を参照されたい。

（4）これに通じる関心を、「石」を主題とする民族誌に取り組むラッフルズの、次のような言葉に読み取ることができるだろう。そこにおいてラッフルズは、人間の生の営みと関わりつつもそれを決定的に超え出る「石」という対象――本稿の場合は「海の岩」がこれに当たる――について書く民族誌とはどのようなものになりうるか、と問いかけている。「対象が、人間でも動物でも『複数種』（multispecies）でもなく、またネットワークやアッサンブラージュへとならしてしまうこともできないとき、しかしまた、その対象が生命から決して切り離されえず、それどころか生命それ自体であり、したがってまた、人間的な尺度に先立ち、それに続くものであり、またそれにとって必要であり、それとは無関係であり、またそれに対して超越的であるとき、文化を書くとはどのようなことだろうか？」［Raffles 2012: 527］。同じようにレイナルトは、ノルウェー北部における資源開発や環境保全運動の現場を事例に、社会的関係性についての人類学的記述から通常は排除されてしまう「石」や「岩」についていかにして記述するか、という本稿とも類似の課題に取り組んでいる［Reinert 2016］。

（5）活発な漁撈民として知られるアシにとっても、イモ類の自給的耕作は生業の不可欠な一部分としてある［里見二〇一七：第六章］。

（6）同じようにホルブラードとピーダーセンは、「関係性」を「現代人類学の変わらない理論的イメージ」と呼んでいる［Holbraad and Pedersen 2017: 28］。

（7）これら以外の重要な例として、デスコラによる「アニミズム」概念の復活が挙げられる［Descola 2005］。この概念によってデスコラは、人間とその他のさまざまな生物が、主客の関係に立つ代わりに、すぐれて間主体的な相互作用あるいはコミュニケーションを取り持つような世界を描いてみせた。この「アニミズム」の概念は、二〇〇〇年代以降の民族誌に対して広範な影響を及ぼしてきた［e.g. ウィラースレフ二〇一八］。

（8）また当該の章では、関係性の拡張とは異なる議論のモードを探究するという共通の理論的関心をもった多数の論考――いずれも二〇〇〇年代後半以降のもの――が挙げられている［Holbraad and Pedersen 2017: 242］。

（9）　ピーダーセンは、すでに二〇一二年の時点で、ストラザーンやヴィヴェイロス・デ・カストロらに主導されてきた近年の人類学理論を「関係論的人類学」（relational anthropology）として一括し、その特徴を、まさしくアクター・ネットワーク理論においてそうであるように、個別の存在者をあくまで他の存在者との関係性においてとらえることにあると指摘していた［Pedersen 2012］。その上で彼は、同じ論文において、そのように関係性の概念が無際限に拡張されることに警戒を示し、「関係論的人類学」の成果を踏まえつつそれを乗り越える「ポスト関係論的人類学」（post-relational anthropology）という方向性を提唱していた。なお、ピーダーセン自身における「ポスト関係論的人類学」の試みは、モンゴル北部のシャーマニズムを事例とするいくつかの論文［Pedersen 2014; ピーダーセン 二〇一七］で示されている。

（10）　アクター・ネットワーク理論の主導者であるラトゥール自身、すでに二〇〇五年の著作において、ネットワークに結び付けられていない広大な「外部」――彼の言う「プラズマ」――に着目する必要性を訴えていた［ラトゥール 二〇一八：四五八―四六六］。

（11）　一例として、思弁的実在論の主導者の一人とみなされる哲学者ハーマンの次のような言葉を紹介しよう。「おそらく『文脈化』［contextualization］こそが、我々の時代の知的ミッションであり続けてきたと、そして、二〇世紀の運命は、ホーリズムという概念を唱えて闘うことであったと言えるだろう。……しかしながら、このようにコンテクストを優位にし、独立的な実体と本質を捨て去ることは、これまた、かつては解放的であったにせよ、もはやそうではない考えのひとつなのである。『文脈性』や『関係性』［relationality］といったパラダイムは、今となっては、我々の思考の隅々を支配するほど、我々の精神のうちに刻まれているのだから」（Harman 2002: 174; 千葉 二〇一三：二二八に引用。［ ］内は千葉、省略は里見による）。

（12）　メラネシア民族誌の文脈で非－人間のエージェンシーについて考察した論文として、たとえば以下がある［Schneider 2013］。

（13）　マイ（mai）とファフォマイ（fafomai）は、いずれもサンゴ礁内の浅瀬を指し、基本的に同義と理解してよい。

（14）　上述の通り、アシにおいて標準的な表現は「焼けた岩」であり、以下で引用する語りにおける「死んだ岩」（fou mae）という表現は筆者自身の語法に影響されている面がある。

参照文献

足立　明　二〇〇一「開発の人類学――アクター・ネットワーク論の可能性」『社会人類学年報』二七：一―三三。
ブレーデカンプ、ホルスト　二〇一〇『ダーウィンの珊瑚――進化論のダイアグラムと博物学』濱中春訳、法政大学出版局。
Candea, Matei, Joanna Cook, Catherine Trundle and Thomas Yarrow (eds.), 2015, *Detachment*, Manchester University Press.
千葉雅也　二〇一三『動きすぎてはいけない――ジル・ドゥルーズと生成変化の哲学』河出書房新社。

Descola, Philippe, 2005, *Par-delà nature et culture*, Éditions Gallimard.

Dickinson, William R., 2009, "Pacific Atoll Living: How Long Already and Until When", *GSA Today* 19(3): 4–10.

Gell, Alfred, 1998, *Art and Agency: An Anthropological Theory*, Clarendon Press.

Harman, Graham, 2002, *Tool-being: Heidegger and the Metaphysics of Objects*, Open Court.

Holbraad, Martin and Morten Axel Pedersen, 2017, *The Ontological Turn: An Anthropological Exposition*, Cambridge University Press.

Jensen, Capser Bruun, 2013, "Two Forms of the Outside: Castaneda, Blanchot, Ontology", *Hau: Journal of Ethnographic Theory* 3(3): 309–335.

Kohn, Eduardo, 2015, "Anthropology of Ontologies", *Annual Review of Anthropology* 44: 311–327.

ラトゥール、ブリュノ　二〇一八『社会的なものを組み直す――アクターネットワーク理論入門』伊藤嘉高訳、法政大学出版局。

メイヤスー、カンタン　二〇一六『有限性の後で――偶然性の必然性についての試論』千葉雅也ほか訳、人文書院。

Pedersen, Morten Axel, 2012, "The Task of Anthropology is to Invent Relations: For the Motion", *Critique of Anthropology* 32(1): 59–65.

——— 2014, "The Fetish of Connectivity", in Penny Harvey et al. (eds.), *Objects and Materials*, pp. 197–207, Routledge.

ピーダーセン、モルテン・アクセル　二〇一七「自然の島々――モンゴル北部における孤立したモノと凍りついた精霊たち」里見龍樹訳『現代思想』四五（四）：八一―九五。

Povinelli, Elizabeth A., 2016, *Geontologies: A Requiem to Late Liberalism*, Duke University Press.

Raffles, Hugh, 2012, "Twenty-five Years Is a Long Time", *Cultural Anthropology* 27(3): 526–534.

Reinert, Hugo, 2016, "About a Stone: Some Notes on Geologic Conviviality", *Environmental Humanities* 8(1): 95–117.

ラドウィック、マーティン・J・S　二〇一三『化石の意味――古生物学史挿話』菅谷暁／風間敏訳、みすず書房。

里見龍樹　二〇一七『「海に住まうこと」の民族誌――ソロモン諸島マライタ島北部における社会的動態と自然環境』風響社。

——— 二〇一九「人類学の存在論的転回――――他者性のゆくえ」『現代思想』四七（六）：一一七―一三一。

Schneider, Katharina, 2013, "Pigs, Fish, and Birds: Toward Multispecies Ethnography in Melanesia", *Environment and Society: Advances in Research* 4: 25–40.

Strathern, Marilyn, 1996, "Cutting the Network", *The Journal of the Royal Anthropological Institute* 2(3): 517–535.

ヴィヴェイロス・デ・カストロ、エドゥアルド　二〇一一「強度的出自と悪魔的縁組」山崎吾郎／小倉拓也訳『現代思想』三九（一六）：一七〇―二〇九。

――― 二〇一五『インディオの気まぐれな魂』近藤宏／里見龍樹訳、水声社。

ウィラースレフ、レーン 二〇一八『ソウル・ハンターズ――シベリア・ユカギールのアニミズムの人類学』奥野克巳ほか訳、亜紀書房。

第五章　起源の場所
――バリにおける土地のエージェンシーを考える――

中村　潔

はじめに――エージェンシーを拡張する

バリ州や西ヌサテンガラ州の州都への移住者が出身村と保っている関係を調査していた頃、私はバリ州都デンパサール市にある国立大学教員の家をよく訪ねた。彼は私が調査する慣習村（伝統的なムラを行政組織の末端としての行政村と区別してこう呼ぶ）の長老役の娘の子どもであり、私が大学院生時代に長期の調査をしていたときには州都の大学で勉強しており、二〇〇八年まで一度も会う機会がなかった。その後、二〇〇八年に行われた一〇年に一度の大儀礼で知り合ってからはデンパサールの彼の家に立ち寄ることにしていた。彼は、出身村を離れて州都に居住してはいるが、出身村の伝統や歴史に強い関心をもっている。もっとも彼は村の伝統を誇ってはいても、「伝統」は変わるものだ、とも明言していて、共同体儀礼を支える経済的基盤となる儀礼的土地権の働く耕地の交換などを考えているような、彼自身の言葉で、「合理的な」人でもあった。

かつて、共同体儀礼と伝統的土地権の調査の際、土地の「共同所有」の概念をあらわすバリ語や、村の共同所有の土地を表す言葉を尋ねても、「某は何々をもっている」あるいは「何々は某のもの」といった表現しか得られなかった。私が気になっていたのは「所有」や「所有権」をバリ語でどのように表現するか（あるいはできないのか）ということであった[1]。しかし、彼も「A（人）がB（もの）を所有する（もっている）」（A madue B）とか「A（人）の所有するB（もの）」（B duen A）としか言いようがなかった。そのような話から、「村に所属する」というのはバリ語でどう表現するのか、という話になった。彼は例を挙げ、「居住地は村のものである」（karang druwen desa）し、「職田は村のものである」（bukti druwen desa）という。そこで、ならば「〔後述する〕奉仕義務〔の土地〕は村のものである」（tanah ayahan desa druwen desa）といえるかと尋ねると、しばらく考え、自分の考えでは本来ならそうあるべきだが、「もうやり方を間違ってきてしまったから」（kadong salah aturan）、そうではなくなっている（村の所有ではなく個人所有となっている）と言う[2]。

　私が「belong to」というのはどう訳せるか聞いてみたところ、「I belong to Selat.」というのはインドネシア語にすれば、「Saya milik Selat.」、バリ語なら「Tiang druwen Selat.」あるいは「Selat maduwe tiang.」（私はスラットに属する。直訳：スラットは私をもつ）だ、という。そして、「寺の〔所有する〕土地」（tanah druwen pura）とか「〔寺で祀られている〕神の〔所有する〕土地」（tanah druwen betara（ring pura））とは言えるが、そこの土地には寺社祭司プマンクー（pemangku）のみが居住できる。寺が土地をもっている。そこに管理人が住む。つまり、もっているのは土地だ。「人を土地がもっているのだ」（orangnya druwen tanah）ということになった。村というのは組織であり、組織が土地も人ももつ（あるいは人もモノも組織に属する）のであり、人が土地をもつのではない、とも彼は言っていた[3]。

　本稿では、バリにおける土地のエージェンシーの「定立」を慣習村の土地と人間の関係を通じて考察する。土地がエージェント「として」バリの人びとに（あるいは人びととともに）作用しているように記述されるべきだと私が考えたというのではない。むしろ私は、「伝統的土地権の働く土地について、『呪術・宗教的』という意識を、村人の説明には見出していない」〔中村 一九九九：三二三〕とのべたことがあるように、土地所有権の画定が進められていたスハルト政権時代のインドネシアで土地は（どれも画一的な）コモディティであって、肥沃、利便といった観点で市場価格がつけられ、売買や投機の対象となるものと、すなわち、エージェンシーを欠いたモノととらえられていると考えていた。その一方でインドネシアの土地基本法（Undang-undang Pokok Agraria）でいうところのウラヤット権（伝統的な土地の共同利用権）と見なされるバリの共同的保有が近い将来、消滅することも無いだろうとも考えていた。その理由は伝統的土地権のもつ「呪術的」な性質によるというよりは、バリ州における国家と地方の近代的状況が、逆説的に、伝統を支持するように働いているからであるとも論じた［中村 一九九九］(4)。

だが、バリにおける土地のエージェンシーはいわば「休眠状態」であり、私がその可能態を見通すことができなかっただけではないかとも思われる。近年の調査地の社会組織の改変には改組の主導者となる近代派知識人と伝統派知識人の「複ゲーム状況」があったと考えられる［中村 二〇一四］。伝統的土地権について、これまで村人が呪術・宗教的なそれを明示的に語ったということはなかったのだが、近年の慣習村への知識人層のかかわり方から、むしろ進歩的な人たちが言う慣習村と伝統が土地のエージェンシーを想起させるという事態がでてきたように思われたからだ。例えば、上述のようにムラの特殊な土地にムラの構成員は「属する」のだという言い方をした。

さほど古くない人類学小辞典では、エージェンシーを「個人（エージェント）あるいは集団が自分たち自身の意志で、構造による制約なしに、行動する能力」と定義している［Morris 2012: 4］。言語人類学者エイハーンによれば、日常的に使われるエージェントが「代理店」のような自分自身ではなく他の者のために行為する（代理する）存在であるのに対し、研究者のいうエージェントは自ら行為する者を意味し、しかもこの行為者は意志を持った存在と考えられており、研究者がエージェンシーというとき、人間の行為する能力について語っている

[Ahearn 2000: 12]。

ギデンズの「構造化」やブルデューの「実践」は、社会科学における「ミクロ－マクロ問題」あるいは主体と社会との対立の解消の企てに関わっていた。ギデンズは「行為者」（エージェントあるいはアクター）という概念に、「生命をもった有機体の身体的時間－空間のなかに存する全体的な人間主体」という意味を与え、人間行為者は、行為のさなかに自らの行為を理解する力能をもつとする［ギデンズ 二〇一五：一一、七九］。社会によって規定される行為主体という社会決定論や「社会を人間主体による創造物とみなす」［ギデンズ 二〇一五：五四］行為者への還元のどちらにも批判的なギデンズは、行為を生みだす「構造」が知識をもった行為者による再帰的行為によってとらえかえされるとし［吉原 二〇〇八：五七］、「社会活動の構造特性が、構造の二重性を経由して、その構造特性を構成している資源そのものから絶えず再創造されている」［ギデンズ 二〇一五：一二］とみることで、伝統的な「行為主体 vs 構造」の対立を「構造の二重性」というかたちで乗り越えようとした。批判的実在論では、エージェンシー的行為と社会構造は社会的実践という同じ事柄の異なる側面だとする［ダナーマークほか 二〇一五］。人類学においても、オートナーは実践理論の重要性を主張し(5)、しばしば参照されるレビュー論文において、構造と行為者の対立を実践概念の導入により解消させる企てのなかで社会的行為主体の属性に意図を認めている［Ortner 2006］。また、社会科学の伝統では、方法論的個人主義と方法論的集合主義との長期にわたる対立がつづいてきた。そこでは（社会）構造と対立して考えられた行為主体エージェントは意図をもって行為する主体であるというエージェンシーの概念が使われている。

他方、このような「伝統」で見られた行為主体の概念や、行為と構造の対立そのものを無化するような議論、エージェンシーを志向性をもつ人間主体に限定して帰属させない見方を取る場合がある。

例えば、「社会的エージェンシーを媒介するモノの近傍にある社会関係の理論的研究」をめざす「芸術の人類学」を構想するなかでアルフレッド・ジェルは、人間主体の自律性を前提とする哲学的理論におけるエージェント観に対し、社会関係に織り込まれた人工物がエージェントとしてきわめて上手く扱えるという見方をとる［Gell 1998: 17］。志向性を持つもののみがエージェントであるということに彼は疑義を呈し、人間の行使する行為主体性とモノの動向を説明する因果との間の厳密な分離を否定する［Gell 1998: 19］。また、人間と機械の相互作用という文脈でルーシー・サッチマンは、インターネットあるいはサイバースペースという場において人間が人工物に自律性を見いだし、機械にエージェンシーを認めている［サッチマン 一九九九：一八六］。カロンやラトゥールらのアクターネットワーク理論（以下ANT）は、経営学、社会学、組織科学の分野でも注目され、エージェンシー概念の拡張が論じられてきた［Czarniawska 2016］。技術革新を何らかの特別な人間による創案であるというよりは、人間と非-人間の社会的なアクターの異種混交的集合体（hybrid collectives）というコミュニケーションのシステムによってなされるととらえる見方［カロン 二〇〇六：四〇］が注目されている。青山はエージェンシーを「何らかの影響を及ぼすこと」と定義し、(6) 技術の進歩に伴って非-人間がエージェンシーを示す可能性があると論じている［青山 二〇〇八：一二五］。

このようにエージェンシーを人間以外のモノに帰属させることで何を目指しているのか。青山はエージェンシーの適切な記述は記述の精度を高めるために必要だと主張する［二〇〇八：一二六］。ここで適切にエージェンシーを記述するというのは、人間という行為主体以外にもエージェンシーの帰属を拡張（し、ANTのように人とモノのネットワークとして記述）することだと考えられる。(7) エージェンシーの拡張あるいは人間とモノとの区別を取り去った見方を記述することは、ANTやジェルの人類学の他、いわゆる「存在論的転回」の擁護者の議論にも窺える。

「存在論的転回」の民族誌は、自然や文化、人間のエージェンシーといった西洋の基本的な前提への異議申し立てと「土着の概念にもとづく人類学を企図する運動」である［Casey 2010: 34］(8)。西洋の人類学のディスコースが多文化的そして単自然的な存在論にもとづいているのとは対照的に、アメリカ大陸先住民の宇宙論は、ヴィヴェイロス・デ・カストロ［二〇一七］がパースペクティヴ主義（perspectivism）と呼ぶ、単文化的で多自然的なものだという。ヴィヴェイロス・デ・カストロは、人類学の記述の対象である社会の人びとが正確に「われわれのように」思考していると考えているが、しかしまた、彼らが思考していること、彼らの概念は、われわれのそれとはきわめて異なるとも考えており、そうした概念の描く世界は、われわれの世界とはひじょうに異なっているという［ヴィヴェイロス・デ・カストロ 二〇一七：二六六］。

一つの現実を文化によって異なって見る文化相対主義という認識論ではなく、多様な自然を前提とする存在論についての着目が「存在論的」である所以だが、ヴィヴェイロス・デ・カストロがとる見方が、相対主義とどれだけ、あるいはどのように異なるのかについては議論がつづいている［e.g. 杉島 二〇一七、Carrithers et al. 2010］。この問題については機会をあらためて、文化人類学における古典的な「合理性」論争をはじめとする問題系の一環として考えてみたい。

エージェンシーをモノに拡張し、多様な種類のモノが人間の相互作用のネットワークのなかに現れる記述という点でこれらの見方は似るが、ジェルの「芸術とエージェンシー」論や、科学技術論や科学社会学のなかで始まったANTがいわば対象を研究者という外部の人間が記述するのに対し、「存在論的転回」の民族誌は人びと自身による異なるエージェンシーの帰属があり得ることを示す、いわば内からの記述であるという点で、両者は相違しているように思われる(9)。ラトゥールやカロンがモノ（非-人間）を含んでエージェンシーを認めることによってえられた記述は、どのような意味のある記述であるのか。ここでは、ANTのラトゥールも強調している「複数の形而上学でやりくりする『アクター自身にしたがう』」［Latour 2007: 62］という点に着目し、民族誌記述の対象である人びとがモノにエージェンシーを帰属させるようなことがバリの土地と村人の関係にあるかどうかを検討する。当事者（被調査者）自身が、アニミズムのように人間以外のモノに意図を読み込んだり、エージェンシーを帰属させることはあるだろう。(10) 彼ら自身がそのように考えているのならば、パースペクティヴ主義のように、彼らの考えを「真剣にとらえる」べきである。

ただ、本書所収の片岡論文が説得的に示すように、「真剣にとりあげる」ことが存在論的複数性の前提を受け入れることを必要とするわけではない。片岡は「当事者の存在論をまるごと承認する」のではなく、「コミュニケーションのなかでどのような約束事（時に複数の）が稼働しているか」が重要であるという。また、飯田（本書所収論文）は「文化ごとにユニークな世界のとらえかた」についても「情報の広がりや偏りの特徴から説明されるべき」とし、認識論的なアプローチを強調している。本稿でも、土地のようなモノに行為主体性を帰属させるような私たちのそれとは異なる形而上学を当事者が前提としているように見えることは「真剣にとらえ」つつも、それが一貫して私たちと異なる存在論であることを主張するわけではなく、むしろそれが生まれる文脈を明らかにしたい。

冒頭でのべたように伝統的土地権の働く土地に関わる当事者たちが明示的に「呪術的・宗教的」土地権を語ったり、土地自身があるいは土地とその使用者たちとの間の相互作用のつながりが行為主体性をもつような物語を示すことはなかったにもかかわらず、(11) 私がバリにおける土地のエージェンシーを考え始めたのは、バリの人たち自身がそのような物語をするのが、州都に出て教育を受け、その州の国立大学教員として働いてきているために、出身村との関係はかなり遠くなっていたにもかかわらず、慣習村に関わり続けている都市の知識人だったからだ。彼は、これまで伝統的土地権の働く土地Ａｙｄｓ(12)（後述）の移転など伝統の改変に積極的で土地を人間が自由に処分できる商品として扱いながら、その一方で、土地に村人が「所属する」（直訳すると、土地が村の構成員を「もつ」）のだと、土地が住民に作用する行為主体であるかのように語ったのである。

教育を受け就業機会のために都市へ出ていった慣習村出身者が、その近代的な状況と動機による移住にもかかわらず、慣習村への伝統的な絆をむしろ強めているように、とくにスハルト政権下の開発独裁時代に比べたときに、現代の村人、とりわけ都市に移住した知識人が自分たちの伝統に強く関心をもちはじめているように思える。改革期以後のインドネシアでは地方の伝統復興の動きが報告されており［Davidson and Henley (eds.) 2007］、「伝統の創出」の一種であるとも見える。しかし、その「伝統」を創造するだけの「素材」はどこにあったのか。土地や住民をめぐる表現に注意を払うと、「場所性」とでもいったものが顕れてくる。本稿では、起源やムラのバリ語の意味の検討を通じて、バリにおける土地と住民の概念を再考し、土地のエージェンシーがそこに見えることを論じる。本稿は以下のような構成を取る。まず、バリにおける慣習村を山岳部の先住バリ人の村と平地バリ人の村（領主層の領地とされる村）について記述する。次に、村の概念を土地と住民の関係からとらえ直す。その際に、バリにおける村が一定の空間への帰属、親族関係（長幼の序）、そして起源の場所の概念にもとづいていることを考慮し、一定の土地に人が所属するという解釈を可能にしていると見る。

一　バリにおける村と起源

『梁書』巻五四には中国仏教開祖、菩提達磨（Bodhidharma）のインドから広東への航海との関連で、広東の南東の海上にある一島に婆利（P'o-li）という王国があるとされている［クロム 一九八五：二一九］。これをバリと比定することについては諸説あるが、当時（六世紀）インドネシア群島の一島にヒンドゥー化された社会が見いだされていたことを、これは示している。バリで発見された碑文では一〇世紀のものが最も古く、サンスクリット語と古バリ語の二種類の言語をデーヴァナガリ文字とパラヴァ文字（これからジャワ文字及びバリ文字が派生する）で記している。これらの碑文から当時バリにワルマデワ（Warmadewa）というヒンドゥー王朝が存在したことが分かる。

バリ人にとってバリの歴史の始まりは、しかし、一四世紀に起こった東ジャワのマジャパイトによる征服である。多くのバリ人は自分たちがマジャパイト王国の子孫であると主張する。彼ら、平地バリ人の村はオランダの研究者たちが「apanage」（領地）と呼んだものだ。一方、こうした村に対して古いタイプの村と考えられる村がある。バリ・アガ（Bali Aga）と呼ばれる人びとの村である。彼らはマジャパイトによる征服以前にバリに建てられたヒンドゥー王国の住民で、バリの「先住民」と考えられている。

バリ・アガはバリ島中部のキンタマーニ（Kintamani）を中心とした山岳部に主に居住している。五〇以上のバリ・アガの村の調査からトーマス・ロイターはこれらの村を結ぶ重要な組織としてバヌア（banua）という超村落的範域の存在を指摘する。バヌアとは村を超えて結びつく儀礼的な紐帯であるが、バヌアを構成する村は凝集している傾向があり散在するのではないことから空間的な限界をもち、たんに儀礼的に結びついている村落共同体の連合というのではなく、一定の範域をもった「祖先の土地の広がり、領域」である［Reuter 2002a: 28］。また、キンタマーニ地域に存在するブバヌアン（bebanuan）という、主として中核村と分枝村の紐帯から構成されている村の集合体に言及している研究もある［Stuart-Fox 2002: 401］。ロイターの記述では、バヌアは最も古い村と共通の起源をもつと認められている村の集合から成り、しばしば訪問者としての立場から寄進するそれ以外の村を含む［Reuter 2002b: 35］とされる。そこで、スチュアート＝フォックスのいうブバヌアンは、ロイターのいうバヌアのことと考えられる（bebanua-an<banua）。

また、カランガスム県西部のブサキ（Besakih）寺院と関連の深い諸村では、プラグヌン（pragunung）という超村落的範域の存在が報告されている［Stuart-Fox 2002: 345–346］(13)。これは、ブバヌアンと同じく、中核村と分枝村の連合体が、水田水稲耕作地域を中核として、畑作地域のムラを含んでアグン山山麓に形成されているという。ブバヌアンやプラグヌンについてのスチュアート＝フォックスの記述は中核村とその分枝村の連合ということに力点が置かれているが、彼の挙げるプラグヌンの例に、スラット慣習村の西隣にあるムチェトラ（Mecetra）村のプラグヌンが「馬鍬の幅」でずっと山頂まで続いている(14)、というのもあるので、プラグヌンは単なるムラの連合体ではなく、一定の領域をもった土地のことでもあると解される。また、マクレイによると、南バリの平地バリ人の村にも、マジャパイト起源の小王国の支配した地域であるにも関わらず、バヌアに類似した超村落的な儀礼的紐帯があるという［MacRae 2006］。彼が調査したウブッド（Ubud）近辺では、バリ・アガの居住地域の方にある村にこうしたバヌア類似のネットワークが見られる。

スチュアート＝フォックスの調査したブサキ地域と同じくカランガスム県西部にある私の調査地はバリ・アガではなく、平地バリ人の領地の村に分類される。この村は、ほとんどのバリ・アガの村と異なり、複数の集落（バンジャール banjar）から構成された規模の大きな村である。調査村はさらにアグン山頂へ延びる領域内に「スラット村の支配領域」（ククウバン・スラット kekuuban Selat）と呼ばれる従属的な村を従えている。ククウバン・スラットに含まれる村落にはスラットから分枝した枝村であることが知られている村も、まったく異なる起源が知られている村もあるが、どちらも独立した慣習村である。それらが、特定の儀礼に際して、スラットの起源寺院に献納をする(15)。前述のスチュアート＝フォックスの記述による、スラットのプラグヌンと呼ばれるものは、ククウバン・スラットと同じものであろう。マクレイが南バリの領地の村にもキンタマーニのバリ・アガの居住地域に近い北部にそのような紐帯を見出していることを考えると、プラグヌンやククウバンはバヌアに類似する慣習村寺院と村を超えて結びつく諸村の土地と考えられる。

前述のように、バヌアを構成する諸村は凝集する傾向があり、祖先を介した紐帯にもとづく儀礼的なネットワークというだけでなく、領域的なものであり、「祖先の土地の広がり」である［Reuter 2002a: 28］。そして、バヌアの概念に最も重要なのは、住民と土地の間には古くから続いてきた関係があるという考えである。ロイターによれば、バヌアの成員が共同所有する土地によって定義されるのではなく、ある領域とその住民は神格化された祖先あるいは神々によって「所有されている」あるいは土地が人びととその祖先（神々）を「所有する」のだとすらいえる［Reuter 2002a: 29–30］。(16)

スラット村など平地バリ人の村ではバヌアという村落のネットワークや範域は知られていないし、またスチュアート＝フォックスも西カランガスムのプラグヌンの記述においてバヌアに言及してはいない。だが、ロイターが指摘するように、ジャワやバリで発見された最古期の刻銘にはバヌア（banua）あるいはワヌア（wanua）という「村」を意味する語が見いだされる。そして、インドネシアを含むオーストロネシア諸語が話される地域では「*banua」（*は再構築形を示す）の血縁語が大地やムラ、イエを意味する現象が広く見られることを考えると［e.g. Tryon (ed.) 1995 part 3: 112–113, part 4: 523–524; Blust 2013: 346］、村を超えた領域としてだけではなく、村やイエにあたるものもバヌアである可能性がある。

ロイターはバリ・アガの社会をバヌアを含む三つの組織によって記述している［Reuter 2002b］。バヌア、デサ（村）、そしてサンガー（sanggah）である。前述のようにバヌアとは、一定の地域にわたるいくつかのデサから構成される宗教的連帯（とその領土）のことである。ロイターはこれを「儀礼領域」（ritual domain）と呼んでいる。デサあるいはデサ・アダット（desa adat）とは慣習村のことで、バリでは伝統的な共同体が国家の行政機構の末端である行政村と併存し、デサ・アダット（慣習村）と呼ばれてきた。バリ・アガの多くがそうであるような山岳部の村落の場合、一つの集落（バンジャール banjar）でひとつの慣習村を構成する小規模な村であることが多い。そして、ロイターの調査地でいうサンガーとは、父系的につながる祖先祭祀の集団であり、平地の村で言う氏族（ダディア dadia）のことである。バリ・アガも平地バリ人と同じく、新しく世帯を構成するにあたり、サンガー・クムラン（sanggah kamulan, 起源の社）を建てる。屋敷地にはこの社を含む屋敷寺があり、さらにいくつかの父系的に関係する世帯がサンガー・グデ（sanggah gede, 大屋敷寺）を共有してつながり、ときにプラ・カウィタン（pura kawitan, 起源の寺）と呼ばれる氏族の寺を建立する。

既にのべたように、スラット慣習村はバリ・アガではなく、[17]バヌアはみられない。この村は、かつてこの近辺を治めた領主家のあった規模の大きな村で、一四のバンジャールから構成される。バヌア以外の二つの組織原理はスラット村あるいは平地バリ人の領地一般に見られるものと同じと考えられるので、これらをスラット村の事例について整理し直してみよう。

慣習村への所属は（原則として）夫婦（およびその未婚の子ども）を単位とする。婚姻により自分自身の世帯を形成し正式に共同体の成員となる。バリ語で配偶者を意味するクルナン（kurenan）とはクルン（kuren, 竈）[18]を共にする者のことであり、また同じく配偶者（特に妻の方）を意味するソマ（somah）とはウマ（umah, 家）を同じくする者（sa+umah, 一つの＋家）のことである。

バリ人は塀で囲まれた屋敷地内に居住する。屋敷地（カラン karang あるいはプカランガン pakarangan）には一つ以上の世帯クルン（kuren）がふくまれる。クルンは普通、一組の夫婦と（子どもがいれば）その未婚の子どもたちから成る（未婚のキョウダイや身体が不自由となった老親を含むことがある）。二組以上の夫婦が竈（あるいは台所）を共有して一つの経済的単位として機能することは私の知る限りなかった。富裕な大家族が竈を共にする複数の世帯からなる巨大な合同家族を構成することも、また、逆に、貧しい家庭で台所を共有した方がより経済的になるような場合でも、複数の夫婦が竈を一つにすることはなかった[19]。家庭経済のこの基本的単位、夫婦と未婚の子どもたち、それは村やバンジャールへの加入単位であるというだけでなく、祖先祭祀の基本単位でもある。
塀や垣で囲まれた中にいくつか社のたっている屋敷寺（サンガー sanggah あるいは貴族層でムラジャン merajan）が屋敷地の「聖なる」方角（南バリの場合は東北）の隅に設置されている。新婚夫婦は自分たち自身の祖先祭祀の社（サンガー・クムラン）を花婿の生家の屋敷内にある屋敷寺の中に建てる。最初は竹を組んで一時的な社を建て、それが崩壊したら、新しいのを建てる。第二の社も崩壊すると木で作った永続的な社を建設する。[20] 生家の屋敷地にもう住む余地がなければ生家の外の別のところに自分自身の屋敷地をもち、家を建てる。その場合、屋敷寺を作り、その中に自分の新しい社を建てる。

親族と祭祀場そして居住地の構成には次のような平行関係がある。夫婦と未婚の子どもたちからなる世帯を一つあるいはそれ以上含む屋敷地があり、屋敷地内の世帯は父系的に関係しており、それぞれが屋敷寺のなかに社をもつ。共通の生家に源を発する複数の屋敷地は出身の屋敷地の屋敷寺に出自を辿り、共通の祖先を祀った寺を屋敷地の外に建立することもある。このように特別の寺（氏族／系族寺院プラ・ダディア pura dadia）が建てられ、氏族あるいはリネージができる［cf. ギアツ／ギアツ 一九八九］。地域的に集中して建てられた屋敷群はバンジャールを形成する。バンジャールの加入原理は共通の出自あるいは血縁関係ではなく、居住の近接性（もともとバンジャールとはイエの「並び」のことであったようだ）であるが、内婚を選好し、拡大家族が集住して（ときにはクランやリネージが）集落をなす結果、そこに生まれた集落は血縁と地縁のどちらの原理も含んだものとなる。祖先を祀った氏族寺院が「母寺院」（pura paibon, paibon<pa-ibu-an, ibu：母）として集落／リネージの起源の寺院となり、さらにそれが「起源の寺院」（pura puseh）になると独立した慣習村となると言われる。

スラット村の構成

このように居住から考えると、特定の地域にまとまって居住する世帯が自動的に慣習村成員権をもつように思われる。実際、母村であるスラット村からオランダ時代に独立した慣習村としてサンティ（Santi）村が分かれたのも、そのようにある程度の大きさになった地域氏族の集落が「母の寺院」を建て、やがて自分たちの「起源の寺院」とすることで別個の慣習村になったものだという。バリ南部の多くの慣習村では、成員権は共有の居住地への居住にもとづいていた（あるいは成員にのみ居住地が与えられた）。人類学的な調査が数多くおこなわれてきた南バリの慣習村においては一般に、共有の居住地（カラン・デサ karang desa あるいはプカランガン・デサ pekarangan desa）が多いのに対し、スラット村では共有の居住地は存在せず、その成員権は特定の耕地（tanah ayahan desa, 村への奉仕の土地、以下「Ａｙｄｓ」）の保有にもとづいている。ウダヤナ大学法学部の調査では、バドゥン、カランガスム、クルンクン、タバナンの四県のうち、東バリのカランガスムではＡｙｄｓをもつ慣習村の数が四七・五％を占めるのに、南バリのバドゥン及びタバナンにおいてはＡｙｄｓをもつ慣習村はなく、また、共有の居住地をもつ慣習村はバドゥン、カランガスム、クルンクンの三県で七〇％強あるのに対し、タバナンでは三七・七％にすぎないという結果が出ている［Warren 1993: 40–41］。

共有の居住地のないスラット慣習村では、慣習村の成員権は保有する土地の種類と関連して次のように分類される。職田・寺社田を保有・使用する長老職および寺付き祭司、Ａｙｄｓを所有する中核村民、Ａｙｄｓのような特別な土地を所有しないが村内に居住し墓地を使用する一般村民、そしてムラの墓地を使用する村外民である。

中核村民は約二〇〇筆のＡｙｄｓの所有者であり、Ａｙｄｓには慣習村儀礼（aci desa）に参加（労働・貢納）する義務が付随する。中核村民は、輪番で慣習村儀礼に参加を要請され、儀礼に必要な供犠動物の購入費や供物の物納を分担する。儀礼に際しては儀礼料理の調理を分担し、儀礼終了後は寺院にあるバレ・アグン（bale agung, 大きな建物）に集まって坐り、供犠された豚、水牛の肉を用いた儀礼料理と米飯を分配する。バレ・アグンはこの地域に特徴的なバレ・プガット（bale pegat）と呼ばれる形態で、中央から二つに分かれたかたちをしている。儀礼に参加した中核村民はこの建物に中央に向かって長辺に沿って坐る［Goris 1969: 124］。ただし、ロイター［Reuter 2002b］や（カランガスム県のバリ・アガと言われる村を調査した）スハーレマン［Schaareman 1986］が描いたような年齢階梯制を表すような席順と席の移動はスラットの場合にはなく、長老職の座席を除いては自由に坐っている。(21) 儀礼参加の輪番の規則は、一九六三年のアグン山噴火の被害によりＡｙｄｓを含む多くの耕地が埋もれたため、中核村民の負担を軽減し、かつ不公平感をもつことがないように長老職が采配して決めていたが、それ以前には、耕地の広さに応じて決めた貝葉文書にしたがっていたという。

慣習村の成員権はこのように伝統的土地権の働く土地によって決められると同時に、村民は慣習村内のバンジャール（banjar, 集落）あるいはダディア（dadia, 氏族）に帰属し、それを通じて慣習村に属する。(22) 上記のような土地利用の分類と関連した中核村民と一般村民の区別とは別に、各バンジャールあるいはダディアの成員権には次のような分類があるため、結果として、村民には別のかたちの分類がある。夫婦（あるいは兄弟姉妹）のような男女の一組から成る正成員（ngarep）、男女どちらかを欠いた寡夫（寡婦）成員（nganeh）、および老齢者成員（nyada）が、実際に慣習村に居住する成員である。他方、正成員のように夫婦（あるいは他の男女の一組）が成立しているが、正成員となっていない成員がある。これは村を離れて居住している成員（nglaga）である。各バンジャール（およびダディア）からのデータを集計した慣習村のデータ（二〇一一年）によれば、慣習村内の一九九六世帯中、五六七世帯が村を離れて居住している成員の世帯であり、現在のスラット慣習村は四分の一を超える数の世帯が村外（郡を越えた遠方）に移住した世帯から構成されていることになる。

このように遠方（たとえば、バリ州州都デンパサールや、別の州の都市）に移住しながらも成員であり続けることは従前より知られていたことではあるが、携帯電話が普及する以前は郵便による非常に時間のかかる連絡に頼らねばならず、簡単に日程を打ち合わせることもできなかったし、実際に参加するにも州都との往復ですら半日かけねばならないような状態であったため、よほど重要で大規模な行事や儀礼でなければ、帰省して参加することはなかった。近年では携帯電話やインターネットなど通信手段の普及や交通手段の劇的改善により、慣習村の運営や行事により深く頻繁に参加することが可能となり、以前よりもずっと頻繁に帰省し、慣習村儀礼に参加するだけでなく、以前には存在しなかった慣習村会議などの運営にも関わるようになった［中村 二〇一四、二〇一六］。移住した慣習村成員は、それが可能になったために、かなりの無理を自らに強いながら出身村との行き来を繰り返し、老親を介護したり親族の通過儀礼に参加したり、氏族の寺院に詣でたり、そして慣習村の儀礼に参加したりする。これは端から見ると苦行のように見えるが、彼らはむしろ「祝福」だ、なぜなら村にはカウィタン（kawitan）があるからだという［中村 二〇一六］。一般に先祖ととらえられるようなカウィタンだが、氏族集団の儀礼や老親の世話だけでなく、慣習村の儀礼に参加することについてもカウィタンがあるからだという理由づけをする。(23)

二　村の起源と始祖

…しばしば返ってきたのは、「バリ人は、カウィタン（kawitan）を忘れてはならない」ということばであった。カウィタンとは、「起源の地点」を意味することばで、自分が属する父系親族集団の始祖と、そしてその始祖と結びつく特定の寺院（起源の寺院）を指す。起源の寺院を共同で維持管理し、必要な儀礼を執り行う義務を負う集団は、互いに明確な系譜上の関係はたどれないが「起源の地点への結びつきを父親から継承され」た成員から構成されており〔ギアツ／ギアツ 一九八九：七九〕、その集団もまたカウィタンと呼ばれる〔中谷 二〇一二：一一〇〕。

右の引用で始祖と解しているように、「起源の地点」を意味するというカウィタンは起源を意味するクムラン（kamulan<mula：始まり）と同様、一般的に、祖先を意味して用いられる。こうした祖先は、カウィタンを忘れた（つまり正しい出自を知らない）子孫に災いをもたらすとされるが〔ギアツ／ギアツ 一九八九：九五―九九〕、私もそのような語りを耳にしたことがある。

たんに祖先との関わりではなく、地縁組織である村についても、カウィタンがあるから、成員権維持のため遠距離の出身村へ往復して儀礼に参加したり、つねに成員権維持の「会費」を支払い続けることも苦にはならないという、そのカウィタンとは何か。

ここで考えてみたいのは、そもそもインドネシア語で先祖を意味するレルフール（leluhur）やネネック＝モヤン（nenek-moyang）のような平易で普通使用される言葉があるにもかかわらず、なぜカウィタンというバリ語の単語が使用されたのか、という問題である。この話題が出たとき、私が話を聞いていたのは比較的教育程度の高い人びとであり、インドネシア語運用能力の高い人びとであるから、祖先にあたるインドネシア語が思いつかなかったはずはない。前節でのべたデンパサール市への移住者の調査についても、インタビューはインドネシア語で行っていた(24)。

バリ語辞典〔Kersten 1984〕には次のようなインドネシア語訳がある。

カウィタン kawitan：①出身地（tempat asal）、②祖先、先祖（leluhur, nenek-moyang）。

この項目の記述では、第一義として出身地が来ており、先祖はそれに次ぐ。また、カウィタンという語の語源については、次のような（民俗）語源説がある。

カウィタンは始まりを意味するサンスクリット語（wit）に由来する。人間の始まりは神であるから、本来、人間にはみなカウィタンがある。そこで、カウィタンとは起源との絆、あるいはカウィタンとはバリに最初にやってきた、あるいはバリに生まれた先祖のことであると定義する者もいる［http://inputbali.com/budaya-bali/mengetahui-makna-dan-sejarah-kawitan-dibali, 最終アクセス二〇一八年一一月七日］。

私自身は、このサンスクリット語源説には懐疑的で、むしろ、バリの知識人（の一部）が起源をインドに求める傾向があることに関係するのではないかと考えている。バリの（ヒンドゥー教の）知識人が権威をインドの源に求める傾向はしばしば認められる。例えば、私が一九八九年にインド学者とバリ＝ヒンドゥー教祭司に調査したとき、このブラーフマナ祭司が権威づけに持ち出したのが、「代々伝わる」貝葉文書などではなく、インドで発行された本であった。あるいは、スハルト政権瓦解後、二〇〇〇年代に流行ったバリの伝統文化を取り上げたマスメディアの調査では、ヒンドゥー教知識人のなかにはバリの伝統文化に回帰するものと、その起源であるインドの（いわば本場の）ヒンドゥー教にまで遡ろうとするものがあった。その頃出てきた、インドへの巡礼（tirtaya-tra）は、一方でイスラーム教徒のメッカ巡礼に範をとり、他方でイスラーム教に対抗し、ヒンドゥー教の起源に回帰するような、バリのヒンドゥー教知識人層の動きと考えられる[25]。こうした傾向があるので、右に引用したカウィタンがサンスクリット語（wit）に由来するというウェブサイトの説明についてもそのまま受け取ることは危険だと思う。

私はカウィタンを「始まる」を意味する「awit」の派生語と考えるのが自然だと考えている。「ka—an」は、インドネシア語の「ke—an」のような接周辞である（用法は必ずしもインドネシア語と一致するわけではない）。「pa–」や「ka–」は、バリ語の正書法によっているが、発音は「pe–」や「ke–」におけるように、シュワー音になる。そのため、「kamulan」の発音はクムランである。それに対し、「kawitan」の発音はクウィタンではなくカウィタンである。ここから、「kawitan」は、「ka-wit-an」ではなく、「kawit-an」あるいは「ka-awit-an」ではないかという疑いが生じる。そうだとすると、その語幹は「wit」ではなく「kawit」あるいは「awit」であると推測される。あるバリ語辞書［Shadeg 2007］では、「wit」および「awit」は自動詞「始まる」であるとし、「ka-wit」は「始まり」としている。(26)「wit」の語源は示されていない。

「kawit」が「ka–＋awit」で「awit」の語幹が「wit」であり、「始まり」を意味するサンスクリット語の「wit」に由来するのはありうることだが、ゴリスは刻銘文に出てくる「wit」に「源」（oorsprong）という訳をあてている。ただし、ゴリスによれば、サンスクリット起源ではなくインドネシア語起源である［Goris 1954］。想像力を働かせるなら、「awit」（始める）が、バリ語敬語で「木」を意味する「wit」に由来するのではないか、とも推測できる［cf. Fox 1995: 233］。なお、同じく始まりを意味するクムラン（kamulan）の語幹「mula」の原意は「植える・植えられる」である。

カウィタンの語源についてははっきりとしたことは不明である。ただ、それが上記のサンスクリット語源説でいうように始祖あるいは祖霊や神のような人格を意味しているというよりは起源の場所を意味していると考えると、バヌアが祖先の土地の広がりであり、住民と土地の間に古くから続く関係があるのだというロイターの説明やオーストロネシア諸語との類似が際立つ。次に、村と村の成員を表す言葉についてみてみよう。

三　バヌア（村）とクラマ（成員）

従来、慣習村はデサ・アダットと呼ばれてきたが、二〇〇一年州条例三号によりデサ・プクラマン（desa pakraman）と呼ばれるようになった。プクラマンの由来は、サンスクリット語のクラマ（krama）に由来するとされる（pakraman<pa-krama-an<krama）。ヒンドゥー教評議会事務局長補佐やヒンドゥー教師範学校長を務めた知識人［Winata 1997］によると、古いヒンドゥー聖人の業績を記した貝葉文書（lontar Mpu Kuturan）に村を「デサ・プクラマン」と呼んだ例が見られるという。また、プクラマンという語は「社会的つきあい」を意味する語として、バリ州政府が編纂出版した『バリ語－インドネシア語辞書』の一九九三年改訂版に載っているが、同じ辞書の一九七八年初版には見当たらないという［鏡味 二〇〇六：一一五］。たしかに、慣習、伝統にもとづいた規則といった意味のサンスクリット語でクラマ（krama）という語があるので[27]、デサ・プクラマンのプクラマンが、このクラマから由来したという推測は妥当に思われる。だが、右にのべた貝葉文書に描かれた聖人（Mpu Kuturan）が活躍したとされるエルランガ王よりも古い時代の銅板の刻銘文や石碑の碑文は現存するが、そうした刻銘文にはデサ・プクラマンと記した例はない。また、プクラマンという単語がバリ語辞典の一九七八年版には見当たらず、一九九三年の改訂版に収録されたことから、伝統復興の気運のなか、それまで用いられてきた慣習村を意味するデサ・アダット（desa adat）のなかのアダットというアラビア語起源の言葉の使用を嫌ったバリ＝ヒンドゥー教知識人がそれに代わる表現を探したのが真相ではないかと疑われる。

クラマを『カウィ語－バリ語辞書』［van der Tuuk 1900］で調べると、「やり方あるいは状況」（wijze of toedracht）のような語義を挙げてあり、慣習村デサ・プクラマンのプクラマンの語幹に相当するようにも思えるが、それとともに「（賦役などの義務を果たす）住民」（de bewoners, die aan deverplichtingen）、あるいは「成員」（de lieden）という語義も書かれている。そこで、プクラマンの語幹をなすサンスクリット語由来のクラマとは別に、構成員を意味するクラマ（krama）という語があり、「kerama」と綴ることもあると考えられる［e.g. Wertheim et al.（eds.）1960; van Baal et al.（ed.）1969］。刻銘文の表記法についてスポモが言うように［Supomo 1995: 319］、シュワー音を表すのに子音を連続させることで表記していたならば、「krama」は「kerama」を表していたとも考えられ[28]、それは「父」を意味する「rama」に由来すると考えられる［Stuart-Fox 2002: 21］。

州条例の定義に見られるようにクラマ・デサ（krama desa, 村の成員）という言い方をするとき、「村」はすでにサンスクリット語のデサを用いているから、クラマ（krama）もサンスクリット起源であると考えるのは当然に思える。だが、今でこそ村をデサと呼ぶのが普通のようにも思われるが、慣習村の中で通用するしきたり、の意味でドレスタ・グミネ（dresta gumine, その村のしきたり）のような言い方もする。そこには、「しきたり」という意味でのクラマも村という意味のデサも使われてはいない。村をデサと呼ぶ以前からオーストロネシアの共同体は存在していたのだから、その領土やその成員を表すオーストロネシアンの語彙があったと考える方が自然であろう。

クラマ（krama）＋ムラでムラの構成員を意味する表現は、ゴリスが取り上げた刻銘文・碑文の中ではクラマ・タニ（krama tani, tani/thani はムラの意）[29]という表現がムラの成員を意味している（二例）。この二例は、どちらもバリ出土の刻銘文の中では最初期のもの（八八二年、八九六年）である。一方、「karaman」でムラあるいはムラの成員を意味する表現は三三例見られる。一〇一〇～一〇二五年にわたり、かなり幅広く使用されていたことがわかる［Goris 1954］。「karaman<ka-rama-an」であると考えると、「rama」をもとにムラ（の成員）が考えられていたのだとも思われる[30]。

私自身は現代の事例で「karaman」を見たことはないが、ロイターによれば、バリ・アガの村ではkeraman

banuaで「領域の人びと（構成員）」を意味している。バリ語のローマ字正書法では、シュワー音を、接頭辞「pa-」、「ka-」、「ma-」におけるように「a」で表記する。一方、インドネシア語の正書法ではシュワー音は「e」で表す。ロイターも「kemulan」のようにシュワー音を「e」で表記しているから、ロイターの「keraman」も「kara-man」のことと思われる。

デサ・プクラマン（desa pakraman）のクラマ（krama）が慣習、規則のような意味のサンスクリット語「krama」を起源とするにしても、「krama desa」（ムラの成員）というときの「krama」は、「kerama」あるいは「rama」に由来するのではないのかというのが私の推測である。

バヌア（banua）という語はまた古い資料（碑文・刻銘文）にもその使用が見られる。『バリの刻銘』［Goris 1954］に収録された刻銘文にあらわれたムラおよび村民を意味する語を含む部分を抽出し、検討してみた。ムラを表す語は「banua/banwa/wanua」であり、村民を意味する表現はほとんどが「バヌア／バンワの子」（anak banua/banwa）である。時代は九世紀末から一〇世紀、主な出土（あるいは保存）場所はキンタマーニ周辺のバンリ（Bangli）県（バリ島中部）からブレレン（Buleleng）県（バリ島北部）の山岳部に偏っている。つまり、九～一〇世紀、現在のバリ・アガの村のある地域ではバヌア（banua）がムラを意味して用いられていたと考えられる。そこで、次のようなファン・ナールッセンの描く、古代ジャワの社会組織との関連性が見えてくる。

ファン・ナールッセンによれば、古代ジャワにおける（ヒンドゥー起源ではなく、ジャワ起源の）最小の共同体は、共同的かつ伝統的システムにしたがって、平等者のなかの第一人者（primus inter pares）たる「父」の率いる長老の役員会により支配された自給的な単位であるワヌア（wanua）であった。ラマ（rama）あるいはトゥア（tuha）とはワヌアの「父」あるいは「長老」である。現代バリ語で両親をルラマ（rerama）というが、これも「rama」を語幹にもつ。他方、ワヌア（wanua）の住民、ワヌアに生まれた者を「ワヌアの子」（anak wanua）という。いくつかのワヌアから成る領域ワタック（watak）を支配する権威者としてラカ（raka）がいる。ラカはワヌアの長（rama, 父）の地位にある者のなかの「兄」の役割をもっていたと推測される。ラカという語は現代のバリ語の敬語でも年長のキョウダイを意味する。ただし、スポモは、ラカが「兄」を意味するという解釈［Stutterheim 1933; van Naerssen/Iongh 1977］を批判し、ラマよりも高い地位を意味するためには「父」よりも年長を意味する親族名称が使用されるだろうから、ラカ（raka）やその同義語（rakai, rake, raki）は、「長老、祖父」（ra-（ka）ki あるいは ra-kya）に関連するだろうという［Supomo 1995: 313］。スポモによると、父を意味するラマ（rama）がワヌアの長であり、長老あるいは祖父を意味するラカがいくつかのワヌアから構成されたワタックの長であった。さらに、そのヒエラルキーの頂点にラトゥ（ratu, 祖父あるいは祖先を意味する）がいた。オーストロネシア諸語の社会で「ratu」と同語源の語はさまざまな意味をもっているが、(31) 古ジャワ語の「ratu」は「rama」や「rakai/rake」と同じく「祖先、祖父」(32) を意味する親族名称が政治的首長を意味するようになったものだとスポモは考えている［Supomo 1995: 314］。

こうした記述が示しているのは、一定の地理的領域に限定された共同体が世代の違いを示す親族名称によって表された年功序列の階梯によって組織されていることであり、とくに住民は「土地の子」と表現されていることである。オーストロネシア祖語の「*aNak」に由来する「子」にあたる言葉は、親族関係に関連した意味の他に、モノについては「全体の中の小さな部分」を、人間については「集団の成員」を表している［Blust 2013: 327］。

ムラを表す「banua」という語について詳しく見れば、後にムラを表すのに広く用いられることになるサンスクリット語に由来するデサ（desa）と異なり、オーストロネシア諸語の祖語に由来するので、同系語は広く用いられ、現代インドネシア語で大陸を意味するブノア（benoa）同様、大地を意味する。

「*banua」の発達形は〔「*rumaq（家）や*balay（集会場）よりも〕さらにいっそう多様で、「土地」、「村」、「家」、「国」さらには「空、天」〔の意味〕を含んでいる。明らかにマラヨ・ポリネシア祖語の「*banua」は私的な居住地や共有の集会場を意味していたわけではない。その意味は、部分的には土地の概念を含んでおり、また一部には人間の居住地を含んでいた。次の二つの言語における説明はとくに理解の助けになる。マレーシア・サラワク州のイバン（Iban）人の「mənoa/mənua」は地域の共同体とくにロングハウス（ru-mah）が保有し使用する土地の範域であり、家、畑、菜園、果樹園、墓地、半日の旅程内の水域や森を含む。…その真の意味は、土地、居住地、食物、水、および墓地に言及したより多面的な解釈となる。マラヨ・ポリネシア祖語の「*banua」は、住居が建てられ、食糧を生産する土地、飲料や水浴のための水、先祖の墓を含む、人間社会の生命維持システムを意味すると推定される［Blust 2013: 346］。

『カウィ語－バリ語－オランダ語辞典』［van der Tuuk 1900］では、ワヌアあるいはワンナ（wanna）に居住地という意味を与えている。刻銘文中のバヌア、カウィ語辞典のバヌア、オーストロネシア諸語に見られるバヌアの同系語の意味から、バヌアには、たんに共同体を意味するというよりは、人びとがそこに住み生きていく一定範囲の土地の意味があるように思われる。前述のように、バヌアを構成する諸村は凝集している傾向があり、バヌアとはたんなる祖先の紐帯の儀礼的なネットワークではなく、領域的なものであり、ロイターによれば、「祖先の土地の広がり」である［Reuter 2002a: 28］。そして、バヌアの概念に最も重要なのは、住民と土地の間には古くから続いてきた関係があるという考えである。バヌアはその成員が共同所有する土地によって定義されるのではなく、ある領域とその住民は神格化された祖先あるいは神々によって「所有されている」あるいは土地が人びとその祖先（神々）を「所有する」のだとすらいえる［Reuter 2002a: 29–30］。

スラット村など平地バリ人の村ではバヌアという名称の村落のネットワークや範域は知られていないし、またスチュアート＝フォックスも西カランガスムのプラグヌンの記述においてバヌアに言及してはいない。だが、起源となる中核村と分枝村（ときに起源は異なるが儀礼的な関係を保っている村を含む）が一定の領域にあるという点で、プラグヌンやククウバンはバヌアの記述に類似する。さらに、マクレイが南バリ平地バリ人の村にもロイターの記述するバヌアに類似する村落ネットワークあるいは領域を報告していることも考えると、バヌア的領域はマジャパイト以前のバリでは一般に見られたのではないかと思われる。

ロイターも言及しているように、ジャワやバリで発見された最古期の刻銘に「banua」あるいは「wanua」という「村」を意味する語が見いだされた。ロイターの記述したバヌアは超村落的連帯であるのに対して、ここではバヌアそのものが村落であるので、そのレベルは異なるのだが、インドネシアを含むオーストロネシア諸語の社会で広く「*banua」の発達形が大地だけでなくムラ、イエを意味していることを考えると、ロイターのバヌアのような村を超えた領域としてだけではなく、ムラやイエにあたるものがバヌアという考え方に含まれていたのかもしれない。ロイターもバヌアとデサは密接に関連し同じようにとらえられているという［Reuter 2009: 28］。さらに、バヌアには起源の場所とそれに由来する人びととがつながるという考え方が含まれているならば、村を出た村民（nglaga）を含む村の構成員（kerama）が村に属する（村のものである）と言い表せる「素材」はあっただろう。(33)

おわりに——現地の言葉を真剣に受け取る

存在論的転回の論者たちの意図をほんとうに理解したとはとても思えないのだが、その代表的な著者のひとりであるヴィヴェイロス・デ・カストロの次のことについては同意できる。「先住民の思考を真にうけると、何が起こるのだろうか。人類学者の目的は、こうした思考を説明し、解釈し、コンテクスト化し、合理化することではなくなり、それらがわれわれの思考に与える効果を利用し、そこから帰結を引きだし、検証することになるのだろうか。先住民の思考を思考するとはどういうことなのだろうか。私はそれをつぎのようにのべてみたい。すなわち、われわれが思考しているもの（他の思考）が「一見すると非合理」であるかどうか、さらに悪い場合には、当然理性的であるかどうかを思考することなく思考すること、しかしそれは、この他なる思考を、こうした二者択一のなかで思考されることのない何かとして、こうした働きとはまったく他なる何かとして思考することなのであると」［ヴィヴェイロス・デ・カストロ 二〇一七：二七七―二七八］。

彼の主張する、「原住民の考えることを真剣にとらえる」（prendre la pensée indigène au sérieux）［Viveiros de Castro 2009: 166］というのには私は強く共感する。私にはバリの村人たちに呪術的・宗教的な土地権というような、伝統的土地権の決まり文句に見られる考え方を見いだすことはできなかった。儀礼的土地権の働く耕地は儀礼の義務が付随するから取引価格が安く設定される。土地は人びとが売買し所有するものである。これが私たちと同時代を生きるバリ人の考え方なのだとずっと思ってきた。しかしまた、その観察と矛盾するような土地の行為主体性や起源の土地と祖先との同一視のような語り方に気がつくようにもなった。

ＡＮＴやジェルのようにエージェント間のネットワークを辿ることでより良い記述になるのかどうかは分からないが、人びと自身が中核村民はムラの土地に帰属する、村の土地が村民を「もつ」といった語り方をするなら、その意味を真剣にとらえるべきだと思う。それが、なぜ村を離れた知識人から出てくるのか、といった問いを検討するには調査資料が不十分であるし、またそれが適切な問いとなるのかどうかも分からないが、本書所収の杉島論文のリオ人の例で示されているように、同じ社会でもまったく対極的な意味づけをすることはあるだろう。

あるいは、同じく本書所収の高田論文がグイ／ガナの例で、コミュニケーションに利用・参照可能なリソースに極端な違いがある乳児と養育者だけでなく、養育の場にはさまざまな社会的な関係性が絡み合い、それぞれが異なる「文化的文脈」に埋め込まれていること、そのなかから一つの文脈が前景化され更新されるのを「コミュニケーションの核」としている。

そこで、どのようなコミュニケーションの場にその言葉が置かれていたのかを想起すると、私が当然のように人びとがコモディティとして土地をとらえていると思っていたときは、国策として土地の所有権の確定と登記が進められつつある時代であり、バリにおいては観光開発が一定の成果を収め、土地の所有権をめぐって問題が起きはじめているときでもあった。中核村民を根拠づける特別な耕地であるタナ・アヤハン・デサはしばしばＡｙｄｓ（アーイェーデーエス）と略語で呼ばれていた。この略語は一九三〇年代に作られた土地課税台帳の備考欄に使用されていて、オランダ統治時代にほとんどの土地は私的所有権にもとづくモノとされていたのであり、その台帳はノートに書き写されて、共同体儀礼のための「賦役」や「課税」の基礎資料とされていた。本書所収の馬場論文で言うところの書類を介したコミュニケーションのなかで土地はモノとして扱われていた。課税台帳の備考欄にＡｙｄｓと略記された、土地に付随する村に奉仕する義務と中核村民の概念およびその土地を記した貝葉文書[34]は、オランダ植民地政府による土地所有の確定と課税の始まる前から存在しており、本来、中核村民を基礎づけるという意味でＡｙｄｓはむしろ威信財であったのが、書類により媒介されるコミュニケーションに入ってる人びとには、Ａｙｄｓとして人びとに要らぬ面倒を強いる、それゆえ商品価値の下がった土地という意味づけがなされていたのである[35]。

それに対して、村を出たインフォーマントは、私が住み込み調査をしていた頃の慣習村長の娘の子どもであり、進学して州都に出て以来ずっと村を留守にしていたが、ここ一〇年ほどはしばしば村に戻り、村の歴史について少しずつ聞き取りしながら資料を集め小さな本を書いたりしている。しかし、慣習村を構成するバンジャールにもダディア（氏族）にも属していないので、村民として村で葬られることはない。地域文化復興の状況のなかで彼は慣習村という存在の中に潜む、起源の場所への成員の帰属という考え方に依った語り方をする。いわば彼は自分の出身の慣習村の土地を介してふたたび起源の場所とつながったのである。

（1）慣習村では「スラット村の所有物（財産）」（Pemilikan desa Selat）の資料集を作り始めていた。そこで財産とされているのは、寺社田、職田のような耕地と寺院であった。本書所収の馬場論文の言うような、（紙の文書と貝葉文書の）ドキュメントによるコミュニケーションの連鎖が接続していたのである。紙の文書ではそれまで用いられなかった「所有物（財産）」を意味するインドネシア語（pemilikan）が用いられ、村（という組織）が土地を所有すると表現される。

（2）昔の長老役の間違いのためだろう。自分たちが売買してしまったから、村民にも禁止できなくなってしまったのだと推測する。

（3）付け加えると、「土地が人をもつ」と言って彼は思わず笑ってしまっていた。彼がつねづね「寺社祭司を寺社の土地がもっているのだ」という言い方で主張していたとは思わない。また、ドルウェ（druwe）あるいはドゥエ（duwe）というのは、敬語であって、普通語ではグラー（gelah）を用いる。村に属するというときに普通語ではなく敬語を用いるというのは特別の意味があるのかもしれない。

（4）呪術的・宗教的な土地権とか土地が人に作用するような観念はひじょうに魅力的であったが、（オリエンタリストなら捏造したであろう、われわれとは隔絶し理解を超えるような）他者としてのバリ人ではなく、同時代を生きる人としてのバリ人を記述するつもりであった私には、彼らはコモディティ化した土地の概念で動く近代人であると考えるべきと思われたからだ。

（5）その「実践理論の背後の歴史にある、「構造」と「エージェンシー」の対立は、「構造 Structure」という［スタートレックのボルグのような存在に対する英雄的な個人（The Agent）を想わせる」［Ortner 2006: 130］。

（6）この定義は緩すぎると思う。

（7）具体的な方法は示されていない。

（8）この点に、専門用語を巧みに使用した整合性のある分析であっても現地の人びとがそうした概念をもたないならばそれは正しい記述ではないと自己批判したような、シュナイダーが親族論を再考するなかでおこなったヤップ文化の記述と分析に類似する問題意識を私は見出す［Schneider 1984］。一方、「第二の記述」にはまた親族論にもとづいた「第一の記述」同様に、「談話にふくまれる概念を整合するように結び合わせ、それらがひとつの体系をなしているように描き出す」［本書所収の杉島論文］という点においては問題もあるように思われる。

（9） もちろん、このように単純に二分できる訳ではないし、ANTを代表するラトゥールも当事者自身による記述の重視を主張している［Latour 2007］。また、本稿では詳しく論じることはできないが、モル（Annemarie Mol）などを引いている箇所［Latour 2007: 116–117］にも存在論的転回を特徴づける主張（「複数性」「パースペクティヴィズム」）と酷似した言明が散見され共通する部分が多い。

（10） エージェント検出は過剰探知する方が適応的であるので、進化心理学の知見からは、エージェンシーをモノに帰属させる傾向は人間に備わっているとも言えるが［e.g. ボイヤー 二〇〇八］、ジェルは、そうした前提を根拠にしているわけではない［Gell 1998: 19–20］。

（11） そうした意味では、里見（本書）の記述する「（海の）岩」についてのアシの人びとの語りは、もっぱら調査者の質問によって導き出され、「日常的なコミュニケーションの圏域とその外部の間の境界線をなぞるような語り」であるという点で、実は、「人を土地がもつ」語りと似ている。

（12） オランダ統治期の課税台帳以来、このような略語が一般に用いられているのでそれに従う。

（13） ブサキ寺院の歴史に関する博士論文をもとにしたスチュアート＝フォックスの本書は、ロイターのバリ・アガの民族誌に対応する、西部カランガスム県におけるブサキ寺院関連の民族誌と言えるだろう。

（14） スラットについても同様の話（山頂までスラットの「領土」が続いている）を調査時に聞いたことがある。

（15） これらの村に対し、スカルウィ（Sukaluwih）村は対等な関係であってクウバンではなく、隔年で互いの村の儀礼において奉納をしあう関係になる。

（16） これは稀な事象ではない［杉島 二〇〇七、de Coppet 1985］。杉島はリオ語に「所有する」や「所有者」と翻訳可能な言葉がなく、フローレス島リオの人びとを理解するのに「所有をはじめとする出来合いの概念が無力なばかりか、不都合でもあること」を示している。また、de Coppet の収集した、ソロモン諸島・マライタ島中部のアレアレ（ʻAreʻare）の首長が語る伝統的土地保有規則に「土地が人びとを所有する」という表現がある。

（17） 人によってはスラット慣習村を構成する一部の住民をバリ・アガであるとか、この慣習村がバリ・アガであるとかいうときがあったが、どちらもそれが古く、伝統的だという意味で言っているに過ぎない。

（18）「kuren」とは、「竈」を意味し、「家族」の単位をあらわす助数詞としても用いられる。
（19）一夫多妻婚の場合は個々の妻が独立した台所をもっていた。
（20）屋敷寺が社でいっぱいになった場合、新しい社は屋敷内の別のところに建てられることもあり得る。
（21）バリ・アガのように年齢階梯制であったものが、変化したのかどうかは分からない。一九三八年のゴリスの調査報告でも長老職以外についての席順はとくに決められていなかった［Goris 1969］。
（22）このように一方で宗教的な側面で慣習村によって、公民的な側面でバンジャールによって、バリ人の村落共同体が作られていることはしばしば指摘されてきた［e.g. ギアツ／ギアツ 一九八九、Schaareman 1986］。
（23）氏族の儀礼などの義務は慣習村に比べるとずっと楽だが、慣習村への参加は苦にならないとすらいう。
（24）右の引用についても「なお、主として都市生活者を対象とする調査であったため、インタビュー時の使用言語は一部を除いてバリ語ではなく、インドネシア語である」［中谷 二〇一二：一一三］。
（25）改革期インドネシアの地方ではさまざまなかたちで伝統復興運動が起こっていた［e.g. Davidson and Henlyeds（eds.）2007］。
（26）ただし、kawitan は載っていない。
（27）バリ語－英語辞書［Shadeg 2007］でも「krama」は敬語で慣習法の意味である。だが、「pakraman」は載っていない。
（28）バリ文字の表記でも、「Selat」は「Slat」のように表記される。
（29）古い刻銘ではオーストロネシア語の「wanua」や「tani」が領土的な意味でのムラを示していた［Stuart-Fox 2002: 21］。ゴリスの語彙集では「thani」に「ムラの領域」（dorpsgebied）という訳を与えている［Goris 1954］。また、スポモの論文では「anak thani（children of the village）」という例が挙げられている［Supomo 1995: 313］。
（30）あるいは、「karaman」の/n/は後続する名詞があるときのみあらわれる異音（allophone）かもしれない。現代バリ語でも、私の兄（belin tiangé, アニ beli, 私 tiang）のように/n/があらわれる。
（31）タガログ語の「dato」は高位の祭司であり、トバ・バタック語の「datu」は妖術師、マレー語の「datok」は親族集団の長であり、フィジー語の「ratu」は首長である男性の名前に前置される称号である［Supomo 1995: 14］。
（32）水田水稲耕作の導入により、より大規模で複雑な灌漑のシステムが必要となり、そのため同一の水源（河川とその支流）を利用するいくつかのワヌアを含む領域の協働が必要となったため、このような組織とそれを統べる役割が生まれたのだと考えられている［van Naerssen/Iongh 1977; Supomo 1995］。
（33）ロイターはバリのバヌアだけではなくオーストロネシア諸語の人びとに、たんなるアイデンティティ以上の特定の場所への帰属の感覚を見出している［Reuter 2006: 17–18］。

（34） だから、村への奉仕義務の「台帳」はオランダ時代の書類以前からドキュメント化されていたのであって、オランダ統治下で課税が始まるとともに特別に奉仕義務を課した耕地のカテゴリが作られたわけではない。

（35） 単純に伝統と近代の対立をあてはめることができないことは、タイの医療について伝統と近代の二項対立の枠組みでは読み解くことの困難を示した津村（本書）が、次のように示している。近代医療（のコミュニケーションのなか）では端的に存在しない病であるピットカブーンという病は、多くの医療従事者が「迷信」としながらも患者に対してはそれを否定せず対症療法を施したり、あるいはその存在を信憑する人たちの間でも相容れない説明が複数あり、それをめぐる無数の語りを統合する語りはなく、「個々の身体経験」がこれに言及することで一つの病に集束している。

参照文献

Ahearn, Laura M. 2000, "Agency", *Journal of Linguistic Anthropology* 9(1–2): 12–15.

青山征彦　二〇〇八「人間と物質のエージェンシーをどう理解するか――エージェンシーをめぐって（2）」『駿河台大学論叢』三七：一二五―一三七。

Baal, J. van et al. (eds.), 1969, *Bali, Further Studies in Life, Thought, and Ritual*, van Hoeve.

Blust, Robert, 2013, *The Austronesian Languages*, revised edition, Asia-Pacific Linguistics, Research School of Pacific and Asian Studies, The Australian National University.

ボイヤー、パスカル　二〇〇八『神はなぜいるのか？』鈴木光太郎／中村潔訳、NTT出版。

カロン、ミシェル　二〇〇六「参加型デザインにおけるハイブリッドな共同体と社会・技術的アレンジメントの役割」（川床靖子訳）上野直樹／土橋臣吾編『科学技術実践のフィールドワーク』三八―五四頁、せりか書房。

Carrithers, Michael, Matei Candea, Karen Sykes, Martin Holbraad and Soumhya Venkatesan, 2010, "Ontology Is Just Another Word for Culture: Motion Tabled at the 2008 Meeting of the Group for Debates in Anthropological Theory, University of Manchester", *Critique of Anthropology* 30: 152–200.

Casey High, 2010, "Agency and Anthropology: Selected Bibliography", *Ateliers d'anthropologie* 34. ‹https://journals.openedition.org/ateliers/8516›

Coppet, Daniel de, 1985, "...Land Owns People", in R. H. Barnes, D. de Coppet and R. J. Parkin (eds.), *Contexts and Levels*, pp. 78–90, JASO.

Czarniawska, Barbara, 2016, "Bruno Latour: An Accidental Organization Theorist", in P. Adler, P. du Gay and M. Reed (eds.), *The Ox-*

ford Handbook of Sociology, Social Theory & Organization Studies, pp. 87–105, Oxford University Press.

ダナーマーク、バース、リセロッテ・セコブセン、ジャン・C・カールソン／マッツ・エクストローム　二〇一五『社会を説明する——批判的実在論による社会科学論』佐藤春吉訳、ナカニシヤ出版。

Davidson, Jamie S. and David Henley (eds.), 2007, *The Revival of Tradition in Indonesian Politics: The Deployment of Adat from Colonialism to Indigenism*, Routledge.

Fox, James J., 1995, "Austronesian Societies and Their Transformations", in P. Bellwood, J. J. Fox and D Tryon (eds.), *The Austronesian*, pp. 214–228, Resarch School of Pacific and Asian Studies, The Australian National University.

ギアツ、ヒルドレッド／クリフォード・ギアツ　一九八九『バリの親族体系』鏡味治也／吉田禎吾訳、みすず書房。

Gell, Alfred, 1998, *Art and Agency: An Anthropological Theory*, Oxford University Press.

ギデンズ、アンソニー　二〇一五『社会の構成』門田健一訳、勁草書房。

Goris, R., 1954, *Prasasti Bali*, 2 vols, Masa Baru.

——— 1969, "The Decennial Festival in the Village of Selat", in J. van Baal et al. (eds.), *Bali*, pp. 105–129, van Hoeve.

鏡味治也　二〇〇六「地方自治と民主化の進展——バリの事例から」杉島敬志／中村潔編『現代インドネシアの地方社会』八九—一一六頁、NTT出版。

Kersten, J., 1984, *Bahasa Bali*, Nusa Indah.

クロム、N・J　一九八五『インドネシア古代史』有吉巌編訳、天理教道友社。

Latour, Bruno, 2007, *Reassembling the Social: An Introduction to Actor-Network-Theory*, Oxford University Press.

MacRae, Graeme, 2006, "Banua or Negara? The Culture of Land in South Bali", in Thomas Reuter (ed.), *Sharing the Earth, Dividing the Land*, pp. 83–112, ANU E Press.

Morris, Mike, 2012, *Concise Dictionary of Social and Cultural Anthropology*, Wiley-Blackwell.

中村　潔　一九九九「開発と文化——バリにおける伝統的土地権と近代化」杉島敬志編『土地所有の政治史』三二一—三四六頁、風響社。

——— 二〇一四「バリにおける慣習村組織の変化とその非全体論的解釈」杉島敬志編『複ゲーム状況の人類学』一一七—一五二頁、風響社。

——— 二〇一六「バリにおける『空間の圧縮』とその帰結」『人文科学研究』一三九：二一—四六。

中谷文美　二〇一二「都市の家族、村の家族——バリ人の儀礼的つながりの行方」鏡味治也編『民族大国インドネシア』七九—一一六頁、木犀社。

Ortner, Sherry B., 2006, *Anthropology and Social Theory: Culture, Power, And the Acting Subject*, Duke University Press.

Reuter, Thomas A., 2002a, *Custodians of the Sacred Mountains: Culture and Society in the Highlands of Bali*, University of Hawai'i Press.

――― 2002b, *The House of Our Ancestors: Precedence and Dualism in Highland Balinese Society*, KITLV Press.

――― 2006 "Land and Territory in the Austronesian World", in T. A. Reuter (ed.), *Sharing the Earth, Dividing the Land*, pp. 15–38, ANU E Press.

――― 2009, "Origin and Precedence: The Construction and Distribution of Status in the Highlands of Bali", in M. P. Vischer (ed.), *Precedence*, pp. 13–49, ANU E Press.

Schaareman, Danker, 1986, *Tatulingga: Tradition and Continuity*, Ethnologisches Seminar der Universität und Museum für Völkerkunde In Kommission bei Wepf & Co AG Verlag.

Schneider, David M., 1984, *A Critique of the Study of Kinship*, University of Michigan Press.

Shadeg, Norbert, 2007, *Balinese-English Dictionary*, Tuttle Publishing.

Stuart-Fox, D., 2002, *Pura Besakih: Temple, Religion and Society in Bali*, KITLV Press.

サッチマン、ルーシー・A　一九九九『プランと状況的行為――人間-機械コミュニケーションの可能性』産業図書。

Stutterheim, W., 1933, "Iets over raka en rakryan naar aanleiding van Sindok's dynastieke positie", *Tijdschrift voor Indische Taal-, Land- en Volkenkunde* 73: 159–171.

杉島敬志　二〇〇七「中部フローレスにおける資源への関係行為」松井健編『資源人類学　第六巻　自然の資源化』二五一―二八三頁、弘文堂。

―――　二〇一七「インドネシア・中部フローレスにおける未婚の女性首長をめぐる比較研究――オーストロネシア研究の視点から」『アジア・アフリカ地域研究』一六（二）：一二七―一六一。

Supomo, S., 1995, "Indic Transformation: The Sanskritization of Jawa and the Javanization of the Bharata," in P. Bellwood, J. J. Fox and D. Tryon (eds.), *The Austronesian*, pp. 291–313, Resarch School of Pacific and Asian Studies, The Australian National University.

Tuuk, H. N. van der, 1900, *Kawi-Balineesch-Nederlandsch Woordenboek*, deel 1–4, Landsdrukkerij.

Tryon, Darrell (ed.), 1995, *Comparative Austronesian Dictionary: An Introduction to Austronesian Studies*, part 2, part 3, part 4, Mouton de Gruyter.

Van Naerssen, F. H. and R. C. De Iongh, 1977, "The Economic and Adminstrative History of Early Indonesia", in Van Naerssen, F. H. and R. C. De Iongh, *The Economic and Adminstrative History of Early Indonesia*（Handbuch der Orientalistik. Dritte Abteilung: Indonesien, Malaysia und die Philippinen, unter Einschluss der Kap-Malaien in Süd-Afrika, Siebenter Bd.）, pp. 1–84, E. J. Brill.

Viveiros de Castro, Eduardo, 2009, *Métaphysiques cannibales: Lignes d'anthropologie post-structurale*, Presses Universitaires de France.

ヴィヴェイロス・デ・カストロ、エドゥアルド　二〇一七『食人の形而上学――ポスト構造主義的人類学への道』檜垣立哉／山崎吾郎訳、洛北出版。

Warren, C., 1993, *Adat and Dinas: Balinese Communities in the Indonesian State*, Oxford University Press.

Wertheim, F. et al.（eds.）, 1960, *Bali, Studies in Life, Thought, and Ritual*, van Hoeve.

吉原直樹　二〇〇八『モビリティと場所――21世紀都市空間の転回』東京大学出版会。

第六章　書類の／とエージェンシー
――パプアニューギニア・マヌス島における法とコミュニケーション――

馬場　淳

はじめに――村にあふれる書類

パプアニューギニア（以下、ＰＮＧ）のマヌス島には北岸から内陸中央高地にかけてクルティ語（オーストロネシア語系）を話す人々が暮らしている。七〇〇以上もあると言われるＰＮＧの言語文化集団の一つであり、筆者が長らく人類学的調査研究の対象としてきた人々である。意外かも知れないが、マヌス島の村で、書類を見ることは珍しくない。商店主は村人のツケを記録し、大きな買い物をした人はそのレシートを大切に保管している。現地人宣教師は国内外の同業者とやりとりしたメモやチラシを大切に保管し、村の役職に就く人々の家には村に関わる資料（村落プロジェクトの資料、村落間の境界を示す地図、村内の役職の組織図、村落裁判記録、寄り合いの議事録など）が眠っている。冠婚葬祭の伝統的行事では現金を寄贈した人の名前・所属クラン・リネージ名・金額がノートに記され、行事が終わると、しかるべき人がそのノートを保管する。幼い子どもを連れた母親は母子手帳に相当する「子ども健康手帳」（child health record book）をもっているし、もめごとの係争中の人々は裁判に関わる書類をいつでも取り出せる状態にしている。書類に該当する現地語はなく、人々は書類をピジン語のペパ（pepa）――英語の paper に由来――と呼んでいる。(1)

確かに、出来事や事務的手続きを物質的媒体（紙）に書き付ける行為は植民地化以降にはじまった「新しい慣習」であり、一部の人を除けば、まだ馴染みのないものである。オング［一九九二］の言葉を使えば、「文字の文化」は限定的で、「声の文化」によって社会生活の多くが支えられている。インフォーマントのなかには頭を指しながら記憶（marao）することを示唆し、「覚えられない人が書類を必要とするのだ」とさえ言う者もいる（二〇一六年八月一六日）。しかしその一方で、植民地化以降の近代化にともなって、書類の存在が村落の日常生活でありふれた光景となってきたことも事実である。そして上述した書類は、後に述べていくように、程度に差はあれ、他者とのコミュニケーションや社会生活を支える確かな媒体となりつつある。

本稿では、今あげたような書類のなかでも、裁判に関わる書類（訴状や宣誓供述文、裁判所命令など）に焦点をあわせる。それは筆者がこれまで扶養費やDV（ドメスティック・バイオレンス）をめぐる訴訟(2)についておこなってきた研究の延長でもあるが、法的書類のつぎのような特異性――二重の疎外性――について抱くようになった関心にもよる。その一つは、法的書類が伝統的慣習とは異なる論理と村落生活の外部（町の近代的裁判所）で作成されたものであるという点である。もう一つは、法や裁判に関する書類は、行政、経済、学問などに関わる書類と同様、独特の形式や難解な言葉を特徴とする点である。筆者の反省を込めて言うが、この二重に馴染みのない法的書類への存在論的問いは裁判を利用する人々のしたたかさや行為そのものの陰に隠れ、それほど注目されてこなかった。本稿は、あえて法的書類を民族誌記述の中心におき、その存在論を論じていきたい。とりわけ着目するのは、法的書類がいかに人々のコミュニケーションを創出／媒介する社会的行為の遂行者（エージェント）となりうるのかという点である。

エージェンシーは、杉島［二〇一四b］が「エージェンシーとコミュニケーションの等根源性」と言ったように、コミュニケーションと分かちがたく連動している。というのも、ジェルのアート・ネクサス論であれ、アクターネットワーク理論であれ、あるモノのエージェンシーは決してそのモノ自体に内在する「力」ではなく、他の人やモノが相互に働きかけあうコミュニケーションの文脈のなかで関係論的に生成・定立するものだからである〔Gell 1998; ラトゥール 二〇一七、青山 二〇一二〕。つまり書類のエージェンシーは、書類以外のエージェントなしには記述しえない。本稿のタイトルを「書類の／とエージェンシー」としたのは、そのためである。

ところで、日常生活の社会的プロセスは、時系列的に、あるいは同時に、複数のコミュニケーションが各々のルール・信念のもとで展開する複ゲーム状況にある。本稿はこうした複数のコミュニケーションを相互に区別するが〔杉島 二〇一四a：二五〕、ここには積極的な理由がある。確かに、今日、ジェルのアート・ネクサス論やアクターネットワーク理論は、エージェンシーを語る作法となっている。しかしコミュニケーション的文脈への配慮を欠くと、エージェントとして対象設定したヒト・モノ・コトの様相が文脈によって大きく変わってしまうというダイナミズムをうまく捉えきれないだろう〔本書所収の杉島論文参照〕。とくに／少なくとも現在のメラネシアでは、コミュニケーション的文脈への配慮なしに社会文化的事象――もちろん、書類の存在論も含まれる――を記述分析することは、むしろ難しいほどである。というのも、その生活世界は――ピジン語で――カストム（伝統的慣習）とスクール（学校＝近代）、カストムとビジニス（経済）、カストムとガブマン（政府＝近代）とロトゥ（キリスト教）など、「意味論的制度的領域」〔Otto 1992〕のセットから成り立っており、かつその領域間の対立や重なり合いが目まぐるしく展開しているからである〔e.g. 吉岡 二〇〇五〕。実際――本稿でも述べていくが――領域が異なると、同一の書類でもその意味や「力」が変わってくる。コミュニケーションを相互に区別することは、そうしたメラネシア的生活世界のダイナミズムに即した現実的な設定なのである。

以上を踏まえて、本稿では、人や他のモノ、概念を動員しながら、幾層ものコミュニケーションを立体的かつダイナミックに媒介・創造していく書類のエージェンシーのあり方を記述・分析していく。具体的な事例の検討に先立って、まず次節では先行研究にもとづき、太平洋の人々にとって書類がどのようなものであったかを概観するとともに、書類が民族誌的研究の対象になってきた近年の動向を確認する。第二節では、書類を民族誌的研究の対象にするための理論的作業をおこなう。その上で、第三節以降は、マヌス島における法的書類の存在論を相互に関連しながらも異なる視点から多角的に検討していく。

一　海の書類たち

太平洋地域では、大航海時代の航海記、旅行記、宣教師の記録、条約や協定の文書、植民地行政に関わる文書、そして人類学者の民族誌などが生み出され、蓄積されてきた。言うまでもなく、これらはもっぱら欧米人が自国の言葉で書き、その意図はどうあれ、植民地や自国でさまざまなかたちで消費されてきた。

現地の人々の手で書かれたものが現れるのは概して脱植民地化に向けたプロセス以降のことであるが、太平洋の人々が書かれたものと無縁だったわけではない。むしろ「白人」の書いたものをさまざまな目的のもとで参照、利用し、ときには流用してきたのである。それは、単に自分たちの「過去」を復元するためだけではない。「白人」の植民地主義を糾弾するために、失われた伝統文化の「再発見」と再構築のために、神話の「真実」を求めて、自らのルーツを辿るために、そして裁判や土地委員会で自分の主張を正当化するために、エリートだけではなく、市井の人々も、図書館や公文書館（National Archive）に足しげく通い、「白人」が書いたものを読んできたのである［e.g. 小林 二〇一八、浅井 二〇一七、宮崎 二〇〇二、棚橋 一九九九、Keesing 1989］。

ここで、植民地時代に関する公文書が植民地支配の知＝道具として機能してきたことを忘れてはならない(3)。かつて地域社会の人口、世帯数、健康状態、土地所有、事件などに関する報告書（過去の証言を含む）／パトロール報告の作成・管理は、植民地主義の文化の一部――しかも主要な要素――だった。その好例が、N・トーマスに「アーカイヴ国家」(archive state) とまで言わしめたフィジーである。フィジー総督ゴードンが企図したように、「行政の遍在性」を体現する植民地政府の現場行政官は、「巨大で分散した書記マシン」(writing machine) となり、配属された場所のさまざまな出来事を記述していったのである [Thomas 1994: 110-111]。そして「それらの記録は、土地と集団の過去に関する『神聖不可侵』の記録となり、それ以後、そこに記載された事項や集団間の関係が広く一般化/規範化してゆく過程を辿」り、今日では文化的・政治的実践の資源となっている [浅井 二〇一七:一三二]。フィジーでは一九七〇年代以降、土地所有や賠償を求める政府への請願書において、植民地時代の行政文書を参照・利用する傾向が顕著に増大してきたという [Miyazaki 2003: 248]。また、ワイタンギ条約をめぐるニュージーランド/アオテアロア・マオリの解釈実践は、植民地主義を刻印した過去の文書が今日、権力行使の対象となった人々による権力行使実践の資源となるという逆説の好例であろう。マオリとイギリスの間で一八四〇年に締結されたワイタンギ条約は植民地化の足掛かりの役を終えるとすぐに忘却されてしまったが、マオリ語訳条文中のタオンガ(taonga)[4]はマオリの権利回復闘争の現代的資源として解釈・活用されている [Henare 2007]。

ここまでの論述は、書類をあくまでも読解すべきテクストとして捉える見方にもとづいている。しかし太平洋における書類は必ずしも解読されるべきテクストとしてのみ存在してきたわけではない。宮崎が指摘するように、「文書へのアプローチとしての読解という行為は、文書と人間との多様な関係のすべてをもの語るものではない」[宮崎 二〇〇二:八九]。中世北欧で文字の書かれた切れ端が魔力のあるお守りとして保持・使用されたように [オング 一九九一:一九四]、また現代のヌエル社会で「紙」(paper) がさまざまな――スーダン政府や分離独立を求める解放軍との関係からローカルな親密性やアイデンティティにまで及ぶ――シンボリズムの源泉となっているように[5] [Hutchinson 2000: 69-71]、太平洋でも書類がテクストの地平を越えた「何か」として存在してきたことは確かである。例えば、ヴァヌアツ共和国・タンナ島の人々にとって、接触の初期、『聖書』は恐怖を喚起する存在、畏怖すべき対象とみなされ、それを読むことが制限されていた。この背景には、当時の伝統的島嶼リーダーたちが『聖書』を超自然的な災厄――「外部からもたらされた病気」――の原因と結びつけていた経緯があった［Lindstrom 1990: 95］。また接触初期のニューギニア（低地や海岸部）では、「白人」たちの注文票、受取証、領収書といった取引書類が大切に保持されるとともに、儀礼的な操作の対象とさえなっていた［e.g. Meggitt 1968］。この背景にあったのは、自分たちのカーゴを積んだ船が戻ってくるという「希望」――すなわちカーゴカルト――である。なおこれは過去の出来事ではなく、低開発地域と言われるガルフ州の辺境テワーダ社会(6)には、今日でも領収書やレシート類をカーゴカルト的な意味で――ただし集合的現象としてのカーゴカルトは生じていない――大切に保管している人が存在するという［田所聖志氏からの私信］。

こうした現象は、読み書きが限られている段階に現れる珍奇な事例として、またキリスト教の改宗史やカーゴカルト論の一部（エピソード）として報告されてきた。しかしそのような周縁化自体が、書かれた内容に本質的重要性を付与する「我々」の根強いテクスト至上主義的思考の産物に他ならないだろう。

二〇〇〇年代になると、人類学の存在論的転回と連動しながら、書類への向き合い方が変わる。『ドキュメント――近代知識の人工物』［Riles（ed.）2006］や――法を「絶え間のない文書の運動」［ラトゥール 二〇一七：三六九］として捉えた――『法が作られているとき』は、その代表的著作として挙げられるだろう。そして、次節にも登場するA・ライルズを筆頭に、太平洋地域研究でも書類を民族誌記述の中心におく研究が少しずつ蓄積されてきた。そこでは、これまで人間の行為のもとで後景化されていたさまざまな書類――例えば、フィジーにおける不動産登記［Riles 2003］や儀礼交換時のノート［Miyazaki 2006］、パプアニューギニアにおける刑務所の囚人記録［Reed 2006］、先に見たニュージーランド／アオテアロア・マオリにとってのワイタンギ条約［Henare 2007］

などーーが現実を創造／媒介する重要なエージェントとして描かれる。本稿もこうした流れの延長線上にある。ただ事例研究の前にもう少し立ち止まり、書類を民族誌的研究の中心におくために必要な作業をしておきたい。

二　対象としての書類ーーその理論的枠組み

人と書類の関係、そして書類が媒介する現実はさまざまである。（人に）読解されるべきテクストという書類の側面は人と書類の多元的な関係の一つにすぎない。よって、書類を民族誌的研究の中心・対象とするためには、テクストの読解に還元されることのない、人と書類の多様な関係を描くための理論的枠組みが必要である。だが、これまでそのような枠組みが十分に整理・提示されてきたとは言い難い。そこで、先行研究を導きの糸に、二つの観点からその理論的枠組みを模索してみたい。

まず書類が人間と取り結ぶ関係のあり方には二通りのものがあると考えられる。一つは、意味を伝えるーーあるいは「実在世界のあり様を教える」［大黒 二〇一八：一六六］ーー書類の位相／機能であり、「我々」に馴染みのあるテクスト至上主義的思考の前提となるものである。大黒によれば、「二世界説」ーー書類の世界と実在世界という二元論ーーにあって、書類の世界はまずもって実在世界の「痕跡、ないし反映／模写」であり、この紐帯こそ書類の「力」の根拠とされる［大黒 二〇一八：一六六］。この関係では、書かれた意味を読解・解釈する人間の主体性が前景化する。もう一つは、書類が現実を作り出したり、規定したり、組み替えていくような効果の位相／機能であり、官僚組織の前提（＝文書主義）となるものである。例えば、官僚組織の行政的文書は意思決定プロセスをそれ自体で構築していくとともに、「後の〈手続き〉がそれに倣って遂行されるべき〝手本〟の機能をも果たすーー〈文書〉のラテン語《documentum》が「模範」「教訓」の意であったことを想起せよーーという意味で「官吏」や「社員」たちにとっては……「規範」の相で立ち現れる」［大黒二〇一八：一六八―一六九］。この関係では、官僚組織が非人格的であると言われるように、人間の解釈や主観性は退けられる。本稿では、ライルズ［Riles 2003］の言葉を使って、前者を書類の「表出的（expressive）ジャンル」、後者を書類の「道具的（instrumental）ジャンル」と呼んでおきたい。

付言しておくと、この二つのジャンルは、もともと人類学者であり法律家でもあるライルズが法を民族誌的対象とする際に提唱したものである。表出的ジャンルは法の意味に、道具的ジャンルは法を通じて生み出される関心や効果に着目した分類である。後者で問題となるのは、書類などの「法律行為を構成する特定の技術や装置」である。ライルズは、これまでの人類学が表出的ジャンルに傾倒し、道具的ジャンルを十分に検討の俎上に乗せてこなかったと述べ、後者を扱うポスト解釈学的人類学（postinterpretive anthropology）を提唱したのだった［Riles 2003: 209–210］。これが、前節で見た書類を民族誌記述の中心・対象へと転回させる彼女のマニフェストである。

ところで、この二つのジャンルを排他的かつ別個に扱うことには注意が必要である。書類にも応用可能であることを念頭に置きながら、法をめぐるライルズの議論を敷衍して、このことを確認しておこう。ライルズは、道具的ジャンルこそ、紛うかたなき法の特徴を作り出しているものに他ならないと述べつつ、「知の停止」（stopping of knowledge）の問題を指摘している。すなわち「記録欄は、人、場所、集団、歴史、その他〝意味〟をつくる脈絡が意図的に消し去られる薄っぺらな二次元的図式表象」であり、そこでは、記録の表面の彼方にある意味の地平を探索することは拒否されており、複雑な意味生成も閉ざされている［Riles 2003: 201］。他方、表出的ジャンルは、まさにそうした意味の地平に迫るのである。人類学者が表出的ジャンルに傾倒してきたのは、学問《ディシプリン》＝規律訓練の性格と無縁ではないが、そもそも意味を捉えない法の効果は少なくとも「人類学者からすれば、面白くない」からである［Riles 2003: 208］。ここで重要なのは、二つのジャンルを区別しつつも、その共存や転換を見つめることである［Riles 2003: 208］。実際のところ、法は「二つのジャンルの間を絶えず移行しており、どちらか一方だけでは法がなすことの適切な説明を提供しない」はずである［Merry and Brenneis 2003: 19］。このことは、（法を）書類に置き換えても言えることである。書かれたモノである以上、ジャンルの二元論は、書類を民族誌的対象とする際に、無視することのできないものだろう。

次に、編集文献学に関するシリングスバーク［二〇〇九］の議論は、書類を捉えるもう一つの二元論――書類が二つのエレメント（テクストと形態・様式）をもつという、当たり前だが重要な視点――を示唆している。シリングスバークは、テクストの内容はもちろんのこと、そのデザインやフォームも、書物の印象に影響を与えると述べる。彼は、前者には語彙コード、後者には書誌的コードが関わるとしたうえで、「ドキュメントの見た目、すなわち、書体やフォーマットや白いスペースの配置や装丁、そしておそらく価格設定や流通方法などのすべてが、そのドキュメントにはどんな種類のテキストが『含まれている』のかについて読者の感じ方に影響を及ぼす」という。その一例として、裕福な家で現代風に装丁された『共産党宣言』を差し出され、眺める光景を想像してみればよい。「書物の意味が、新しいプリントデザインや出会った場所によって変えられていく」はずである［シリングスバーク 二〇〇九：九―一〇］。また、語彙コードを知らない人々からすれば、テクストの意味生成は閉ざされ――幼少期のベンヤミンはまだ読めない文字の羅列を蜘蛛の糸や「木の枝にうっすらと網が垂れ下がっている風景」と捉えたように［今福 二〇〇九：二二九］――書物の印象は変わる。ここでは、ベンヤミンにとって「蜘蛛の糸」がそうであったように、テクストもその意味内容とは別様の想像力に開かれていることを付言しておきたい。

書類のデザイン、フォーム、ロゴ、書体、空白の配置などをめぐる書誌的コードは、テクスト至上主義的な思考からすれば、語彙コードに比して周縁的・二次的な地位を与えられるかもしれないが、もちろんそう考えるべ

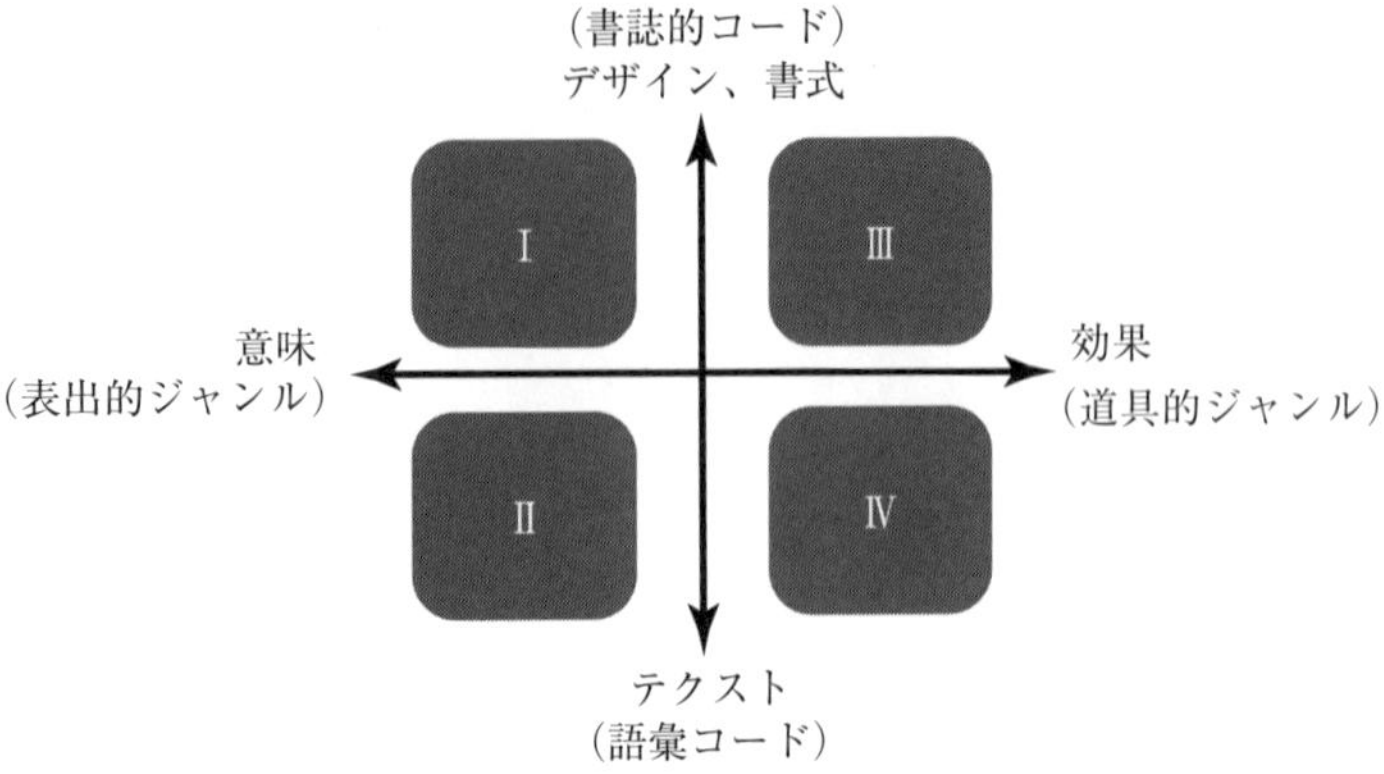

図１　書類の四象限

きではない。文化史的には、それぞれのコードはともに同じ線（ライン）として同等の重みをもつこともあるだろうし［e.g. インゴルド 二〇一四］、書誌的コードは、内容（テクスト）の理解を方向づける語彙コードと相互補完的関係にあるとさえ言えるだろう。ときにテクストの意図／内容にかかわらず、独特の効果を生み出しもする。人類史的に見ると、書類の形式が人間の認識に与えた影響は強調してもし過ぎることはない。書くこと――正確には、記録すること――のはじまりは経済活動に関わるリストの作成と深く結びついていたのだが、グディによれば、そうした表（チャート）やリストが具体的な「野生の思考」を飼い慣らしながら、抽象的な思考を涵養していったのである［グディ 一九八六］。

ここで注意したいのは、語彙コード：表出的ジャンルと書誌的コード：道具的ジャンルという単純なセットではないという点である。例えば、ＰＮＧの判決文や命令書を見ると、書面のロゴマークやスタンプ（書誌的コード）は国家や法の権威を象徴している（表出的ジャンル）。また、テクスト内容通りの実践（例えば、接近禁止や刑の執行など）は語彙コードを通した読解／理解の結果として導かれる（道具的ジャンル）。こうして、書誌的コードと語彙コードは二つのジャンルと交差しているのである。

以上の議論を踏まえると、書類が創造／媒介する多様な現実――本稿ではコミュニケーション――は、その書類の表出的ジャンルと道具的ジャンル、書誌的コードと語彙コードの組み合わせであると言えよう。図1はその組み合わせを図式化したものである。第Ⅰ象限は書誌的コードの象徴的次元（先のロゴマークの例）、第Ⅱ象限は語彙コードの意味論的次元（テクストの読解）、第Ⅲ象限は書誌的コードがテクストの意味とは無関係の現実――例えば、カーゴカルトの儀礼――を創造／媒介している次元、第Ⅳ象限はテクストの効果（例えば、刑の執行）が語彙コードによって媒介されている次元である。言うまでもなく、これらの象限が具体的にどのような現実として立ち現れるかは、書類が現に存在するところの社会的、文化的、歴史的文脈に応じてさまざまである。次節からは、この枠組みを踏まえて、マヌス島における書類の存在論を多角的かつ具体的に描いていくことにしよう。

三　島の書類――その民族誌的背景

マヌス島は、アドミラルティ諸島の主島であり、マヌス州の政治・経済の中心である。島の北東部にある州都ロレンガウには、法的書類の作成・保管を司る裁判所のほか、州政府オフィス、福祉事務所、郵便局、銀行、スーパーマーケット、市場、ホテルがあり、毎日多くの人々が行き交う。冒頭で述べた筆者の調査地（クルティ社会）からは、ほぼ毎日、ロレンガウ行きのボートが出ている。そして人とともに、書類も村と州都を往還している。

マヌス島、広くアドミラルティ諸島の生活世界を構成する「意味論的制度的領域」は、カストム（伝統的慣習）・ガブマン（政府）・ロトゥ（キリスト教）の三つ巴である［e.g. Otto 1992; 馬場 二〇一二a：六七―七〇］。冒頭で見たように、今日、これらのすべての領域で書類の存在を確認することができる。この背景については、次の二点を指摘しておこう。

まず、村にあふれる書類は、マヌスの人々が教育を通じて外部世界と積極的に関わってきた歴史的帰結であるというべきだろう[7]。植民地期の二〇世紀初頭から、マヌスの人々は識字力を得ることが「外の世界」とつながり、教育や労働でのアドバンテージにつながると考えてきた。実際、識字能力や計算能力の獲得を主軸としたミッション教育を受けたマヌスの人々は、植民地行政の末端、キリスト教宣教団、州内外での年季契約労働に携わることができた。戦後、パリアウ運動による生活様式の改革や教育拡充を通して、マヌス州の教育レベルは一九七〇年代まで首都ポートモレスビーに次ぐほど高かった。そして学歴を得たマヌスの人々は、公務員（主に官僚、教員、医療従事者、警察官、刑務所官吏）となり、安定した給料を得る職に就く傾向が長らく続いた。こうした人々が退職・辞職にともない、故郷に帰ってきて、村内のさまざまな役職に就き、事あるごとに書類を作成してきた／いるのである。つまり「官僚制の文書主義」［ウェーバー　一九八七］を身体化してきた彼らこそ、村でのさまざまな行為のなかに書類を持ち込んできたというわけである。

次に、マヌスの人々には現実的・実用的なものに価値をおくというプラグマティックな傾向があることを指摘しておきたい[8]。実際、彼らが書類に求める／与える意味・価値はその実用性にあるように思える。裁判資料は言うまでもないが、冒頭に列挙した村の書類は、どれも実用的な用途をもっていることがわかるだろう。伝統行事のノートについては、行事の名義人（婚資を支払った当事者男性）が今後、（自分に）寄贈してくれた人に返答するうえで貴重な記録となる［cf. 馬場　二〇一二ａ：一六八―一六九］。つまりそのノートは、他者に対して自分がどう行為すればよいかを示す指針になるからこそ、保持されるのである。

その裏返しとして、実用的価値のなくなった書類は単なる紙としてあっさり捨てられる。あるインフォーマントは、「利益を生まない書類など不要だ」と述べている（二〇一六年八月二二日）。新規のボート・エンジンを購入すれば過去のレシートは破棄され、子どもが小学校高学年になる頃には子ども健康手帳を紛失してしまう。養育費を支払ってきた男性は、子どもが一六歳以上に達し、もはや不要となったかつての裁判の書類をキッチンで焼いてしまったと言う。同様に、ある女性も、養育費の支払期間が終了したこれまでの訴訟関連の書類がいつぞやの失火で燃えてしまったと淡々と述べた――「もう終わったことだから、気にしない」。何ら効果を発揮しない書類は、もはや「力」をもたない単なる紙切れにすぎない。

こうして、多くの人々は実用的価値の観点から他者（一部の人々）が作成した書類を保持しているのだが、それは内容の読解までを意味するわけではない。

多くの村人にとって、書類とは「読む」ためのものというよりも、自分が信じることを正当化したり、自らの主張を補足する際に証拠として差し出すモノという性格が強い[9]。証拠については後述するが、自分の保持する書類がその書誌的コードを通して権威や「力」（＝実用的価値）を発揮することがわかっていれば、それで十分なのである。難解な単語や文法で書かれた法的書類への態度には、この性格が非常に強く表れる。例えば、ある訴訟当事者（女性）は筆者に書類を見せながら、故夫の兄弟から暴力や脅迫を受けたこと、裁判所の命令が（そうした暴力から）「私を保護するもの」であることを語った（二〇一〇年二月二〇日）。しかし実際の書類を確認してみると、問題の根源は故夫の家（不動産）の相続をめぐる（遺言の）検認に関するものであることがわかった。脅迫やいやがらせは、故夫が購入した家に住み続けている彼女に対して、義理の兄弟たちがその所有権を主張したことから派生していたようである（本稿では書類に書かれた動産・不動産を単なる客体・対象とみなしているが、それらもまたエージェンシーを発揮することは土地をめぐる本書所収の中村論文で展開されている）。つまり彼女は、訴訟に対する自身の意味づけや判決の効果を語っていたのであり、書類に書いてあることをそのまま説明したわけではなかったのである。個人的な推測だが、彼女の語りは、裁判所職員が彼女を安心させるための説明――これ（判決）でもう脅迫や嫌がらせはなくなる――をなぞったものと考える。こう推測するのはこの種の現象がしばしば起こっているからである。ここでは、読解に関わる語彙コードへの希薄な志向を確認しておこう。

この態度の含意をよりローカルな視点から考えるにあたって、筆者はここで人々が『聖書』を手にしたときのことを簡単に振り返ることにしたい。というのも、初期の『聖書』への態度は、法的書類へのそれを考えるうえで示唆的だと考えるからだ。

クルティの人々は、宣教師がやってきた後も長らく『聖書』が読めなかった。一九七〇年代になると、ＰＮＧの共通語であるピジン語の『聖書』がようやく出来上がり、配布された。だからと言って、『聖書』を自力で読解し、内容を理解するわけではなかったようである。スティーブン・ヤー（一九五九年生まれ）は、こう回想している。

『聖書』は初めよくわからなかった。父親は読めなかったし……時が経ち、自分で読めるようになっても、ライオンとか、見たこともない動物や訪れたこともない地名、自分の知らない人物が『聖書』にはたくさん出てくるだろ。そんなの、よくわからなかったよ。でも、カテキスト〔説教師〕たちがわかりやすく説明してくれた。それはパラ・ノホウ〔pala nohou＝提喩〕なんだとわかったよ。『聖書』はパラ・ノホウに満ちている。誰かがそれ〔内容〕を教えなくちゃいけないんだ。（二〇一七年八月一二日、〔 〕内は筆者補足）

学校教育で英語を学ぼうと、『聖書』がピジン語に訳されようと、『聖書』の真意は、それを知る誰かに教わってきたというわけである。その道を知る第三者が媒介になって当事者の理解を深めるという『聖書』への初期の態度は、難解な言葉と形式で書かれた法的書類に対する態度とパラレルである(10)。

この語りは、書かれたものに対する態度のより根本的な視点が示唆されている点で興味深い。注目すべきは、筆者がさしあたり「提喩」と訳した現地語パラ・ノホウである。パラ・ノホウとは字義的には「頭の言葉」、もしくは「うわべの語り」を意味する。あえて訳せば、見出し（日本語）やヘッドライン（英語）となろう。クルティの人々は、何かの一部を「頭」（palan）という言葉で表現する。そのパラ（ン）は、表面や先端を意味しつつ、背後に隠れた本体や根元を暗示する言葉でもある。つまり人々の理解からすれば、書面に書かれていることは必ずしもその真意や全体を伝えているわけではないということになる。

以上を踏まえると、書かれたテクストにさほど重点を置かない傾向――語彙コードへの希薄な志向――をよりよく理解することができるだろう。なぜならば、真意は書かれたものの彼方にあると考えられているからである。そして真意は、話し言葉――声の文化――を通じて伝えられ、理解される。説教師の説明によって『聖書』を理解したように、書かれていることからではなく、判事や職員が語ったことから裁判所命令が理解されるのである。このことは、クルティ、そしてマヌスの人々が書類＝読解されるべきテクストという呪縛に囚われていないことを意味する。

四　扶養ファイルの層位学――書類とコミュニケーション

書類がコミュニケーションを創造し、そのコミュニケーションの成果として書類が生み出され、さらなるコミュニケーションがつむがれていく――法の世界は、ラトゥールも記述したように［二〇一七：第二章・第四章］、こうした連鎖を考える好例である。

筆者がこれまで調査してきた扶養費請求訴訟では、あらゆる裁判資料が扶養ファイル（maintenance file）に収

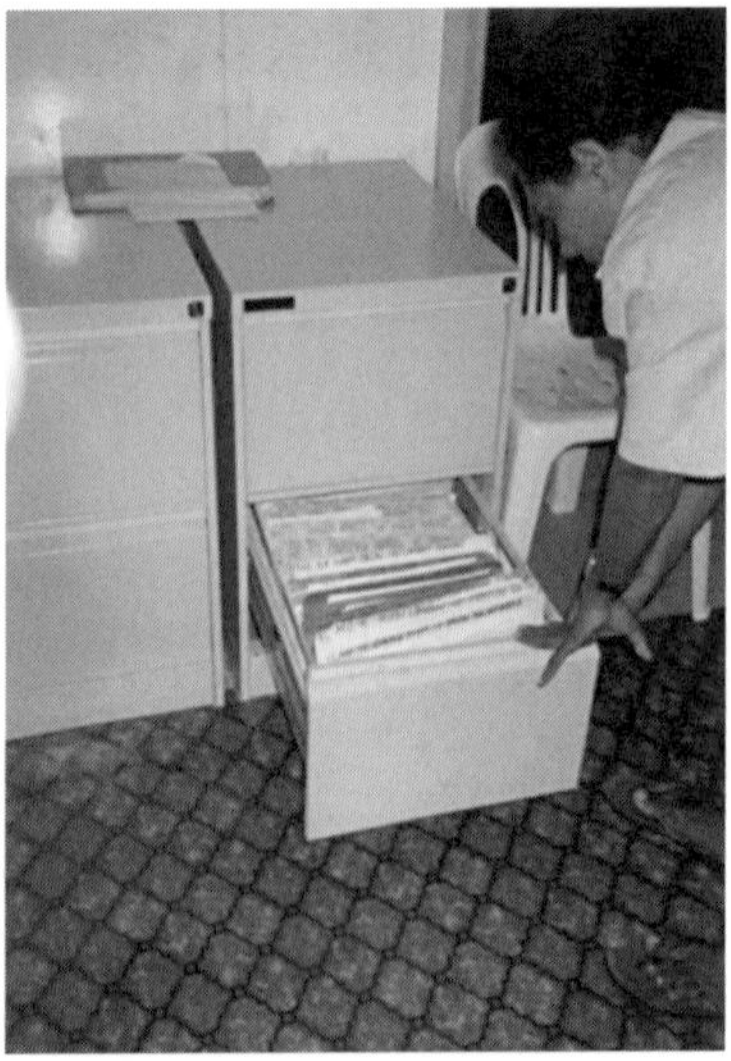

写真1　扶養ファイルが収められた棚（ロレンガウ地方裁判所）

められている。それは、原告と被告の名前が書かれた個々のフォルダ（紙製）であり、扶養費請求訴訟のはじまりとともに作成され、敗訴や取り消しの場合を除き、扶養命令がカバーする期間（対象の子どもが一六歳になる時まで）裁判所に保管される（写真1）。このファイルの存在によって、訴訟当事者がどのような訴訟をしてきたのかを辿ることができるわけだが、本節では、その扶養ファイルの堆積プロセスに注目し、書類とコミュニケーションの相互構築性を明らかにするとともに、その含意を考えてみたい。なお以下、コミュニケーションを記述する際に使う言葉（不定見者、権威者）は、杉島［二〇一四b］の用法に従う。

まず離婚・離別、遺棄——夫が扶養を放棄すること——に直面した女性が福祉事務所を訪れることで[11]、職員（welfare officer）とのコミュニケーションがはじまる。政府（＝ガブマン）の場でもあるものの、それは、法（＝ガブマン）というよりも、どちらかと言えば、カストムやロトゥにもとづくコミュニケーションに近似している。訴訟はあくまでも解決の一手段でしかなく、夫を呼んでの三者面談や出身村の村落裁判、親族会議に差し戻すこともある。何度かの面談を経て、訴訟を決意すると、職員は供述書を自分で書いてもってくるよう指示する。訴訟を起こすことを端から決めて福祉事務所を訪れた女性についても同じである。

最初の書類は、こうして女性たちが職員の指示で書いてもってきた「手書きの供述書」である。そこには、しばしば市販のノートに、自由形式で、結婚生活をめぐる当事者の身の上話が記されているのだが、必ずしも裁判で必要とはいえない日常的出来事や伝統的慣習、当事者女性の主観が過剰なほどに含まれている。[12] 手書きの供述書は法に関わる書誌的コード・語彙コードに準拠したものではないが、それは執筆者が法の世界を知らない当事者女性（もしくは識字力のある親族）であり、かつ法の世界を知る福祉事務所職員が供述書を書く現場にいないからである。

手書きの供述書は、訴訟の意思表明として、次なるコミュニケーションを始動させる。それは、裁判の書類を準備する法のコミュニケーションであり、法を知らない不定見者の当事者女性が福祉事務所職員の質問に応答するかたちで進行する。訴状は、職員が当事者との対話を通して収集した情報にもとづき作成され、手書きの供述書は、福祉事務所職員の添削とタイピングを通して、宣誓供述書（affidavit）にかたちを変える［e.g. Baba 2016］。なお当事者が供述書を書けない場合、職員が対話によって得た情報をまとめ、宣誓供述書を直接作成することもある。このコミュニケーションの結果、法の書誌的コードと語彙コードに準拠した書類（訴状と宣誓供述書）が完成する。

以後、舞台は裁判所に移る。裁判は判事が、窓口では書記官（clerk of court）をはじめとする裁判所職員が権威者となって、法のコミュニケーションが展開する。その結果として、膨大な書類――後に見る「送達の証明」や判事の手書きの裁判記録、扶養命令（maintenance order）、養育費の記録など――が次々と作成・蓄積されていく。また扶養命令が一度発令されると、さらなるコミュニケーションが生まれる。まず、扶養命令が出ても養育費を定期的に支払わない男性が多いため、未払いの養育費を求める延滞金請求訴訟がしばしば行われる。子どもが学齢期に達することで養育費の増加、逆に原告女性の状況、被告男性の経済力に応じて養育費の減額や中止をめぐる訴訟も生じる。こうして、あるコミュニケーションの成果（扶養命令）は、さらなるコミュニケーションを媒介し、その過程と結果が再び書類というかたちで扶養ファイルに蓄積されていく。

裁判所の窓口では、雑談から裁判の具体的な手続きまで、実にさまざまなやりとりが行われている。次の事例は、公式の裁判を補完するケースである。

コミュニケーションの事例(1)

二〇〇八年一一月七日は、アンナ（仮名）にとって初裁判の日となった[13]。裁判記録によれば、一一時三〇分、判事が名前を呼んだが、返答がなかったので、元夫とともに「両者不在」となっている。しかしアンナは、九時過ぎには裁判所にきていた。判事が名前を呼んだ時刻、赤ちゃんが泣いたので、裁判の邪魔にならぬよう席を外し、一時的に裁判所の外にいたのだった。判事は、大事な初回にボイコットしたとして、アンナの請求を取り消した。しかし待合室に戻ったアンナは、午前中の審理がすべて終った一三時頃までずっと名前を呼ばれるまで待っていた。結局、すべての人がはけても名前が呼ばれなかったので、法廷から出てきた判事に尋ねたところ、「その裁判は終わった」と告げられた。

アンナが上記の「不在」理由を説明して、判事がファイルに目を通したとき、別の問題が明るみになった。送達の証明（proof of service）[14]がファイルにないというのである。会話は次のように続けられた。

判事「送達の証明はどこだ?……ないじゃないか」
書記官「……（アンナの方に向かって）送達の証明は出した？　もってない?」
アンナ「えっと……（バッグのなかを探して）あっ、これかな」
判事「これ、これ。これは裁判の前に出すんだよ。裁判のときには、これがファイルにないと。召喚状（summons）を渡さないと被告は来れないし……召喚状は相手に渡したんだよね」

アンナ「ええ」
判事「そしたら、その証明として、送達の証明にサインして、書記官に渡して」
アンナ「……」
判事「ここにサインして」
　それに続き、判事が送達の証明にサインし、書記官に渡す。その後、判事は、裁判記録に「村の女なので裁判のマナーを知らない」と記しながら、「今日の決定は撤回し、訂正する。次回は一一月一四日」と書き加えた。
判事「じゃ、裁判は次回に持ち越しにしておくから、名前が呼ばれるまでちゃんと待っているように」
アンナ「はい」

　この事例は、書類（送達の証明）がコミュニケーションの連鎖に重要なエージェントであることを如実に示しているが、同時に裁判では失敗に終わった訴訟が窓口でのやりとりを通して「復活」する――つまり、裁判の決定を覆してしまう――極端な例である。ここで「裁判のマナーを知ら」ず、しばしば法の規範から外れた言動をしてしまう「村の女」たちを法のコミュニケーションに係留し続ける判事のエージェンシーは強調してもし過ぎることはないだろう。書類（モノ）と人（判事や職員）が、エージェントになりながら、試行錯誤に満ちた素人女性の裁判闘争（コミュニケーション）を成り立たせているのである。
　これに関連して言うと、窓口でのコミュニケーションは訴訟当事者（アンナ）にとって法のコミュニケーションで求められる独特の知識や作法を学習する機会になっている点も注目すべきである［Baba 2016］。実に、裁判所窓口では、この種のコミュニケーションが非常に多い。窓口／受付カウンターは、多くの人々が法律や自身の訴訟、自分が受けた判決内容を判事や裁判所職員からわかりやすく説明してもらう――内容をよりよく理解する――場になっているのである。第三節でも示したように、多くの人々はこの場で受けた説明を別の場で語るのである。なお本書所収の飯田論文と高田論文はコミュニケーションを通した知識／身体知の構築や変容を詳細に論じているが、本稿では触れるにとどめる。

ところで、扶養ファイルを構成する書類は、裁判所でのコミュニケーションの成果だけではない。裁判所の外で行われた非公式的な取り決めや合意（次節参照）も、法的効力は別にして、単独の書類として、あるいは既存の法的書類に上書きされるかたちで、扶養ファイルに流れ込む。例えば、五〇〇キナ相当のブタが養育費の代替として支払われた場合、延滞金の記録にはその旨が書き記され、五〇〇キナ分が差し引かれる。こうして、非公式的な取り決めや合意は、法の論理とは異なるカストムやロトゥのコミュニケーションであるものの、扶養ファイルの一部となる。言い換えれば、扶養ファイルは、法（＝ガブマン）のモノでありながら、他の意味論的制度的領域――カストムとロトゥ――の断片も含み込む、ハイブリッドな存在なのである。

さて、書類の堆積とコミュニケーションの発展が連動していく様は、官僚制の文書主義の特徴であり、ライルズが書類を「道具的ジャンル」とした所以である。しかし二つのジャンルは「共存」している［Riles 2003: 208］。この共存の含意を「絶え間のない文書の運動」［ラトゥール 二〇一七：三六九］から離れて、今福［二〇〇九］の卓抜な想像力の地平で考えてみると、扶養ファイルの意義深い一つの特徴を見出すことができる。実に、裁判書類には、単なる手続き書類だけではなく、訴訟当事者に関わる出来事や主観を記した宣誓供述書や手書きのメモが含まれている。筆者にとって、これらの書類は、単に訴訟歴だけではなく、訴訟当事者のライフヒストリーや人格を再構成するうえで貴重な情報源であった――いつ結婚生活がはじまったのか、婚資は払われたのか、子ども（たち）はいつ生まれたのか、夫はいつ家を出ていったのか、その原因は何だったのか、「今」どのように暮らしているのか、妻は再婚したのか等々。この表出的ジャンルは無視できない。というのも、原則として子どもが一六歳になるときまで蓄積されるという意味での時間的制約はあるものの、扶養ファイルに収められた断片的な情報は、当事者（たち）の「全体」的人間像の再構成を可能にするからだ。この意味で、扶養ファイルは、人格を備えた「身体」として想像される物質に他ならない（第Ⅳ象限）。かくして訴訟当事者は、村にいる生身の人間と町の裁判所にいる擬制的人間[15]として、同時的に二つの場所に存在することになる。植民地化以降もたらされた法的書類は、マヌス――ひいてはパプアニューギニア――に人間の拡張の新しい存在様式を生み出したと言っても過言ではないだろう。

五　変わりゆく書類の「力」

法的書類とコミュニケーションが相互参照的に連鎖・堆積していく過程は、法の外にも開かれている。法的書類が、法とは別の領域でのコミュニケーションをつむぐ／つなぐこともある。そこで本節では、まず法（ガブマン）↓カストム↓法というコミュニケーションの連鎖を確認し、そのうえで領域間の移行に作用する書類のエージェンシーを考えてみたい。

コミュニケーションの事例(2)

訴訟当事者二人は、マヌス島北岸中央部の村で、一九九〇年初頭から同棲生活を送っていた。しかし一九九九年に入ると、ナウカ（夫）は前妻と縒りを戻し、エンケイ（妻）との関係を終らせた。エンケイはマヌス島内陸の実家に三人の子どもとともに戻ったが、その子どもたちの養育費をめぐる訴訟を起こしたのだった。一九九九年四月一二日、裁判所はナウカに三人の養育費として毎月五〇キナを支払う扶養命令を発令した（段階①）。しかし支払いは滞りがちになり、約一年一〇か月後の二〇〇一年二月には延滞金が五五〇キナになっていた。

一向に支払われる気配がないため、双方の親族が今後について話し合う非公式的な会議をもった（段階②）。この話し合いを率先したのは、エンケイではなく、その兄アワンだった。アワンは、エンケイの保持していた扶養命令書と裁判所職員が算出した延滞金の総額（上記）を示しながら、（無職の村人であるゆえに）定期的に払えないナウカに対して、扶養命令に代わる措置を模索したのだった。結果的に、両者は、扶養命令を取り下げる代わりに、次のような贈与やサーヴィスを提供するという内容で合意した。

（1）五〇〇キナ相当のブタを贈与すること
（2）ナウカはエンケイに自分の土地の用益権を認めること
（3）エンケイが海岸部に下りてきたときには、ナウカとそのキョウダイはエンケイと子どもたちの寝食に関わる生活支援をおこなうこと

しかし、一年ほどが過ぎた頃（二〇〇二年一一月二〇日）、エンケイは再びナウカに対する延滞金請求訴訟（段階③）を提起し、落ち着いたかに見えた裁判闘争を再燃させた（エンケイは扶養命令の取り下げ手続きをしていなかったためにこれが可能となった）。しかもこの「掟破り」の訴訟において、エンケイは、親族会議の内容を無きものとし、扶養ファイルで機械的に累積していた延滞金一六〇〇キナ（二〇〇〇年四月〜二〇〇二年一一月）を求めた。これは双方の親族を驚かせ、落胆させたが、エンケイは実生活において先の会議での合意が結局のところ、自分の利益になっていないことに腹を立てていた。ナウカは、二〇〇一年親族会議の合意にもとづくブタの贈与や非金

銭的な生活支援の事実をもって抗弁した。結果的に、裁判所の決定は延滞金を七〇〇キナとし、ナウカ側の主張を全面的に受け入れたかたちとなった。

この事例[16]では、法のコミュニケーションからカストムへ、そして再びカストムから法のコミュニケーションに戻っていく時系列の動態を確認することができる。その動態において、法とは異なるルート（段階②）に導くアワン（訴訟当事者の兄）と再び法の領域（段階③）に引き戻すエンケイのエージェンシーは強調してもし過ぎることはないものの、それは常に／すでに書類のエージェンシーとともにあることに留意すべきだろう。以下では、異なる領域でのコミュニケーションがつむがれる際に、書類がいかに不可欠な存在であるのかを見てみよう。

まず、法からカストムのコミュニケーション（段階②）を導くとき、アワンが掲げたのは、妹エンケイがかつて得た扶養命令書（段階①）だった。彼の行為を支えているのは、何よりもまず判事のサインと裁判所のスタンプである（写真2参照）。というのも、書誌的コードを通して喚起される国家や法の権威はその書類を特別で強力な証拠に仕立て上げているからである。つまり判事が自らの権力を刻み込み、職員が裁判所の権威を付与するという一連の行為を通して、単なる紙切れは象徴的な力（第Ⅰ象限）を帯び、法の外においてもさらなるコミュニケーションを導出する確かな媒体となっているのである。この書類がなければ、最終的に

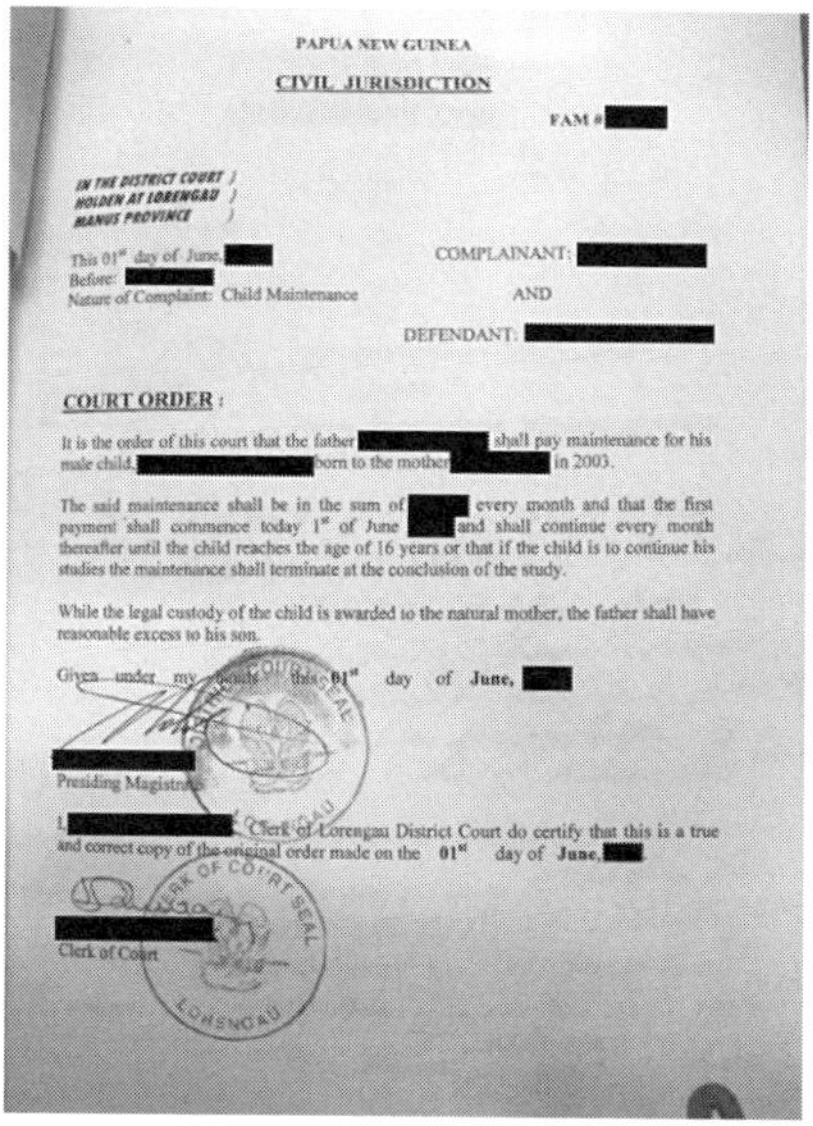

PAPUA NEW GUINEA

CIVIL JURISDICTION

FAM # [redacted]

IN THE DISTRICT COURT)
HOLDEN AT LORENGAU)
MANUS PROVINCE)

This 01st day of June, [redacted]　COMPLAINANT: [redacted]
Before: [redacted]　AND
Nature of Complaint: Child Maintenance　DEFENDANT: [redacted]

COURT ORDER :

It is the order of this court that the father [redacted] shall pay maintenance for his male child, [redacted] born to the mother [redacted] in 2003.

The said maintenance shall be in the sum of [redacted] every month and that the first payment shall commence today 1st of June [redacted] and shall continue every month thereafter until the child reaches the age of 16 years or that if the child is to continue his studies the maintenance shall terminate at the conclusion of the study.

While the legal custody of the child is awarded to the natural mother, the father shall have reasonable excess to his son.

Given under my hands this 01st day of June, [redacted]

[redacted]
Presiding Magistrate

I, [redacted] Clerk of Lorengau District Court do certify that this is a true and correct copy of the original order made on the 01st day of June, [redacted].

[redacted]
Clerk of Court

写真２　扶養命令書

養育費に代わる生活支援を取り付けるに至った交渉そのものが実現しなかった可能性が高い［e.g. 馬場二〇一二a：二六九—二七〇］。

もっとも、このことは扶養命令の内容（第Ⅱ象限）が重要ではないということを意味しない。実に、非公式的な会議では扶養命令に関わる事実関係を再審理するわけではなく、むしろ裁判所で一度確定した扶養命令が「議論の余地のない事実の権威」や「事件に判決を下す権威」［ラトゥール二〇一七：二七七］、つまり既判力（res judicata）(17)を発揮するかのように、そのコミュニケーションが方向づけられていた。養育費の代替措置は、法の外ゆえに生じた扶養命令の変容形態、あるいはテクストの効果（第Ⅳ象限）の一ヴァリエーションと言いうる。マヌスの人々がこぞって扶養命令書を指しながら、「これには力がある」（em i gat pawa）というのは、ここで述べたような事態を現に導くからである。この背景には、「法の支配」がある程度進んでいるマヌス島の状況があると思われる［e.g. 馬場二〇一七］。

次に、カストムから法のコミュニケーション（段階③）に引き戻すエンケイは、扶養ファイルに依拠していた。裁判所からすれば、扶養命令に従わない者に対して起されたごくありふれた延滞金請求訴訟であったにすぎないが、本事例では事情が異なる。というのも、二〇〇一年の合意によって、延滞金はリセットされ、今後の訴訟は「取り下げ」られ、扶養ファイルは処分されるはずのものだったからである——少なくともエンケイ以外の人々はそう考えていた。しかし実際には、この手続きが行われず、養育費の請求権は生き続け、延滞金は記録簿上で自動的に加算されていった。延滞金請求訴訟は、その扶養ファイルの形式論理的な帰結として導かれたのである。

ところで、段階③では、もう一つの書類が登場している。二〇〇一年の合意とそれにもとづいて行ってきたナウカ側の支援が記された抗弁書である。非公式会議の議事録は書面になっていないものの、ナウカの依頼を受けた親族の弁護士はその内容を抗弁書として作成していた。扶養ファイルには存在しないカストムのコミュニケーションに関するこの書類は、法の領域に引き戻されたナウカを支えるものであった。結果として、この書類が審理過程で効を奏したことは、事例の通りである。なお公式的裁判が個別社会の慣習に法的効力を認めた背後には、伝統的慣習の尊重を謳うPNG憲法の理念を具現化する法律、すなわち慣習承認法（Customs Recognition Act: Chap. 19）の存在がある。この法は、証拠の厳密なルールに囚われず、口頭伝承、（人類学者による）民族誌、レポート、コミュニティで信頼のある人の供述などを証拠として認めている[18]（二条）。実際、PNGの公式的な裁判では、それらがしばしば審理の際に参照されているのである［Demian 2003: 107–109］。

以上のように、法的書類は国家の権威や法律・法制度とつながりながら、人の行為を駆り立てたり、支えたりするエージェントであることがわかるだろう。その一方で、エージェンシーの停止と呼ぶべき事態にも留意する必要がある。本事例では、特別で強力な証拠としてカストムのコミュニケーション（段階②）を導いたはずの扶養命令書がその後「力」やプレゼンスを失っているからである。本節の最後に、よりローカルな場（クルティ社会）における証拠の概念を手掛かりに、このことを考えてみたい。

「証拠」をクルティ語で表現すると、サ・ンドレ・ティプクオン・スホウ（sa ndre tipukuon suhou）、直訳すると「主張を強化するもの」となるが、それは「もの」の性質によって二つに分けられる。クルティの人々は、先頭の関係代名詞[19]サにつく接頭辞を変えることで、これを区別している。先の文のサにハンガ＝アン（hanga-an）を付すと、「主張を強化するもの」が物体であることを意味する。例えば、祖先が残した遺物や土地の境界線を示す樹木・石などは、ハンガ＝アン・サとなる。他方、ハンガ＝アイ（hanga-ai）という接頭辞を付すと、証言や伝承など、実体をともなわない証拠を意味する。こうして、主張を強化する「もの」が物質か否かで使う接頭辞が異なるのである。

植民地化以降、クルティ社会にもたらされた書類は二重の意味で新しいハンガ＝アン・サとなった。第一に、紙という物質的媒体の新しさである。第二に――より重要なことは――書記行為を通して、ハンガ＝アイ・サからハンガ＝アン・サへと変換されたものだという新しさである。先祖が残した遺物に物語が添えられるのとは異なり、その物体はそれ自体で意味をもつテクスト・メッセージを内包している。例えば、扶養命令は、地方裁判所で判事が語った／命じた事柄（ハンガ＝アイ・サ）を記録したモノ（ハンガ＝アン・サ）となる。人々は、ハンガ＝アンとハンガ＝アイのどちらかに優劣をつけているわけではないが、近代化のなかで、国家や法の後ろ盾をもつ法的書類（ハンガ＝アン・サ）がより確実で強力な証拠として位置付けられるようになってきたことは事実である。これが段階②の背景となっている。

しかし、カストムのコミュニケーションに移行した後、書類はいつの間にかプレゼンスを失っていく。なぜなら、カストムのコミュニケーションは「声の文化」だからである。そこでは、扶養命令書（ハンガ＝アン・サ）は再び語り（ハンガ＝アイ・サ）へ変換されることになる。裁判所が確定した路線（エンケイへの支払い）が覆されることはないものの（既判力）、その内容は、さまざまな利害関心が渦巻く交渉のなかで変形したり、妥協を余儀なくされたりして、エンケイの事例が示すように、（テクスト内容とは）異なる結果（段階②の合意）を導いてしまう。例えば、書面の「養育費の支払い」は「子どもの養育に資するモノ・環境の提供」へと容易に転じてしまうわけである。確かに、扶養命令書はその書誌的コードによって地域社会で新たな議論＝コミュニケーションを開く「きっかけ」にはなるものの、それは、裁判とは異なるメンバー、他の証拠、そして伝統的な評価図式が動員されるカストムのコミュニケーションのなかにいつしか埋もれていってしまうのである。なお、このコミュニケーションの内容（ハンガ＝アイ・サ）が再び書類（ナウカの抗弁書）というモノ（ハンガ＝アン・サ）に変換され、延滞金請求訴訟（段階③）の結末を左右したことは、すでに述べたとおりである。

カストムのコミュニケーションが法的書類のエージェンシーを停止させてしまうという点は、注目に値する。

「力」をもつ書類がいつの間にか置き去りにされ、コミュニケーションだけが勝手に展開されていくこの議論は、人々の感知しないところで勝手に「育つ岩」の前でコミュニケーションが限界に達するという本書所収の里見論文の議論と対照的である。これは、エージェントとして設定したモノの属性のほか、それに関わるコミュニケーションの性格にもよる。とくに本稿では、コミュニケーション的文脈に変化――法（＝ガブマン）からカストムへの移行――が生じていることに大きな意味がある。ラトゥールは、科学と法を比較した論文［二〇一七：第五章］で、科学の世界が終わりなき議論と更新に開かれているのに対して、法の世界では一度確定してしまうと、「議論の余地のない事実の権威」（既判力）のもとで（それを覆す）アピールの限界に達すると述べている。[20]この点を踏まえれば、カストムの領域は、終わりなき議論と更新に開かれた科学の世界に似ていると言えよう。法からカストムのコミュニケーションへの移行は、法の世界を科学の世界に移し替えるようなものであり、絶対的「力」を相対的な「力」に変換するようなものである。それはときには、無力化されるかもしれない。大げさに言えば、国家権力の換骨奪胎がローカルな場で生じているのである。ただPNGで「社会－内－国家」論や「弱い国家」論が展開されることを鑑みれば［cf. Goddard 2002］、国家の権威を帯びた法的書類のエージェンシーが停止することの含意は決して大げさな話ではないだろう。

六　コミュニケーションの拡張

語彙コードの観点からみれば、法的書類は書き込むべき項目が決まっており、かつその内容も単純なものであり、多様／複雑な意味生成（表出的ジャンル）を意図的に閉ざす「薄っぺらな二次元的図式表象」［Riles 2003: 201］にすぎない。試しに、いくつかの扶養命令書（写真2参照）を並べてみても、個人情報や金額などの違い――写真2の黒塗りの部分――を除けば、どれも同じである。これがフォーマットの同一性に由来することは言うまでもないが、コミュニケーションまで閉ざすことを意味しない。これまで述べてきたように、手続き上の媒体として、また国家や法の権威を喚起する証拠として、さらなるコミュニケーションを媒介／創造していく（道具的ジャンル）。本節では、書誌的コードに関わるフォーマットの括弧／空白と省略語に焦点を当て、コミュニケーションが拡張していくあり方を記述・分析していきたい。

括弧／空欄

ライルズは、書類作成時の括弧や空欄を埋める作業がその不確定性ゆえに無限の可能性に開かれていると指摘した［Riles 1998］。本稿にひきつけていえば、無限のコミュニケーションの可能性と言い換えることができるだろう。ただし裁判書類の作成はより単純で、対話の方向性も明確に水路づけられている。筆者がここで論じたいのは、括弧や空欄を埋めるコミュニケーションから新たなコミュニケーションがつむがれていく局面である。

具体的に検討するのは、訴訟のための書類（訴状）を準備・作成する福祉事務所でのコミュニケーションである。そこでは、第四節で述べたように、福祉事務所の職員が権威者となり、訴状フォーマットの項目を埋める情報がやりとりされる。

コミュニケーションの事例(3)

二〇〇八年一〇月一七日、アリスは福祉事務所を訪れ、扶養費請求訴訟に向けて職員（女性）の聞き取りに応じていた。結婚の形態、子どもの数、夫の名前や職業など、訴訟に必要な情報を淡々と確認する会話の最後に、職員は次のように語った。

職員「わかった、あなたのケースを思い出したわ。マイケルね、彼はマリー（別の女）と結婚した。彼らは、かつて、えーと、子どもへのアクセスビリティの件でここに来た。あなたたちが別れて、間にいる子どもたちについて、彼は自分のもとにおきたいと主張したけど、あなたは同意しなかった。そうじゃなかった？」

アリス「そう……」

職員「オーケー。マイケルにも主張がある。なので、供述書をもってくる前に、彼も交えて三者面談できるかしら？　来週のいつか？　どう？　供述書にとりかかるのは、三者面談を終えてからになるわ」

書類の空欄部分が埋められた瞬間に、アリスがまったく予期しなかったコミュニケーションの可能性が示されたのである。舵を切ったのは、無論、職員である。彼女はアリスの「前夫」がかつて事務所を訪れたマイケルであることを知った途端、マイケルにも主張がある以上、アリスだけの主張に沿ってこのまま裁判に突き進むことは賢明ではないと考え直したのである。彼女にとって、裁判は「子どもにとってよりよき道」を模索する場ではないからだ――この職員はキリスト教（ロトゥ）の敬虔な信者であり、和解を重視し、白黒つける裁判は最終手段と考えている。アリスにとってみれば、この急激な転回は、裁判に向けた具体的な会話（情報提供）が進行していただけに、先の見えぬ道を突然開示するものだっただろう。

以後、事態は当初の予定とはまったく異なる方向へ進んでいくことになった。突然であったためか、職員が指定した日に三者面談は実現しなかった。こうした延期はしばしば発生する。その結末を見届ける前に帰国したため、どのように解決されたのかは不明だが、確かなのはアリスの訴訟が始動しなかったことである。歩み始めたかに見えた法のコミュニケーションは、裁判書類の項目を埋める作業を通して、いつしかその動きを止めてしまったのである。ここには、法のコミュニケーションを止め、別のコミュニケーションをつむぎだす権威者の姿がある。一見すると単なる事務作業のようなコミュニケーションにも、こうした無限の可能性が潜んでいると言えよう。

省略語

法的書類には、ＤＣＡ、ＦＰＡ、ＩＰＯ、ＩＬＬ／ＩＨＬ、ＡＤＪ、ＧＢＢ、ＧＢＨ、ＰＮＫＡなど、裁判所の都合で使用される頭字語（acronym）やイニシャルが記載されている。ここではまとめて、省略語（abbreviation）と言っておく。これら省略語は、法に馴染みのない一般の人々にとって、意味不明である。逆に、素人女性たちが初期の段階で書いてもってくる手書きの供述書には、知り合いにしかわからない、例えば「６Ｗ」のようなニックネームや言葉遊びに近い地元の表現が紛れ込んでいる。

リードは、ＰＮＧのボマナ刑務所（ポートモレスビー）に服役している囚人たちが記入する自己紹介書（autograph）――好きな食べ物、好みの異性タイプ、親友、恋人、野望、幸せの瞬間などが記載されている――に注目し、多くの省略語を散りばめた自己紹介書が「隠された可能性を孕むモチーフ」として捉えられていること、そして省略語の「隠された可能性」は「開示されるのを待っている」のだと指摘した［Reed 2006: 174］。囚人たちの使う省略語はフォーマットへの独特な感覚をつくりだしているが、本稿にとって興味深いのは「開示されるのを待っている」省略語である。というのも、省略語はその意味をめぐるコミュニケーションを始動させるからである。

省略語は、括弧や空欄と違って、すでに「開示される」べき意味が決まっているが、コミュニケーションを閉じるものではない。その省略語の意味を知る人への問いかけにはじまったコミュニケーションは、その説明の一部から新たな語りがつむぎだされ、コミュニケーションが拡張していく可能性がある。例えば、筆者が裁判記録を閲覧しはじめた頃、頻出するＡＤＪの意味について職員に聞いたことがある。職員はＡＤＪが「審理の延期」を意味する「adjournment」の省略語であることを説明してくれた後、審理をすぐに延期（ＡＤＪ）にしてしまうある判事の話題をはじめ、「それは仕事をしてないってこと。法廷で見たことある？（判事のしぐさを真似ながら）寝てるみたい。起きたら、ＡＤＪ（笑）」とその判事を揶揄するに至った。さらに「せっかく村から来たのに、毎回ＡＤＪばかり出している。これじゃ、女性たちに負担をかけるだけよ」と訴訟当事者の不満を代弁したのだった。こうしてＡＤＪをめぐってはじまった職員とのコミュニケーションは、判事への批判や訴訟当事者の不満などへと拡張していくのである。以下では、ＤＶに対する保護命令の事例[21]を取り上げ、省略語を契機につむぎだされたコミュニケーションがいかに拡張していくのかを見てみたい。

コミュニケーションの事例(4)

二〇一〇年二月一九日、夫（ジュリアン）の家庭内暴力に耐えかねた妻のローズは、ロレンガウの地方裁判所に駆け込み、暫定保護命令（Interim Protection Order）の発令を求めた。裁判所や警察などの関係者の間で、この暫定保護命令はＩＰＯと呼ばれている。ＩＰＯは、正式な裁判がはじまり、決着がつくまでの間、原告と被告の接近禁止を命じるものである。なおこの制度がはじまったのは、この一年前、二〇〇九年一月からである。

今回、ローズは、ＤＶから逃げるときに家――彼らが暮らしていた夫の実家――においてきた子ども（二人）を引き取りたい旨、判事に依頼し、ＩＰＯの一部に書き込んでもらった。当日、幸いにも裁判所に来ていた警察が職員の働きかけで子どもを迎えにいってくれることになったのである（裁判所にいたローズと筆者も同行）。まず警察とローズは、スーパーマーケットで働くジュリアンにＩＰＯを渡し、子どもたちのいる家に向かった。車中、警察はいきなりＩＰＯを渡されても意味を理解できないでいるジュリアンを察して、書類の内容――「別々に暮らすこと（＝接近禁止）」、「脅迫やいやがらせなどの禁止」、「子どもをローズに引き渡すこと」――をかいつまんで説明したが、ジュリアンは黙って聞いており、いつの間にか書類をくちゃくちゃに丸めてしまっていた。

警察はしきりに書類を指してＩＰＯという省略語を連呼するが、当時のジュリアンにはＩＰＯの知識はなかった。当時を振り返ってジュリアンが述べるのは、書類を見て自分の暴力が原因で警察が来たということは理解できたものの、暴力がなぜ子どもの引き渡しにつながるのかはまったくわからなかったという（二〇一〇年三月六日）。この点は、家でのコミュニケーションの焦点になる。

家に着くと、ジュリアンは子どもの面倒を見ていた実母にＩＰＯの書類を手渡した。説明したのは警察である。以下は、警察が一通り同じ説明をした後の会話である。

警察「これ〔ＩＰＯ〕は、新しいルールだ。今、パプアニューギニア全土でおこなわれるようになった暴力を取り締まる新しいルールなんだよ」

母「これは……離婚するってこと？」

警察「いいや、これは結婚が解消されるって意味じゃない。距離をとって、裁判をして……えっと、いつだったっけ？〔ＩＰＯを確認しながら〕来週の金曜、裁判がある。そこで、問題を解決しようというわけだ。また家族が一緒になれるように……」

母「でも、子どもを連れていくのには反対よ。彼らは、ウォレイ〔ローズの故郷〕に帰る気よ」

ジュリアン「ああ、今日、子どもを渡したら、明日にはバスに乗って故郷に帰る気だよ。子どもは渡せない……」

母「あの子〔ローズのこと〕はパピンドー〔スーパーマーケット〕で働いて、好き勝手にやっていたのよ。その間、私が〔子どもの面倒を見ているために身動きがとれないという意味で〕囚人だったのよ」
警察「いや、これは一時的なものなんだ……」
しばしの沈黙。
母「わかったわ、裁判は来週ね。そこで、私も供述書をもっていくわ」
警察「そう、そこで主張すればいいんだ……」

結局、裁判への誘導によって、ジュリアンらはもどかしさを抱えたまま、会話は終わった。子どもを引き渡すジュリアンは目に涙を浮かべていた。それは、離婚への危機感と子どもを失う喪失感、そして自らの意志と力ではどうすることもできない無力感の現れだったかもしれない。

まずこの会話から、すでに述べた法的書類に対する人々の態度をうかがうことができる。ジュリアンと母は書類を読んでいない。読めないのかもしれないが、書類がそもそも内容を理解する手段とはみなさていないことを思い出そう。彼らにとって書類はその書誌的コードを通して裁判所の出した何かの命令であること――今回の事例ではそれに加え、いきなり訪れた警察の言動の正当性――を伝えるものであり、それで十分なのである。内容の理解は、それを知る第三者（ここでは警察）の解説に依存している。ジュリアンが手にした書類をすぐに「くちゃくちゃに丸めた」のは、このためである。

また、コミュニケーションの拡張も顕著である。警察は、「ＩＰＯとは何か」というジュリアンたちの問いを先取りし――自らの言動の正当性を示すためにも――ＩＰＯの説明を率先して行った。ただ警察の説明はそこそこに、会話が予想外の方向に展開していったことは事例で示した通りである。転換の原因は、ジュリアンたちが警察の説明をカストムの観点から解釈したことにある。ＩＰＯは暴力からの即時保護を目的としているのであって、離婚と捉えたジュリアンらの解釈が「誤解」であることは確かである。しかしその「誤解」は、カストムの観点からすれば、むしろ自然の反応だったのである。夫婦は別々に暮らし、かつ近寄ってはならず、子どもは母親（ローズ）のもとにおくこと――この事態は、マヌスの世界では、離婚に等しい[22]。相互行為のない結婚は結婚とは言えないし、子どもを一方の親のもとにおく措置は扶養費請求訴訟と同じである。本稿でも見てきた扶養費請求訴訟は、離婚・離別、遺棄が前提である。よって、母が離婚かと問い、ローズが子どもを連れて故郷に帰るだろうと想像したことは、こうした伝統的な認識枠組みを前提にしている。ちなみに、「誤解」の大きな要因となった項目「子どもは母親のもとにおくこと」は、特別な付帯条項であり、通常のＩＰＯにはない。この点が明かされなかったことも、ＩＰＯそのものの理解を妨げてしまっている。

最後に、ＩＰＯをめぐるこのコミュニケーションを牽引した警察の役割を強調しておこう。警察は法、ジュリアンらはカストムにもとづいて、言葉をつむいでいる。このなかにあって、警察は、書類とともに、法とカストムが混淆するこのコミュニケーションを作り上げる権威者となっている。特筆すべきなのは、カストムにもとづいて法から遠ざかっていくようなジュリアンらを、法のコミュニケーションに引き戻し、つなぎ留めている点である。警察がいなければ、会話の連鎖は法から離れていっただろう。先に見たアリスの事例と異なり、コミュニケーションの連鎖のなかでいつしか法から遠ざかってしまう可能性を縮減する権威者の姿がここにある。

おわりに

本稿は、近代型裁判に関わる書類が、まだそれに馴染みのないマヌス社会でコミュニケーションの増殖や拡張に寄与する確かなエージェントになっていることを見てきた。確かに、識字が思考を抑圧するのは事実だとしても［e.g. 菊池 一九九五］、また多様／複雑な意味生成を阻む「薄っぺらな二次元的図式表象」だとしても［Riles 2003: 201］、法的書類は、単なる雑談で終わるコミュニケーション（第六節の省略語のエピソード）から、学習効果をもつもの（事例⑴）、紛争処理（事例⑵）まで、さまざまなコミュニケーションをつむいで／つないでいる。また、書類を起点にしながらも、書類が本来的に意図することを越えたコミュニケーション（事例⑶⑷）が生成されていくこともある。こうして、植民地化とともにもたらされた法的書類は、それ以前と比べてコミュニケーションの質量を飛躍的に増大させてきた新しい媒体であると言っても過言ではないだろう。本稿は、この点で、近代医療の浸透がピットカブーンをめぐるコミュニケーションを抑制するのではなく、むしろ増殖・拡張していくと論じた本書所収の津村論文の方向性と重なり合う。

もっとも、筆者は、冒頭で述べたように、そのような書類のエージェンシーが自明かつ単独に存在するなどという気は毛頭ない。むしろそれは、法的・社会的・歴史的文脈に埋め込まれ、書類以外のエージェントとの相互作用のなかに存在するものである。本稿の事例でみたように、判事（事例⑴）、当事者（エンケイ）の兄（事例⑵）、福祉事務所職員（事例⑶）、警察（事例⑷）はコミュニケーションを駆動する大きな存在――本稿では権威者と呼んできた――だったはずである。すなわち、人と書類が働きかけあい、コミュニケーションを成立させ、それを通して／その限りにおいて、書類はエージェントたりえていた。

エージェンシーとコミュニケーションの相互構築的な増殖・拡張にも、留意を付す必要がある。確かに、本稿は、津村論文のいう「開放系コミュニケーション」を基調にしている。しかし里見論文が論じたコミュニケーションの切断や限界にも等しく留意しておくべきだろう。実際、本稿でも、法から遠ざかるコミュニケーションの拡張が制限されていることを見たはずである（事例(4)）。また法的書類は、それが生み出されるところの法（ガブマン）の領域だけでなく、カストムの領域にまで越境していたが、その意味や「力」は同一ではありえなかった。カストムの領域では、絶対的な法的書類の「力」は相対的なものへと変容し、いつしかエージェンシーの停止と呼ぶべき事態まで生じてしまうのである（事例(2)）。

ところで、こうしたコミュニケーションすべてが書類の読解をめぐって生じているわけではないことにも留意すべきだろう。本稿で記述してきたように、識字能力のある一部の人を除けば、多くの人々は、書類＝読解すべきテクストという呪縛に囚われていない。当事者にとってより重要なのは、書類がいかに現実的な力（＝実用的価値）を発揮するのかということである（道具的ジャンル）。そのため、書類に向き合い、自ら意味をひねり出すという、当事者／解釈者と書類間のコミュニケーションがほとんど見られないのである。当事者／解釈者と書類の間のコミュニケーションで前景化するのは、語彙コードというよりも、書誌的コードに関わるデザインやロゴ、括弧や省略語である。しかしこのことは、意味の問題が置き去りにされることを意味しない。意味をめぐるコミュニケーションは、書類の内容を知る第三者（＝権威者）が媒介となる三つ巴（書類‐第三者‐当事者）で展開することになり、ときに拡張していく。そこでは、むしろ表出的ジャンルや語彙コードが前景化してくる。こうして、書類の読解は、四象限（第二節参照）のそれぞれがコミュニケーションのなかで同時的あるいは継起的に顕在化する目まぐるしい運動の一局面にすぎない。

ここで、マヌスの人々が書類をペパ（ピジン語）と呼んでいることに立ち戻りたい。同類の言葉であるドキュメントがピジン語として分化・定着せず、英語のペーパーに由来するペパがもっぱら使用されていることは一考に値する。なぜなら、語源学的に、二つの言葉はそのコノテーションを異にするからである。ペーパーの語源がカヤツリグサ科の植物で作った紙＝パピルス（papyrus）であることから、ペーパーにはその物質性が強く含意されている。その一方で、ドキュメントには、「教える／伝える」という機能の含意が強い。大黒は次のように言う。

（ドキュメントは）ラテン語の《documentum》を起源に持つが、この《documentum》という名詞は、「教える」という意味の動詞《docere》から派生したものである。したがって、《documentum》もまた、ある本質的なものごとの「模範的実例」、ないし或る本質的洞察をそこから抽き出すべき「教訓」という……意味を持つ。その語義の中心には《docere》から受け継いだ「教える」というコノテーションが埋め込まれている［大黒 二〇一八：一六五―一六六］。

このことを踏まえると、マヌス――おそらくピジン語を話すメラネシア全体に敷衍できるだろうが――の人々がペパを使うのは、書類の核心がその物質性にあるからだと言えよう。これは、ピジン語の生成期（一九世紀後半）――読み書きが今よりもずっと限定されていた頃――人々が書類をドキュメントとしてではなく、物質的存在として捉えていたことと無縁ではないだろう。労働契約書や領収書などは、第一にやりとりするモノだったのである。もちろん、物質的存在と言っても、労働や物品の授受という行為連関をつくる確かな存在、あるいはネットワークの一部だった。そして植民地化が本格的に進むなかで、人々はこのモノ自体に意味やメッセージが内包されているというペパへの新しい理解や見方を追認していったに違いない。とくに、教育による識字率の上昇はペパに内包された「伝える／教える」ドキュメント的機能を前景化させたことは確かである。ただクルティの人々が書かれていることをパラ・ノホウとみなしているように、意味を「伝える／教える」機能のトーンは物質性より低い。ここから、ペパという言葉の使用には、本稿で見てきた書類のあり方、つまり表出的ジャンルに対する道具的ジャンルの優位がすでに暗示されていると言ったら言い過ぎだろうか。

最後に、本稿では十分扱えなかった書類と時間の問題について触れておこう。本稿で取り上げた書類の時間的深度は浅いが、コミュニケーションは何も「今、ここ」だけで終息するわけではない。ワイタンギ条約や植民地期の公文書が時を越えて当初、予期していなかったコミュニケーションをつむいだように、将来、裁判所の倉庫に眠る――あるいは家の片隅に省みられることもなく放置されている――法的書類が思わぬかたちで掘り起こされ、再びコミュニケーションを起動させてしまう可能性は十分ある。とりわけ本稿で見てきた扶養ファイルは、起源としては異なるコミュニケーションによって継起的に生み出されたゆえに、法（ガブマン）だけではなく、カストムやロトゥとつながっており、かつ人間の人生を意味論的に含む身体でもある。書類は未来のコミュニケーションもつむぐ／つなぐ。こうした時間的な遠隔コミュニケーションの問題は、人と書類の関係を考えるもう一つの良いレッスンであり、今後の課題にしたい。

謝辞

本稿は、日本学術振興会・科学研究費補助金（課題番号：16K03238、研究代表者：馬場淳）を得ておこなった調査、およびそれ以前の調査［馬場 二〇一二ａおよびｂ］で収集した資料にもとづいている。調査過程ではマヌス島の人々に多大な支援・協力を賜り、本稿の執筆にあたっては民博共同研究会のメンバー諸氏、とりわけ研究会代表の杉島敬志先生に、有益なコメントを頂戴した。ここに記して感謝の意を表します。

（１）　なお「子ども健康手帳」はペパではなく、本を意味するブク（buk）の分類に入り、手紙はパス（pas）とも呼ばれる。

（２）　扶養費請求訴訟とは、離婚や遺棄にともない、相手方（主に男性）に婚姻費用や養育費を求める訴訟である。これについては拙著［馬場二〇一二a］の第八章を、DVについては拙論［馬場二〇一二b］を参照されたい。

（3）元来、アーカイヴとは、ギリシア語のアルケーを語源にしている。デリダによれば、それは、始まりの場所（存在論的原理）と秩序が与えられる場所（法規範的原理）という、二つの意味をもつ。そして彼は、この言葉がアルコン（アテナイの執政官）の場からきていることから、後者つまり法規範的原理をアーカイヴの根源的語義とした［デリダ 二〇一〇：一―二］。つまりアーカイヴとは、そもそも法や権力との結びつきが含意されているのである。

（4）マオリ語でタオンガは「宝物、貴重なもの」を意味する［Henare 2007: 47］。ワイタンギ条約がタオンガの保障を明記していたことから、マオリの人々は彼らがタオンガとみなすモノすべてを請求、あるいは返還請求――多くのモノが「白人」に奪われたため――しているのである。そして、ワイタンギ条約そのものがタオンガとみなされている［Henare 2007: 51-56］。

（5）ハッチンソンの民族誌的主題は、エージェンシー論ではなく、アフリカ・ヌエル（ヌアー）社会の関係性（relatedness）であり、書類のほかに現金や銃が取り上げられている。ただし「紙の隠された力」［Hutchinson 2000: 70］への言及やメタファーの作用を鑑みると、エージェンシー論として読むことは可能であろう。

（6）テワーダ社会については、田所の民族誌［二〇一四］を参照されたい。

（7）以下、マヌスの教育史についてはJ・キャリアのモノグラフ［Carrier 1984］、パリアウ運動についてはさしあたり拙論［馬場二〇一六］を参照されたい。

（8）このプラグマティックな心性は、これまで広くマヌスにおいて観察・指摘されてきた。例えば、一九二〇年代にマヌス島南東岸で調査を行ったミードは「高度の現実主義」と述べていたし［ミード 一九八四：二七四］、一九八〇年代に離島で調査を行ったオットーも「効果への関心、『本当の知識は効用をもつ』という信念は、バルアンの人々、一般的にはマヌスの人々の基本的な心的傾向、ハビトゥスとしてみなされているようだ」と述べている［Otto 1991: 122］。また筆者にまつわる次のエピソードも、効用や実用性への志向をよく示すと思われる。筆者が博士論文を上梓し、調査村に博士号取得の証拠としてもっていって二年後のことである。専任職に就けず、相変わらずの筆者に対して、あるインフォーマントは「知は何かを創造するものだ。何も生み出さないのは、単なる雑談に等しい」と皮肉交じりに述べた（二〇一〇年二月一六日）。ここには、人々のいう知（識）が単なる「知る／っていること」を越えて、現実的な「力」を含んでいることが示唆されている。なおこれは、同じオーストロネシア語族のマダガスカルの知識観と同型である［本書所収の飯田論文の第二節参照］。

（9）この点は、フィジー人の書類への向き合い方とも共通している。宮崎は、公文書館で文書を「読む」フィジー人がいることを指摘しつつも、「村人にとって文書は、読むテクストというよりも大切に保管したり、大事なときに証拠として見せたり、政府の役人に差し出したりするものであり、自分たちが真理であると信じていることを証明するための道具」であると述べている

［宮崎 二〇〇二：九〇］。

(10) ここでタヒチ島民たちが熱狂をもって太平洋で初めての現地語版『聖書』（一八一八年）を手にしたことが思い起こされる。すでに宣教師によって聖書の内容を知らされていたことを踏まえると、彼らが『聖書』を本当に「読む」テクストとして見ていたのかは疑ってみる必要があろう。

(11) 福祉事務所は州政府のコミュニティ・サーヴィス局に属し、公的サーヴィスとして訴状や宣誓供述書の作成を無料で請け負っている。ほとんどの女性は高額となる弁護士ではなく、ここを利用する。福祉事務所での対話は、すでに拙論［馬場 二〇一〇、Baba 2016］で記述・分析したことがある。

(12) 後に述べるように、「手書きの供述書」は当事者女性のライフヒストリーや人格を再構成するうえで貴重な参考資料となる。筆者は、彼女たちがいかに書くのかをレトリックの観点から分析したことがある［馬場 二〇〇五］。

(13) アンナはマヌス島南東岸、ブナイ村出身。夫との親密な関係は二〇〇一年にはじまり、二〇〇六年八月二九日に妊娠が発覚した。しかし妊娠中に夫は逃げてしまった。二〇〇七年五月二四日、息子を生家で出産した。アンナは、一五〇キナの出産経費（confinement expense）とその後の養育費を求めて、二〇〇八年一〇月八日裁判所に提訴したのだった。

(14) 送達の証明とは、相手方に受領の責任を負わせるため、そして自身にその法律効果を与えるため、対立当事者に対する訴答書面や通知などを被告に送ったことを証明するものである。マヌス島では、たいてい手渡しである。

(15) この（法的）擬制は、法の特徴である。法的擬制としての「人間」と実際の人間の相克については、拙論［馬場 二〇一四］で論じたことがある。

(16) この事例の経緯や当事者の語り、抗弁について、詳しくは拙著［馬場 二〇一二a：三四二―三四六］を参照されたい。

(17) 既判力とは一度確定した判決のもつ効力・拘束力を意味する。ただし本稿での使用は便宜的なものであり、実際には地方裁判所での裁定はアピール可能であり、厳密な意味での既判力とは言えないだろう。とはいえ、少なくとも扶養費請求訴訟では、審理過程で抗弁がなされることはあっても、一度裁判所が出した決定（扶養命令）そのものを覆そうと上位裁判所にアピールする人は、管見の限り、いない。もし不服ならば、事例のように、命令に従わないか、あるいはカストム的な措置に置き換えるという方策をとる。裁判所の判決や命令を次のアクションの前提とするようなこうした対応から、筆者は人々が裁判における既判力の考え方をある程度理解・内面化していると推察している。ただそれを法の外で適用するかどうかは、当事者（たち）の利害関心に左右されるだろう。事例(2)については、兄とナウカのどちらも訴訟経験者であることにも留意すべきである。

(18) ただし、慣習承認法には一定の留保や制限があることにも留意すべきである。たとえば、刑事事件には適用されないし（五条）、社会的正義や公共の福祉を脅かす（と裁判官が考える）ような慣習も承認されない（三条）。「子の最善の利益」に反するような慣習や明らかに女性を差別するような慣習は、認められないのである。こうして、慣習であれば何でも法的効力が認められるわけではないのである。

(19) 英語のwhatに相当し、疑問代名詞でも使われる。

(20)「完全な終止」[ラトゥール 二〇一七：三二二]は、法的安定性に不可欠の要素である。

(21) IPOについては、拙論[馬場 二〇一二b：二六九—二七〇]を参照されたい。

(22) この点については、拙論[馬場 二〇一二b：二七八—二八一]で詳しく検討している。

参照文献

青山征彦 二〇一二「エージェンシー概念の再検討——人工物によるエージェンシーのデザインをめぐって」『認知科学』一九（二）：一六四—一七四。

浅井優一 二〇一七『儀礼のセミオティクス——メラネシア・フィジーにおける神話／詩的テクストの言語人類学的研究』三元社。

馬場 淳 二〇〇五「妻たちのレトリカル・ワーク——パプアニューギニアにおけるジェンダーと扶養費請求訴訟」原伸子編『市場とジェンダー』三一五—三四四頁、法政大学出版局。

—— 二〇一〇「法に生きる女性たち——パプアニューギニアにおける法と権力作用」塩田光喜編『知の大洋へ、大洋の知へ』一三三—一六六頁、彩流社。

—— 二〇一二a『結婚と扶養の民族誌——現代パプアニューギニアの伝統とジェンダー』彩流社。

—— 二〇一二b「国際人権レジームの功罪——パプアニューギニアにおける保護命令の「誤解」をめぐって」牟田和恵ほか編『競合するジャスティス』二六五—二八六頁、大阪大学出版会。

—— 二〇一四「パプアニューギニアのシングル単位論序説——ワンピスの可能性／不可能性をめぐって」椎野若菜編『境界を生きるシングルたち』八五—一〇五頁、人文書院。

—— 二〇一六「辺境の牧師たち——パプアニューギニア・マヌス島のキリスト教と伝統」大谷裕文／塩田光喜編『海のキリスト教——太平洋島嶼諸国における宗教と政治・社会変容』二九五—三一八頁、明石書店。

—— 二〇一七「パプアニューギニアにおける人権の認知度——マヌス島の事例」『国際地域学研究』（東洋大学国際地域学部）二〇：九三—一〇四。

Baba, Jun, 2016, "The Making of Legal Subject in Papua New Guinea: Support Agents and Situated Learning for the Modern Lawsuit in Manus Province", *People and Culture in Oceania* 31: 1-24.

Carrier, James G., 1984, *Education and Society in a Manus Village*, ERU Report 47, University of Papua New Guinea.
大黒岳彦　二〇一八「〈文書〉の存在論」『現代思想』四六（一〇）：一六五—一八四。
Demian, Melissa, 2003, "Custom in the Courtroom, Law in the Village: Legal Transformations in Papua New Guinea", *Journal of Royal Anthropological Institute* 9: 97–115.
デリダ、ジャック　二〇一〇『アーカイヴの病——フロイトの印象』福本修訳、法政大学出版局。
Gell, Alfred, 1998, *Art and Agency: An Anthropological Theory*, Oxford University Press.
Goddard, M., 2002, "Reto's Chance: State and Status in an Urban Papua New Guinea Settlement", *Oceania* 73(1): 1–16.
グディ、J　一九八六『未開と文明』吉田禎吾訳、岩波書店。
Henare, Amiria, 2007, "Taonga Maori: Encompassing Rights and Property in New Zealnad", in A. Henare et al.（eds.）, *Thinking Through Things*, pp. 47–67, Routledge.
Hutchinson, Sharon Elaine, 2000, "Identity and Substance: The Broadening Bases of Relatedness among the Nuer of Southern Sudan", in J. Carsten（ed.）, *Cultures of Relatedness*, pp. 55–72, Cambridge University Press.
今福龍太　二〇〇九『身体としての書物』東京外国語大学出版会。
インゴルド、ティム　二〇一四『ラインズ——線の文化史』工藤晋訳、左右社。
Keesing, Roger M., 1989, "Creating the Past: Custom and Identity on the Contemporary Pacific", *The Contemporary Pacific* 1(1/2): 19–42.
菊池久一　一九九五『「識字」の構造——思考を抑圧する文字文化』勁草書房。
小林　誠　二〇一八『探求の民族誌——ポリネシア・ツバルの神話と首長制の「真実」をめぐって』御茶の水書房。
ラトゥール、ブルーノ　二〇一七『法が作られているとき——近代行政裁判の人類学的考察』堀口真司訳、水声社。
Lindstrom, Lamont, 1990, *Knowledge and Power in a South Pacific Society*, Smithsonian Institute Press.
ミード、マーガレット　一九八四『フィールドからの手紙』畑中幸子訳、岩波書店。
Meggitt, M. J., 1968, "Uses of Literacy in New Guinea and Melanesia", in J. Goody（ed.）, *Literacy in Traditional Societies*, pp. 298–310, Cambridge University Press.
Merry, S. E. and D. Brenneis, 2003, "Introduction", in S. E. Merry and D. Brenneis（eds.）, *Law & Empire in the Pacific*, pp. 3–34, School of American Research Press.
宮崎広和　二〇〇二「文書館と村」春日直樹編『オセアニア・ポストコロニアル』七九—一〇七頁、国際書院。

Miyazaki, Hirokazu, 2003, "Delegating Closure", in S. E. Merry and D. Brenneis (eds.), *Law & Empire in the Pacific,* pp. 239–259, School of American Research Press.

——— 2006, "Documenting the Present", in A. Riles (ed.), *Documents*, pp. 206–225, University of Michigan Press.

オング、ウォルター　一九九一『声の文化と文字の文化』桜井直文ほか訳、藤原書店。

Otto, Ton, 1991, *The Politics of Tradition in Baluan: Social Change and the Construction of the Past in a Manus Society*. Ph. D. Thesis, Australian National University.

——— 1992, "The Ways of *Kastam*: Tradition as Category and Practice in a Manus Village", *Oceania* 62(4): 264–283.

Reed, Adam, 2006, "Documents Unfolding", in A. Riles (ed.), *Documents,* pp. 158–177, The University of Michigan Press.

Riles, Annelise, 1998, "Infinity within the Brackets", *American Ethnologist* 25(3): 378–398.

——— 2003, "Law as Objec", in S. E. Merry and D. Brenneis (eds.), *Law & Empire in the Pacific,* pp. 187–212, School of American Research Press.

——— (ed.), 2006, *Documents: Artifacts of Modern Knowledge*, University of Michigan Press.

シリングスバーク、ピーター　二〇〇九『グーテンベルクからグーグルへ――文学テキストのデジタル化と編集文献学』明星聖子ほか訳、慶應義塾大学出版会。

杉島敬志　二〇一四ａ「次世代人類学を構想する」『民博通信』一四四：二四―二五。

——— 二〇一四ｂ「複ゲーム状況への着目――次世代人類学に向けて」杉島敬志編『複ゲーム状況の人類学』九―五四頁、風響社。

田所聖志　二〇一四『秩序の構造――ニューギニア山地民における人間関係の社会人類学』東京大学出版会。

棚橋　訓　一九九九「ポリネシア・クック諸島における土地問題の淵源――歴史的省察」杉島敬志編『土地所有の政治史』五五―七六頁、風響社。

Thomas, Nicholas, 1994, *Colonialism's Culture: Anthropology, Travel and Government*, Polity Press.

ウェーバー、マックス　一九八七『官僚制』阿閉吉男／脇圭平訳、恒星社厚生閣。

吉岡政德　二〇〇五『反・ポストコロニアル人類学――ポストコロニアルを生きるメラネシア』風響社。

第七章　社会化をうながす複合的文脈
――グイ／ガナにおけるジムナスティックの事例から――

高田　明

はじめに――子どもの人類学

本稿の背景をなすのは、子どもの人類学的研究である。子どもの人類学は、以前はマイナーな研究領域だといわれたこともあったが、二〇〇〇年代ごろからは爆発的に研究が増えている。現在ではむしろ、人類学の中でもっとも活発に議論が行われている研究領域の一つといえるかもしれない。人類学の他の研究領域と同じく子どもの人類学でも、本質主義や構造機能主義の隆盛、それに対する反省、コミュニケーションを通じてアイデンティティや立場の違いが構成される過程の研究、というトレンドの移り変わりが見られる［cf. 杉島二〇一四：一〇］。その一方で、他の研究領域と比べると子どもの人類学では、自然と文化が交叉する学際的な議論が多く蓄積されてきた。以下ではまず、本稿の問題意識との関連で重要なものにしぼって、子どもの人類学の研究史について紹介する。

近代人類学の開始、すなわちフィールドワークに基づく社会・文化人類学が行われるようになってから一九四〇年代ごろまでは、しばしば子どもが社会の周縁に位置づけられ、そこに焦点をあてた考察が少なかったといわれる。だが実際には、少なからぬ研究が子どもをとりあげている。たとえば英国では、ブロニスワフ・マリノフスキーの影響を受けたオードリー・リチャーズ、イアン・ホグビン、カミラ・ウェッジウッド、フィリス・カベリー、エドワード・エヴァンズ＝プリチャード、マーガレット・リード、メイヤー・フォーテスといった錚々たる人類学者たちが、その詳しさの程度に差はあれ、研究対象とした社会における子ども期の特徴について報告している［LeVine 2007］。したがって、この時期の社会・文化人類学では、子どもについての研究がなかったというよりは、子どもについての民族誌的記述が拡散しており、それをまとめる理論的枠組みが乏しかったといえよう［cf. Lancy 2012］。

一九五〇～六〇年代からは、フランツ・ボアズの下で学究の道をたどり、「ボアズの娘たち」とも呼ばれたルース・ベネディクトやマーガレット・ミードの名前とともに知られる「文化とパーソナリティ論」、ホワイティング夫妻らが推進した「6文化研究」など、子どもの社会化を議論の中心におく研究があらわれるようになった。こうした研究では、当該の社会全体の特徴とそこで子どもに求められる行動の関連についての議論が活発に行われた。

このうち文化とパーソナリティ論は、諸文化を「大きく書かれたパーソナリティ」ととらえ、人は自分の文化の写しを社会化の過程で獲得すると考えた。たとえばミードは、文化を「親たちから子どもたちへと継承される学習された行動の体系的総体」［ミード 一九七三：三］と定義した。文化とパーソナリティ論は、エドワード・サピアやベンジャミン・ウォーフの言語相対性仮説を拡張した「文化相対主義」を推し進めたことでも知られる。ベネディクトによれば、社会生活を可能にする選択枝は無限にある（例：食事をするためにナイフやフォーク、箸、あるいは素手を用いる）が、ある文化においてはその中の限られたものが選ばれる。そして、それはその文化に特異な目標に向かって統一され、意味を与えられる（例：手食文化ではしばしば、よく洗った手の方が道具よりも清浄だとみなされたり、食べるために使われる右手が清浄、排泄の際に使われる左手が不浄とされたりする）。ある文化は他の文化から見れば基本的な点を無視していることが少なくない。したがって、特定の選択のみに基づいて複数の文化を比較し、その優劣を論じることはできない［ベネディクト 一九七三：五三］。こうした力強い主張は、さまざまなフィールドで地道な記述的研究を進めていた米国の人類学者たちを鼓舞した。文化相対主義は、文化の多様性を重んじ、諸文化の独自性と自立性を主張する米国の人類学を主導するスローガンとなっていった。

もう一方の「6文化研究」は、より標準化された手続きを用いた、体系的な資料収集の試みである。このプロジェクトは、一九五四年から一九五七年にかけて六つの社会（米国のオーチャード・タウン、北インドのカラプール、沖縄のタイラ、フィリピンのタロン、メキシコのフストラウアカ、ケニヤのニヤンソンゴ）における子どもの発達の特徴を、長期の住み込み調査から得られた資料に基づいて明らかにしようとした。ホワイティング夫妻らは、組織的に行われた観察の記録を共通の手続きによって分析するとともに、それぞれの社会について民族誌を書いている。これらに基づいてホワイティング夫妻らは、広く「文化」と「心」の関係を考えていくために、全体論（holism）に基づく社会のモデルを提唱している。このモデルでは、生業様式や生産手段などの生計維持体系（maintenance systems）が子どもの学習環境を規定し、そうした学習環境が生得的な要因と相まってその文化に特徴的な行動パターン等を規定していくとされている。さらにホワイティング夫妻らは、複雑性の低い社会での社会的相互行為はより養育的―責任的（子どもが他者に対して援助や支持を提供したり、責任ある提案を行ったりする）なのに対して、複雑性の高い社会での社会的相互行為はより依存的―支配的（子どもが他者の注意をうながしたり、他者からの援助を求めたり、他者に対して支配的に関わったりする）だと論じた［Whiting（ed.）1963; Whiting and Whiting 1975］。

文化とパーソナリティ論や6文化研究に通底していた非西欧社会における社会化という視点は、人類学界を越えて大きな関心を集めた。だがしばらくすると、この視点は批判されるようになった。文化とパーソナリティ論には、①社会をよく似た個人の集合体ととらえる傾向があり、多様な構成員がどのように全体としての社会を作り上げるのかについての考察が不十分である、②子どもを小さな大人としてとらえており、子ども自らが構成する生活世界をとらえ損なっているなどの批判である。また6文化研究には構造機能主義的な傾向がある。それゆえ、構造機能主義に対して行われた批判の多く（たとえば、社会を構成する要素が実体視されており、それらの間の存在論的な違いが十分に考慮されていない、社会を閉じた構造としてみる傾向があるため社会変化を十分に説明できない）は6文化研究にもあてはまる。こうした批判に対する有力な解決策の一つとして、近年では言語的社会化研究［e.g. Ochs 1988; Duranti et al.（eds.）2012］が、言語を使うための社会化と言語を使うことによる社会化という考察を往還させることを通じて、子どもの生活世界の成り立ちに関する経験的かつ詳細な分析を展開するようになっている。言語的社会化アプローチは、人間の行為や身振りを個人の内的な認知過程のあらわれとして理解しようとする認知科学への批判的考察を通じて発展してきた。したがって、同様の発展過程を経た各種の研究分野、たとえば行為が文化的文脈に埋め込まれていることに注目した状況的認知論［e.g. Hutchins 1995; レイヴ／ウェンガー一九九三、ロゴフ 二〇〇六］や人とモノの織りなす社会関係の新たな記述・分析方法を構想した芸術の人類学［e.g. Gell 1998; 本書所収の中村論文と馬場論文］と多くの関心を共有している。ただし言語的社会化アプローチは、言語人類学の研究史や関心を継承しながら上述の社会化についての議論を刷新しようとするという点で、こうした研究分野の中でもユニークなアプローチをとっている。

　言語的社会化アプローチによる研究を推進してきたエレノア・オックスらによれば、このアプローチにとっての重要な論題は、あるコミュニティにおけるコミュニケーションのコード、慣習、および方略（strategies）に関するハビトゥスが、そのコミュニティの社会文化的論理とどのように関連しているかを正確に解析することにある［Ochs et al. 2005: 548］。そこでこのアプローチをとる研究者は、研究の対象とする社会における相互行為の中で、ある行為がどうしてある特定の時点で、特定の方法で、特定の参加者によって実行されるのかを克明に記述し、時間的な行為の連鎖の中にこれを位置づけつつ分析する。これによって、その行為がどういった文化的文脈に埋め込まれているかだけではなく、どんな文化的文脈を生み出すのかを明らかにすることができる［Goodwin 2000］。すなわち、このアプローチは文化的文脈と主体的な行為選択の相互規定性を前提としており、あるコミュニティにおける社会的秩序を多様な構成員が生成、維持、変化させていくダイナミックな過程を経験的な手法で論じることを可能にする。

ここで注意すべきなのは、文化的実践を行う主体となっているコミュニティはすべて、そのメンバーの間になんらかの不均衡（たとえば、知識、体力、権力に関わる不均衡）を抱えていることである。新参者、たとえば子どもや異邦人は、熟練者との関わりを通じて、そのコミュニティが社会的、歴史的に構築してきた知識や道具の使い方に習熟していく必要がある。そうした知識や道具の最たるものは言語であり、それを支えているコミュニティをガンパーツ［Gumperz 1964］は発話共同体（speech community）と呼んだ。言語的社会化アプローチでは、新参者がその成長の過程で、特定の発話共同体が提供する複雑に構造化された言葉や道具の使い方に徐々に習熟していく過程に焦点をあてる。

これと関連してオックスら［Ochs et al. 2005: 552–553］は、ある発話共同体のメンバーがどのように子どもと相互行為を行うようになっていくのかを解明するための理論的なツールとして、「子ども向けコミュニケーションのモデル」を提案している。このモデルは、言語的社会化論における分析の範囲を、言語以外のさまざまな記号論的資源［Goodwin 2000］にも拡大している。たとえば、子どもの発達に関する多くの研究［e.g. ブルーナー 一九八八、アダムソン 一九九九、ロゴフ 二〇〇六］が示唆するように、養育者―子どもの相互行為において子どもが話し始めるかなり前から顔の表情、視線の方向、うなずき、指さしなどが効果的に用いられ、記号として働いている。子ども向けコミュニケーションのモデルでは、そうした言語以外のさまざまな記号論的資源を用いることで、

つつある。この点で、「発話以前」の言語的社会化［Takada 2012］はとくに注目される研究領域である。またこのモデルは、「知識」概念を分析的にとらえ直し、その動態を明らかにすることを通じて社会・文化ごとにユニークな世界のとらえかたの成り立ちやその変化を論じようとする本書所収の飯田論文と議論の出発点となる問題意識を共有している。

言語的社会化アプローチは、①相互行為の進行、②子どもの成長、③社会・文化の変化という異なる時間軸を架橋しつつ、フィールドで得られたデータを分析・理解するという困難な課題（本稿では、これを「時間のミクロ－マクロ・リンク問題」と呼ぶことにする）にとり組んでいる。これらのそれぞれは従来の人類学でも議論されてきた（たとえば、①は他の言語人類学の研究領域、②は子どもの人類学の他のアプローチ、③はアカルチュレーションの人類学の主要な関心ごとであった）が、これらを統合的にとらえ、考察しようとするところに言語的社会化アプローチの独自性および他の人類学の研究分野に貢献する可能性があるといえよう。

さらに言語的社会化アプローチは、複数の整合しない「規則－信念」が並存しながら同時並行的に作用する「複ゲーム状況」［杉島 二〇一四：一〇］を読み解き、それに対して人々がどのような解決策を見いだしているのかを明らかにしていくうえでも有効であろう。複ゲーム状況では、相互行為の参与者の間の知識、体力、権力などに関わる不均衡がしばしば他の社会的状況以上に大きいと考えられる[1]。そうした状況にあっても、それぞれの参与者はその場の時間的・空間的な制約にあわせてその都度の行為を選んでおり、そうした相互行為を通じて新たな社会的秩序が構築されていく。そうした秩序は、いずれの「規則－信念」体系にも還元されない参与者たちのプラグマティックかつ創造的な営みを反映するであろう。また社会化の過程にある子どもたちは、特定の「規則－信念」体系にしばられることが少なく、言語以外のさまざまな記号論的資源を活用しながら、新たな「規則

－信念」体系にもしばしば柔軟に対応する。すなわち、子どもたちは上記のような複ゲーム状況における創造的な営みをたくさん見せてくれる。したがって、複ゲーム状況での子どもを含む相互行為を分析することは、子ども向けコミュニケーションのモデルを発展させ、社会化の過程における行為実践についての理論的な理解を深めることを可能にする。

本稿では、南部アフリカのサンのうちの二つの近縁なグループ、グイとガナにおける養育者―子ども間の相互行為、とくに養育者が乳児に対して行うジムナスティック（養育者が乳児をひざの上で抱えあげ、立位を保持、あるいは上下運動させる一連の行為）に焦点をあて、これにまつわるコミュニケーション・スタイルや文化的文脈についての具体的な分析を行う。以下ではまず、これが上記の議論との関連で重要な試みであることを示すために、サンの養育者―子ども間の相互行為に関する先行研究（第一節）、およびグイ／ガナの民族誌的背景（第二節）を紹介する。

一　サンの養育者――子ども間相互行為

サンは狩猟採集を主な生業としてきた南部アフリカの先住民として知られ、ブッシュマンあるいはバサルワとも呼ばれる。サンは実際には多くの言語集団、地域集団から構成される。その特徴的な生業や地域社会における位置づけには早くから研究者の注目が集まり、長年にわたって学際的な研究が進められてきた。以下で概説する養育者―子ども間相互行為に関する特徴も、そうした学際的な研究トピックの一つである。

サンではさまざまな言語／地域集団を通じて、幼い子どもと養育者の間に非常に密接な身体的接触が認められる。たとえば、一九六〇年代にサンの中で最もよく狩猟採集に基づく生活様式を保持していると考えられたジュ

ホアン（Ju|'hoan）のもとで調査を行ったメルヴィン・コナーは、ジュホアンの養育者は生後数週間ごろから乳児をしばしばひざの上で抱えあげ、立位を保持、あるいは上下運動させることを報告している［Konner 1973, 1976］。筆者はこの一連の行動をジムナスティックと呼んでいる［高田 二〇〇四、Takada 2005b, 2012］。ジュホアン以外でも、グイ／ガナ・サン［高田 二〇〇四、Takada 2012］、クン・サン［高田 二〇〇四、Takada 2005b］、東部および西部アフリカの諸民族［Bril et al. 1989; Super 1976］の養育者もこのような行動を行う。ジムナスティックは、「U字型」原始反射の一つとされる乳児の歩行反射[2]を誘発することが知られている。一般に、歩行反射を含む原始反射は、生まれた直後には認められるが、生後数ヶ月以内に消失する。歩行反射は、欧米や日本では生後二ヵ月ごろ消失し、その後、歩行行動は生後七ヶ月頃に再びあらわれる［Bly 1994; Cole and Cole 1993: 136–137, 152］。このため、初期の歩行反射と後の歩行行動は関係ないとされていた。ところがゼラゾは、ジムナスティックを続けると、生後二ヵ月では歩行反射はむしろ増加し、しかも後の独り歩きが早く達成されることを示した［Zelazo 1983］。

　コナーによれば、ジュホアンは乳児の運動発達には訓練が欠かせないと考えている。それで日常的にジムナスティックなどを行う。しかも、こうした慣習やゼラゾの発見を裏づけるように、ジュホアンでは乳児の運動発達、特に歩行に関連する発達が早い。さらにコナーは、厳しい自然環境下で移動をくり返すジュホアンでは、乳児の運動発達を促進させることが母親の労力軽減、さらにはその子の生存のためにも重要だったと主張した［Konner 1973, 1976］。言い換えれば、ジムナスティックは狩猟採集に基づく移動生活と結びついていると考えた。ただしこうした議論は、①その根拠がほぼ同時期・同地域のジュホアンでの調査に限られている、②ジムナスティックが行われる日常的文脈が十分に明らかになっていない、という点でさらなる検討の余地がある。そこで高田［二〇〇四、Takada 2005b］は、ナミビア共和国の北中部に住むクン（!Xun）の二〜四ヶ月児を調査対象として、ジムナスティックがどのように行われているのかを調べた。ただし、クンはジュホアンと近縁な言語／地域集団だが、より定住化が進み、農耕牧畜民との交流も盛んなサンの一グループである。

この調査から、クンの養育者は乳児の月齢を問わず平均四〇秒ほどのジムナスティックを頻繁に（一時間あたり八～一二七回）行っていることがわかった。ジムナスティックは歩行反射を誘発し続け、生後二ヵ月を超える乳児でも歩行反射が消失していなかった。これは、歩行反射がもともと消失するようプログラムされたものではなく、ある状況下では持続するような柔軟性のある行動であることを示唆する。それから、ジムナスティックの直前には乳児がよくむずかっていること、またジムナスティックはにぎやかな楽しい雰囲気で行われ、乳児の泣きを少なくすることなどがわかった。したがって日常場面では、ジムナスティックは乳児をあやす効果が大きいといえる。聞き取りからも、ジムナスティックは「あやし」としての意味づけが強いことがわかった。一方、ジュホアンで強調されたような「訓練」にまつわる知識はほとんど意識されていなかった。以上から高田［二〇〇四、Takada 2005b］は、狩猟採集活動や移動生活と結びついているのはジムナスティックの行動そのものというよりも「訓練」としての意味づけであり、定住化や農耕牧畜民との交流が進んでいるクンではこれに代わって「あやし」としての意味づけが強調されていると考えた。

またジュホアンの授乳は、米国や日本と比べるとずっと頻度が高く、持続時間は短い［Konner and Worthman 1980］。授乳が頻繁に生じるのは密着度の高い母親が乳児の変化を敏感に感じとるためだとされてきたが、授乳の持続時間がどうして短くなるのかはよくわかっていなかった。これについては、クンでもジュホアンと同様に高い頻度で持続時間の短い授乳が行われることを示したことがある［Takada 2005b］。さらに、乳児の吸てつの合間にジムナスティックが行われた場合、たいていそのまま授乳が終了することを明らかにした。そして、これが授乳の持続時間を短くすることをうながす要因の一つ(3)であると論じた。また、発達と文化の関係を考えていくうえで重要な見通しとして以下の四点をあげた。①養育行動が生じる仕組みを考えるためには日常場面の観察が重要である。②その分析単位としては養育者―子ども間の相互行為が有効である。③養育者―子ども間の相互行為はその最初期から文化的文脈を反映している。④自然環境、生活様式、背景知識、慣習的な行為などの相互関係は、これまで想定されていたよりも複雑である［Takada 2005b］。

ここまで「文化的文脈」というフレーズをとくに定義せずに用いてきたが、これはさらなる熟考を要する概念である。文化的文脈についての知識がまだあまりない、あるいは概念的思考を開始してすらいない幼い子どもと、より知識の豊富な養育者との相互行為はどのようにして可能なのだろうか？　複数の文化的文脈が並存している状況では、相互行為はどのように組織化されるのだろうか？　本稿は上記の見通しに基づき、このうちとくに③についての検討をさらに進めることで、これらの疑問に答えようとするものである。これは、初期の養育者―子ども間相互行為の文化的基盤に関する議論を深めるとともに、複ゲーム状況下における社会的秩序の構築過程についても重要な示唆を与えてくれるだろう。分析対象としては、やはりサンに含まれ、カラハリ砂漠の中央部で暮らしてきた二つの言語／地域集団であるグイとガナにおけるジムナスティック場面を取りあげる。半世紀以上にわたる学際的研究により、グイとガナは親族関係、言語、儀礼、民俗知識といったさまざまな面で近縁な関係にあることが示されている［cf. Tanaka and Sugawara 2010］。本稿で注目する養育行動においても、グイとガナは切り離せない特徴を備えている。そこで本稿では、とくに必要のない限り両者を一つのまとまり（以下グイ／ガナ）として扱う。グイ／ガナにおけるジムナスティックの文化的文脈を考えるうえでは、以下の民族誌的背景が重要である。

二　グイ／ガナ（セントラル・カラハリ・サン）

カラハリ砂漠の中央部には、一九六一年に制定された広大な中央カラハリ動物保護区（Central Kalahari Game Reserve、以下CKGR）が広がっている。グイ／ガナの伝統的な生活域はこのCKGRとほぼ重なる。これは、CKGRの制定に際して、人類学者でありベチュアナランド保護領政府におけるブッシュマンの調査官でもあったジョージ・シルバーバウアーが、グイ／ガナの伝統的生活域を覆うようにその境界を定めたからである。その目的は、域内の野生動植物を保護するとともに、移動生活を送るグイ／ガナの生業の維持を可能にし、自らが望む生活を選択する権利を与えることであった［Silberbauer 1965］。

CKGR制定後もしばらくは、離合集散をくり返すグイ／ガナの移動生活は続いた。しかし一九七〇年代になり、ボツワナ共和国の遠隔地域開発事業計画が国内のサンに適用されると、CKGR内には居住地が設けられるようになった。井戸による恒常的な水の供給、学校、診療所などの社会資本の整備が進められ、建設工事などへの雇用、食糧配給も行われるようになった。それに伴って、グイ／ガナの多くはそうした居住地に集まってきた。そのなかでもコイコム（行政地名はカデ）と呼ばれる居住地は、グイ／ガナの最大の定住・集住地となった。その過程で人々がキャンプ間を移籍するきっかけは減り、集団の流動性は著しく低下した。

コイコムでの定住化・集住化が進む間にもさらなる政策の転換が生じていた。一九九七年、事前アンケートで移住に賛意を表明していた者たちが、CKGR外で設立されつつあった新居住地に移り始めた。移住はなし崩し的に進み、一九九七年八月にはコイコムのほぼ全住人が新居住地に移った。コエンシャケネ（行政地名はニューカデ）と呼ばれる新居住地は、従来のグイやガナの生活域の外、コイコムとその最寄りの町であるハンシーとを結ぶ道路沿いに位置する。その設立に際しては、グイ／ガナの居住に関する価値観や規範が十分に考慮されたとはいい難い。人口密度は急激に上昇し、狩猟採集から供給される食料の質や量は大きく低下した［高田 二〇〇二］。

こうした状況で、現地でサンの権利のために闘ってきたNGOが、グイ／ガナの再定住は強制移住であるとしてボツワナ政府を相手どって裁判を起こした。その結果、二〇〇二年にコエンシャケネに移住してきた人々がCKGR内のキャンプ地に戻ることを認める判決が二〇〇六年に下された。それにもかかわらず、グイ／ガナの多くにとってCKGR内外を自由に移動することは依然として難しい。その理由の一つは、CKGR内のキャンプ地に戻る権利は、二〇〇二年以前に移住した大半のグイ／ガナには認められていないことがあげられる。皮肉なことに、この政治的な決断はグイ／ガナのCKGRに対する愛着を強調、強化しつつあるようである［Takada 2016］。

以下では別稿［Takada 2012; 高田 二〇一九の第五章二節］でとりあげたデータを本稿の問題意識に照らして再分析する。このデータ（民族誌的資料、養育者―子ども間相互行為場面の動画）は、まだ上記の移住に関する争議が進行中だった一九九〇年代後半から二〇〇〇年代前半にかけて著者がコエンシャケネで実施したフィールド調査で得られたものである。動画の収録にあたっては、登場人物にはどのように相互行為をするかについての指示はしていない。また必要に応じて、人々に養育行動に関するインタビューも行った。その後、著者はインフォーマントとともに動画資料、およびインタビューの一部について文字起こしを行った。

三　養育活動におけるリズムの共同的な創造

ジュホアンやクンで見られたような頻繁なジムナスティックは、グイ／ガナでも行われる。著者の調査データによれば、グイ／ガナの養育者は、乳児にジムナスティックを平均して七分間隔で一日中実施していた。以下に

写真1　MはAxを引き上げ、立った姿勢にした

見る事例1では、母親Mが彼女の小屋の前で生後六週の乳児Axに授乳していた。小屋の中には、三九ヵ月齢になるAxの姉Gt、およびMの甥にあたる一〇歳のPがいた[4]。

事例1

Mは小屋の前に座り、乳児Axに授乳している。短い吸てつ時間（約三四秒）の後で、Axは乳首から口を離し、四肢を動かし始めた。Mはすぐに Axの顔を見て、右手で乳首を口に含ませようとした。しかし、この試みは失敗し、Mは「オッオー、オッオ」と発声し、Axをなだめた。それでもAxは四肢を動かし続けた。Mは手でAxの体を抱き上げ、座った姿勢にした。Axの動きは遅くなった。さらにMはAxを引き上げ、立った姿勢にした（写真1）。それによって、Axの連続的な歩行運動が直ちに誘発された。それからMはAxの身体を二回つかみ、Axにジムナスティックを行う間、繰り返しAxの脇の下を軽くたたいた。Mは、Axの身体を支えている手の圧力を緩めた。Axは体重を自身で維持することができないため、徐々に身をかがめた。MはAxを見つめ、再度Axを座った姿勢にした。

上のやりとりでは乳児が吸てつを休止した直後にジムナスティックを行っており、それが授乳終了の契機となっていた。したがって、クン［Takada 2005b］と同様、グイ／ガナでもジムナスティックが授乳の持続時間を短くすることをうながす要因の一つとなっていることが示唆される。また授乳中とジムナスティック中のいずれにおいても、母親および乳児の身体的な資源が乳児に心地よさをもたらすことに寄与している。すなわち、乳児は母乳によって空腹が満たされる。さらに、吸てつの単純でリズミカルな繰り返しは乳児の快楽の源泉となる。またジムナスティック中の立った姿勢は、むずかっている乳児をなだめる効果がある［Korner and Thoman 1972］。ここでは、Ax（六週齢）の脚の動きが反射的なものから自発的な運動へと変化しつつあることに注意しよう(5)。このようにAxの母親は、ジムナスティックを行いながら乳児と協力してリズムを作り出し、相互行為を楽しいものにしていた。

当然のことながら、六週齢の乳児と成人の母親の間では、利用できる身体的資源や記号論的資源、参照できる文化的文脈が大きく異なる。この時期の乳児はまだ母親を始めとする周囲の人々の意図を読みとることはできないが、その一方でそうした人々と触覚や視線、音楽的な発声を通じて盛んに交流できる。コミュニケーションのために利用・参照する規則の体系が異なるという意味で、乳児と母親は複ゲーム状況におかれているともいえるだろう。こうした差異がありながらも両者が組織的に関わることを可能にしているのは、上述のリズムの共同的創造を始めとする共同的音楽性（communicative musicality）［Malloch 1999; Trevarthen 1999］(6)である。グイ／ガナに限らず、さまざまな文化において養育者はしばしば、乳児との身体的な関わり合いに共同的音楽性を導入する。共同的音楽性は、相互行為の過程で何をするべきか、および何をするべきではないかについての乳児の予期を発達させ、そのローカルな文脈に応じた適切な反応をうながす。これにより、乳児に応答の可能性（ability of response）としての責任（responsibility）の感覚を発達させる基盤を提供している［Takada 2012; 高田 二〇一六］。こうした人生のきわめて早い時期にあらわれる責任の感覚は、後のより複雑に組織化された相互行為に子どもが参加していくための道筋を準備する。

またグイ／ガナの母親は、座って乳児を抱っこしている間や布で乳児を包んで村を歩き回っている間に、しばしば乳児の姿勢を変化させていた。母親はたいてい乳児を抱き、その身体に接触しているので、容易に授乳（覚醒水準を低くする効果がある）やジムナスティック（覚醒水準を高くする効果がある）へと移行することができる。このような身体の利用・身体への介入は、グイ／ガナにおける母親と乳児とのコミュニケーション・スタイルを特徴づけている。一般に母親は、しばしば幼い乳児の姿勢を変化させ、これによって乳児の覚醒水準をその場の状況に適ったものにしようとする［Chappell and Sander 1979］。母子間の密着度の高いグイ／ガナでは、こうした乳児の姿勢への介入の方略がとくに発達しているようである。彼女らは、間身体性［メルロー＝ポンティ 二〇一五］、すなわち自己と他者が未分化なままに身体を介してからみ合うような関係を通じて乳児とコミュニケートし、乳児の行為や身体の用い方をその文化的文脈に沿って方向付けている。こうした身体化された文化的実践を行う状況としての身体フィールド［Hanks 1996: 257, 265］は、グイ／ガナの特徴的な間主観性を生み出す基盤として働いている。

四　共同的音楽性と発話共同体

幼い子どもへの働きかけは、その発話共同体において歴史的に構築されてきた文化的実践と関連しながら組織化されている［Ochs et al. 2005: 550］。グイ／ガナの間では、いくつかの乳児に関わる共同的音楽性の形態が制度化されている［Takada 2005b, 2012］。その一つが乳児のための歌／ダンスである。グイ／ガナでは、歌とダンスを切り離すことはできない。民俗概念であるキー（kii）[7] は歌およびダンスを意味する。グイ／ガナの遊動生活では、歌／ダンスが医療実践、恋人への語りかけ、娯楽といったさまざまな活動に用いられてきた。以下の例は短いツァンド（tsando）の歌／ダンスを示している。ツァンドの意味はジムナスティックの意味と一部重複する。ツァンドの実践では、養育者は歩行行動を真似るように乳児をジャンプさせるか、乳児の手を引いて歩くのを助ける。そしてグイ／ガナは、ツァンドを実践することは乳児の一人歩きをうながし、ダンスのパフォーマンスを上達させると信じている(8)。さらに乳児にツァンドを行うとき、養育者はしばしば「ツァンド、ツァンド、コアンリ・ココア・クリ（tsando, tsando, ǁkoã-rì kú-kûa khúri）」というフレーズを独特のメロディーに載せて歌う。ここで、「ǁkoã」は「子ども」を意味する。「rì」は通性、複数および主格を示す接尾辞だと思われる。「kú-kûa」はおそらく「kōwã kōwã」の圧縮された発声であろう。「kōwã」は「行く」を意味する動詞「kôō」の交替形、その反復形の「kōwã kōwã」は「進み続ける」を意味すると思われる。「khúri」は「終わり」を意味する語彙で、グイ／ガナのインフォーマントによれば、ここでは「ハイハイするのを止める」という意味で用いられている。したがってフレーズ全体の意味は、「ツァンド、ツァンド、子どもたちよ、進め、進め。ハイハイするのは終わりにしよう」といったものになる。

この歌／ダンスは、ツァンドの実践と切り離せない。ツァンドが実践される際、その回りにいる人々はしばしばそれに合わせるように、陽気な雰囲気で手をたたいたり、この歌詞を詠じたりする。事例2はこうした場面を示している。

事例2

二人の成人女性、TkとGpが集落の人々に酒場として利用されている家庭を訪問した。TkとGpはそれぞれ乳児Mt（七ヵ月と三週齢）およびB（六ヵ月と三週齢）と一緒に地面に座っていた。他にその場にはTkの義理の兄弟Tt（関係の説明は後述）、Gpの夫K、Kの友人N（男性）、および筆者Aを含む数人がいた。

集まった人たちは、以前暮らしていた集落に戻るべきかどうかという話題について話し合っていた。この話し合いの傍らで、TkはMtにジムナスティックを行い始めた。TkはまずMtを腕の下でつかんで身体を支え、Mtを

写真２　Tkは Mtの立った姿勢を維持し、Mtを2回ジャンプさせた

引き上げた。TkはMtの立った姿勢を維持し、Mtを二回ジャンプさせた（写真２）。これによって、Mtは直ちに自発的な歩行運動を開始した。TkはMtを座らせた後、Mtに、“[ai :] ʔabe kua ǂnaa khoa ʔii（「[まあ] 彼はダンス・ステップをしているみたい」）”と陽気に話しかけた。

ここでは、七ヵ月三週齢のMtが母親に身体を支えられながらもその両足で立位を維持していることが注目される。またMtは、母親Tkのジムナスティックに応じて、自発的な歩行行動を行っている。いずれについても、長い間ジムナスティックを行ってきた効果が見て取れる。さらにTkの「[まあ] 彼はダンス・ステップをしているみたい」という発話は、ツァンドを実践することは乳児の一人歩きをうながし、ダンスのパフォーマンスを上達させるという文化的文脈に沿ったものである。

上述のやりとりの後、Aは、TkがMtにツァンドを実践していたかどうかについてTtと話した。ほぼ同時に、GpもBにジムナスティックを行い始めた（事例３）。

事例３

事例２の五秒後。Gpに抱っこされていたBは両脚を動かした。それに即応してGpはBを持ち上げ、Bを見つめながら立った姿勢にした。Gpによるジムナスティックに続いて、BはGpに支えられながら地面の上で歩行運動をした。Gpに支えられて、Bは体重を自分の両脚に加重し、さらにそれぞれの脚に体重を順番に移動させた（写真3）。Bは側にあった水タンクに手を触れ、その取っ手を握った。

Gpは、抱っこしていたBの両脚の動きに対してすぐさまジムナスティックで応答した。これはジムナスティックが開始される直前には乳児が手足を大きく動かしていることが多いという知見［Takada 2005b, 2012：高田 二〇〇四］に沿ったものである。またこの直前にGpはTkによって実施されたジムナスティック（事例2）を見ており、さらにその後のAとTtによる会話を聞いていた。これらもまた、Gpがここでジムナスティックを行うことを動機づけたのかもしれない。Mtと同様、六ヵ月と三週齢のBも母親に身体を支えられつつその両足で立位を維持し、自発的な歩行行動を行った。長期にわたるジムナスティック実践を反映して、MtとBの歩行行動に関わる身体的発達は、日本の同月齢の乳児のそれよりもはるかに進んでいるようである。

写真3　Gpに支えられて、歩行運動をするB

上記のやりとりの後、今度はTtが自らツァンドの歌詞を詠じ始めた（事例4）。

事例4(9)

1　Tt: kana　cie　ʔama,　ǁnoori, TSANDO EE
　　or　1:m:s:N 3:m:s:A　niece　INT
　　じゃあ、私がそいつの、姪のためにツァンドをする。

((じゃあ、私がそいつ（姪）のためにツァンドをする))

2　Tt : TSANDO : TSANDO : >|koã-de　ku-kua　khuri<　cia　mee=
　　child-c : p : N　go go　finish　1 : m : s : N　say
ツァンド、ツァンド、子どもたちよ、進め、進め。ハイハイするのは終わりにしよう、と私は詠じる。

3　K : =ʔesa　ciexo　na　［ʔesa　aa　‖kae］
　　3 : f : s : A　put　and　3 : f : s : A that　teach
彼女((B))を立った姿勢にして、［彼女にそれ((ツァンド))を教える。］

4　Tt :　［aa　cie-zi　］‖kam　|xoa　|neē　tana　xoa　ciē
　　that　stand-f : p : A　sense　with　this　like　direction stand
［あの立たせ］方で、このように立たせる。
((あの立たせ方に合わせて、このように立たせるのに合わせて私は詠じる))

一行目でTtは、Mtと自分の親族関係を説明した。Ttの母親は夫（Ttの父親）が亡くなった後でTkの父親と結婚した。したがってTtとTkは義理のキョウダイとなる。Tkの娘であるMtはTtの姪となり、グイ／ガナの親族システムではノーリ（‖noori）と分類される[10]。Mtの側から見ると、Ttはオジでありキアク（cia‖ku）と分類される。キアクは冗談関係にあるノーリに対して、特別な世話をすることが期待されている［Takada 2005a］。

続いてTtは、ツァンドの完全な歌／ダンスのフレーズを声に出し、それに「“cia mee”」（「私は言う」）と続けた

(二行目)。すなわちTtは、先のAとの発話のやりとりを受けて、グイ／ガナの親族関係の網の中に自らの立場を位置づけながら、音楽的なパフォーマンス性を強めた新しい相互行為の連鎖を開始した。

このTtの発話にうながされ、今度はGpの夫であるKが発話を行った(三行目)。Kは、「彼女((B))を立った姿勢にして、[彼女にそれ((ツァンド))を教える。]」という発話で、Ttに同調しつつツァンドの具体的な説明を行っている。続いてまたTtが、Kの発話と重複しながらツァンドの説明を行っている(四行目)。三行目のKの発話は、Bの左手をにぎっている彼の妻Gpに対する教示ともなっている。それに応じてGpは徐々にしゃがみ込んでいったBの身体を起こした。そしてGpはBを見つめながら、Bを立った姿勢にして支えた。

授乳やジムナスティックの例と同様、乳児のための歌／ダンスは養育者―乳児相互行為に共同的音楽性を導入する。ツァンドの歌／ダンスは、乳児と身体的な接触を伴って行われることが多い。上述の例では、Ttはツァンドの歌／ダンスをTkやGpによるジムナスティックに誘発されるように詠じた。こうした一連の行為は、養育者―乳児相互行為のための文化的活動の枠組み(ここではツァンド)に非言語的行動、韻律特性、および言語的発話の文節構造をシンクロさせたものである。これと関連して、クンも(ただしグイ／ガナとは少し異なる方法で)ジムナスティックの行動的リズムと名前の呼びかけの言語的なリズムとを関連づける養育行動の枠組みを発達させていることを報告したことがある[Takada 2005b]。

大人の会話では通常、言語形式の詩的機能にはあまり注意が向けられない[Hanks 1996: 82; Jakobson 1960]。いっぽう乳児向けの発話では、相互行為における養育者と乳児の相互的な関与を高めるため、しばしば言語の韻律特性や文節構造が活用される。ツァンドの歌／ダンスは、養育者が乳児の行動と自らの行為を調律しやすくするための記号論的資源として、とくにメロディーを提供している。たとえば、彼らはメロディーを乳児の脚の動きのリズムに合わせることができる。これによって乳児の脚の動きは乳児が歩いている、もしくはダンスをしているとみなされる。こうした詩的な言語は、言語の創造的な機能に光をあてるとともに、利用できる身体的資源や記号論的資源、参照できる文化的文脈が大きく異なる乳児と母親が共在して一つの活動に関与することを助けている。グイ／ガナの養育者は、ツァンドの歌／ダンス以外にもさまざまなリズミックなやりとりにおいて、乳児が適切なタイミングで行った行動に肯定的な評価を与える［e.g. Takada 2005a］。乳児が適切なタイミングで行動することが増えるにつれて、養育者も乳児の注意を引いたり、管理したり、褒めたりする方略を変化させていく。それによって、養育者は彼女らのコミュニケーションのフィールドに対する乳児の関与を積極的に調整しているのである。

おわりに――養育の複合的文脈

養育者―乳児間相互行為において共同的音楽性が導入されるのは、必ずしも二者関係だけではない。むしろ、多人数の相互行為に乳児を引き込むことが歌／ダンスの特徴である。上で見たようなツァンドの実践には、対象者（通常は乳児）、ジムナスティックの遂行者、ツァンドの歌／ダンスの歌い手、聴衆、および傍観者が関わっている。これらの役割は、必ずしも別々の人物によって演じられるわけではない。相互行為のそれぞれの参与者は、その活動に関与するための足場（footing）を臨機応変に調整し、その結果として相互行為の参与枠組みは変化し続けている(11)。

これはしばしば養育者―乳児相互行為に複合的文脈をもたらす。たとえば上記の事例2では、集まった人たちは以前暮らしていた集落に戻るべきかどうかについて話し合っていた。この会話においては、人々は近年移住してきた集団の構成員として、過去と現在の生活の対比や政府との関係を話題としていた。この人々のうちで二人の母親Tkと Gpは、歓談に参加しながらも、ジムナスティックを行ってそれぞれの子どもであるMtとBに間身体的に関わるとともに、母親同士として雑談を行っていた。そこに調査者であるAとそのインフォーマントのTtが訪れると、母親たちは調査の対象者としてAとTtに調査のトピックであったジムナスティックを見せて対応した。Ttはインフォーマントとして Aにそれを解説するとともに、グイ/ガナの親族関係の網の中に自らの立場を位置づけながらツァンドの歌/ダンスを詠じた。ここでTtは声の調子を変え、メロディーをつけることで、音楽的なパフォーマンス性を強めていた。さらにツァンドの歌/ダンスが終了した直後に「私は言う」("cia mee")という引用を示すフレーズを発し、発話の足場が替わったことを示すとともに、再びインフォーマントとしての立場を前景化した。このTtの発話にうながされて、次にGpの夫であるKが調査の対象者としてツァンドの説明に加わった。Kの発話は、妻であるGpに対する教示ともなっていた。そこでGpは、さらにBにジムナスティックを行った。ここでGpはBと間身体的に関わることを通じてKの教示に応えるとともに、調査者であるAに調査のトピックであったジムナスティックを提示して見せている。

上に示した社会的状況では、母親―子ども・オジ―姪・妻―夫といったグイ/ガナの親族関係、子どもを持つ母親同士、近年移住してきた集団の構成員、調査者とインフォーマントや調査対象である集落の住人といったさまざまな社会的な関係性が複雑にからみ合いながら相互行為が進行している。それぞれの関係性は異なる文化的文脈に埋め込まれており、それぞれの文脈によってその場における適切な行為は異なる。こうした複合的文脈は、複数の規則-信念が並存しながら、同時並行的に作用する複ゲーム状況［杉島 二〇一四:一〇］の要件を構成する。このような相互行為における時間的・空間的な制約の中で、参与者はその都度の適切な行為を選ぶ。そうすることで、可能性としては同時並行的に複数存在する文脈の一つが前景化され、行為はそこに定位される。さらに、その行為によってそれらの文脈は更新され、それに応じて、次の瞬間にどういった行為が適切なのかも変化する［cf. Goffman 1964; シュッツ／ルックマン 二〇一五］。

こうした一つの文脈を前景化し、そこに行為を定位し、文脈を更新する試みを続けていくことこそ、私がコミュニケーションと呼ぶ営みの核である。それはまた、本書所収の杉島論文が論じているように、いくつも存在しうる概念の意味をそれが用いられる空間的・時間的な座標と結びつけることでしぼり込み、その場の相互行為の参与者の間でその共有を図っていくことでもある。それによって相互行為の参与者は、常に曖昧さが内包されている概念（本書所収の津村論文）の意味について、その場における相互理解を達成することができる。さらにコミュニケーションは、社会・文化の変化や子どもの成長を相互行為の進行の中に位置づけ、それらに意味を与えることができる。したがって、複ゲーム状況と時間のミクローマクロ・リンク問題は入り組んだかたちで関わっている。コミュニケーションが成立する過程を分析・考察することは、その入り組んだ関係を解きほぐし、それについての理解を深めていくことである。さらにこれは、現地の人々の閉じていない経験世界（本書所収の里見論文・津村論文）を記述するための記述枠組みを提供し、その考えていることを「真剣にとらえる」（本書所収の片岡論文、中村論文、飯田論文）ための有力な方法だともいえよう。言語的社会化アプローチは、そうした行為の積み重ねが相互行為における間主観的時間［Gratier and Apter-Danon 2009］を形作り、相互行為の当事者にとってのリアリティを構成していく過程を明らかにしてきた。なかでも、本稿で注目した共同的音楽性に由来する言語の詩的機能や修辞的用法は、時間的・空間的な制約の中で並存する複合的文脈を巧妙に結びつけ、相互行為を推進していくことに大きく貢献できることがわかってきた。

日常的な相互行為では、多くの出来事がその参加者の間ではあたりまえのこととして進んでいく。けれどもその分析を始めてみると、しばしば驚くほどたくさんのことを考えさせられる。グイ／ガナを始めとするサンのさまざまな言語／地域集団では、子どもの誕生の直後からジムナスティックのような特徴的な養育行動が見られ、それがサンの特徴的な間身体性・間主観性を形づくっていく。言語的社会化アプローチをとる研究は、子どもがそうした文化的実践に巻き込まれ、その場における適切な振る舞いに習熟していく中で、徐々に文化的な存在になっていく過程を明らかにする。柔軟な学習・適応能力を備えた赤ちゃんが複合的文脈に向き合い、相互行為に巻き込まれていく過程を分析することは、これまでの人類学とは大きく異なった視角から、私たちの社会性の根源に光をあてるであろう。

付記
本稿で用いた資料は、日本学術振興会科学研究費補助金（No. 10041070, No. 17720227）を得ておこなった調査で収集されたものをふくむ。

註

（1）社会的状況はゴフマンが提起した概念で、ある人がそこに「いる」すべての他者のナマの感覚に接近でき、他者たちもその人に接近できることがわかる環境を指す［Goffman 1964］。

（2）新生児は立位の間に前方に傾けられるとよく組織化された歩行行動で反応する。これは歩行反射といわれ、新生児に備わった反射の一つとされる。

（3）他の促進要因としては、①母親が授乳を行う場面に時間的・空間的に制約がほとんどない、②授乳はしばしば乳児がむずかることを契機として始まる、③母親は吸てつ中やその直後に乳児をあまり見ていない、④吸てつの休止期間に母親がジグリング（乳児を抱いた状態で乳児または乳房を優しくゆする行動）をあまり行わないことがあげられている。

（4）ただしPは、この場面では他の参与者との直接の相互行為がほとんど見られなかったので、文字起こしに含めなかった。

（5）初期の乳児は授乳やジムナスティックといった養育行動に対して、いわゆる反射によって反応している。しかし、反応は相互行為を積み重ねる中で徐々に自発的なものとなる。一般的に生後三ヵ月ごろまでに、乳児はその感情状態を、養育者の感情状態とともに調整することができるようになる。その後、乳児が応答する範囲は次第に大きくなり、それに応じて養育者もまた期待の範囲を増大させる。その結果、乳児はさらに複雑な相互行為の構造に関わるようになる。

（6） Malloch［1999］によれば、共同的音楽性は「パルス」、「クオリティ」、「ナラティブ」によって構成される。「パルス」は一定の時間にわたる表出的イベントの規則的な連続からなる。「クオリティ」は、発声のメロディックで音色的な音調曲線からなる。「ナラティブ」は、発声と身振りの中に見られるパルスとクオリティの組み合わせからなり、聴者に時間が経過する感覚を共有させる。

（7） 本稿でのグイ語とガナ語の原語の音韻表記は、できるだけ Nakagawa［1996］の正書法にしたがった。略語は以下をあらわす。INT：感嘆詞、人-性-数-接尾辞は略語の組み合わせで示す（e.g., -f:p:G）。m:f:c は男性：女性：共通、s:d:p は単数：双数：複数、N:A:G は主格：目的格：所有格、代名詞は略語の組み合わせで示す（e.g., 1:c:p (in):N）。1:2:3 は一人称：二人称：三人称。m:f:c は男性：女性：共通、s:d:p は単数：双数：複数、in:ex は包括：除外、N:A:G は主格：目的格：所有格。

（8） サンの言語／地域集団によってジムナスティックの解釈にはかなり違いが認められる［高田 二〇〇四：Takada 2005b］。

（9） 会話例の文字起こしでは、言語的社会化アプローチや会話分析の慣習［cf. Schegloff 2007］にしたがって、大文字や ―― （傍線）は、その部分が相対的に強く発音されていること、(( )) はその都度必要な注記、˅、˄で囲まれた部分は前後と比べて早く発話されていること、= はそれで結ばれている発話が途切れなくつながっていること、［ ］で囲まれた隣接する発話はそれらがオーバーラップしたことを示す。詳細については Schegloff［2007］を参照。

（10） ノーリは、自分より下の世代の冗談関係に分類される親族を参照するときに用いられる親族名称、キアクは自分より上の世代の冗談関係に分類される親族を参照するときに用いられる親族名称である［Ono 2010: 63-65］。また、ここで Tt は女児である Mt を指すために、三人称、男性、単数、直接目的格を示す「彼」(ama) という代名詞を用いている。インフォーマントによれば、グイ語／ガナ語の会話では、赤ちゃんの性は必ずしも代名詞の性と一致しない。

（11） フッティングと参与枠組みはいずれも Goffman［1981］で提起した概念で、フッティングは発話に対するその発話者の同調 (alignment)、スタンス、姿勢、あるいは投射された自己などを提示する足場のことを指す。参与枠組みは相互行為の参与者の時間的、空間的な布置および参与上の立場をあらわし、相互行為の進行に伴って変化し続けると考えられる。

参照文献

アダムソン、ローレン・B　一九九九『乳児のコミュニケーション発達――ことばが獲得されるまで』大藪泰／田中みどり訳、川島書店。

ベネディクト、R　一九七三『文化の型』米山俊直訳、社会思想社。
Bly, Lois, 1994, *Motor Skills Acquisition in the First Year: An Illustrated Guide to Normal Development*, Therapy Skill Builders.
Bril, Blandine, Martine Zack and Estelle Nkounkou-Hombessa, 1989, "Ethnotheories of Development and Education: A View from Different Cultures", *European Journal of Psychology of Education* 4: 307–318.
ブルーナー、J・S　一九八八『乳幼児の話しことば——コミュニケーションの学習』寺田晃／本郷一夫訳、新曜社。
Chappell, Patricia F. and Louis W. Sander, 1979, "Mutual Regulation of the Neonatal-Maternal Interactive Process: Context for the Origins of Communication", in M. Bullowa (ed.), *Before Speech*, pp. 89–109, Cambridge University Press.
Cole, Michael and Sheila R. Cole, 1993, *The Development of Children* (*2nd ed.*), Scientific American Books: Distributed by W. H. Freeman.
Duranti, Alessandro, Elinor Ochs and Bambi B. Schieffelin (eds.), 2012, *Handbook of Language Socialization*, Blackwell.
Gell, Alfred, 1998, *Art and Agency: An Anthropological Theory*, Oxford University Press.
Goffman, Erving, 1964, "The Neglected Situation", *American Anthropologist* 66(6): 133–136.
——— 1981, *Forms of Talk*, University of Pennsylvania Press.
Goodwin, Charles, 2000, "Action and Embodiment within Situated Human Interaction", *Journal of Pragmatics* 32: 1489–1522.
Gratier, Maya and Gisèle Apter-Danon, 2009, "The Improvised Musicality of Belonging: Repetition and Variation in Mother-Infant Vocal Interaction", in Stephen Malloch and Colwyn Trevarthen (eds.), *Communicative Musicality*, pp. 301–327, Oxford University Press.
Gumperz, John J., 1964, "Linguistic and Social Interaction in Two Communities", *American Anthropologist* 66(6): 137–153.
Hanks, William F., 1996, *Language and Communicative Practices*, Westview Press.
Hutchins, Edwin, 1995, *Cognition in the Wild*, MIT Press.
Jakobson, Roman, 1960, "Linguistics and Poetics", in Thomas A. Sebeok (ed.), *Style in language*, pp. 350–377, MIT Press.
Korner, Anneliese F. and Evelyn B. Thoman, 1972, "The Relative Efficacy of Contact and Vestibular-Proprioceptive Stimulation in Soothing Neonates", *Child Development* 43: 443–453.
Konner, Melvin J., 1973, "Newborn Walking: Additional Data", *Science* 179: 307.
——— 1976, "Maternal Care, Infant Behavior and Development among the !Kung", in Richard B. Lee and Irven DeVore (eds.), *Kalahari Hunter-Gatherers*, pp. 218–245, Harvard University Press.

Konner, Melvin J. and Carol Worthman, 1980, "Nursing Frequency, Gonadal Function, and Birth Spacing among !Kung Hunter-Gatherers", *Science* 207: 788–791.

Lancy, David F., 2012, "Why Anthropology of Childhood? A Brief History of an Emerging Discipline", *AnthropoChildren* 1. [Open Access].

レイヴ、ジーン／エティエンヌ・ウェンガー　一九九三『状況に埋め込まれた学習――正統的周辺参加』佐伯胖訳、産業図書。

LeVine, Robert A., 2007, "Ethnographic Studies of Childhood: A Historical Overview", *American Anthropologist* 109(2): 247–260.

Malloch, Stephen N., 1999, "Mothers and Infants and Communicative Musicality", *Musicae Scientiae, Special Issue 1999–2000*: 29–57.

ミード、マーガレット　一九七三「新しい序」R・ベネディクト『文化の型』三―七頁、米山俊直訳、社会思想社。

メルロー＝ポンティ、モーリス　二〇一五『知覚の現象学（改装版）』中島盛夫訳、法政大学出版局。

Nakagawa, Hirosi, 1996, "An Outline of |Gui Phonology", *African Study Monographs, Supplementary Issue* 22: 101–124.

Ochs, Elinor, 1988, *Culture and Language Development: Language Acquisition and Language Socialization in a Samoan Village*, Cambridge University Press.

Ochs, Elinor, Olga Solomon and Laura Sterponi, 2005, "Limitations and Transformations of Habitus in Child-Directed Communication", *Discourse Studies* 7(4–5): 547–583.

Ono, Hitomi, 2010, "Kinship Terminology (Reference Terms)", in J. Tanaka and K. Sugawara (eds.), *An Encyclopedia of |Gui and ‖Gana Culture and Society*, pp. 63–65, Laboratory of Cultural Anthropology, Graduate School of Human and Environmental Studies, Kyoto University.

ロゴフ、バーバラ　二〇〇六『文化的営みとしての発達――個人、世代、コミュニティ』當眞千賀子訳、新曜社。

Schegloff, Emanuel A., 2007, *Sequence Organization in Interaction: A Primer in Conversation Analysis: Vol. 1*, Cambridge University Press.

シュッツ、アルフレッド／トーマス・ルックマン　二〇一五『生活世界の構造』（ちくま学芸文庫）那須壽監訳、筑摩書房。

Silberbauer, George B., 1965, *Report to the Government of Bechuanaland on the Bushman Survey*, Bechuanaland Government.

杉島敬志　二〇一四「複ゲーム状況への着目――次世代人類学に向けて」杉島敬志編『複ゲーム状況の人類学』九―五四頁、風響社。

Super, Charles M., 1976, "Environmental Effects on Motor Development: The Case of African Infant Precocity", *Developmental Medicine and Child Neurology* 18: 561–567.

Takada, Akira, 2005a, "Early Vocal Communication and Social Institution: Appellation and Infant Verse Addressing among the Central Kalahari San", *Crossroads of Language, Interaction, and Culture* 6: 80–108.

——— 2005b, "Mother-Infant Interactions among the !Xun: Analysis of Gymnastic and Breastfeeding Behaviors", in B. S. Hewlett and M. E. Lamb (eds.), *Hunter-Gatherer Childhoods*, pp. 289–308, Transaction Publishers.

——— 2012, "Pre-Verbal Infant-Caregiver Interaction", in A. Duranti et al. (eds.), *The Handbook of Language Socialization*, pp. 56–80, Blackwell.

——— 2016, "Unfolding Cultural Meanings: Wayfinding Practices among the San of the Central Kalahari", in W. A. Lovis and R. Whallon (eds.), *Marking the Land*, pp. 180–200, Routledge.

高田　明　二〇〇二「セントラル・カラハリ・サンにおける社会変容——人口動態、生業活動、乳幼児の体重の分析から」『アフリカ研究』六〇：八五—一〇三。

——— 二〇〇四「移動生活と子育て——グイとガナにおけるジムナスティック場面の特徴」田中二郎ほか編『遊動民』二二八—二四八頁、昭和堂。

——— 二〇一六「養育者—子ども間相互行為における「責任」の形成」高田明ほか編『子育ての会話分析』一—二六頁、昭和堂。

——— 二〇一九『相互行為の人類学——「心」と「文化」が出会う場所』新曜社。

Tanaka, Jiro and Kazuyoshi Sugawara, 2010, *An Encyclopedia of |Gui and ǁGana Culture and Society*, Laboratory of Cultural Anthropology, Graduate School of Human and Environmental Studies, Kyoto University.

Trevarthen, Colwyn, 1999, "Musicality and the Intrinsic Motive Pulse: Evidence from Human Psychology and Infant Communication", *Musicae Scientiae, Special Issue 1999–2000*: 155–215.

Whiting, Beatrice B. (ed.), 1963, *Six Cultures: Studies of Child Rearing*, John Wiley.

Whiting, Beatrice B., and John W. M. Whiting, 1975, *Children of Six Cultures: A Psycho-cultural Analysis*, Harvard University Press.

Zelazo, Philip R., 1983, "The Development of Walking: New Findings and Old Assumptions", *Journal of Motor Behavior* 15: 99–137.

第八章　技術習得と知識共有

――マダガスカル漁撈民ヴェズの事例から考える――

飯田　卓

はじめに

知識とは何か。たとえば哲学事典をひも解いてみると、「ものごとについて一定の根拠に基づいて確実に知られた事柄」などと書かれている〔今井　一九九八〕。一定の根拠というのがどのような性質のものなのか、そこにはなにも述べられていないが、日常的には、しばしば個人の経験が根拠となる。たとえば「すべてのカラスは黒い」という経験的事実を、われわれの多くは知識とみなしているが、体細胞の色素を欠いた突然変異（アルビノ）のカラスがいないかと思ってインターネットで検索してみると、そうした個体の画像がちゃんとヒットする。そのときにはじめて「すべてのカラスは黒い」という命題は「ほとんどのカラスは黒い」といったかたちで修正されるが、その調整にはおそらく多少の時間を要する。すなわち、白い物体が動くのを遠くから眺めたとき、その正体がカラスだと理解するためには、実際に何度か（パソコン上であっても）白いカラスを目にしている必要があるだろう。つまり知識は、本来的に、個人のかぎられた経験に根ざしたものなのだ。

知識をどのように捉えるかは、人類学の理論的方向性が大きく変わりつつある（ようにみえる）現在、きわめて重要である。近年の理論的動向として筆者が重視するのは、言うまでもなく、存在論的転回の名のもとに包括されるさまざまな議論である。人類学が立脚してきた「ひとつの自然、複数の文化」という存在論的前提（multiculturalist and uninaturalist ontology）が確固たるものでなく、この世に複数の自然が存在するとすれば、民族誌的記述の力点は大きく変わってくるだろうと論者たちは言う［Viveiros de Castro 2004; Holbraad and Pedersen 2017］。これに対して、筆者は是々非々の立場をとる。存在論的転回の一翼を担ってきた科学技術論における「科学技術によって世界はたえず作られ（produced）現成して（enacted）」いるという見かたは説得力があるし［Holbraad and Pedersen 2017: 37–46］、したがって、世界を複数のものとみなして民族誌的な営みを考えなおすことは意義深いと思う。しかし、民族誌の記述の対象になっている人びとが民族誌家と異なる存在論に立脚しているかどうかは、慎重に判断すべきだろう。ここにおいて知識の問題が関わってくる。

人間中心主義的な存在論を乗り越えるうえで、ホルブラードとピーダーセンは、モノから意味（concept）を切りはなしてしまわないことが重要だという。そして、アフリカ系キューバ人の卜占師が述べる「パウダーはパワーである」といった不合理な言述も真摯に受けとめ、「モノをとおして考える（thinking through things, TTT）」よう読者に勧める［Holbraad and Pedersen 2017: 209–227］。それによって、「ひとつの自然」を前提とする西洋的存在論や人間中心主義を回避できるというのである。しかし、パワーがあくまでも意味の領域に属する以上、どのような性質のモノからどのような意味が派生して人間の観念に影響するかを考察しないことには、あらたな人類学なり哲学なりにむけた呼びかけは、空疎な響きで終わってしまうだろう。本稿ではむしろ、ヒトが知覚し意味を生む源泉としてのモノの属性を「情報」と呼びかえ、情報の流通（コミュニケーション）によって個人の身体知が発展するようすを記述し、今後の知識研究やコミュニケーション研究にむけての理論的な道具立てを提供する。ここでいう情報は、ヒトからのみならずモノからも発せられるので、ホルブラードらが関心を寄せる「モノの民族誌」を構想するうえでも有用だろう。いっぽう本書では、サンゴ石やマングローヴとヒトとの関わりを考察した里見が、ヒトのコミュニケーション圏域をそれらに拡張することに懐疑を呈している。そして、ヒトのコミュニケーション圏域とその外部の間の境界をなぞることの重要性を指摘しているが、そうした作業も、双方向的なコミュニケーションから一方的な情報の読みとりにいたるまでの多様な関係性を腑分けしつつおこなわれるべきだろう。コミュニケーションにせよ情報の読みとりにせよ、意味作用の考究をとおして人類の普遍性と多様性を明らかにするための糸口であり、現在の人類学的議論をさらにふみ越えて一般的な問題設定をおこなう契機となりうる。本稿の結論部では、世界のとらえかたは意味の領域に関わっており、存在論ではなく認識論を見なおすことこそが民族誌では重要だと論じたい。

日常的な語法では、「知識」という語は個人的なものを指すとはかぎらず、しばしば個々の身体からきり離されたものとしても概念化される。人類学の分野では、そうした傾向はそれほど顕著でない［大村 二〇一三b、寺嶋・篠原 二〇〇二、渡邊 一九九〇］。しかし、在来知（indigenous knowledge）がいわゆる科学知（scientific knowledge）と異なる論理基盤に立つことや、ローカルな精神性が現代科学に劣らない影響力をもつことを示すうえでは、認識論をはじめとする学術的な議論が軽視される結果、一九八〇年代以降の人類学が厳しく批判してきた本質主義的な見かたをやすやすと復活させることがある［Agrawal 1995］。すなわち、在来知はすでに完成した体系であり、容易な変容を許さないかのような見かたが説得力をもつのである。

こうした本質主義から距離をとろうとする研究では、知識の内容を細かく問わずにその運用を記述したり［伊藤 二〇〇七］、個人的な実践から知識が立ち現われてくるようすを記述したりしてきた［大村 二〇一三b］。本稿では、知識の問題にとり組むにあたり、これらの立場を重視する。知識に関わる個人的実践を出発点として、それらが情報のかたちをとってさらに広く社会へ共有されるプロセスを、本稿では論じたい。議論においては、容易に共有されうる言語化された知識ではなく、言述として表現しにくい知識にとりわけ焦点を当てる。本稿の議論は、マダガスカル南西部において漁業を営むヴェズの人びとの実践にもとづいて進めていくが、彼らについて紹介する前に、知識をめぐる先行研究を次節で概観し、議論の枠組を示しておきたい。

一　身体知と情報――個人の知識とコミュニケーション媒体

「知識」が個人に内在すると考えた論者のひとりに、マイケル・ポランニーがいる。彼の著作のひとつが『個人的知識』と題されていることからも、彼の立場は明らかだが、そのもっとも核心的な考えは『暗黙知の次元』［ポランニー 二〇〇三］に詳しく述べられている。彼によれば、「すべてのカラスは黒い」のように百科事典に述べられていることだけが知識のすべてではなく、「私たちは言葉にできるより多くのことを知ることができる」。言葉にできない知識の例としては、自転車の乗りかたのように、バランスをとりながらペダルに体重をかけつつ自転車を前に進めるための手続き知識（procedural knowledge）をあげられる。ただしポランニーは、これを手続き的知識とは呼ばず、言語化できないという側面を重視して暗黙知（tacit knowing）と呼ぶ。彼のいう暗黙知は、マルセル・モースが概念化した身体技法や機械操作技法などと大きく重なりあっているため［Mauss 1967: 31-39］、人類学の分野でも比較的よく言及される。いっぽう、個人の知識が共有されていくプロセスに関しては、野中郁次郎らが一九九〇年代に経営学の分野で顕著な業績を残した［野中・竹内 一九九六］。野中らはポランニーを強く意識しながらその理論を構築しているので、野中らの議論をまず簡単にみておきたい。

経済学や経営学、組織論などの分野では、一九八〇年代以降、社会にとっても組織にとっても知識の活用が重要になるという指摘が増えた。それにもかかわらず、これらの分野では既存の知識の活用に関心が集中しており、知識が創造されたり伝達されたりするプロセスは、野中の著作以前にほとんど議論されてこなかった。野中らの考えによれば、知識は個人と個人のあいだを闊達に行き来する。個人の身体の感覚と分かちがたく結びついた暗黙知ですら、形式知として言葉に表すことが可能であり、また集団で共有できる。そして野中らは、いくつかの日本企業における製品開発の事例をもとに、すぐれた着想が暗黙知の共有（共同化）に端を発し、コンセプトの創造（暗黙知の形式知化＝表出化）、コンセプトの正当化、製品原型の構築へと、順を追って発展するようすを示した。

野中らが示した研究の枠組は、企業活動を分析するうえでは有用なのかもしれない。しかし、出発点となっていたポランニーの議論にたち返り、暗黙知が個人の身体を離れて共有できるのか、あるいは複数のメンバーで議論すれば暗黙知を形式知として表出できるのかという問題の検討が十分ではない。野中らが詳しく述べている、松下電器のホームベーカリー開発を例にとろう。パン焼きの過程を電化製品がおこなえるようになるためには、パン生地の練りという職人による複雑な動きを、機械が再現できなければならない。開発担当者のひとりは、パン職人に学んでその動きを「ひねり伸ばし」といいあらわし、それによって短期的な開発目標を共有できたという［野中・竹内 一九九六：一五五―一五八］。しかし筆者のみるかぎり、「ひねり伸ばし」という表現でパン職人の動きを了解した担当社員たちも、パン職人の暗黙知を習得したわけではない。言葉にならない動きをやや強引に言語化した表現は「わざ言語」と呼ばれ、身体技法や技能の熟練についての文化人類学的研究や社会学的研究でもしばしば用いられる［倉島 二〇〇七、生田 一九八七］。しかしわざ言語は、暗黙知を伝えるための不完全な一方法として用いられるのが常であり、その考案をもって暗黙知が形式知として共有されたとは考えられない。わざ言語が触媒となってコミュニケーションが進むのは事実だが、それは手続き的知識の一部を言語化したものにほかならず、暗黙知がすべて言語に転換できると考えるのは誤りであろう。野中らの仕事は、企業におけるエスノグラフィを通じて「アイデア創出の連鎖」とでもいうべき事例を記述した点で興味深いが、現象を記述する用語をじゅうぶん吟味しきれていない。

異なる個人が有する知識は、コミュニケーションをつうじて相互に影響を与えあい、最後には社会的に共有される。こうした古典的なコミュニケーション図式それ自体には、疑問を呈する余地がない。しかし従来は、この単純な図式において、個人が有する「知識」と、コミュニケーションを通じてやりとりされる「知識」、さらに社会的に共有された状態の「知識」の三つが、ひとしく知識と呼ばれてきたため、それぞれがもつ固有の性格を深く考察する素地が整っていなかった。このことは、野中らの議論についても当てはまる。本稿では、マダガスカル南西部で漁業を営むヴェズの漁師たちのもとで集めた民族誌的事例を手がかりに、上記三つの「知識」それぞれが互いに異なる性格をもっていることを示したい。

本来ならば、民族誌的事例の提示の後で右の議論を展開するべきだが、まずは本稿の主張を大ざっぱにまとめ、議論の筋道を示しておこう。このことは、民族誌的事例にもとづくものとして評価された野中らと同様の過ちをくり返さないためにも必要だろう。議論の細部は民族誌的事例と照合しながらおこなうので、ここでは、上記三つの「知識」を本稿でどのように扱うかを示しておこう。

第一に、出発点となる「個人が有する『知識』」の典型として、本稿ではとくに身体知に着目する。身体知とは、身体的に受けた刺激やそれに関する記憶をもとに、個人みずからが構成した知識を指す。身体知以外の知識は個人の身体に内在するようにみえていても、実際には身体の内と外とに分かれて維持されている可能性が高い。たとえば、すべてのカラスは黒いといった命題的知識（propositional knowledge, 手続き的知識の対語で、言述可能な知識のこと）は、個人が有しているようにみえるが、書籍やインターネット記事のかたちでも維持されており、個人の知識はこれら外部装置によって容易に修正を受ける。つまり、個人の経験以外のものにも依拠しているために、やや複雑な側面を備えており、本稿の出発点とするには不適切といえよう。いっぽう身体知は、言語化されて身体の外に伝えられるためにはいくつかの手続きを踏まなければならず、個人的経験に根ざす知識の典型に近い。モースの論ずる身体技法や機械操作技法も、すべて身体知に含まれる。

身体知は手続き的知識と異なり、経験されたできごとの記憶（エピソード記憶）のように命題的知識と深く関わることがらも含んでいる。それにもかかわらず、手続き的知識でなく身体知に着目する理由は、三つある。一つは、手続き的知識はふつう命題的知識の対語と考えられているため、残余の含みを強く持ちすぎていること。そのことと関連して、二つめに、両者は二項対立的に捉えられがちであるにもかかわらず、両者が相互背反的な性格をもつとは断言できないこと。たとえば、「自転車に乗りながら左に曲がるためには、体を左に傾ける」という言明は、内容としては手続き的知識でありながら、形式としては命題的知識のかたちをとっており、両者のいずれかであるとは言いきれない。三つめの理由としては、手続き的知識とはいえない発展途上の「知識」、たとえば身体感覚の記憶のように、知識と呼ぶことすらためらわれるようなことがらを、本稿では議論のなかに含めたいということがある。実際、こうした記憶は、ヴェズ漁民があらたな漁法を発明するさいには大きな役割をはたすことがある。これら三つの理由により、手続き的知識ではなく、身体知を記述の出発点に据えたのである。

続いて第二の「知識」、すなわち「コミュニケーションを通じてやりとりされる『知識』」のことを、本稿では「情報」と呼びかえて議論を進める。コミュニケーションでやりとりされる言語（文字や音声）を情報と呼ぶことは、もともとは情報理論やコミュニケーション論で始まったのだろうが、現在では日常的文脈でもほとんど違和感がない。おそらくそのためだろう、現代の文化人類学では、ベイトソンが提示した情報概念が議論されることがほとんどなく、ベイトソンがとり組んだ重要な問題系も忘れられようとしている。ベイトソンはたんなる文化人類学者でなく、教育学者や精神分析学者、さらには生物学者としても業績を残しているが、一貫しているのは、人間の心が一定の状態を保ちつつ機能するシステムであると認め、そのふるまいを記述し分析しようとしたことである。そうした問題系にとり組むうえでベイトソンは、情報を簡潔に「差異をもたらす差異」と定義した［ベ

イトソン 二〇〇〇：五〇三]。その意味するところは、システムの状態が移行した結果（差異）として生じたものでありながら、同じあるいは別のシステムに働きかけ、その状態にさらなる変化（差異）をもたらすものということである。こうした見かたは、知識を動態として考察するうえで有用である。

ベイトソンの見かたに従うなら、個人の身体と密接に関わる身体知は、手続き的知識のかたちをとるにせよ感覚の記憶というかたちをとるにせよ、個人の身体と密接に関わっている。ただしベイトソンは、心の問題を脳に還元することに懐疑的になるあまり、個人の運動器官やそれが使う道具までもシステムに含めており、セルフの境界を神経系の範囲では定義したがらない傾向にある［ベイトソン 二〇〇〇：四三〇―四三二］。本稿でもこの点に注意するが、さしあたっては日常的理解を尊重し、個人それぞれが異なる身体知を備えていると考えておく。

重要なのは、言語的なものを媒介として複数の「知識」（身体知にかぎらない）が相互に影響しあうという事実であり、この媒介こそが、本稿で着目する情報にほかならないということである。実際には、言語だけが情報なのではないが、このことは後で詳しくみよう。知識が共有されるプロセスでは、ふたつのシステムの間を情報が移動する。コミュニケーション論ではふつう、情報の送り手にあたるシステムを「送信者」、受け手にあたるシステムを「受信者」と呼んでいる。情報は当初、送信者から受信者に向けて伝達される結果、それまでの受信者がもっていた心的状態とは異なった心的状態（差異）を受信者にもたらす。これがいわゆる知識の共有である。ベイトソンのこの図式が古典的なコミュニケーション図式と大きく異なるのは、受信者と送信者が情報解読のコードを事前に共有することを仮定せず、むしろ、システムの変異の蓄積がコードの形成をうながすと考えたことにある［ベイトソン 二〇〇〇：五六一―五六二］。

最後に、第三の「社会的に共有された状態の『知識』」に関してであるが、本稿ではこれについて具体的な議論はおこなわない。在来知（indigenous knowledge）と科学知（scientific knowledge）は、いずれもこのタイプの

「知識」であるにも関わらず、その性格は対照的であるかのように論じられてきた。これに対して筆者は、両者が相互背反の関係にはないという立場をとる。情報の交換や流通をとおしてコードが形成されていくならば、コードの一種である在来知は、一部の論者がいうように体系として完成しているわけでも不変なものでもない。それどころか、さまざまな由来をもつ情報を受信しながら変容していくはずである。この点で、在来知と科学知とのあいだに根本的な違いはない。在来知の特殊形態で、より実体化されやすい伝統的知識（traditional knowledge）も同様である。ただし本稿ではこの問題に深入りすることなく、言語をはじめとするさまざまな情報が身体知に与える影響から知識共有のプロセスを考察する。本稿の目標はいわば、社会的な知識を論ずるのに先立って、その分析の道具立てを提供することにある。

第三の「知識」のなかには、コミュニケーションを通じてやりとりされるあいだに、権威者などによってチェックされたり選別されたりして、より正統な地位を獲得するものがある。在来知や科学知にもリーダーや教員のような権威者がいることが示すように、この種の「知識」の問題は規則やルールとも密接にかかわるが［杉島二〇一四参照］、これらの問題については機会をあらためて論じることにしたい。

本節に続く第二節では調査地の状況を概観し、第三節では、よそ者である環境ＮＧＯの職員から漁師が教わる技法について目を向ける。そして、第四節においておとなの漁師から子どもたちが仕事を学ぶようすを記述し、第五節で漁師たちが互いに学びあいつつ新漁法を普及させていくようすをとりあげる。これらをふまえて、第六節と最終節では、身体知と情報ならびにいわゆる「知識」を一般的なかたちで考察する。全体を通じて記述の中心となるのは、個人に宿る身体知が社会的に流通していくプロセスである。そのプロセスのなかでもとりわけ知覚の働きに着目し、情報の多様なあり方を指摘することで、学習およびコミュニケーションにおける情報概念の意義をあらためて喚起するとともに、個人の外に結晶していると思われがちな在来知や科学知を動態的に捉え、さらにはモノとヒトとの関わりを（存在論的にではなく）認識論的に捉えていくうえでの基礎的な議論をおこなう。

二　マダガスカルにおける環境問題と「知識」

村落社会は、しばしば環境問題の現場として注目を浴びてきたが、マダガスカル島の村落社会もその例外ではない。この島は「生物多様性のホットスポット」［Myers et al. 2000］とみなされてきたため、その傾向はむしろ強いかもしれない。自然環境と自然資源の適切な管理は、この島に多くの外国人観光客や海外からの投資、国際援助プロジェクトなどを呼びこみ、その結果として国内経済が刺激されてきた。したがって、マダガスカル村落部はもはや均質な「文化」をもつ孤立社会とはいえない。そこは、異なる文化や価値観をもつ人びとが――とりわけマダガスカル人（gasy）と白人ないしヨーロッパ人（vazaha）が――自然環境をめぐって交渉し、競いあうアリーナとなっている［Walsh 2012; Sodikoff 2012; Keller 2015］。このためマダガスカル村落部では、異なる背景をもつ知識と技術が不断に交流を続けており、知識の動態を観察するのに適している。しかも先住民社会と異なり、マダガスカルでは、人びとの知識が特権的な知識として政治化する状況がない。この意味で、個人的な身体知が社会的に共有されるプロセスを考察するうえで、またとない調査地だといえる。

本稿でとり上げるのは、マダガスカルの南西部沿岸に居住する漁撈民ヴェズ（Vezo）の村落である。本稿で紹介する民族誌的資料は、一九九四年から二〇一六年まで、トゥリアラ州南西地域圏ムルンベ県に位置するファシラヴァ村でおこなったフィールド調査のさいに収集した。ファシラヴァ村から約五キロメートル離れたラヴァドゥアカ村には、沿岸および海洋の環境保全に関わってイギリスで設立されたNGOブルーベンチャーズ（Blue Ventures、以下BVと略記）の事務所がある。この事務所に駐在するヨーロッパ人やアメリカ人の職員は、ヴェズの人びとが外国について学ぶうえで、もっとも重要な情報源のひとつとなってきた。

ヴェズの人びとが魚を捕獲、消費、販売しながら生計を立てていることは、すでに植民地時代、ヨーロッパの民族誌家によって報告されてきた〔Koechlin 1975〕。また、比較的近年の研究でも、そうした技能をヴェズの人びとがアイデンティティの拠りどころとしていたと報告されている〔Astuti 1995〕。ヴェズという語は、漁撈やカヌー操縦の熟達を含意しており、それらの技能を称賛するさいにしばしばこの語が使われる〔飯田 二〇〇八〕。これらの事実は、沿岸域で生活するための技能と経験知がヴェズの人びとにとって重要であることを示している。ヴェズたち自身の言葉を借りれば、彼らは「〔沿岸〕水域を知る」（mahay rano）人びとだという。

知識の問題を考察する準備として、このマハイ（mahay）という語をやや詳しく検討しておこう。この語は、英語の「know」あるいは日本語の「知る」に対応する動詞だといわれるが、マダガスカル語での用法は、他の言語での用法とは若干ニュアンスが異なっている。定評あるマダガスカル語 - 英語の辞書は、マハイを「know」という動詞でなく「able, clever, competent」という形容詞として訳した〔Richardson 1982〕。日本語ならば、「〜する能力をもつ」という動詞句に訳すのが適当だろう。前出の「水域を知る」を意訳するならば、「水域の細部を知っている」というよりも「水域でふるまう能力をもっている」に近い。他に例をあげれば、計算をまちがえずにおこなう人はマハイである。ここでは、作業を的確におこなうことが、マハイかどうかを判断する基準になっている。マハイは、手続き的知識を有している状態なのである。状態であるにもかかわらず動詞能動形で表現されるのは、その対象である手続き的知識が身体動作をともなう知識だからかもしれない。

これに対して、マハイの受動形であるハイ（hay）という語は、明らかに、命題的知識について述べるうえで用いられることが多い。質問されたことがらを自分が知らないと答えるときには「tsy haiko（わたしに知られていない）」、第三者が知らないと述べたいときには「tsy hai'e（彼／彼女には知られていない）」などという。マダガスカル語では、同じ動詞の能動形と受動形がニュアンスを異にする場合がいくつかあって、たとえば能動形マハズ（mahazo）が「得る」という動作をあらわすのに対し、受動形アズ（azo）は「わかった、理解した」という状態をあらわすことが多い。つまり、マハイ／ハイと同じように、能動形と受動形では、動作の対象になりうる語が異なるのである。これは、能動形の対象語となることがらが主語になりにくいためかもしれない。もしそうだとすれば、手続き的知識は動作主が積極的に求めなければ入手できない知識であり、意識的に獲得すべき対象だということになろう。いずれにせよマダガスカル語話者は、マハイ／ハイの使い分けからみるかぎり、辞典に書かれていることを知ることよりも、こなせる作業を増やすことに関心を向ける傾向にある。

もとより、マダガスカル語話者にもさまざまな性格がみられるし、「知識」に向ける関心のありようも一様ではない。しかしヴェズ漁師に関するかぎり、あらたな漁法の手続き的知識を習得するとただちに金銭的な見返りを受けるということもあり、さまざまな身体技法や機械操作技法の習得に熱心である。このことは、伝統的な技法であろうと、よそ者に教えられる技法であろうと、大きな違いはない。そこで次節では、よそ者であるＢＶ職員とファシラヴァ村民との関係を述べることから民族誌的事実を提示していきたい。

三　技術移転の成功と失敗

ＢＶの活動がラヴァドゥアカ村で始まったのは、二〇〇三年のことである。彼らの活動は、自然環境保全のうちでもとりわけサンゴ礁生態系の保全にあり、当初の主な活動は、サンゴ礁の詳細な地図を作成することだった[Lorimer 2010]。そのさいに活躍したのは、宿泊費と食費を自己負担してラヴァドゥアカ村に滞在する欧米からのボランティアダイバーで、常駐職員は彼らの滞在やダイビング活動を支援し、科学的データを蓄積するのを任務とした。そうしたなかで、ヴェズの人びととの関係は、ほとんど視野に入っていなかった。しかし、現地住民の軽視はほどなく「植民地主義的」という批判にさらされるようになり、「参加型」（participatory）ないし「統合型」（integrative）の環境保全計画が支持を得て、開発や環境保全のプロジェクトに住民の視点をとり入れることは不可欠となっていった。ＢＶもまた、ほどなく活動範囲を拡大し、環境教育や農村開発などを視野に入れるようになった［Harris 2007; 飯田 二〇一四］。

ヴェズの人たちと良好な関係を築くのは、容易なことでない。ＢＶがヴェズの人びとに提供した物的支援は、学校内外での教育や人口抑制のための性教育、漁業以外の収入源確保による水産資源の維持と雇用機会の増加など、さまざまな分野にわたる。また、恒久的または一時的な禁漁区の設置、科学的データの収集、実験的な水産養殖事業などに関して、ＢＶの職員はヴェズの人たちをパートナーとしてプロジェクトを進めた。葛藤が表面化することもあったが、決定的な訣別にいたったことは今までない。

葛藤の表面化は、たとえば、あらたな保護区の設置が提案されたときに生じる。二〇〇四年秋から二〇〇五年春までの七ヶ月間、本土から五キロメートル離れたアンケレオ周辺の水域（面積約二平方キロメートル）において、タコ漁が一時的に禁止された。この禁漁は、同水域に出漁することが多いすべての関係村において、事前に村寄りあいを開いて合意されたものである。一部の漁師はそれに疑問を呈し、緊張が高まった。しかし結果的に——少なくとも短期的にこの措置は成功し、漁師たちは解禁日当日、禁漁以前より多くの漁獲を得たという［Benhow et al. 2014］。この成功体験が功を奏したためか、その後に何度も保護措置がとられ、ときには恒久保護区の設置も提案されたが、そのたびに高まった緊張がＢＶの撤退を余儀なくさせるまでにはいたらなかった。

ファシラヴァ村の多くの村民は、多少の不満をもつことはあるにせよ、ＢＶの活動をおおむね支持している。その理由はいくつかあるが、もっとも重要なこととして、異邦人から新しい考えかたを学べるということがあげられる。たとえばある女性は、ＢＶの活動をとおして、都市部や他国の女性たちが男性から社会的独立をはたしていることを知って驚いたという。また別の男性は、サンゴが産卵するビデオ映像を見て仰天したという。ＢＶの活動がなければ、女性が自由になれるといった考えや、サンゴが動物であるという科学的知見に触れることはなかっただろうし、あったとしてもさまざまな誤解を招いたかもしれない。ファシラヴァ村のある友人によると「〔異邦人との〕出会いは新世界への扉を開き、未知なるものを既知へと変える」という。この逸話は、本稿の後半で再び言及しよう。いずれにせよ、村民のなかには、異邦人との出会いを楽しむ者が少なくなかった。

ヴェズの人びとが学んだことは、これだけではない。海藻の一種であるオオキリンサイ（*Kappaphycus cottonii*）を栽培する技術など、実用的な技術もＢＶから学んだ。オオキリンサイは、海外に輸出されたのち、液体に粘性を与えるカラギーナンに加工される。カラギーナンは、ヨーグルトやチョコレート、アイスクリームなどの食品のほか、シャンプーや歯磨き粉、靴磨きといった非食品に添加され、増粘剤やゲル化剤、安定剤などの役割をはたす。ファシラヴァ村のオオキリンサイ養殖は、サンゴ礁における漁獲圧や環境負荷を軽減するため、二〇一三年にＢＶによって導入された。技術移転の一例として、まず、漁業者がどのように養殖技術を学んだかをみてみよう。

オオキリンサイは浅海域に自生するが、養殖のときにはロープに結わえられて生育するため、水表面近くであればさまざまな場所で養殖できる。そこで養殖業者は、魚の数が少なく他の漁師の邪魔にならない砂底の水域を選び、そこで養殖をおこなう。ロープに結わえられたオオキリンサイは、収穫までの二〇日間、水面に浮いたまま放置される。養殖に必要な唯一の道具は、ロープと、ロープに結わえられた部位を切断するナイフである。ロープに結わえられた部分は、最初に結わえられたときからそこにある部分で、養殖業者はこれを「元金」（tahiry）と呼んでいる。その後に生長して収穫される部分は、「利息」（tombontsoa）と呼んでもよいかもしれない。

もっとも、筆者は後者の表現を耳にしたことがない。

オオキリンサイの養殖法は、きわめて簡単である。植物体を結びつけ、点検し、収穫するだけだ。もちろん収穫後には乾燥の工程があり、生育時にも波や潮流にさらわれて流失するリスクがあるが、技能の習得はきわめて容易で、特別な漁撈技術に習熟している必要はない。つまり養殖業者たちは、あらたなタイプの知識に触れたが、手持ちの身体知の一部を流用しながらあらたな身体知を習得したのであり、その習得にさしたる困難はなかったといえる。

技術移転の第二の例は、より複雑である。BVは二〇一四年から二〇一六年まで、各村の複数の漁師を雇用し、カメやサメなどの大型漁獲物を彼らが目撃した場合にそれらを記録するよう要請した［Humber et al. 2011］。これには、村民の雇用機会増加をはかると同時に、BVの調査コストを削減する経済効果があったが、もっとも重要な効果は、科学的調査に村民を参加させたことだった。

ファシラヴァ村に住む筆者の友人ルシー（仮名、一九六一年頃生まれ）は、サメの漁獲量を記録することをBVに依頼されたひとりだった。調査は二〇一四年から二〇一六年まで続いた。記録する項目はサメの全長と重量、漁獲者、種の方名などである。項目はすべてスマートフォンのアプリをとおして入力し、写真はデジタルカメラで撮影して添付することになった。スマートフォンとデジタルカメラは、いずれもBVから提供された。

あたらしい電子機器に慣れるまでには時間がかかる。ルシーも同様だった。彼はしばしば、弟や妹、息子や娘たちに初期画面を見つけるのに助けを求めていた。しかし、試行錯誤をくり返していれば、彼も最終的には使いかたを習得できるだろう。筆者が懸念するのは、BVの職員が期待するほど完璧に、すべての漁業者がルシーのように仕事をこなすことはできないということだ。

報酬が少額であってもBVの仕事に時間を割くルシーとは対照的に、ほとんどの漁師はこの仕事をやりたがらない。たんに報酬が少ないためだけでなく、漁業やそれと関連する活動（漁網の準備など）に時間をかけたがる者が多いためと、仕事の意味を理解する者がほとんどいないためである。後者は、オオキリンサイ養殖とデータ収集のもっとも大きな違いである。オオキリンサイ養殖において、漁師は、生産の全過程を担当して仕事の結果を自分で評定できる。改善したほうがよいところがあれば、自分の判断で改善できる。いっぽうデータ収集の場合、ルシーをはじめほとんどの担当者は、自分の仕事がうまくいったかどうかを判断することさえできない。彼は仕事の一部を担当するだけで、仕事全体を広く見わたすのは、ＢＶで働く科学者だけなのだ。

ふたつの仕事が大きく異なる点として、もうひとつ、装置の役割があげられる。データ収集の仕事を割りあてられた漁師は、アプリをどのように操作すべきか、またアプリがどのように応答するかを、あらかじめ知っていなければならない。操作と応答がこのように連鎖するしくみは、もともとアプリ開発者（部分的にはスマートフォン開発者も）が設計したもので、アプリを使いこなすことはこうした既成のアイデアを理解することにほかならない。

機械についての理解が高次の水準にまで達した例として、日本製耕耘機を使いこなすタイの人びとがあげられよう。森田の報告によると、日本製の耕耘機が動かなくなると、タイの人びとはタイと日本の気候差等を考慮し、正常に動作するように耕耘機を改良するという［森田　二〇一二］。開発のコンテクストまで想像しながら装置や機械を使いこなすことは、きわめてまれであるにせよ、森田の事例は、機械や装置の操作に習熟することがいかなることかを端的に示している。すなわち、機械が動作するコンテクストについて理解することである。使用者がその知識を持ちあわせていなければ、機械や装置は、気まぐれに動作するブラックボックスにすぎない。

スマートフォンの事例も同じで、ヴェズ漁師は、ＢＶの科学者の意図を学びながらアプリの反応に習熟していく。その意味でスマートフォンは、ヴェズ漁師の作業内容を科学者に伝えるとともに、科学者の意図をヴェズ漁師に伝えるという媒介的な役割をはたす。科学者の調査においてスマートフォンは、ヴェズ漁師と同様に、あるいはそれ以上に重要な役割をはたしているとさえいえるかもしれない。それとは対照的に、オオキリンサイ養殖の事例では、そうした複雑な装置は不要である。彼が操作するのは、生物体としてのオオキリンサイとそれを結ぶロープとナイフ、そしてカヌーだけだ。カヌーもスマートフォンと同じように、ヒトの操作に応じた動きをするが、その動きはあくまで形状と物理的属性に応じたもので、外見から判断できないブラックボックス的な反応ではない。漁師がカヌーやロープを使いこなすときに必要なのは、マルセル・モース的な意味での機械操作の技法、すなわち、装置から機械的効果を得るための意図的な働きかけの動作のみである［Mauss 1967: 34-39; 後藤 二〇一二］。

日本製耕耘機の動きに習熟するのは、けっして容易ではないだろう。しかし、その動きは電子的でなく機械的であり、物体間の物理的作用が生みだす動きに従っている。この点で、ナイフやカヌーと共通している。いっぽう電子機器であるスマートフォンは、たとえそれを分解しても動きを予想できず、その命令―応答の連鎖を理解するには異なったやり方が必要である。このうちヴェズの人びとが巧みに使いこなすのは機械的装置のほうであって、ブラックボックス的にふるまう電子的装置の習得には、少なくともわれわれと同程度の時間を要する。

要約すると、オオキリンサイ養殖者は、身体サイズに近い物体の物理的特性と構造とともに、その機械的ふるまいを理解し、仕事をやりとげる。そのさいには、目の前の物体と身体との連動を予測する漁師としての身体知が、大きく貢献していると予想できる。それに対してデータ収集者は、装置の設計者のアイデアとＢＶの科学者の意図を推測しながら作業を進める。前者は、目の前でくり広げられる物理的作用の連鎖を理解すれば十分であるのに対し、後者は、不可視のメカニズムによって作動する装置や社会関係を理解しなければならない。さらに後者の仕事においては、装置が記録と通信の役割をはたしており、科学者の意図に沿ったデータ入力をデータ収集者に促すとともに、データ収集者の見たことがらを解析可能なデータとして科学者に提供する。装置が重要な役割をはたす点において、オオキリンサイ養殖とは大きく異なる。

四　個人的な知識と学習

オオキリンサイ養殖において、ヴェズ漁師は、目の前の物体と身体との連動を予測する身体知を活用する。このことに関連して、身体知に関わる議論をさらに深めるため、ヴェズの少年たちがおとなから学ぶようすに目を向けてみよう。これまでの記述から想像されるとおり、少年たちが船や漁具の扱いを習得するにあたっては、身体的に受けた刺激を記憶として維持するとともに、それを何度も反復して、一人前の仕事をこなすようになる。それは特定の時間に特定の場所でなされるのではなく、さまざまな場面で何度もくり返しておこなわれる。イベントではなくプロセスだといってもよい。このプロセスを通じて、学習の初期には感覚の断片的記憶でしかなかったものが、仕事の段取りと結びつけられていき、手続き的知識と呼べるまでに複雑なものとなる。

一例として、カヌーを帆走させる技能をとりあげよう（写真1）。ヴェズの人びとは、船外機を使ってカヌーを移動させるのでなく、カヌーに立てた帆柱（マスト）に帆をとり付け、それで風を受けてカヌーの推進力とする。このため船乗りにとって重要な仕事は、風の方向と強さに応じて帆と帆柱を固定することである。一歩まちがえれば、強い風を受けてカヌーは転覆するかもしれない。カヌーを制御するために、船乗りは、カヌーと水、風の物理的な動作や反応をシミュレートする必要がある。ここで必要とされるのは、モース的な意味での機械操作の技法である。しかし、風や潮流が場所や時刻によって刻々と変わる条件下では、たんに仕事の手順を覚えるだけでは不十分だ。身のこなしに応じて身体や道具にかかる物理的抵抗力を理解しながら、労力的に無駄のない動き

写真１　ヴェズの人びとが用いる帆走カヌー

をしていかなければならない。

カヌーは、他の沿岸漁村へいくのに不可欠な生活の足といってよい。このため、ヴェズの少年は、通常一〇歳頃にカヌーの操縦を学びはじめる。最初の段階で教わるのは、帆や帆柱をカヌーに固定するためのロープの扱いだ。教師役を務めるおとなは、少年がまちがえるとそれを指摘するが、やり直しを求めても少年には理解できないことがある。そうなれば、ひとまずセッションは終わりである。おとなの目的は、カヌーを海に浮かべて走りだすことにあり、少年の訓練ではないからだ。こうして少年は、おとなと海に出るたびにロープの結びかたを学習し、長い時間をかけてマスターする。いいかえれば、学習は世代間の協業をとおして進展していく。

こうした学習ないし教授においては、個人のもつ知識が共有され、伝達されているようにみえる。しかし正確に表現するならば、ここにみられるのは直接的・厳密な意味での知識の移植・伝達ではなく、複製とはいえないほど大ざっぱな「写しとり」にすぎない。手順の最初から最後までを一気にマスターできるならば、知識が厳密に移植・伝達されたということができるかもしれない。だが実際には、ロープの結びかたひとつをとり上げても、少年は複数回の経験を頼りに自分なりの知識を構成している。風の強さやそれを伝えるロープの張力、それが身体に伝わったときの感覚を、何度も思い起こすことで、状況に応じた無駄のないやり方が習得されるのである。それは、自分の感覚を参照点としつつ、風に流される帆と船の動きをロープで制御する手順をイメージ化することであり、学習の初期にはうまくイメージできない部分もある。しかし、その後におとなのやりかたを見たり、みずからロープを操作したりして、イメージの空白部分は埋められていく。

船にロープを固定できるようになっても、学習は終わらない。帆から伸びたロープを船体に固定するとき、固定の位置を変えることで、帆のかたちを変えられるようになる。この手順を覚えて航海の回数を重ねれば、海上で風力が強くなったり風向きが変わったりしたときにも、帆の位置をどのように変えればよいかを判断できるようになる。このときにも、おとなの指示が意味をもつことはいうまでもない。ただし、ロープの張力を通じて風から受けた身体感覚の強弱は、もはや学習の参照点とはならなくなる。そのかわり、船がなかなか進まずもどかしい思いをしたという感情や、船が転覆しそうになって恐ろしい思いをしたという感情など、船の動きと結びついた感情が船を動かす手順の適否を判断することになる。このように身体知（ここでは、手続き的知識といってもよい）は、多数の部分から構成されていて、入りくんだかたちで相互に結びついていると同時に、知識とは区別されるような個人的経験や信念にも繋がりをもっているのである。

このことは、身体知が個人の身体に分かちがたく結びついており、容易に移植したり伝達したりできないことを示す。しかし、操作の適否についておとなが発する指摘や指示が学習の重要な刺激となっていることからわかるように、個人のあいだでなにかが伝達されているのはたしかだ。筆者はこれを知識と呼ばず、情報と呼ぶ。知識そのものは伝達されず、送信者が発した情報を介して、受信者の身体知が修正を受けたり発展したりする。その結果、送信者の身体知と受信者の身体知が類似した部分をもつことになるが、両者のあいだで類似した部分を比較しても、まったく同じとはいえないはずだ。それにもかかわらず、われわれは、習慣的にそれを知識の共有と呼んでいる。このことをふまえ、身体知と情報、コミュニケーションのそれぞれについて、ヴェズの学習の事例が明らかにすることをまとめておこう。

第一に、身体知の構造は複雑で、場合によっては多数の要素が関わるネットワークと考えたほうがよい。そうした構造なりネットワークの核になるのは、経験や感情の記憶である。身体技法や機械操作の技法の場合、手順を命題的知識として記憶してしまうと、学習の段階で得た個々の経験や感情は忘れられるかもしれない。しかし、手順の過ちによって生じた船の転覆など、危険な経験の場合は、たんなる命題的知識でなく感情をともなったエピソードとして記憶され、後から思いだせるかたちで定着する。つまり、言語化できない身体感覚の記憶は、言語的命題と結びつき、身体知のもっとも中心的な位置を占めている。

そうした記憶を核として、身体知は不断に書きかえられていく。われわれが学習と呼ぶのは、身体知を構成する要素のたえざる追加と削除、ならびに要素間の関係の組みかえにほかならない。学習が少しずつ進展するのは、経験のつみ重ねとともに複数の記憶が関わって、手順の合理性が不断に修正されていくからである。学習を要素間の調整と考えるならば、身体知を構成するのは直接的な経験の記憶だけでなく、経験されていない信念なども含めて考えるべきだろう。こうした複雑さにおいて、本稿でいう身体知は、命題的知識のように言語として記憶された手続きの知識と大きく異なる。身体知のほうは、経験の一部を忘却しても相変わらず機能し、あらたな経験をその一部としてとり込んでいく。逆にいえば、個人の身体知を発展させるうえでは他の個人の身体知を丸ごと理解する必要はなく、断片的なアイデアが経験できればよいということになろう。それが、第二のポイントとなる情報にほかならない。

ここでいう情報は、命題的知識のように知的・言語的なものでもよいし、風の触覚やロープの結びの視覚のように感覚的なものでもよい。いずれの情報も、ヴェズの子どもたちが船の操縦を学習するのに不可欠である。風やロープから知覚されるアフォーダンス［ギブソン　一九八五］や、おとなが指示を下すさいの発話は、ともに情報として子どもたちに記憶され、学習の糧となっていく。子どもたちはおとなから学ぶといっても、その手がかりはきわめて断片的である。子どもたちは、その断片的な情報を自分の経験と組みあわせ、身体知を自己流に育んでいく。

情報が身体知と異なるのは、感覚や記憶などの身体的基盤から自由であることだ。このことは、情報が身体知にくらべると断片的であることと表裏一体で、それ自体が身体知に成長することは考えにくいものの、情報の受け手に対して、情報を受ける以前とは異なる状態をひき起こす。断片的であるがゆえに複雑な身体知に結びつき、その豊かさを増していくのだ。情報は、単体では別の情報（差異）を生みださないかもしれないが、ベイトソンのいうように身体知に作用して「差異をもたらす」効果がある。

情報は複雑な構造を備えておらず、個人から個人に伝達されうるのに対して、身体知を個人から個人に伝達するのは不可能に近く、そのかわり身体知はさまざまな時期に与えられた記憶や信念と結びつくことで発展していく。比喩的にいうと、身体知は有機体で、情報はそれを構成する栄養素とイメージしてよいかもしれない。両者は対照的な性質をもっているが、だからこそ補いあって人間活動に貢献しているのだといえる。

この点からいえば、われわれは「知識伝達」という言葉を使うことにより、あたかも身体知が丸ごと伝達されているように表現するが、この表現は正確ではない。これが第三のポイントである。伝達されているのは情報であって、身体知にくらべればはるかに断片的なことがらである。また、情報が根づく土壌は受け手特有のものであり、送り手の身体知とは大きく異なる。ヴェズの少年においてあらたな身体知の発展をうながす一片の情報は、もとはといえば、おとなの身体知に由来するが、もともとの身体知と異なって断片化され、縮減されており、それを受けとって少年が発展させる身体知とも、おとなの身体知とも大きく異なっている。結果的に、送り手がもつ知識と似たような知識を受け手が発展させる可能性はあるが、それは正確なレプリカではない。わたしたちが習慣的に知識伝達と呼ぶのは、この不正確な写しとりのことにほかならない。

個人に備わる身体知と情報を区別することは、人類学の分野で知識の問題を扱ううえで重要と思われる。これまでの研究では、知識が個人的な側面と社会的な側面の両方を備えているとみなされ、個々の側面が別途に分析されてきた。たとえば渡邊は、秘儀的な性格を帯びた沖縄の神歌の知識を記述するうえで、先行研究にあたったのちに同じ歌謡が異なる次代にどのように歌われていたかを比較しながら記録し、意味よりも形式を伝承することが重要だったと結論している［渡邊 一九九〇：一七一―一九〇］。この方法は、ひとつの社会的知識を運用と理念に分けて考察するために有効であり、それなりの妥当性を備えている。しかし現代では、さまざまな知識が相互に干渉しあいながら変化するため、記述対象にもよるが、知識の理念型や代表型を示すだけでも容易な作業でなくなっている。このため、知識の理念型あるいは社会的側面の描写は、記述の過程というより最終目標とすべき難事業になっている。こうしたなかにおいて個人を出発点に据え、複数の個人の身体知を記述するとともに、その情報の交換からいわゆる知識を記述していくやりかたは、理念型の存在を前提とした知識の記述よりも現実に即した方法である。本稿においてそれを試みる紙幅はないが、今後十分に検討されてよい。

五　情報と知識共有

知識という語を身体知と情報の集合体と考えるならば、ヴェズ漁師による「西洋的知識」の導入は、異なる様相を帯びてくる。彼らは、西洋の人びとの身体知について、かならずしもよく知っているわけではない。むしろ、西洋の人びとに由来しながらも可動因子に縮減した情報を、学習の材料や触媒として受けいれ、もともとの身体知とは似ても似つかない、あらたな身体知を形成しているはずだ。いいかえれば、あたかも生物の食物摂取のように、自己にとっての異物を自己の一部に同化している。こうした知識摂取のプロセスを、以下では漁法開発の事例をとおしてみてみたい。

二〇〇八年、ファシラヴァ村から約二〇〇キロメートル離れた場所で、筆者は奇妙な漁具に出くわした。その場所に住むヴェズ漁師と彼らの妻たちは、太くて黒い繊維で地引網を編みあげていたのだが、その材料をよくみると古タイヤの一部であることがわかった。大型タイヤの表層を剥ぎとると、スチールワイヤーを網状に編んだものを含んだ層があらわれる。この層のワイヤーに沿って層を裂いていけば、スチールの芯をゴムでコーティングした太い繊維が得られる。芯が丈夫でコーティングもほどこされたこの繊維は、損傷が激しい地引網の素材として最適で、過酷な使用状況でもすぐれた耐久性を示す。重くて扱いにくいというデメリットはあるにせよ、漁師たちは耐久性のメリットのほうを高く評価し、ゴムタイヤを漁具に流用したのである。

スチールワイヤーは、すでに使われていたゴムタイヤを強化する必要性を感じた人がタイヤへの装着を発案したものだろう。この発明者にとって、それは、ともすれば必要以上に変形してしまうゴムタイヤの形状を一定に保つ剛性を備えた素材だった。つまり、あくまでゴムの物理的属性を制御する別の物理的属性をもつ素材として、スチールワイヤーが選ばれたのである。いっぽうヴェズ漁師は、海底で引きずったときに生ずる摩擦や張力に耐える硬い素材として、この素材を評価した。風力をカヌーの推進力として応用するために綿布の帆を選んだように、丈夫な網を作るための素材として、スチールワイヤーを選んだのである。

ヴェズ漁師の着想のすぐれた点は、モノが備えている物理的属性を情報として的確に知覚し、仕事に役立つものと判断して選びとったことにある。その意味では、綿布もスチールワイヤーも異ならない。異なるのは、商店で売られる綿布がさまざまな用途で用いられる可能性があるのに対し、スチールワイヤーはタイヤの一部としてすでに役目を終えているという点である。すでに役目を終えた中古タイヤにおいてすら、物理的属性が吟味されて漁具に再利用されることは、物資がそれほど多くないというヴェズ漁村の経済環境をよく物語っている。しかし経済問題から目を転じ、認知と創造の問題に目を向けるなら、完成された商品の一部ですら独立した素材として着目するヴェズ漁師の観察力に驚かされる。西洋の発明家の身体知が編みだした工夫は、スチールワイヤーとしてマダガスカルにもたらされ、スチールワイヤーが備えた剛性という情報は、ヴェズ漁師の身体知を発展させたのである。

別の事例としては、マダガスカル村落部にまで普及しつつある安価な中国製品を漁撈に用いたケースがある。ＬＥＤライトはそのひとつで、筆者は二〇〇九年にはじめてこれを目にした。ＬＥＤライトは、以前に漁師たちが使っていた懐中電灯よりはるかに小型で明るいので、夜間に海中まで持ちこめば効率的な漁ができると漁師たちは考えた。いくつかの魚種は夜間に眠って捕獲が容易になり、別の魚種は反対に夜間に活動して見つけやすくなる。いずれにせよ、夜間には日中と違った効率的な漁撈ができることを漁師たちは以前から知っていて、二〇〇九年以前にも、水面から海底を懐中電灯で照らすナマコ採取などを夜間におこなってきていた。ＬＥＤライトを手にした漁師たちが考えついたのは、ほぼときを同じくして普及した避妊用コンドーム数枚を用いて、ＬＥＤライトをくるんで防水するという方法である。コンドームは、人口増加を緩和する措置の一環として国際援助ＮＧＯが普及させていたもので、村内の商店でも安価で購入できるようになっていた。漁師たちは、国際的に配給される商品（コンドーム）の物理的有用性（耐水性）をすぐれた鑑識眼で見抜き、漁撈というまったく別の用途に流用したのだ。

この発明を目にしたとき、筆者はそれがどのようなきっかけによって生じ、どのようなプロセスによって広がったかを特定しようとしたが、果たせなかった。普及するスピードが予想以上に速く、また広範な地理的範囲にまで到達するため、発明者の名すらつき止められなかったのである。同じことは、銛銃やイカ釣りの疑似餌、サメ刺網といった新漁具の普及についてもいえる［飯田 二〇一〇］。

この普及の速さは、ヴェズの知識共有に関して重要なことを物語っている。それは、子どもたちが長い時間をかけて操船術を身につけるのとは異なり、おとなのヴェズ漁師は新素材を見ただけでその有用性を瞬間的に判断できるということである。とくにゴムタイヤやコンドームなどの新素材の有用性は、実際に海に持ちだして試行錯誤をおこなうまでもなく自明であり、そのことが短時間での知識共有を実現したのである。

もちろん、コンドームに防水効果があることを理解できる人すべてがそれを漁具に利用するわけではない。昼間の潜水漁をすべて問題なくおこなえるくらい熟練しているとともに、LEDライトをすでに所有している人たちだけが、それを夜間の漁に応用できる。ヴェズ漁師でも地域によっては潜水漁の習慣が近年までなかった場合があるので、すべてのヴェズ漁師がすぐにこの漁をおこなったとはいえないが、それ以外の地域では、適切な防水素材さえ発見できれば夜間の漁をおこなう準備が整っていた。防水素材としてのコンドームは、ジグソーパズルの欠落したピースのように、図柄を完成させることになったのである。コンドームを見てすぐにその転用を思いつかなかった漁師ですらも、さまざまな情報をとおして他の漁師を模倣したに違いない。コンドームの触覚的あるいは視覚的な情報が、すでに実用段階にあった潜水漁の身体知と結びつき、身体知の重要な構成要素として漁師個人に定着したのだ。

情報の価値はすべての人に認められるわけではなく、情報の受け手の資質によって、認められたり認められなかったりする。日本文学を理解するには日本語の読み書きの経験が必要なように、水面下でのコンドームの有用性を理解するには、夜間の暗さの経験とともに、潜水漁などのために水面下で過ごしたという経験が必要である。ヴェズ漁師たちはそうした水面下の経験を共有していたからこそ、コンドームを漁具として使うという身体知を共有できた。また、コンドームが与えるアフォーダンスが情報として単純な構造をもっていたことも、知識共有を容易にした理由のひとつだろう。スマートフォンのように使いかたが複雑で、その表面だけを見ても機能を理解しにくいような装置は、安価で入手できたとしてもすぐに漁業には応用されにくいだろう。

つまり、ヴェズ漁師の技術革新の特質のひとつは、既存の身体知に比較的単純な情報を加味することで実現されることにある。オオキリンサイ養殖もまた、既知の素材と既存の身体知などが重要な構成要素であり、厳密な意味で新奇な要素はキリンサイそのものだけだったといってよい。いっぽう、松下電器によるホームベーカリーの発明は、パン焼き職人の身体知を理解することから始まっており、到達目標が高遠だったという感が否めない。潜水漁をはじめとするさまざまな漁法を、時間をかけて習得したヴェズ漁師たちだからこそ、新素材の有用性を瞬時に察知できた。いいかえれば、身体知の形成に時間をかけたからこそ、個々人が連携なしに情報を効果的に摂取し、いわゆる知識共有がきわめてすみやかに実現されたのである。

ただし、この現象を記述するのに知識共有という語を使う必要はなく、身体知における情報の同化といえばよい。複数の個人において同様の同化がおこったため、共有といういいかたがふさわしいように思えるが、複数の同化プロセスは互いに影響しあっていない。知識はこれまで、社会的事実として捉えられることが多かったが、その習得が個人を単位としておこなわれる以上、まずは個人に属するものとして捉えるのが適切であろう。

六　情報は知識を媒介する

ヴェズ漁師たちは、身体知の根本的な組みかえをほどこすことなく新知識を習得している。しかしこれまで述べてきたように、知識という語にはさまざまな意味内容がある。混乱を避けるためにこの語を使わないとすれば、ヴェズ漁師が習得したのは、知覚情報のように比較的単純な構造を備えた情報、ならびにそれに関する記憶だといえよう。ヴェズの漁師たちはすでに、身体に根ざす複雑な知識すなわち身体知を備えており、その構成要素（ネットワークの結節点）である記憶や信念を情報と結びつけて身体知を発展させていた。

大村［二〇一三a］によると、経験についての記憶はたんに心的表象として脳に貯蔵されるのではなく、環境と同調するための身体行為とその連鎖（身体図式）を主軸として記憶されるという。他者の経験も、自分が経験した身体図式を基礎として「立ち現われる」のであり、情報はそうした身体図式との関わりのもとに記憶されるが、関わりが薄いものはほどなく忘却される。本稿で扱った情報は、エピソードのように多数の知覚的経験を包含する複雑な情報ではない。しかし情報の同化を説明するうえでは、身体知と情報を区別することで、大村の議論をさらに整理して理解できるように思う。以下では、情報の性質を考察しながら四つの形態があることを指摘し、情報と身体知、そしてメディアとの関係を明らかにしていこう（図1参照）。

		情報解読におけるモノの観察能力の必要性	
		かならずしも必要ない	おおいに必要
情報発信における加工制作能力の必要性	かならずしも必要ない	①ヒトの発話・所作	②モノの物理的属性
	おおいに必要	④メディアの刻印	③道具の形状・構造

図1　4つのタイプの情報とその性質

筆者がこれまでに紹介した事例では、①ヒトが示す発話と所作、②モノの物理的属性（アフォーダンス）という二つの基本的情報が、個人の身体知を発展させていた。発話と所作は、子どもがおとなから学ぶときとくに重要だが、漁師の見習いが漁具や水、風に対する働きかけを学ぶうえでは、それらのモノの物理的属性と自分の所作、そして所作に応じて生ずるモノの反作用の関係を学ばなければならない。子どもの成長にしたがって、おとなが発話や所作でなにかを教える頻度は減っていくだろうから、モノの物理的属性に配慮することが多くなり、古いタイヤやコンドームなど、漁撈とはいっけん無関係なモノの物理的属性が身体知と結びつきやすくなる。

しかし、身体知の糧となる情報は、上記の二つだけではない。小さな子どもが器用にビデオゲームをしているのを見たとき、われわれは、その子があたかもコントローラーやモニターと「対話」して技能を高めていると理解する。その子が受けとっているのは、モニターからの視覚情報やスピーカーからの聴覚情報、コントローラーからの触覚情報などだが、これらの情報は、モニターなどの装置の物理的属性にはまったく関係ない。人工的に作られたモノに関しては、③道具の形状と構造、そして④メディアの刻印という、異なるタイプの情報があることを、以下で示そう。

③道具の形状と構造の例としては、ヴェズのカヌーがふさわしい。木造カヌーを建造する大工は、素材の硬さや比重にこだわるが、軽くて丈夫なら合成樹脂（プラスチック）でもかまわない。物理的属性がまったく異なっていても、全体の形状に均整がとれていればカヌーとして使えるのである。逆に木材でできていても、船体の大きさとアウトリガーの大きさに釣りあいがとれていなければ、カヌーはうまく動かない。つまり、カヌーの形状や構造は、機能と密接に結びついており、使用者もそれを理解して「癖」を読みとりながら使っているのである。形状と構造を情報として読みとらなければ、カヌーを操る身体知は身につかない。

モノに付随して伝わるもうひとつのタイプの情報として、④各種メディアの刻印（刻銘、inscription）がある。刻印というのは近年の科学技術論においてよく用いられる表現で、かならずしも物理的な刻みこみがほどこされている必要はなく、紙のうえのインクのしみやモニター上の光の明滅のように、物質的な基盤をもつ記録であればよい［ラトゥール　一九九九］。子どもがビデオゲームをつうじて、あるいは漁師がスマートフォンをつうじて読みとる情報も、モニターに表示されるテキストや画像、動画のかたちをとっている。テキストや画像は、デジタル形式でない場合も含め、それを表示するメディアや支持体の性質に関わりなく意味内容を伝える。これは、物理的属性や形状、構造など、支持体たる物質から不可分な情報とは対照的だ。

メディア上の刻印は、支持体から独立した内容を伝える性質があるので、モノそのものの観察に長けたヴェズの人たちの関心を呼びにくい。サメの漁獲を記録するためのスマートフォンが、ヴェズ漁師にとって、かならずしも使いやすいものでなかったことを想起してほしい。その最大の理由は、アプリの操作性や言語（しばしばフランス語）にヴェズ漁師たちが慣れていなかったことにあるが、それに加えて、スマートフォンのデザインが洗練されすぎていたこともあげられるだろう。スマートフォンは、他の身近な道具にくらべるとデザインが簡潔すぎて、彼らに秀でたやりかたでは機能を特定できない。使ってみなければ機能を示さない、文字どおりのブラックボックスなのである。

こうしたメディア機器が運ぶ情報の特徴としては、その内容がモノから独立しており、なんらかのコードを用いてはじめて解読できるという点があげられよう。本書では、物理的に根拠のないことがらがコミュニケーションによって立ち現れるようすが片岡によって論じられ、さらには、ことがらなり概念なりの様相がコミュニケーションによって変化することが杉島によって論じられている。これらのことがらや概念が、ヒトとヒトとのコミュニケーションを介して流通する情報であり、身体知からきり離されていることは明らかだろう。口裂け女がリアリティを増したり、政治的に有力な首長が妖術者として語られたり、あるいは他者の経験が自分のものとして理解できたりするのは、核となる情報が文脈に応じてあらたな付帯情報を随伴し、装いを異にして流通するためと考えられる。こうした情報流通において大きな役割をはたすのは、表において左側に配置された①ヒトの発話や所

また、大村［二〇一三a］が示した他者経験の立ち現れのプロセスとも多くの例で共通する。二つの例は

作と④メディアの刻印である。これらの情報は、それ自体として意味内容（ヒトにとっての有用性など）を帯びているわけではなく、情報の受け手はコードをはじめとするリソースを参照しながら情報を解読（デコード）する。しかしコードを用いる個人は、コードが成立した根拠をいちいち確認せずにそれを用いることを常とするため、存在の確認されないエージェントが立ち現れたり、現実とはかけ離れた性格を付与されて人物像が語られたりするのである。ここでいうコードは、片岡が本書で言及している野家の「物語」やトゥッカーの「外面的イディオム」に近いかもしれない。

このように書くと、概念の流通においては文脈に注意を払っていながら、概念の集合であるコードを持ちだすことによって、杉島が本書所収の論文で警告する概念記述の陥穽に陥っているように思われるかもしれない。しかし、ここでいうコードは概念の集合だけを指すのではないし、時間的経過の影響を受けずに静止しているわけでもない。本書のはじめでベイトソンを参照しながら述べたように、コードはコミュニケーションをとおして形成されていくというのが、筆者の基本的立場である。このことを説明するうえでは、コードの存在を前提としないコミュニケーションを考察した木村［二〇一八］の議論が有用だろう。木村は、ヒトとは似ても似つかない知的生命体とのコミュニケーションにまで考察を及ばせているが、本稿ではさしあたってヒトどうしのコミュニケーションが問題なので、コミュニケーションの当事者は類似した身体の構造と機能を備えていると仮定しよう。木村によれば、こうした身体も相互に参照しうるリソースであり、コードが共有されない状況でのコミュニケーションに役立てられているという。遠く離れた相手の動作を見てまねるという簡単な相互行為は、相手に対して関心を向けていることを伝えるために十分なだけでなく、互いの挨拶としても用いられるようになり、挨拶が交わされない場合には、当事者の少なくとも一方がふだんと異なった状況に置かれていることを意味するようになる［木村 二〇一八：八四―八九、一四六―一四八］。この例において、ものまねの動作は、それ自体として情報の役割を担ういっぽう、まねる側（送信者）がまねられる側（受信者）の動作をさまざまなかたちで模倣しうるというメタ情報をもまねられる側（受信者）に理解させる。つまり、情報自体がコミュニケーションの基盤を提供しているのである。木村は、このようにコードに代わってコミュニケーションの手がかりとなる情報を「自然コード」と呼び、自然コードの前提となる身体や暗号表に代表されるコードなどとあわせて「リソース」と呼んだ。筆者が前段において便宜的に「コード」と呼んだのは、暗号表のようにコミュニケーションの当事者全員が共有するような記号対応表だけを指すのではなく、コミュニケーション経験の記憶や身体そのものなど、情報を読みとくためのさまざまなことがらをも想定しているため、一般化してリソースと呼んだほうが適切だろう。この意味において、筆者のいうコードは記号や概念の集合だけではないし、時間的経過によってその機能や内容を変えていく。その意味では、本書において高田が言及する「文脈」といったことがらも、不完全なかたちでしかコードを共有しない子どもたちとコミュニケーションするうえでの参照点を指すことから、さまざまなリソースの集合と考えてよい。

スマートフォンなどの電子機器に話を戻すと、ヴェズ漁師たちも、時間をかければこの種の装置を使いこなすようになるだろう。ヴェズ漁師たちは、電子メディアをアレルギー的に拒否しているわけではない。本稿の冒頭で述べたように、ＢＶが漁師に与えた情報のなかでもっとも衝撃を与えたのは、サンゴの産卵を示すビデオ映像だった。漁師たちはこの動画を見て、サンゴのポリプが動物だと確信した。この例にかぎらず、ビデオ映像は、ヴェズ漁師が身体知を発展させるうえで、もっとも重要な情報源のひとつである。しかし、ビデオ映像はそれ自体として知覚できるのに対し、スマートフォンという装置は、それを使いこなす身体知と組みあわせてはじめて有効に活用できる。スマートフォンを使いこなす身体知の習得に時間を要することは、中年になってスマートフォンを手にするようになった日本人の例を想像しても容易に理解できる。スマートフォンは小さいながらも、それを使い続けるための技能（たとえばアイコンや操作画面への習熟）を身につけたり、メンテナンスのしくみ（電力供給サービスやアップデート体制、サポートセンター、修理拠点など）を整えたりして、場合によって既存の生活条件を大きく変更しなければならない。

身体知の原型がいったんできあがってしまえば、複雑な操作法も、単純な情報に触れるだけで身につけることができる。ヴェズ漁師が身体知の習得においてわれわれと異なっているようにみえるのは、接する情報の性質が異なっていることと、それを受けいれる身体知の性質が異なっていることによる。それをわれわれとヴェズの文化的差異と考えることもできようが、筆者はむしろ、われわれとヴェズの情報環境が異なるためと理解したほうが適切だと思う。そして、本書所収の他の論文を読み、とりわけ「複ゲーム状況」を理解するうえでは、情報環境という文脈のちがいに着目するほうが生産的であろう。

おわりに――知識はいかに共有されるのか

おとなから子どもへという、異なる世代間での「知識共有」は、さまざまな情報をもとにした身体知の形成であった。いっぽう新素材の活用に関する「知識」の「共有」は、よく似た身体知を備えた人たちによる情報の同化（身体化）過程であった。いずれの場合も、個人は独立を保ちつつ情報を身体知にとり込んでおり、社会的なプロセスとして知識共有を考える必要はないように思われた。にもかかわらず、なぜ知識は社会的事実として捉えられることが多いのだろうか。その理由と原因はさまざまに論じられると思うが、本稿と密接に関連する事象の一端を指摘すると、大量生産および大量流通のしくみによってさまざまな商品が出回るようになり、それに付随した情報がグローバルに流通するとともに、身体知を離れた情報が図書館やインターネット空間に蓄えられ、社会的に参照できるようになったことがあげられるだろう。

モノは情報を運ぶ媒体であるだけでなく、それ自体として情報とみなすことができる。とりわけ道具やメディアといった人工物は、その操作性についての考察を使用者にうながす結果、モノが直接には備えていない情報を伝えることがある。足ヒレは、それを付けないときの泳ぎかたとは異なる泳ぎかたの体得をうながすし［太田二〇一二：五二―五三］、日本製耕耘機の不具合は、日本の気候条件について情報を提供することがある。また、LEDライトは、夜の潜り漁についての身体知を発展させる。ここまでくれば、モノが与える効果は学習にとどまらず、文化を変化させるといってもよい。

森田が指摘したように［Morita 2014］、機械や人工装置はヒトとヒトとを結びつけ（relational）、ヒトにあらたな行動をうながす（performative）。程度の差はあれ、素朴な道具も同じである。形状と構造は、製作されたときのコンテクストを伝える痕跡でもあるため、モノはいろいろな場所に拡散してエージェンシーを発揮する。おそらく、技術移転のプロジェクトにおいて多数の機械類が有償無償で供与されるのも、モノがさまざまなかたちでヒトに働きかけ、最終的にそのことが新技術をあらたな土壌に根づかせるためだろう。その技術は、移植される前のものと同じではないが、複数の身体知を結びつける社会的存在であることはまちがいない。

そうしたモノのなかでも、刻印を備えた各種メディアは、科学技術を発達させる立役者として重要な役割をはたした。科学史家のターンブルによると［Turnbull 2000］、知識そのものはローカルに生産されるが、異質で雑多な装置や人びと、実践、場所が結びついて「知識空間」が立ちあがり、もはやローカルではなくなるという。本稿で使った用語でいうなら、身体知は発話や所作などの情報として伝えられ、さらにはモノというかたちで残されることで、個人を超えた存在になるのである。異質で雑多なものを結びつける技術の例として、ターンブルは、インカの結縄やヨーロッパ航海者の海図をあげる。それらと同列のものとして、BVの科学者とヴェズ漁師を結びつけるスマートフォンをあげてもよいだろう。これらのメディアの発明により、刻印の記録と複製が可能になり、さまざまな身体知に由来する情報が集積されていった。これらのメディアは、多数の身体知を結びつけるだけでなく、より効果的に情報を集積する記録メディアと情報を流通させる通信メディアの発達をうながし、ヨーロッパ流の知識概念に深く関わる出版や図書館、アーカイブズ、教育機関、学会などの諸制度を作りあげるにいたる。人類史をとおして拡大してきた知識空間は、個人が扱いきれないほど大規模な情報処理をおこなうようになった。

このように考えると、ヴェズ漁師の在来知も西洋の科学知も、情報とそれを物質的に安定化させたモノを通じて広がっていくことがわかる。あるいは、一般にイメージされている在来知や科学知は、特定のコミュニケーション圏域における情報やモノ、身体知の連鎖の総体であると言ってもよい。在来知と科学知の主たる違いは、それらの連鎖の広がりや偏りの差異にほかならず、その差異こそが、両者に齟齬（equivocation）をもたらすといえる。

在来知と科学知の違いだけでなく、個々の社会や文化にみられるユニークな世界のとらえかたもまた、こうした情報の広がりや偏りの特徴から説明されるべきだろう。存在論的転回の理論を民族誌的に支えたアメリカ大陸先住民社会では、事情が異なるかもしれない［Viveiros de Castro 2004］。しかし、情報の分布や流れを観察するという認識論的なアプローチこそが「モノの民族誌」を実り豊かにしうることは、本稿の全体を通じて示せたと思う。

冒頭で言及した本書所収の里見論文と関連させていえば、サンゴとヒトとの関わりは魚とヒトとの関わりに較べて限定されており、コミュニケーションの疎密をふまえてこそ、人類学的な議論と接合しうる。この点に関して、筆者は里見に賛成する。しかし、サンゴがヒトのコミュニケーション圏域の境界にあるといっても。サンゴは口裂け女のように未確証の存在ではない。サンゴの生態は部分的に想像によって補われることがあるにせよ、それはサンゴの有する物理的・生物学的特性とまったく無関係なのではない。サンゴは口裂け女と異なって、メディアやことばによるコミュニケーションを媒介せずとも直接的に知覚できるのであり、数少ない情報を頼りにその生態が類推されているのだと筆者は思う。

情報の流れを意識したヒトとモノとの関係には、ヒトのコミュニケーション圏域がモノに拡張されるようになっている場合にはなおさら、特段の注意を払っておきたい。存在論から認識論に目を向けなおすということは、そうした情報の流れに配慮することにほかならない。本稿で提示した情報属性の見取り図は、今後の人類学を構想するうえで一定の意義を有すると思われる。

社会的に共有された知識は、身体知と情報、そしてモノのかたちをとったさまざまなメディアの総体である。科学的な知識がとりわけ幅をきかせるこんにちでは、モノのかたちをとる情報、とりわけ刻印を備えたメディアが重要な位置を占めている。在来知もそうした要素を含む総体と捉えたうえで、その全体像や機能を再検討していく必要があろう。

付記

本研究は、日本学術振興会科学研究費補助金JP13710191、JP14251004、JP14251011、JP17401031、JP25244043、およびJP15H02601を受けて実施された。学術目的のために情報を提供し翻案してくれたファシラヴァ村の人びと、ならびに、関係者すべてにお礼申しあげる。なかでも、拙著［飯田 二〇〇八］を書評してくださった卯田宗平氏には、とくにお名まえを記して感謝したい。卯田氏が書評で指摘したように［卯田 二〇〇九］、拙著中では「知識」「技術」の意味内容が不明確だったため、筆者は足かけ十年にわたってこの問題にとり組むことになった。

なお本稿は、すでに刊行した拙著［飯田 二〇一〇、二〇一四、Iida 2019］をふまえ、共同研究の趣旨に応じた方向性で考察を進めたものである。

参照文献

Agrawal, Arun, 1995, "Dismantling the Divide between Indigenous and Scientific Knowledge", *Development and Change* 26(3): 413–439.

Astuti, Rita, 1995, *People of the Sea: Identity and Descent among the Vezo of Madagascar*, Cambridge University Press.

ベイトソン、グレゴリー　二〇〇〇『精神の生態学』佐藤良明訳、新思索社。

Benhow, S., F. Humber, T. A. Olivier, K. L. L. Oleson, D. Raberinary, M. Nadon, H. Ratsimbazafy, and A. Harris, 2014, "Lessons Learnt from Experimental Temporary Octopus Fishing Slosures in South-West Madagascar: Benefits of Concurrent Closures", *African Journal of Marine Science* 36(1): 31-37.

ギブソン、ジェームズ・J　一九八五『生態学的視覚論――ヒトの知覚世界を探る』古崎敬ほか訳、サイエンス社。

後藤　明　二〇一二「技術人類学の画期としての一九九三年――フランス技術人類学のシェーン・オペラトワール論再考」『文化人類学』七七（一）：四一―五九。

Harris, Alasdair, 2007, "'To Live with the Sea': Development of the Velondriake Community-managed Protected Area Network, Southwest Madagascar", *Madagascar Conservation and Development* 2(1): 43–49.

Holbraad, Martin and Morten Axel Pedersen, 2017, *The Ontological Turn: An Anthropological Exposition*, Cambridge University Press.

Humber, F., B. J. Godley, V. Ramahery and A. C. Broderick, 2011, "Using Community Members to Assess Artisanal Fisheries: The Marine Turtle Fishery in Madagascar", *Animal Conservation* 14: 175–185.

飯田　卓　二〇〇八『海を生きる技術と知識の民族誌――マダガスカル漁撈社会の生態人類学』世界思想社。

――――　二〇一〇「ブリコラージュ実践の共同体――マダガスカル、ヴェズ漁村におけるグローバルなフローの流用」『文化人類学』七五（一）：六〇―八〇。

――――　二〇一四「自然に向きあうための技術的対応と社会的調整――マダガスカル、ヴェズ漁民が生きぬく現在」東賢太朗ほか編『リスクの人類学』二六二―二八四頁、世界思想社。

Iida, Taku, 2019, "Travelling and Indwelling Knowledge: Learning and Technological Exchange among Vezo Fishermen in Madagas-

car", in K. Omura, S. Satsuka, G. J. Otsuki and A. Morita (eds.), *The World Multiple*, pp. 190–204, Routledge.
生田久美子　一九八七『「わざ」から知る』東京大学出版会。
今井知正　一九九八「知識」廣松渉ほか編『岩波　哲学・思想事典』一〇五九―一〇六〇頁、岩波書店。
伊藤泰信　二〇〇七『先住民の知識人類学――ニュージーランド＝マオリの知と社会に関するエスノグラフィ』世界思想社。
Keller, Eva, 2015, *Beyond the Lens of Conservation: Malagasy and Swill Imaginations of One Another*, Berghahn.
木村大治　二〇一八『見知らぬものと出会う――ファースト・コンタクトの相互行為論』東京大学出版会。
Koechlin, Bernard, 1975, *Les Vezo du Sud-Ouest de Madagascar: Contribution à l'etude de l'eco-système de semi-nomades marins*, Mouton.
倉島　哲　二〇〇七『身体技法と社会学的認識』世界思想社。
ラトゥール、ブルーノ　一九九九『科学が作られているとき――人類学的考察』川崎勝／高田紀代志訳、産業図書。
Lorimer, Jamie, 2010, "International Conservation 'Volunteering' and the Geographies of Global Environmental Citizenship", *Political Geography* 29(6): 311–322.
Mauss, Marcel, 1967, *Manuel d'ethnographie*, Éditions Payot.
森田敦郎　二〇一二『野生のエンジニアリング――タイ中小企業における人とモノの人類学』世界思想社。
Morita, Atsuro, 2014, "The Ethnographic Machine: Experimenting with Context and Comparison in Strathernian Ethnography", *Science, Technology and Human Values* 39(2): 214–235.
Myers, Norman, Russell A. Mittermeier, Christina G. Mittermeier, Gustavo A. B. da Fonseca and Jennifer Kent, 2000, "Biodiversity Hotspots for Conservation Priorities", *Nature* 403(6772): 853–858.
野中郁次郎・竹内弘高　一九九六『知識創造企業』梅本勝博訳、東洋経済新報社。
大村敬一　二〇一三a「交合する身体――心的表象なき記憶とことばのメカニズム」菅原和孝編『身体化の人類学』一五四―一八五頁、世界思想社。
――　二〇一三b『カナダ・イヌイトの民族誌――日常的実践のダイナミクス』大阪大学出版会。
太田好信　二〇一二『ミーカガン――沖縄県八重山地方における潜水漁民の眼から見た世界』櫂歌書房。
ポランニー、マイケル　二〇〇三『暗黙知の次元』高橋勇夫訳、筑摩書房。
Richardson, J., 1982 [1885], *A New Malagasy-English Dictionary*, Gregg International.
Sodikoff, Genèse Marie, 2012, *Forest and Labor in Madagascar: From Colonial Concession to Global Biosphere*, Indiana University

Press.
杉島敬志　二〇一四「複ゲーム状況への着目――次世代人類学に向けて」杉島敬志編『複ゲーム状況の人類学』九―五四頁、風響社。
寺嶋秀明／篠原徹編　二〇〇二『エスノ・サイエンス』京都大学学術出版会。
Turnbull, David, 2000, *Masons, Tricksters and Cartographers: Comparative Studies in the Sociology of Scientific and Indigenous Knowlede*, Routledge.
卯田宗平　二〇〇九「書評　飯田卓著『海を生きる技術と知識の民族誌――マダガスカル漁撈社会の生態人類学』」『文化人類学』七三（四）：六二〇―六二三。
Viveiros de Castro, E., 2004, “Perspectival Anthropology and the Method of Controlled Equivocation”, *Tipití* 2(1): 3–22.
Walsh, Andrew, 2012, *Made in Madagascar: Saphires, Ecotourism, and the Global Bazaar*, University of Toronto Press.
渡邊欣雄　一九九〇『民俗知識論の課題――沖縄の知識人類学』凱風社。

あとがき

序論でのべたように、本書は国立民族学博物館の共同研究「エージェンシーの定立と作用――コミュニケーションから構想する次世代人類学の展望」（二〇一三年一〇月～二〇一六年三月）のメンバーによる論集である。

この共同研究の概要は国立民族学博物館のウェブサイトに掲載されているが、後日のために、その重要な部分を以下に記す。

目的

人間が営む生活の諸局面は、特定の具体的な権威者を中心とするコミュニケーションとして成立しており、そこでは、規範や信念への随順やその異端的解釈の抑制が図られるとともに、生々しい実在感をもち、対他的に作用する非‐人間存在を含むエージェンシーが定立され、作用する。現代世界において、精霊は呪医を権威者とするコミュニケーションでは人に病気をもたらすエージェンシーとして働くかもしれないが、近代医療関係者はそうした病因を否定するだろう。同様に、米国の銃規制運動において銃は「人を殺す」エージェンシーとされるが、全米ライフル協会はそうしたエージェンシーの定立に強く異議をとなえる。

本共同研究では、こうしたエージェンシーとコミュニケーションとの等根源性に留意しながら民族誌研究をおこなうなかで、エージェンシーの定立と作用について適切に語るための一群の概念を開発する。そうすることで、個別におこなわれる傾向にあったモノ、技術、身体、動物に関する近年の研究と、親族、交換、儀礼、信仰、医療、土地制度などに関わるこれまでの研究を架橋する、通地域的・通研究対象的であると同時に、民族誌的データを豊かに内包しうる次世代人類学の理論基盤を整備する。

研究会の日程、発表者、発表タイトル（所属は割愛）

【二〇一三年度】

二〇一三年一〇月二六日（土）一三：〇〇～一七：〇〇（国立民族学博物館第1演習室）

・杉島敬志「エージェンシーの定立と作用」共同研究会の趣旨説明

二〇一四年一月一一日（土）一三：〇〇～一七：〇〇（国立民族学博物館第1演習室）

・飯田　卓「エージェンシーの定立と作用」に関わる今後の自身の研究計画

・中村　潔　右に同じ

・津村文彦　右に同じ

・桑原牧子　右に同じ

・森田敦郎　右に同じ

・各発表をめぐる総合討論

二〇一四年二月八日（土）一三：〇〇～一七：〇〇（国立民族学博物館第1演習室）

・高田　明「エージェンシーの定立と作用」に関わる今後の自身の研究計画

・片岡　樹　右に同じ

・東賢太朗　右に同じ

・馬場　淳　右に同じ

・各発表をめぐる総合討論

【二〇一四年度】

二〇一四年五月三一日（土）一三：〇〇～一八：〇〇（国立民族学博物館第1演習室）

・杉島敬志「トールキン、ラトゥール、ジェルの指輪物語——推移的定立、継時的作用、主体プロジェクションに関する考察」
・発表に対する討論と本年度研究計画に関わる議論
二〇一四年七月五日（土）一三：〇〇～一八：〇〇（国立民族学博物館第1演習室）
・小川さやか「模造品の増殖を促す複ゲーム状況——エージェンシー研究の展望と可能性」
・発表内容をめぐる総合討論
二〇一四年一〇月四日（土）一三：〇〇～一八：〇〇（京都大学総合研究2号館4階第1講義室）
・金子守恵「土器をつくる手、デンプンをつかむ手——エージェンシーの作用と定立に関わる問題関心の整理と研究計画」
・杉島敬志「オーストロネシア諸族における『原初対』と『生命根』」
・総合討論
二〇一四年一二月二〇日（土）一三：〇〇～一八：〇〇（国立民族学博物館第1演習室）
・里見龍樹「『育つ岩』と『われわれ』——ソロモン諸島のサンゴ礁居住民の事例からのエージェンシー論『批判』の試み」
・田所聖志「パプアニューギニア、ポートモレスビーにおけるフリ人移民の人口流動」
二〇一五年二月七日（土）一三：〇〇～一八：〇〇（国立民族学博物館第1演習室）
・発表者：共同研究構成全員「共同研究構成全員による研究進捗状況報告」
・総合討論

【二〇一五年度】

二〇一五年五月九日（土）一三：〇〇～一八：〇〇（国立民族学博物館第1演習室）

・杉島敬志「インドネシア・中部フローレスにおける妖術者の『心』の様態と妖術霊の定立と作用」

二〇一五年一一月二九日（日）一三：〇〇～一八：〇〇（国立民族学博物館第1演習室）

・杉島敬志「インドネシア・中部フローレスにおける妖術者をめぐるエージェンシー及び遠隔コミュニケーションとエージェンシーの定立に関する考察」

・共同研究成果報告論集の構成と出版社の選定をふくむ出版計画の具体化

二〇一六年一月一〇日（日）一三：〇〇～一八：〇〇（国立民族学博物館第1演習室）

・中村　潔「起源の土地と土地の主」

・高田　明「養育者—子ども間相互行為にみる複ゲーム状況とエージェンシー」

・金子守恵「研究成果報告：エージェンシーの定立と作用に関わるコミュニケーション」

・飯田　卓「マダガスカル南西部の邪術と祖霊、憑依霊をめぐるエイジェンシーの定立」

・小川さやか「研究成果報告——エージェンシーの定立と作用に関わるコミュニケーション」

二〇一六年一月三〇日（土）一三：〇〇～一八：〇〇（国立民族学博物館第1演習室）

・津村文彦「ピット・サムデーンと食物アレルギー——東北タイの経産婦における食禁忌」

・馬場　淳「パプアニューギニアにおけるエージェンシーと人格」

・里見龍樹「『海に住まうこと』のアレンジメント——ソロモン諸島マライタ島の『海の民』におけるエージェンシーの境界」

・片岡　樹「一神教徒の民族誌はいかにして可能か」

・総合討論

【二〇一六年度】

二〇一六年一二月一七日（土）一三：〇〇～一八：〇〇（国立民族学博物館第1演習室）

・津村文彦「開かれたコミュニケーションの交差するところ――東北タイの病ピットクラブーン」

・里見龍樹「『育つ岩』――コミュニケーション／エージェンシーの限界をめぐる試論」

・杉島敬志「コミュニケーションとエージェンシーの定立と作用に関する諸考察」

・総合討論

二〇一七年一月七日（土）一三：〇〇～一八：〇〇（国立民族学博物館第1演習室）

・飯田　卓「知識を共有するとはどのようなことか――マダガスカルの漁撈からコミュニケーションを考察する」

・高田　明「遊びと複ゲーム状況――サンにおける養育者―子ども間相互行為の分析から」

・森田敦郎 “Multispecies Infrastructure: Infrastructural Inversion and Involutionary Entanglements in the Chao Phraya Delta, Thailand.”

二〇一七年一月二九日（日）一三：〇〇～一八：〇〇（国立民族学博物館第1演習室）

・中村　潔「バリにおけるムラ（慣習村）の概念について」

・桑原牧子「彫られたティキをめぐって――タヒチの偶像崇拝と否定神学」

・金子守恵「捨てられない『もの』と『ゴミ』のあいだ――エチオピア西南部における使い終えた授業ノートをめぐる人びとのやりとり」

・馬場　淳「パプアニューギニアにおける書類の意味と力――エージェンシーの定立と作用に関する研究

報告」
・総合討論

飯田卓氏には、共同研究の副代表として研究会の運営を実質的にサポートしていただき、大変助けられた。また、松本裕子氏には共同研究にかかわる連絡調整の仕事を担っていただいた。そして、臨川書店の工藤健太氏には、仕事の進捗状況に応じた的確な判断にもとづき、本書の出版を絶えず確実な方向に導いていただいた。共同研究の発足から今日にいたるまで本書の成立にご協力いただいた全ての方々に感謝の意をあらわしたい。

二〇一九年一〇月一〇日

杉島敬志

編者・執筆者紹介（五十音順）

［編者］

杉島敬志（すぎしま・たかし）

京都大学名誉教授

放送大学特任教授／放送大学京都学習センター所長

専攻：人類学

最近の研究教育：①オーストロネシア諸族における在来政体の比較研究——東南アジア島嶼部を中心に、②インドネシア・中部フローレスにおける未婚の女性首長をめぐる比較研究、③放送大学京都学習センターでのいろいろな仕事

［執筆者］

飯田　卓（いいだ・たく）

国立民族学博物館教授

専攻：人類学

最近の研究教育：①インド洋西部地域における文化の遺産化、②日本における人類学と民俗学の成立と発展

片岡　樹（かたおか・たつき）

京都大学教授

専攻：文化人類学、東南アジア研究

最近の研究教育：①東南アジア大陸部山地社会の政治と歴史に関する研究、②東南アジア各国における中国系寺廟とその神々の比較研究、③日本の小祠と民間信仰に関する研究、④京都大学大学院アジア・アフリカ地域研究研究科でのいろいろな仕事

里見龍樹（さとみ・りゅうじゅ）

早稲田大学准教授

専攻：人類学

最近の研究教育：①ソロモン諸島マライタ島の「海の民」（アシ）を事例とする人間—サンゴ礁関係の民族誌、②現代人類学理論における「自然」概念の再検討

高田　明（たかだ・あきら）
京都大学准教授
専攻：人類学
最近の研究教育：①南部アフリカの「狩猟採集民・先住民」サンの民族誌、②相互行為の人類学（サン、日本）

津村文彦（つむら・ふみひこ）
名城大学教授
専攻：人類学
最近の研究教育：①東南アジア大陸部における呪術イレズミ、②タイにおけるバラモン―ヒンドゥー伝統の布置

中村　潔（なかむら・きよし）
新潟大学教授
専攻：人類学
最近の研究教育：①民族誌記述と社会科学の説明の再検討、②バリ人の移住者と老後支援の問題

馬場　淳（ばば・じゅん）
和光大学准教授
専攻：人類学
最近の研究教育：①地域社会の持続と変容に関する法人類学的研究（パプアニューギニア、ケニア）、②ジェンダー・セクシュアリティ研究（パプアニューギニア、日本）

索　引

[あ行]

[か行]

[さ行]

[た行]

[な行]

[は行]

[ま行]

[や・ら・わ行]

コミュニケーション的
存在論の人類学
2019年12月20日　初版発行

編　　者　杉島敬志
発 行 者　片岡　敦
印刷製本　亜細亜印刷株式会社
発 行 所　株式会社臨川書店
〒606-8204
京都市左京区田中下柳町８番地
電話 075-721-7111
URL http://www.rinsen.com/
装　　丁　江竜陽子

定価はカバーに表示してあります
落丁本・乱丁本はお取替えいたします

Anthropology of
Communicative Ontology

Edited by Takashi Sugishima

RINSEN BOOK CO.
8 Tanaka-Shimoyanagi-cho
Sakyo-ku, Kyoto
606-8204, Japan

ISBN978-4-653-04387-4　C0036